교육학개론

윤길근 · 정수천

태영출판사

머리말…

교육이란 무엇인가라는 질문에 대해 먼저 인간이 무엇인가에 대한 생각이 떠오른다. 또한 '사람다운 사람'이란 어떻게 형성하는가, 즉 더불어 사는 사람, 슬기로운 사람, 열린 사람, 일하는 사람을 만들어 지덕체가 조화로운 바람직한 인격 형성이 교육의 주된 관심사라고 할 수 있다. 인간은 교육을 통해서 비로소 인간이 된다는 말처럼 교육은 사람들이 세상을 보는 안목을 넓혀 주고 새로운 문제해결 방식을 찾아주며 성장과 성숙을 통해 늘 새로워질 수 있도록 한다. 또한 무엇보다도 교육은 사람이 중요하고 귀하다는 인간의 존엄성과 가치를 실현하는 과정이다.

세계화와 급속한 지식 · 기술 진보의 디지털 혁명이 가일층 확산되고 새로운 지식을 창조하는 작금의 상황을 볼 때 오늘날 교육을 통해 미래 세대에게 전수되는 교육의 한계를 극복하고, 이른바 모방교육에서 창조교육으로 일대 변혁이 요구되고 있다. 또한 교육학도 오랜 변화의 과정을 거쳐서 현재에 이르고 있다. 다양한 관점에서 교육현상을 이해하기 위한 시도가 있어 왔다. 즉 계속해서 변화되어 가는 과정에 있다고 볼 수 있다. 오늘날처럼 예상할 수 없는 변화가 일상적으로 일어나는 변화사회에서는 자기주도적인 학습능력이 필요하다.

사람의 가장 큰 특징의 하나는 고도의 학습능력과 변화하는 환경에 적응성이라고 볼 때 다양한 경험과 학습은 교육에서 중요시되는 부분이다. 특히 지식창조사회에서는 두뇌 전쟁, 정보 전쟁, 지식 전쟁 이른바 교육 전쟁의 모습으로 나타나고 있는데 이러한 지식정보의 격차를 해소해서 문제해결력, 창의력, 사고력 등을 기르는 것이 교육의 주된 관심사가 되어야 한다. 이른바 창의적으로 생각할 줄 아는 사람, 남과 다르게 생각할 줄 아는 사람이 필요한 시대에 자기주도적 학습능력을 가진 인간으로 성장할 수 있도록 교육의 다양한 과정을 소개하고 있다.

오늘날 같이 인간성의 상실에 따른 비인간화와 비인격화 현상이 급증하는 때 교육의 방향을 올바르게 제시하는 것이 무엇보다도 우선한다. 이른바 일생을 살아가면서 타인과 관계를 형성하며 자신을 잘 다스리는 심리적 성숙이야말로 매우 중요한 과제가 아닐 수 없다. 사람으로서 품격을 지닌 인격자를 양성하는 것이 교육이며 미완의 인재를 이상적 인간으로 길러내는 것은 교육학도로서의 중심적 의제이다. 온전하고 원만한 인간으로서 좋은 인성을 형성해 갈 수 있도록 인성교육에 중점을 두어 교재를 꾸몄다. 또한 지식과 더불어 태도, 흥미, 가치관 등이 바람직하게 발달될 수 있도록 올바른 안내서 역할을 하는데 많은 노력을 기울였다.

최근에는 인터넷 검색을 통하여 많은 자료를 수집하였다. 참고 문헌을 작성하여 집필하는 과정에서 참고 문헌이 누락된 부분이 있을 수도 있고 미비한 점도 있다. 지적하여 주시면(bucheon@daum.net) 감사하게 생각하고 수정 · 보완하도록 하겠습니다.

이 책을 읽고 교육의 현상을 이해하는 데 조그만 도움이라도 있기를 바랍니다. 출판을 위해서 많은 도움을 주신 오세복 상무님과 태영출판사 김현태 사장님께 깊은 감사를 드립니다.

2014년 1월

저자 씀

차례···

제1장

인간의 본성과 교육의 본질

1. 인간의 본성
2. 교육의 본질

1. 인간의 본성

인간이란 무엇인가 라는 물음의 중요성은 철학의 역사와 더불어 끊임없이 강조되어 왔던 물음이다. 소크라테스의 '너 자신을 알라'는 말도 결국은 인간 문제의 중요성을 강조한 것이라 할 수 있다.

인간의 문제를 떠나서는 교육의 의미는 존재할 수 없다. 인간이란 무엇인가? 사람다운 사람은 어떻게 형성되는가? 하는 의문은 교육현상 가운데 최대의 관심사이다. 교육이 추진하는 바가 인간에 관한 것이라고 한다면 교육에 관한 학문은 인간에 관한 학문이라고 할 수 있다.

교육의 관심은 사물이 아닌 인간이다. 따라서 교육의 계획과 실제가 올바른지 알아보려면 교육받을 사람을 생각해야 한다. '인간다운 인간이 되어야 한다'라는 말은 평범하면서도 중요한 명제이다. '인간이 된다'는 것은 단순한 생물학적인 존재로서가 아니라 인격적인 존재, 자아실현적인 존재, 전인적 성장의 존재 등을 의미한다고 볼 수 있다. 따라서 '인간다운 인간'을 위한 교육은 교육의 본질이자 목적이라고 할 수 있다(이형득 · 한상철, 1995).

인간이란 무엇인가라는 물음에 대한 하나의 결정적 답이 없다는 것은 관점을 바꾸면 인간이란 그만큼 다양한 존재임을 뜻하는 것이다. 인간은 다면적이고 여러 차원의 본질을 동시에 지닌 존재이다. 인간의 본성에 관한 의문은 철학 · 심리학 · 사회학 · 생물학 등 여러 가지 측면에서 과학적이고 보편 타당한 해답을 구하기 위해서 논리적인 논의를 전개해 왔다. 그러나 인간을 일괄적으로 개념화하여 정의하기는 어렵다. 인간은 다양한 면과 여러 차원의 동시 통합적 존재이지 어느 한 면이나 유일한 차원만의 존재는 아니다. 인간성을 개발하고 육성하여 인간을 인간답게 형성하는 것이 교육이라고 할 때 인간의 본성이 무엇이냐를 살펴보아야 할 것이다.

2. 교육의 본질

1) 교육의 말뜻

(1) 우리나라 말의 교육-가르치고 기름

교육(敎育)이란 문자를 순수 우리말로 풀어 보면 가르칠 교(敎)자와 기를 육(育)자로 되어 있다. 가르치고 기름의 뜻은 '가르치다'와 '기르다'의 두 개 동사가 명사화하여 합성된 것이다. '가르치다'는 '갈다'와 '치다' 또는 '가르다'와 '치다'가 합쳐서 이루어진 합성동사이다. 우리말 '가르치다'의 종합적 의미는 시비선악을 골라 판단하여(가르다), 나쁘고 거친 것을 다듬어 착하고 아름답게 하는 것(치다)이라고 볼 수 있다. 우리나라의 《가르치다》라는 말에는 방향제시, 선별, 분별, 판단, 경작, 연마, 사육, 생성, 제거, 성장 등 서양의 뜻보다 더 많은 의미를 내포하고 있다.

(2) 한문으로서 교육

맹자(孟子)는 사람에게 세 가지 큰 즐거움이 있다고 하고, 그 첫째는 부모님을 모시고 형제가 사이좋게 지내는 일이요, 둘째는 위로 하늘을 향해 두렵지 않고 아래로 사람에게 부끄러운 바 없는 일이요, 셋째는 '천하의 영재를 얻어 그들을 가르치는 것'(得天下之英才而教育之)이라고 했다. 그의 말은 공자의 가르침을 계승한 것이다. 논어의 첫머리는 '공부하라'는 말부터 나온다. '배우고 때때로 익히면 이 또한 기쁘지 아니한가?'(學而時習之不亦悅乎?)

교육은 어원적으로 '매를 가지고 아이에게 부모의 사랑을 가르친다'는 교(教)와 '갓 태어난 아이를 살찌게 한다'는 육(育)이 합쳐진 것으로 '기른다' 혹은 '길들인다'는 의미는 지니고 있다. 이를 통해서 교육이란 인간의 내부적 능력을 개발시켜 미숙한 상태를 성숙한 상태로 만든다는 의미를 포함하고 있음을 알 수 있다.

(3) 라틴어 Educare, 영어 Education, 독일어 Erziehung

교육의 말뜻에 대한 우리말이나 한문, 라틴어, 영어, 독일어는 의미상 큰 차이가 없다. 영어 education은 본래 라틴어 '에두카레(educare)에서 유래하며, e+ducare의 합성어이다. 라틴어 E란 바깥(외부)을 뜻하고, ducare는 끌어 낸다, 이끈다는 뜻이다. 라틴어나 영어의 교육이란 내재적으로 갖고 있는 선천적인 소질이나 능력을 밖으로 신장 발전시킨다는 뜻이다. 다시 말하면, 교육이란 안에 있는 무한한 가능성을 밖에서 꽃피우게 한다는 것이다.[1] 독일어의 Erziehen은 밖으로(er)와 이끌어 내다(ziehen)가 결합된 것으로 어린이가 선천적으로 타고난 무한한 성장가능성을 계발하고 신장해 준다는 것을 의미하고 있다.

(4) 어원에서 본 교육의 본질

진정한 의미의 교육은 두 사람의 인격이 하나가 되어 아름다운 목적을 향하여 같이 발전하며 전진해 가는 삶 그 자체이다. 이렇게 볼 때 교육이란

---

1) 현재 교육은 학습자의 머리 안으로 지식을 주입시키기에 바빠서 아무것도 밖으로 나올 여유가 없게 되었다는 지적도 있다.

"밖에서 안으로 주는 일이 아니고 아동 자신 속에 숨어 있는 내적 가능성을 안에서 밖으로 발전하는 힘을 도와 이끌어 내고, 이를 구체화, 현실화, 문화화 시키는 일"이다. 즉, 교육은 지식의 주입이 아니고 이미 주어져 있는 능력을 계발하도록 도와주는 일이다. 이러한 생각을 일찍이 밝힌 사람은 소크라테스였다. 교육은 마치 임신부를 도와 아이를 순산하게 하는 산파에 비유하여 그는 교육을 산파술이라 하였다(김정환, 1990 : 8-9).

산파술이란 비유에 해당하는 동양의 귀한 말에 쵀탁동시지(啐啄同時之)가 있다. 쵀(啐)는 병아리가 달걀 속에서 껍질을 쪼는 것이다. 탁(啄)은 밖에서 어미 닭이 달걀 껍질을 쪼는 것이다. 적기(適機)에 안팎에서의 동시 쪼음이 있을 때 병아리의 새 생명이 탄생한다. 어미 닭의 쪼음이 필요하나 그것은 하나의 조건에 불과하다. 두 마리의 새가 부리로 동시에 쪼아 새로운 생명을 탄생하게 한다는 뜻이다. 암탉이 알을 품으면 약 20일만에 병아리가 된다. 이것을 알고 암탉은 밖에서 안으로 알 껍질을 쪼아 주고, 이에 맞추어 병아리는 알 안에서 밖으로 쫀다. 이렇게 약 3일이 지나면 껍질이 자연스럽게 벗겨지고 새 생명의 병아리가 태어난다는 아름다운 자연의 신비를 노래한 말이다. 산파술, 쵀탁동시지 등의 표현은 教學이 따뜻한 인격적 작용임을 깊이 깨닫게 하여 주고 있다(김정환, 1990 ; 박선영, 1982).

2) 교육의 중요성

우리는 인간을 윤리적 동물, 사회적 동물, 종교적 동물, 경제적 동물, 공작적 동물, 예술적 동물 등으로 부른다. 그러나 이보다 더 적절한 표현은 '교육적 동물(homo education)'이다. 즉, 인간은 교육을 통해서만 비로소 인간이 된다.

인간은 교육을 받아야만 제 구실을 할 수 있는 동물이라는 뜻에서 교육적 동물이라고 부른다. 우리는 이것을 인간의 다섯 가지 특성, 즉 인간의 미완성, 가치지향성, 교육기간의 장기성, 행동양식 · 문화내용의 재획득성, 경험의 전

달성으로 풀이할 수 있다.[2)]

첫째, 동물은 완성된 상태의 축소판으로 탄생한다. 동물은 앞 세대의 배려 없이도 살아 남을 수 있지만 인간은 가장 약하고 미숙한 상태로 태어나며, 앞 세대의 도움 없이는 신체도 보존할 수 없다. 둘째, 동물은 가치 · 진리에 대한 감각이 없으나 인간은 이것이 다른 어떤 생리적 욕구보다 강하다. 심지어는 가치의 실현, 진리의 선포를 위하여 목숨을 바치기도 한다. 즉, 동물은 가치에 대하여 닫혀(closed) 있으나 인간은 열려(open) 있다. 예수의 십자가 상의 죽음, 그리고 Socrates의 독배, Kant의 천국요청 등은 인간만이 지니는 이러한 가치지향성에서만 풀이될 수 있는 것이다. 교육이란 이런 가치의 추구 · 실현의 과정이기도 하다. 셋째, 동물은 미성년기가 짧은데 반하여, 인간은 대단히 길다. 코끼리는 덩치도 크고 수명도 길지만 미성년기는 불과 1년 정도다. 그러나 인간은 덩치는 작지만 미성년기가 길며 적어도 15년은 걸린다. 넷째, 동물에는 문자와 언어와 문화양식 등 넓은 의미의 문화가 없으나 인간은 이것이 가장 귀한 생활의 수단이다. 그런데 이런 문화는 인간 각자가 태어날 때부터 소유하는 것이 아니다. 인간은 교육을 통해서 획득하고 이를 자기 몸을 통해서 재획득할 수밖에 없다. 이런 의미에서 교육작용을 사회적 문화유전작용이라 할 수 있다. 다섯째, 동물에는 경험의 조직적 전달작용이 없으나 인간에는 이것이 있다. 동물에는 역사가 없고 인간에만 역사가 있는 이유가 여기에 있다.

한 사회 공동체의 우월성과 질은 그 사회를 구성하고 있는 사람들의 성숙된 인간됨과 그들이 누리는 인간적 가치의 정도에 따라 결정된다. 성숙된 사람들은 사물을 보는 안목이 신선하고 개방적이며, 문제를 풀어 나가는 방식도 합리적이다. 이러한 성숙된 인간됨은 교육을 통해서 길러진다.

교육은 사람들의 세상을 보는 안목을 열어 주고 새로운 문제해결 방식을 찾게 해 준다. 무엇보다 사람을 중요하게 보도록 하고 귀하게 다루도록 한다. 인간가치 발전의 근본은 교육이다. 교육에 정성을 쏟아 자라나는 세대에게

---

2) 김정환 · 강선보(1997). 교육학개론. 박영사. pp. 56-57(교육적 동물)

앞날을 기대하는 사회일수록 그 사회는 크게 발전한다.

현대사회의 특징을 어떻게 파악하던 교육의 중요성에 대한 사회적 인식이 증대되고 있음은 전세계적으로 공통된 시대적 추세이다. 오늘의 시대는 교육경쟁의 시대, 교육폭발의 시대, 지식-정보사회이며 교육의 중요성이 강조되고 있는 독특한 시기이다.

현대사회에서 교육의 중요성이 강조되고 교육의 기회가 확충되고 있는 까닭은 몇 가지 측면에서 살펴볼 수 있다(김종철, 1994).

첫째, 인구의 폭발적 증대가 교육인구의 증대를 가져오는 기본요인으로 등장하고 있다. 인구는 사회의 발전단계, 사회심리적 여러 요인, 기타 여러 요인에 따라서 사회간, 계층간, 인종간에 증가의 속도나 양상을 달리하고 있다. 인구의 증대가 교육의 의무화, 보편화, 대중화 현상과 더불어 교육폭발의 직접적 요인이 되고 있다.

둘째, 사회적 기대의 상승이다. 오늘의 사회성원들은 옛날 정적(靜的) 사회의 조상들과는 근본적으로 다른 심리적 동기화의 계기를 다양하게 가지게 되었다.

셋째, 교육의 기회균등 사조의 보편화를 들 수 있다. 오늘날과 같이 인간이 기회균등의 원리를 강조했던 때는 일찍이 없었다. 의무교육의 연장, 중등교육의 보편화, 고등교육의 대중화, 학교 외 평생교육의 진흥, 특수 · 유아교육의 발전 등 모든 교육의 발전과 성장이 이와 같은 원리와 이념에 직결되어 있다.

넷째, 교육은 개인의 자기실현과 복지향상의 수단을 넘어서 국가발전과 민족중흥의 원동력이 된다는 사조가 나타나고 있다. 19세기까지만 해도 교육은 주로 개인의 자기완성과 자기발전이라는 관점에서 고찰되었다. 그러나 오늘날 교육은 국가와 사회의 보존과 발전을 위한 원동력으로서 그 중요성이 인식되고 있다. 교육은 개인적 목적보다는 경제성장, 사회의 개혁, 문화의 창달 등을 위한 강력한 수단으로 인식되고 있다.

다섯째, 국제화 · 개방화와 인력의 교류 증대가 교육을 촉진시키는 작용을 하고 있다. 세계는 통신과 교통의 발전을 비롯하여 과학기술의 진전을 촉매로 하여 유례 없이 시간과 공간을 단축시키고 있으며, 교육과 인력면에서도 교류가 활발해지고 있다.

여섯째, 평생교육의 이념과 사조가 교육의 폭발을 가속화시키고 교육의 중요성을 깨닫게 하고 있다. 우리는 지식과 기술이 폭발적으로 증대되는 시대에 살고 있으며 이른바 학습사회(learning society)3)를 지향하면서 평생교육의 이념을 강조하고 있다. 우리나라도 학교에서의 계속교육 기능의 강화, 직장 연수체제의 정비, 매스컴을 활용한 방송통신교육의 정비와 교육활동의 강화, 사회교육과 성인교육의 진흥 등에 새로운 관심을 기울이는 것 등은 평생교육체제를 지향하는 것이다.

이 밖에 교육에 대한 사회수요와 인력수요가 급격히 증대되고 사회의 격동과 불확실성의 시대에 직면하여 교육을 받는 것보다 더 확실한 대비책이 없다는 개인적 · 사회적 인식이 점차 높아져 가고 있다.

---

3) 학습사회에 대한 논의는 1971년 유네스코의 교육개발에 관한 국제위원회의 세미나 보고서인 생존을 위한 학습(Learning to be) 속에서 미래의 사회형태를 지향하는 개념으로 사용하기 시작하였다. 우리 나라는 1980년 제5공화국 헌법에 평생교육 실시에 관한 조항을 업급하였고 평생교육진흥에 관한 보고서에서 학습사회라는 말을 사용하고 있다. 학습사회의 기본적 성격은 다음과 같다.

① 국민의 일부만이 아닌 국민 전체에게 학습의 기회가 개방되어 있는 열린학습사회(open-learning society)이다.

② 일정한 연령에 학습을 끝마치는 것이 아니라 평생에 걸쳐 학습을 계속하는 평생교육, 즉 평생학습사회(lifelong learning society)이다.

③ 다양한 학습을 시도하는 사회이다. 학습의 내용이 지적(知的)인 것에만 한정되어 있지 않고 여가생활에 관한 내용 등 개방되어 있다.

④ 교사만이 교육을 행하는 교육사회가 아니라 자신이 학습을 수행하는 자기주도적 학습사회(self-directed learning society)이다.

- 한준상 외(1996). 신교육사회학. 학지사. pp. 384-390, 학습사회의 과제와 전망.

3) 교육의 정의와 작용

교육에 대한 정의를 내리고 교육현상을 규명하고자 하는 것은 교육을 연구하는 데 있어서 피할 수 없는 과제이다. 오늘의 인간사회가 있기까지는 형식과 내용은 달랐지만 끊임없이 교육활동이 계속되고 있으며, 한 개인의 일생을 두고 생각할 때는 태어나서부터 노년기까지 한평생 동안 넓은 의미의 교육이 진행되고 있다. 인간형성의 작용이 교육이라고 할 때, 인간형성의 강조점을 어디에 두느냐에 따라 교육의 정의도 달라질 수 있다.

첫째, 인격성에 중점을 둔 규범적 세계관의 교육의 정의이다. 인간이 이상을 향해 도덕적 · 인격적으로 도야하는 활동이 교육이라는 이상주의적 규범교육, 인격교육에 바탕을 둔 본질관이다. 칸트(Kannt, 1724-1804)는 교육학 강의의 첫머리를 다음과 같은 말로 장식한다(김정환, 1990).

이 교육작용이 바로 인간을 다른 동물과 결정적으로 구별하는 것이며 또 인간으로 하여금 다른 동물은 누릴 수 없는 역사를 누리게 하고 오늘날과 같은 찬란한 문화를 구축하게 만든 원동력이 되었던 것이다. 인간을 교육의 산물로 간주하고 교육은 '인간을 인간답게 형성하는 작용'으로 정의하고 있다. 또한 사람은 교육을 통해서만 사람다운 사람이 될 수 있다는 교육만능설을 주장하였으며, 교육의 목표를 도덕적 인간형성에 두어 인격적인 면을 중시하였다. 이러한 면은 동양의 유교주의적인 교육관과도 일치한다.

둘째, 자연성에 중점을 둔 자연주의 교육관에서의 교육의 정의이다. 인간은 자연적 인간으로 태어났다는 점과 인간본성(humun nature)의 발달을 강조하며, 사회적 전통이나 외부적 · 인위적인 영향을 배척하여 자기 목적적이며, 개인의 발달도 자연적 · 자율적인 것이라고 주장하는 자연주의적 철학에 바탕을 둔 입장이다.

이러한 견해는 루소(Rousseau, 1712-1778)에 의해서 대표된다. 그는 인간의 자연적 발달을 위한 모든 조성활동을 교육이다고 정의하였다. 인간의 자연성은 神의 섭리에 의하여 이루어졌기 때문에 완전하고 善한 것이다고 하였다. 이 자연성이 自發自展할 수 있도록 교사가 조성하는 것이 교육의 본질이라고 규정하였다.

한편, 엘렌케이(Ellen Key, 1849-1916)는 스웨덴의 자연주의 사상가이며 여성해방 운동가로서, 「아동의 세기」를 저술하여 아동의 개성의 계발과 자유로운 자기발전을 주장하였다. 그는 전통적 主知主義 교육을 '정신적 살인'이라고 통박하고 '교육의 비결은 교육하지 않는 것이다.'라고까지 역설하였다.

셋째, 사회성에 중점을 둔 사회적 세계관에서의 교육의 정의이다. 인간은 일정한 사회에서 태어났고, 사회 속에서 가치와 보람을 느낄 수 있다는 사실에 주목하고 있다. 교육의 궁극적이며 결정적인 요소를 사회와 사회생활의 법칙 안에서 찾으려는 견해로서, 다음 세대는 지금의 성숙한 세대에 흡수 동화되어 사회와 국가의 유지와 개조, 그리고 향상발전을 위해 활동한다고 보는 입장이다. 교육은 사회생활의 근본기능이며, 인간생활과 인류역사 전반에 이르기까지 영향을 주게 된다.

페스탈로치(J. H. Pestalozzi, 1746-1827)는 사회적 입장에서 교육은 사회개혁의 수단이다고 정의하였다. 그는 한 개인의 인간성을 완성하여 인간개조를 도모하고, 개조된 인간을 통하여 사회개혁을 이룩하려는 데 교육의 목적을 두었다. 인간정신의 3대 근본동력(인간성)인 정신력(知, Head), 心情力(意, Heart), 기능력(行, Hand)을 조화적으로 발달시키는 것을 교육의 목적으로 삼았다. 그리하여 인간성의 완성, 즉 인간개혁을 통한 사회개혁을 교육의 궁극적 목표로 하였다.

피히테(J. G. Fichte, 1762-1814)는 '독일국민에게 고함'이라는 강연을 통하여 교육입국론을 부르짖었다. 특히 국민교육을 신교육으로 하지 않으면 안 된다는 것을 역설하고 진정한 노작교육을 실천할 것을 주장하였다.

듀이(Dewey, 1859-1952)는 인간의 생물적 생명의 유한적이고 창조적인 면과, 사회적 생명의 영원하고 전달적인 면이 합치되는 것이 인간의 전적인 생명이며, 이것을 자유와 자연에 방임해 두는 것이 아니라, 선택적으로 조정하고 이상화하는 것이 교육이다고 하였다. 그는 생활경험의 관점에서 교육이란 생활이며(Education is life)이며, 성장이고(Education is growth), 사회적 과정이며(Education is a social process), 계속적인 경험의 재구성(Education is continuous re-construction of experience)이라고 정의하였다. 그러므로 교육은 끝없는 경험개조의 과정이며 경험을 사회적으로, 실용적으로 넓히고 깊게 하는 것이다.라고 하였으며 또한 교육은 생활의 연속을 위한 수단이라고 정의하였다.

이와 같이 교육을 정의할 때, 강조점을 어디에 두느냐에 따라서 견해의 차이가 있음을 알 수 있다. 그러나 인간형성의 작용이라고 하는 점에서는 공통성이 있다.

교육은 한 사회의 구성원들이 각자의 경험을 통해 얻은 새로운 지식과 기술을 상호 전파기능에 의해 사회적으로 축적하여 그것을 다음 세대에 전수하는 사회적 · 문화적 행위이다. 그러므로 교육은 어떤 기준의 가치 판단에 따라 그 가치를 실현하려는 문화적 행위로서, 만일 실현하려는 그 가치가 경제적 가치일 경우에는 인간의 물질생활을 보다 더 풍부하고, 보다 더 편리하게 해 주는 생산방법과 그 생산물의 합리적인 분배방식이 무엇인가를 가르치는 행위이고, 실현하려는 가치가 도덕적 가치일 경우에는 사회적 존재로서의 개인들이 다른 사람들과의 관계를 어떻게 설정하여 사는 것이 옳은 것인가를 가르치는 행위이다.

사람의 사람됨은 사회적 존재로서의 자아를 자각하고, 그 자각적인 개인들이 힘을 합하여 바람직하다고 판단되는 가치들을 실현하는 데 있다. 인류의 역사는 그러한 가치 실현의 끊임없는 과정이라고 말할 수 있다(노명식, 1994).

교육은 모든 사람을 사람답게 만들어 준다. 사람은 몸이란 하드웨어를 가지고 태어나지만, 여기에 소프트웨어를 갖추어 주는 것이 교육이다.

4) 교육의 형태와 요소

(1) 교육의 형태

교육은 교육자의 의도, 교육의 방법, 교육의 장소 또는 교육이 행하여지는 과정에 따라 여러 가지 형태로 구분할 수 있다. 인간을 바람직한 모습으로 형성하려고 하는 노력은 우리 주위에서 구체적으로 나타난다. 이것이 교육의 형태에 관한 문제이다. 시대적 상황에 따라서 교육의 형태는 여러 가지로 바뀌어 왔고, 그들은 각각 독특한 의미를 가지고 있다. 교육의 형태분류 중 대표적인 형식적 교육(formal education)과 비형식적 교육(informal education)을 중심으로 살펴보면 다음과 같다.

① 형식적 교육

형식적 교육은 특정한 교육기관이 마련되어 있고 일정한 교육목적을 향하여 규율과 순서에 따라 계획적이고 계속적인 교육작용이 이루어지는 것이다. 예컨대, 학교 · 강습소 · 훈련소 등에서 실시하는 교육과 같이 일정한 형식과 의도적인 목적에서 계속적으로 실시하는 교육을 말한다. 학교는 대표적인 형식적 교육이다. 이러한 교육을 우리는 흔히 협의의 교육(좁은 의미의 교육), 의도적 교육이라고도 한다. 이러한 의도적 교육은 일정한 교육기관이 마련되어 있고, 일정한 제도에서 행하여지는 계속적이고 구안적인 교육을 말한다.

② 비형식적 교육

비형식적 교육은 가정 · 사회 · 매스컴 등에 의하여 성립되는 교육처럼 특정한 교육기관이나 규칙도 없이 일상생활 가운데에서 또는 어떤 특정 목적의 교육활동 과정에 부수적으로 사람의 행동변화에 영향을 주는 소극적 교육작용을 말한다. 예컨대, 가정에서 이웃에서 친구 사이에서, 보고 듣고 느끼고 하는 사이에, 언어 습관 태도 예의가 형성되는 것 등이다. 이와 같이 무의도적 자연 발생적으로 이루어지는 것이 비형식적 교육이다.

(2) 교육의 요소

교육의 요소(elements of education)란 의도적인 교육활동이 이루어지기 위하여 필요한 요건을 뜻한다. 교육활동은 교육을 행하는 측과 교육을 받는 측이 서로 교섭하고 실천하는 과정으로 성립된다. 교육의 주도자, 즉 교육자를 교육의 주체(the subject of education)라고 부르고, 실천을 받는 대상, 즉 피교육자, 혹은 학습자를 교육의 객체(the object of education)라고 부른다. 그리고 교육의 주체와 객체가 상호 교섭할 수 있도록 연결해 주는 교육의 재료, 즉 내용을 교육의 매개체(the medium of education)라 부른다.

교육활동이 이루어지고 있는 상황에는 이 3가지 요소가 존재하며 그 가운데 하나라도 빠지면 엄밀한 의미의 교육은 성립하지 않는다.

① 교 사

교육은 미성숙자가 현재의 상태가 불완전하기 때문에 성숙되고 완전한 상태를 향해서 노력해 나가는 과정이다.4) 이러한 과정에서 교육을 의도적이고 조직적으로 이끌어 가는 사람이 교사이다. 교사는 미성숙자를 이끌어 가는 사람이기 때문에 바람직한 가치관을 소유하고, 교직관과 윤리성이 요구된다.

교육은 교사, 학생, 교육내용(교육 매개체)의 3요소로 성립된다. 이 세 가지 요소 가운데 가장 핵심적인 요소는 교사이다. 아무리 좋은 교육안이라고 하더

4) 기존 교육이론의 특징은 교사중심이다. 학교라는 제도가 탄생한 이래 교육은 그것을 주관하고 실천하는 주체를 국민이라기보다는 국가, 아동이라기보다는 성인, 학생보다는 교사로 설정하여 왔다. 따라서 교육이론들은 성인교사가 학생들을 대상으로 하여 무엇을 어떻게 가르쳐야 되는가에 관한 방법과 정당화를 주된 과제로 삼아 왔다.

라도 그것이 성공하기 위해서는 현장교사의 힘이 없이는 불가능하다. 교육의 성패는 질 높고 교육적 사명감을 가진 교사를 얼마만큼 확보하느냐에 달려 있다고 할 수 있다. 교육은 교사에 의해서 이루어짐으로 교육의 핵심은 교사의 활동이라고 할 수 있다. 교사가 달라지면 학생, 교육내용이 달라질 수 있으나, 학생과 교육내용이 달라진다고 하여 교사가 달라진다는 보장은 없다. 교사의 자질과 노력에 따라 교육의 성과가 결정된다. 효과적인 교육을 위해서는 외적인 교육시설이나 내적인 합리적 조직도 중요하지만 교사의 인격이나 교사의 행동이 무엇보다 중요하다.5)

② 학습자

교육의 객체인 피교육자는 생물학적인 유기체인 동시에 사회적인 유기체이며 또한 윤리적인 인격체이다. 그들은 미숙한 신체와 정신 그리고 지성을 가진 가능체이다. 그리고 발전할 수 있는 소질과 능력을 가지고 모든 행동을 통일 · 통합시킬 수 있는 존재이다. 그들은 성장하여 선해질 수 있고 참다워질 수 있는 힘과 가치를 보유한 새싹이다. 이와 같은 가능성을 지닌 새싹은 어떤 자극을 주어 개발하고 성장시켜야 한다.

미성숙자를 교육의 대상으로 삼아 교도 · 편달하고 보호 · 육성해야 한다.6)

5) 아무리 좋은 고령토라도 제대로 된 도공을 만나야 백자가 되고 청자가 된다. 옹기장이를 만나면 옹기 그릇밖에 되지 못한다. 대나무도 왕대 밑에서 왕대가 난다. 아무리 좋은 대들보감도 목수를 잘못 만나면 다듬질을 잘못해서 못쓰게 되고 아궁이에 들어가는 경우가 생긴다. 교육의 핵심은 교사에게 있으며, 교육의 성패는 다른 어떤 조건보다 교사의 열의와 전문적 역량에 달려 있다. 흐르는 물은 그 원선 이상의 높이에 오르지 못한다. 그러나 문화적으로 볼 때 어린이는 자기를 가르친 교사나 자기를 낳아 주신 어버이 이상의 수준으로 오를 수 있다. 이리하여 인류의 진보가 이루어지는 것이며, 이것을 유발시키는 것이 교육활동이며 교사의 역할이다.

6) "아동중심 교육"이나 "학습자 중심교육"이라는 말을 상업적인 용어를 도입하여 '수요자 중심교육'이라는 단어로 바꾸어 사용하는 경향성이 있다. 수요자중심 교육을 단순히 '수요자의 주문에 응하는 교육'(주문식 교육 등)으로 잘못 이해하는 경향성도 있다.
의사가 치명적인 결함을 가져다 줄 수 있는 수술을 고객(?)이 원한다고 그대로 시술해 주지 않는다. 교사가 주문에 따라서 사람을 만들어 주는 일을 자신의 직업이라고는 생각하지 않는다. 부모나 학습자가 원하는 교육이 과연 한 인간으로서의 유의미한 삶을 살 수 있게 하는 조건인

교육의 객체라 해서 학습자를 추종자 내지 모방자로 간주하는 오류를 범해서는 안 된다.

③ 교육내용

교육의 주체와 객체 사이에는 언제나 매개물(medium)이 존재하며, 그것을 교육의 재료, 즉 교육의 내용이라고 한다. 그리고 그것은 수단적 가치를 지니며 절대적 역할을 담당한다. 그러면 교육내용이란 무엇인가? 가장 간결하게는 교육내용이란 가치롭다고 인정된 인류 문화유산과 생활경험, 즉 교재라고 할 수 있다. 교육이란 이와 같이 교육내용을 매개체로 중간에 놓고 교육의 주체와 객체가 상호 실천적으로 교섭하는 상호작용이다.

가를 가장 잘 판단해 줄 수 있는 삶은 교사뿐이다(이돈희, 1998). 학생을 소비자의 관점으로 보는 경향성에 대한 비판도 제기되고 있다(황용길, 1999). 미국의 캘리포니아 주에서 고등학교를 졸업한 후 몇 년이 지나도록 직장을 구하지 못한 한 남자가 자신이 졸업한 고등학교에 소송을 제기하였다. 취업을 할 수 있도록 충분한 실력을 갖추어 주지 않은 채 자기를 졸업을 시켜서 결국은 실업자가 되었으니 책임을 지라는 것이었다. 이 사람은 고등학교 때 말썽을 많이 부렸고, 정학에 퇴학을 수차례 받았다. 게으름 피우고 선생님 말씀 안 들어서 공부를 엉망으로 했으면 마땅히 내 잘못이었노라고 인정을 하고 용서를 빌어야 한다. 그런데 도리어 자기 청춘을 보상하라고 주장하고 있다. 어떻게 이런 일이 생길 수 있을까요? 학생을 소비자로 보는 미국의 학교를 다녔기 때문이다. 이러한 소비자 보호의 개념이 미국의 학교를 몰고 간다. 교육은 상품이고 학생은 소비자가 되어 버린 것이다. 학교는 품질 좋은 교육(quality education)을 제공하여 소비자인 학생(student as a consumer)을 만족시켜야 한다. 그렇지 않으면 교육도 물러 주고 바꿔 주어야 한다. 교육은 물건을 사고 파는 시장의 원리로 이루어지지 않는다. 돈을 낸 만큼 물건을 주는 시장과 달리 공부라는 것은 돈을 냈다고 해서 그 액수만큼 배울 수 있는 것이 아니다. 학습의 최종적인 책임은 학생에게 있다. 선생님이 아무리 열심히 가르쳐도 학생이 신경을 안 쓰면 배움은 이루어질 수가 없다. 선생님이 학생 대신 생각하고 이해해 줄 수는 없기 때문이다. 학교가 제공할 수 있는 상품은 동등한 교육의 기회이다. 그리고 그 기회의 활용은 학생이 알아서 하는 것이다. 다시 말해서 물건을 사려면 돈을 내야 한다. 그러나 공부를 잘하려면 돈을 낸 후에 학생 자신의 배우려는 노력이 있어야 한다. 이는 품질 좋은 교육을 이루어 내는 주체는 학생 자신이라는 뜻이다. 학생은 소비자라고 주장하는 미국 교육은 학습의 진정한 주체가 누구고 학습실패의 최종적인 책임이 어디에 있는가를 혼동한다. 이리하여 학생들이 자신의 잘못과 게으름까지 남의 탓으로 돌리도록 허용하는 것이다. 학교가 잘못했고 선생님이 잘못해서 학생들이 공부를 못한다는 그럴 듯한 변명은 이렇게 성립되는 것이다.

5) 교육의 관점

일반적으로 사람들은 교육을 통하여 필요한 지식과 기술을 습득하고 자아를 실현한다. 그리하여 교육을 받으면 받을수록, 즉 높은 교육을 받으면 자아실현으로 행복한 삶을 누릴 것이라는 막연한 믿음을 갖게 된다. 또, 부분적으로는 그런 점도 부인할 수 없는 것이 현실이다. 17세기 초엽, 프란시스 베이컨은 "지식은 힘이다."라고 말하였다. 또 세익스피어는 "지식의 날개를 달면 파라다이스까지 갈 수 있다."고 했다. 이것은 인간의 능력이 미지의 세계를 알아내는데 무한한 가능성을 지니고 있음을 뜻한다.

설정한 목표가 끝이 난다면 그 인생은 다한 것이라고 볼 수가 있다. 그리하여 설정한 목표를 완성하고 나면 또 다른 목표를 세우는 것이다. 그래서 인간의 이상은 무한히 계속된다. 인간이 영원히 달성할 수 없는 세계가 이상의 세계이다. 그러나 만약 인간이 이상의 세계가 달성하기 어려운 세계라고 달성하려는 의지까지 포기한다면 어떻게 될까. 그것은 인간의 생명의 끝을 뜻하는 것이다. 그렇기 때문에 사람이 사는 곳에는 희망이 있고 꿈이 있는 것이다.

교육이란 지식이나 기술을 전달하는 수단이 아니라, 그 지식과 기술을 인류의 선을 위하여 활용할 수 있도록 하고, 사람이 사람 노릇하는 지혜를 길러 주는 것이다. 인간은 얼굴 모습, 지문이 다르듯 개인 각자 나름대로 고유한 사명을 가지고 이 땅에 태어난다. 하나도 쓸모 없는 사람은 없다. 이제 우리 교육제도는 개성을 표출하고 개개인이 가지고 있는 특성을 최대한 발휘하여 인생에서 행복을 누릴 수 있도록 도와주는 인간교육으로의 대전환이 필요하다.

똑같이 교육, 배움, 지식을 귀하게 여기고 높은 교육열로 이를 추구한다해도, 그것을 왜 가치 있게 여기느냐는 개인에 따라 또 사회풍조에 따라 다르다. 교육관은 크게 세 가지 관점으로 분류할 수 있다.[7]

---

7) 정범모(1993). 교육의 본연을 찾아서. 나남. pp. 50-51.

첫째, 교육 간판관(看板觀)이 있다. 출세주의 교육관이다. 교육이 사회경제적 계층의 상승수단, 즉 출세의 입장권이 되기 때문에 귀하게 여기는 관점이다. 이러한 경우에는 무슨 공부를 어떻게 해서 어떤 사람이 되어 가느냐에는 거의 관심이 없고, 특정 대학, 특정 학교 입학과 졸업에만 관심이 있다. 그래서 어떤 교육과정, 어떤 교육방법, 어떤 교육목적, 어떤 교육성과냐는 실질적으로 거의 논외에 있다.

둘째, 교육 유용관(有用觀)이 있다. 교육을 받아서 많이 알면 실제로 여러 쓸모가 있기 때문에 교육을 귀히 여기는 관점이다. 알면 농사도 더 잘 지을 수 있고, 공장에서도 더 좋은 물건을 더 많이 생산할 수 있고, 원자탄도 만들 수 있고, 사람의 병도 고치고, 국가발전도 기약할 수 있다. 유용한 교육을 해야 하기에 어떤 교육과정, 어떤 교육방법이냐가 자연 관심의 대상이 된다.

셋째, 교육 희열관(喜悅觀)이다. 사람에게는 세계를 공부하고 알고 궁금증을 풀고 하는 자체가 기쁨이고 또 사람의 도리이기 때문에 교육을 귀하게 여기는 입장이다. 이것은 교육의 내재가치관 또는 교육의 자아실현관이라고 볼 수 있다. 가르치고 배우면서 알고 느끼고 깨닫는 것은 쓸모나 출세 수단이기 전에 그 자체로서 하나의 큰 보람이며, 사람 스스로 사람됨을 이루어 나가는 길이라는 관점이다. 거기에는 발견의 황홀함이 있고, 깨달음의 기쁨이 있고, 앎의 즐거움이 있다. 공자의 말대로 "배우고 또 배워도 싫지 않으며 가르치고 또 가르쳐도 게을러지지 않는다." 문제는 어떤 까닭으로 그 배우고 가르침에 즐거움도 황홀함도 기쁨도 없고, 그런 교육, 그런 학습이 우리 교육현장에서 벌어지고 있느냐에 있다.

어떤 직업을 선택할지 모르는 이들에게

첫째, 지금도 절대로 늦거나 뒤처진 것이 아니에요. 지금부터 정말로 다양한 경험을 최대한 많이 해 보세요. 봉사활동도 해 보고, 여행도 여러 곳 가 보고, 아르바이트, 인턴십도 여러 군데 찾아서 해 보세요.

둘째, 다양한 책들을 많이 보세요. 지하철에서 스마트폰만 열심히 하지 마시고 책을 보세요. 에세이, 국내외 여행책, 패션, 마케팅, 세계 경제와 관련된 책, 소설이나 시집, 마음 수행

혜민 스님
소속: 햄프셔대학교 교수, 뉴욕불광사 총무
학력: 하버드대학교 대학원 종교학 석사

셋째, 연애를 열심히 하세요. 나를 좋아해 주는 사람, 내가 좋아 죽겠는 사람, 종류별로 만날 수 있으면 다 만나 보세요. 만나지지가 않더라 하시는 분들은 사실 노력을 기울이지 않아서 그래요.

이 세 가지를 열정을 가지고 다른 사람 눈치 보지 않으며, 느낌이 오면 그냥 행동으로 옮기세요. 그러면 돼요. 그러면 자기 스스로 그 과정 속에서 알게 돼요. 뭘 하고 싶은지, 또 내가 누구인지.

출처: 멈추면, 비로소 보이는 것들, 혜민 스님, 쌤앤파커스

제2장

교육의 사회학적 이해

1. 교육의 사회적 기능
2. 교육사회학의 이론
3. 사회화의 내용 및 방법
4. 가정의 교육기능
5. 학교

1. 교육의 사회적 기능

인간은 공동체(community, Gesellschaft)라고 부르는 사회 속에서 살며, 누구나 공동체를 떠나서는 살 수 없다. 인간은 동물적 인간(animal man)으로 태어나 사회적 인간(social man)으로 성숙해 간다. 인간이 사회적으로 성장하고 발전한다는 말의 의미는 인간의 사회화 과정을 지칭하는 것으로 교육이 사회적 기능을 갖고 있음을 나타내고 있는 것이다. 인간은 출생하면서부터 사회화 과정이 이루어짐으로 사회적 존재로서의 인간형성이 가능하다. 따라서 교육과 사회적 존재로서의 인간존재는 본질적으로 연결되는 것이다.

사회화 과정은 개인의 입장에서 보면 개인이 사람다운 사람이 되기 위해서 각자에게 특유한 자아 혹은 성격을 형성하는 과정이고 사회의 입장에서 보면 각 사회가 그들 문화적 유산을 다음 세대로 이어가도록 하는 과정이다. 이러한 사회화는 넓은 의미의 교육과 뜻이 통한다. 즉, 사회의 구성원들에게 요구되는 지식 · 가치관 · 기능을 습득해 가는 성장의 과정을 사회화라고 한다면 그것은 넓은 의미의 교육을 포함하는 것이다.

학교에서의 사회화는 크게 두 가지 형태로 나누어 볼 수 있다. 하나는 인지적 사회화로서 특정의 지식이나 기술을 습득시키는 형태이고, 다른 하나는 가치관이나 행동양식을 형성시키는 규범적 사회화이다. 우리나라의 경우에는 사회화를 논할 때 규범적 사회화 또는 도덕적 사회화를 강조하는 경향이 있다. 하나의 사회가 사회로서의 통일성을 가지고 존속 · 발전하기 위해서는 그 사회를 구성하는 사람들 사이에 일정한 공통된 가치관이나 행동양식이 존재하여야 한다.

교육은 개개인의 변화를 1차 목표로 하지만 그것이 수행되는 과정은 개별적이 아니라 사회적 과정이다. 교육을 하나의 사회적 과정으로 파악할 때 그것이 수행하는 사회적 기능이 무엇인가를 파악할 필요가 있다. 교육의 사회적 기능에 대한 고전적인 견해는 Dewey에서 시작되었다. Dewey는 「민주주의와 교육」에서 교육이 보수적 측면과 진보적 측면을 동시에 갖고 있음을 시사했다. 그는 자연이나 과거의 문화적 유산과 같은 외부적 요소를 수동적으로 받아들임으로써 인간이 형성되는 것을 교육의 보수적인 측면으로 보고, 끊임없는 경험의 재구성 혹은 재조직을 통한 성장이라는 자신의 설명을 교육의 진보적인 측면으로 보았다. 교육은 새로운 세대에게 과거의 문화유산과 현존사회의 가치규범을 전달함으로써 사회를 유지시키는 보수기능과 아울러 좀 더 합리적인 지식과 가치의 탐구를 통하여 사회를 개선시키는 혁신적 기능을 갖는다.

1) 현상유지 기능

교육이 현상유지(보수) 기능을 한다는 말은 두 가지 의미를 함축하고 있다. 하나는 서술적 의미로서 교육이 사회자체의 연속성과 기본질서의 유지에 필수적인 가치와 지식 등을 새로운 세대에게 전수한다는 것이고, 다른 하나는 비판적 의미로서 교육이 기존체제의 불평등한 사회구조를 유지하고 재생산하는 데 기여한다는 것이다.

교육의 현상유지 기능은 교육 본연의 기능으로서 긍정적으로 파악하기도 한다. 기능론적 사회학자들은 교육을 사회화와 동일시하고 능력에 따른 선발과 배치를 교육의 가장 중요한 역할로 간주하였다. 그러나 기능론의 견해는 엄격한 체제론적 시각에서 사회집단 사이의 갈등을 단순한 사회 병리현상으로 보고, 능력을 배경요인과는 독립된 것으로 파악함으로써 기존의 지배질서를 옹호한 것으로 비판받았다.

갈등론 시각에 의하면 기존의 교육은 지배집단의 체제유지를 위한 수단에 불과하며, 능력과 같은 외견상 중립적인 개념들은 그러한 본질을 은폐하기 위한 이데올로기에 불과하다고 한다. 비판적인 입장에서 기존의 교육이 지닌 현상유지 기능을 뚜렷하게 드러낸 것은 재생산이론이다. 재생산이론은 현대의 공교육체제가 자본주의 생산양식의 생산조건—생산과 생산관계—을 재생산함으로써 기존체제를 유지하는 기능을 한다고 본다.

구체적인 기제에 대하여 경제적 측면을 강조하기도 하고 문화적 측면을 강조하기도 하지만 결국 교육은 구조적으로 기존체제의 유지에 기여한다. 이러한 견해는 개인의 변화를 핵으로 하는 교육을 통해 기존의 불평등을 해소할 수 있다는 소박한 자유주의 견해가 허구이며 이데올로기에 불과하다는 것을 보여주기 위한 것이었지만, 반면에 이론적으로 교육을 통한 새로운 사회의 실현이라는 가능성을 전적으로 부정했다는 점에서 한계를 지니고 있다.

2) 현실변혁 기능

자유주의 관점에서는 교육의 진보적 기능을 개인의 바람직한 변화를 통한 사회의 변화라는 방식으로 파악하였다. 즉, 낡은 가치와 지식 대신에 새로운 가치와 지식을 습득하고 그것을 풍부하게 하는 개인이 증가할수록 사회는 점차 진보하게 된다는 것이다. 그러나 이러한 생각은 계급간의 적대적 관계가 상존하여 있고 개인의 의사와는 무관하게 움직이는 사회구조적 측면이 있다는 점을 간과한 것이다.

교육은 어떤 경우에 현실을 변혁시켜 좀 더 나은 사회를 이루는 데 기여할 수 있는가? 그것은 무엇보다도 현실에 대한 비판적 안목의 형성을 통해서라고 할 수 있다. 교육은 전통적 가치와 규범 · 지식 등을 단순히 전수할 뿐만 아니라 현존하는 것에 대한 비판적 안목을 길러 주기도 한다. 즉, 모순과 문제점을 찾아 내고 그것을 극복하려는 의지와 능력이 교육을 통해서 길러질 수 있다는 것이다.

교육은 기본적으로 기존체제를 재생산하는 역할을 하지만 동시에 현존하는 모순과 문제점을 비판적으로 인식하고 극복하고자 하는 주체를 형성함으로써 현실변혁 기능을 수행한다.

2. 교육사회학의 이론

사회를 바라보는 시각에는 여러 가지가 있을 수 있다. 그리고 이러한 시각의 차이는 사회의 어떤 면을 부각시켜 보는가 하는 문제와도 연결된다. 기능주의와 갈등주의는 그 이론의 명칭에서도 알 수 있듯이 사회를 서로 다른 각도에서 바라본다. 기능주의가 사회를 긍정적인 시각에서 바라본다면, 갈등주의는 부정적인 시각을 지닌다고 할 수 있다. 이러한 시각 차이는 사회의 어떠한 부분을 부각시켜서 보느냐의 문제와 관련이 있는데, 기능주의의 입장은 사회의 순기능 면을 중점적으로 보고 있고, 갈등주의는 사회가 지닌 불평등의 측면에 관심을 가진다고 할 수 있다.

사회에 대해서 이렇게 시각의 차이가 나타나는 것은 사회 그 자체에 대한 견해 차이보다는 사회의 주인이 누구인가의 문제가 개재된 견해차라고 할 수 있다. 기능주의의 경우 사회를 신체에 비유하여 몸의 각 부분이 각각의 역할을 수행함으로써 그 신체부위뿐만 아니라 몸 전체가 생존해 나갈 수 있다고 본다. 이러한 관점에서 본다면 사회구성원 모두는 사회에 대해서 일정한 역할을 부여받고 그 역할을 성실히 수행함으로써 모두가 사회의 유지 · 존속에 기여하고 있으므로 사회구성원 전체가 사회의 주인으로서의 일정한 역할을 한다고 할 수 있다. 그리고 이러한 기능주의 관점에서의 계층이란 불합리한 것이 아니라 사회에서 얼마만큼 비중 있는 역할을 수행하고 있는가 하는데 따르는 정당한 차별이다. 여기서 정당한 차별이라는 것은 사회구성원들의 납득을 전제로 하는 '합의'(agreement)의 성격을 지니고 있음을 말한다.

그러나 갈등주의의 경우 사회의 주인은 사회구성원 모두가 아니라 사회적 특권계층이다. 갈등주의 관점에서는 사회란 소수의 특권계층의 기득권을 유지하기 위한 것으로서, 피지배계급인 대다수의 사람들은 지배계급인 특권계층을 위해 희생당하고 있는 것으로 이해된다. 따라서 계층 역시 특권층과 비특권층의 구분으로서의 의미를 지닌다. 이러한 시각의 차이는 사회의 재생산이라는 측면에 있어서의 극단적인 견해 차이로 이어진다. 즉, 기능주의에 따르면 사회 재생산은 사회가 올바르게 유지되기 위한 맥락에서 요구되는 것이지만, 갈등주의의 경우에 있어서는 사회 재생산이란 사회 특권층의 기득권을 재생산하는 것일 뿐이다.

1) 기능이론

기능이론(functionalism)은 오랜 전통을 가지고 있다. 기능이론은 명칭도 기능이론 외에 구조기능이론(structural functional theory), 합의이론(consensus theory), 질서모형(order model), 평행모형(equilibrium model) 등이 있으며 명칭에 따라 이론의 강조점이 서로 다르다. 그러나 이들을 모두 포괄하여 기능이론으로 부르는 것이 일반적이다.

기능이론의 현상유지 지향성은 뒤르켐(Dürkheim, 1857-1917)의 사회학에 나타나 있다. 현대 사회학 건설자의 한 사람으로써 뒤르켐이 평생을 두고 추구한 문제는 "사회가 어떻게 지탱하는가"였다. 산업화와 자유화의 물결에 밀려 전통사회의 규범과 제도가 모두 무너지고 새로운 종류의 규범과 제도가 형성되는 격동의 전환기를 체험한 뒤르켐으로서는 사회가 붕괴되지 않고 여전히 그 나름의 질서를 유지하면서 존속하는 것이 하나의 신비로운 일이었다. 자연히 질서가 그의 사회연구의 중심문제가 되었다. 그리하여 그의 사회학이론은 그가 원했거나 원하지 않았거나 간에 기존체제를 옹호하는 주장의 뒷받침으로 인용되었다.

기능이론은 사회를 유기체에 비유한다. 유기체는 손, 발, 코, 귀, 위, 폐 등 여러 기관, 즉 부분으로 구성되어 있으며, 이들은 각기 담당하고 있는 기능이 있어서 각각의 기능을 순조롭게 수행함으로써 인체의 생존과 활동을 가능하게 만든다. 각 기관은 인체, 즉 전체로부터 떨어져서는 살아갈 수 없으며, 어느 한 기관이라도 결핍되면 인체도 완벽한 활동을 할 수 없다. 그러므로 인체의 각 기관은 각기 고유의 기능을 제대로 수행함으로써 유기체를 존속시키고 자체의 생존도 보장받을 수 있다. 유기체는 항상 생존과 건강한 활동을 지향하며 어떤 이유로 병을 얻어 부분 또는 전체의 기능이 약화되면 이를 회복하기 위한 모든 노력을 기울인다.

유기체와 마찬가지로 사회는 각기 다른 여러 부분으로 구성되어 있으며 각 부분은 전체의 존속을 위하여 필요한 각각의 기능을 수행한다는 것이 기능이론의 설명이다. 그런 의미에서 사회의 각 부분은 상호의존한다. 사회는 항상 안정을 유지하려는 속성을 지니고 있으며 충격에 의하여 안정이 깨뜨려지면 이를 회복하기 위한 노력을 전개한다. 사회를 구성하고 있는 각 부분 간에는 우열이 있을 수 없으며 각기 수행하는 기능상의 차이가 있을 뿐이다. 다른 사람에 비하여 더 많은 재산이나 권력을 가진 사람이 있는 것은 그가 다른 사람에 비하여 더 어렵고 중요한 기능을 맡고 있기 때문에 사회적 보상을 더 많이 받고 동시에 그 기능수행에 필요한 권한을 더 부여받았기 때문이다. 그런 의미에서 계층은 기능의 차이에 바탕을 둔 차등적 보상체제의 결과일 뿐이다. 결국 기능이론이 보는 사회는 각기 다른 질적으로 우열의 차이가 없는 기능을 수행하는 수많은 개인과 집단의 통합체로서 안정과 질서유지라는 합의된 목표 아래 상호 의존하여 살아가는 인간집단이다.

기능이론은 사회의 역사적 변화과정을 올바르게 설명하기 어렵고 사회 안의 개인간 및 집단간의 대립과 갈등을 정면으로 다루지 못하고 변화보다는 현상 유지를 지지한다는 비판을 받고 있다.

2) 갈등이론

갈등이론은 사회를 개인간 및 집단간의 끊임없는 경쟁과 갈등의 연속으로 본다. 즉, 세력다툼, 집단 간의 이해상충, 지배자의 압제와 피지배자의 저항, 따라서 끊임없는 사회의 변동이 이 이론이 보는 사회의 속성이다. 갈등이론은 마르크스주의(Marxism)와 동일시하지만 양자가 반드시 일치하는 것은 아니다. 갈등이론은 인간이 소유하고 있는 대상물은 제한되어 있고 인간의 소유욕은 무한한데, 이 모순을 해결할 길이 없으니 인간 간의 경쟁과 갈등이 불가피하다고 전제한다. 살기 위한 싸움이 필연적 현실이라는 것이다. 싸움 자체가 인생이요 사회라는 말도 된다.

뒤르켐의 학문적 문제가 질서에 있었다면 마르크스는 변화에 있었다. 마르크스는 격동하는 유럽을 바라보면서 "변화를 일으키는 힘은 무엇이며, 역사의 변화는 어디를 지향하는가"를 스스로 물어 보았다. 초기 자본주의가 형성되는 시대에 살았던 그는 유산층과 무산층의 계급투쟁이 변화의 원천이며 자본주의 사회는 이 모순에서 헤어날 길이 없는데 역사의 진행방향은 무산층이 지배하는 공산주의 사회로 가는 것이 필연적이라고 보았다.

마르크스의 교육개념은 다음과 같다.

첫째, 교육과 학교를 동일시하는 생각을 배격하고 학습이 이루어지는 모든 상황을 교육으로 간주하였으며 실제로 그러한 교육관을 가지고 교육에 관한 논의를 전개하였다. 특히 마르크스는 인간의 의식(consciousness)과 인격을 형성하고 변화시키는 과정에 주목하였다.

둘째, 마르크스는 교육을 사회개혁의 핵심적 수단으로 중시하였다.

셋째, 사회의식과 사회적 존재 사이의 변증법적 관계에 관한 이론에 터하여 교육과 생산노동을 연결시켰다.

넷째, 교육과정이 지니고 있는 이데올로기적 성격을 지적하였다. 그는 교과목의 가치중립성(value-free)에 관한 주장을 배격하였다. 이러한 생각을 근거로 하여 자본주의 사회의 교육이 자본주의적 이데올로기를 주입시키고 있다고 비판하였다.

그러나, 이러한 마르크스의 교육이론은 결정론(determinism)에 빠져 있다는 비판을 받는다. 교육이 경제구조에 의하여 일방적으로 결정된다고 역설하는 것은 물론이고 교육행위의 설명에 있어서 개인의 의지를 무시하고 사회적 조건만을 지나치게 강조하기 때문이다. 또한 사회를 지배자와 피지배자, 가진자와 안가진자 등으로 이분하고 교육이 지배자에게만 봉사하는 것으로 단정하는 것은 사실을 왜곡시키고 과장하고 있다는 비판을 받고 있다. 아울러 학교교육이 전통사회의 귀속주의 신분세습을 약화시키고 업적주의 사회이동을 가능하게 만든 공헌을 전면적으로 부정하는 점에 대해서도 비판이 모아지고 있다.

기능이론과 갈등이론의 교육에 대한 설명은 대조적이다. 기능이론의 관점에서 보면 교육은 전체사회의 한 하위체제로서 사회의 존속을 위한 그 나름의 기능을 수행한다. 우선 기존사회의 문화를 자라나는 세대에 전수하는 사회화와 사회 각 분야의 역할을 담당할 수 있는 사람을 추려 뽑는 사회적 선발(social selection)의 기능을 수행한다고 설명한다. 반면에 갈등이론은 교육은 지배집단의 문화를 정당화하고 주입하며 기존 계층구조의 재생산을 역시 정당화한다고 주장한다.

3. 사회화의 내용 및 방법

1) 사회화의 내용

사회화의 내용을 체계적으로 살펴보면 다음과 같이 네 가지로 분류할 수 있다.

첫째, 정체감(identity)의 습득이다.

무엇보다도 핵심적인 사회화의 결과로 개인은 '나는 누구인가?'라는 정체의식을 갖게 된다는 것이다. 정체감이란 다른 사람과의 상호작용을 통해 생기는 자아 또는 성격의 자기다움을 뜻한다.

둘째, 사회적 지위와 역할이다.

인간의 사회적 정체감은 그가 사회 속에서 차지하는 위치, 즉 사회적 지위를 통해 이룩된다. 사회적 특권이나 의무가 사회적으로 주어진 위치를 일컬어 넓은 뜻에서 지위라고 한다. 아버지, 아들, 교사, 학생, 수위, 사장, 남자, 여자 등 모두가 사회적 지위이다.

셋째, 성에 따른 역할의 분화이다.

문화마다 가장 보편적인 역할 사회화의 한 측면이 성적 사회화이다. 문화적 상징, 인지, 감상, 규범, 평가 등 모든 면에서 남성과 여성의 구실이 다르게 사회화된다.

넷째, 문화적 전승이다.

사회화의 본질적인 내용은 광범위한 문화를 전승하는 것이다. 사회적 상징, 신념, 규범, 가치, 태도, 심의, 인지적 경험 등 모든 것이 사회화 과정을 통해서 얻어지는 문화의 내용이다. 이러한 사회화의 내용은 비교적 장기적이며 지속적인 과정이다.

2) 사회화의 방법

사회화는 특정한 기능이나 지식의 학습과는 달리 상당히 긴 세월에 걸쳐 계속적으로 이루어지는 과정이다. 사회화란 행동의 발달이고, 사회적 학습이다. 사회화의 방법은 크게 세 가지로 요약하여 설명할 수 있다.

첫째, 모방(modeling)의 방법이다.

모방학습은 모형으로 삼는 사람의 행동을 모방하거나 그 인물과 동일시(identification)함으로써 이루어지는 학습이다. 어린 시절의 행동은 대부분 모방에 의하여 이루어진다. 초등학교나 중등 전기까지는 중요한 타인(significant other)에 대한 모방에 의하여 사회화가 이루어지는 것이 일반적이다. 그러나 점차 행동영역이 확대되고 또 나름대로의 자기의식이 싹트면서부터는 모방보다 좀 더 다른 형태의 방법들을 채택하게 된다. 모방에 의한 사회화의 경우에 모방의 준거집단(reference groups)을 주목해야 할 것이다.

둘째, 강화(reinforcement)의 방법이다.

심리학에서 강화란 개념은 반응 빈도를 높이기 위하여 유쾌한 자극을 제시하거나 불쾌한 자극을 제거해 주는 것을 의미한다. 어떤 자극이나 조건에 대하여 열심히 반응함으로써 사회화된다. 상이나 칭찬을 받기 위하여 열심히 공부하는 학생은 강화를 통하여 사회화된 경우라고 할 수 있다.

셋째, 자아형성의 방법이다.

이것은 외부의 어떤 자극이나 영향을 받지 않고 자신이 누구이며 현재 어느 수준에 위치해 있으며, 또 무엇을 해야 하고 무엇을 해서는 안 되는지를 스스로 확인하는 행위를 의미한다. 어린이들은 대개 5세 전후부터 자신이 남자라는 것, 형제 중에서 몇 째라는 것, 어떻게 행동해야 된다는 것을 알게 된다. 말하자면 자아정체성(self-identity)이 싹트는 것이다. 이와 같이 자아가 형성되어 가는 과정은 자아동일시의 과정이며, 또 사회적 존재로 변하여 가는 과정이기도 하다.

실제로 한 인간이 사회화되는 과정을 보면 반드시 어떤 한 가지의 방법과 형태에 의해서만 되는 것이 아니고 발달단계에 따라 그 방법을 달리하는 경우도 많으며 또 몇 가지의 방법이 복합적으로 채택되는 경우도 있다.

피터팬 증후군(Peter Pan syndrome)

피터팬 증후군은 육체적으로는 성숙했지만 여전히 어린아이로 남기 바라는 심리를 가리키는 것으로 1983년 미국 심리학자 댄 카일러 박사가 ‘피터팬 신드롬’이라는 책에서 처음 사용했다. ‘어른아이’의 남성이 대량으로 발생하기 시작하여 이들 남성들이 보여주는 마음의 증후군을 설명하기 위해 사용했다.

피터팬 증후군의 대표적인 행동양식이 졸업기피증이다. 요즘은 여학생도 4년 안에 대학을 졸업하는 경우가 드물 만큼 휴학이 보편화되어 있다.

출처: 장성화 외(2010), 생활 속의 심리학, 서울: 동문사

4. 가정의 교육기능

1) 가정과 교육

가정은 인간이 세상에 태어나서 최초로 경험하고 소속되는 집단이다. 가정

은 인간이 갖추어야 할 기본습관을 형성시키며, 윤리관이나 가치관의 기반을 조성하는 집단이다. 따라서 유아기 교육의 대부분은 가정이 책임을 지고 있다. 어린이란 모방성이 강하고 사리판단력이나 비판력이 미발달 상태에 있으며 성인의 권위가 가장 효과적으로 작용하는 특성을 가지고 있다. 인간은 가정에서 언어, 생활습관, 행동의 기본적 양식을 학습한다. "오늘날 최대의 불행은 가정이 인간에게 깊은 만족을 주지 못하는 데 있고"(러셀), "세계의 역사는 전쟁의 역사가 아니라 가정의 역사"(러스킨)이다. 한 나라의 수준은 그 나라의 가정 이상으로 올라갈 수 없고, 한 나라의 생존은 그 나라 가정의 생존 여부에 달려 있다.

전통적으로 한국의 가정은 중요한 교육적 기능을 담당해 왔다. 자라는 어린이에게 필요한 양육과 보호의 책임만이 아니라 바른 습관형성과 지녀야 할 예의범절을 가르치고 앞으로 삶을 설계할 때에 항시 마음 속에 간직해야 할 지표를 심어 주는 교육기능을 수행해 온 것이다. 인간의 성격, 지적 능력, 사회성 등 대부분의 심리특성은 학교교육보다도 어린 시절에 받는 가정의 영향에 의해서 결정된다. 이러한 점을 우리의 가정은 충분히 인식해 왔으며, 어린이들의 행동발달의 책임을 가정이 전담해 왔다. 따라서 한 개인의 반사회적인 행동이나 몰지각한 행동에 대한 책임이 본인에게도 있으나 오히려 그가 소속되어 있는 가족 또는 '집안'에 있다고 보아 왔기 때문에 그 가족은 사회의 지탄의 대상이 되기도 하였다.

가정중심의 교육적 기능은 점차적으로 약화되어 가고 있다는 것이 지적되어 왔다. 또한 그와 같은 가정의 기능을 대행할 만한 기관이 있다면 문제의 심각성은 덜 할런지 모르겠으나 그러한 기능의 이관이나 대행을 찾아보기 어렵다는 데에 문제의 심각성이 있다. 가정의 약화 현상은 오늘의 청소년 문제로 나타나는 근본적인 원인이 되고 있다. 학생들을 대상으로 하는 여러 조사에서 밝혀지고 있는 것은 그들의 문제 중에서 상당한 부분이 가정과 직접 관련되어 있는 것인데, 그 원인의 근원은 역시 가정에서 교육과 지도를 받지 못했다는 데에 있다.

가정의 약화 현상은 급격한 사회변화의 부수적인 현상으로 나타나는 것이며 몇 가지의 그 원인을 생각할 수 있다. 그 하나는 핵가족화의 경향이다. 지난 30여 년간 급격한 도시화와 공업화의 현상은 핵가족화의 경향을 촉진하는 요인이 되어 왔다. 물론 핵가족화의 경향은 도시화나 공업화의 요인에 의해서만 나타나는 것은 아니다. 그러나 핵가정의 교육적 기능은 대가족보다 훨씬 약하다.

현대 한국 가정의 교육적 문제점은 다음과 같이 지적되고 있다. 첫째, 우리 고유의 가정관은 흔들리고 있으면서도 이에 대치되어야 할 새로운 가정관은 아직 정립되고 있지 못하고 있다. 역사적으로 한국은 여러 문화, 즉 불교문화·유교문화·기독교문화의 영향을 받아 왔으나, 실은 그 어느 하나도 오늘날 우리 국민 일반의 생활 속에 완전히 토착화되지 못했기 때문에, 각 문화 고유의 가정관이 어느 하나도 생활 속에 완전히 정착하지 못하고 혼미를 거듭하고 있다. 서구의 국민생활 속에는 기독교의 가정관이, 인도에는 불교의 가정관이, 그리고 옛 동양에는 유교의 가정관이 정착하여 그 이념을 끊이지 않고 후세에 계승시켜 왔는데, 국민 모두의 생활을 내면적으로 규제하는 고유의 국민종교가 없었기 때문에 이런 점이 다른 나라에 비해 약했다.

둘째, 대가족제도에서 소가족제도로의 변화과정에서 일어나는 문제이다. 우선 주목해야 할 점은 가족성원의 수는 유아의 인격형성에 영향을 준다는 사실이다. 일반적으로 생활수준과 교양수준이 높은 가정일 경우 가족 수가 많을수록 교육적으로 이로울 것이며, 반대로 생활수준이 낮고 교양수준이 낮은 가정일 경우 가족수가 많으면 도리어 교육적으로 해로울 것으로 여겨진다. 그러나 실은 그렇지 않다. 교양수준이 낮고 가난한 가정일수록 아이에게 관심과 기대가 많아 교육적으로 이롭다. 다음에 주목해야 할 점은 대가족제도가 지니는 교육적 장점이다. 식구가 많으면 각 가족성원이 생활과 행동을 규제하는 권위를 지닌 인물이 필연적으로 요청되기 마련이며, 또 많은 식구 중에는 모든 식구가 귀히 여기며 따르는 모범적인 인물이 존재하기 마련이어서, 이런 인물들이 혹은 성원간의 불화를 중재 · 완화하고, 혹은 동경의 대상이 되어 교육적으로 큰 영향을 준다.

셋째, 가정의 여러 가지 기능의 조화의 상실이다. 가정은 우선 '일용할 양식'을 생산하는 마당인데, 오늘날의 가정은 이것을 상품에 의존하고 있다. 가정은 성원간의 사랑의 대화를 통한 안식 · 휴식 · 오락의 마당인데, 오늘날의 가정은 성원의 만성적인 정신적 · 육체적 과로현상과 세대 간의 행동양식 · 가치관의 격차 및 저속한 매스컴의 안방 침투로 인하여 이런 기능을 충분히 발휘하지 못하고 있다. 그래서 "집(house)은 있으나 가정(home)은 없다"라는 탄식이 나오기도 한다.

넷째, 가정의 성원 간의 통제 · 영향력의 감퇴현상이다. 가정 구성원은 혈연 · 결혼 · 입양 등으로 묶여져 있기에 그 유대는 인간사회의 어떤 유대보다 강하다. 그런데 오늘날의 가정에는 이런 통제 · 영향력까지도 차츰 감퇴되어 가고 있어 교육적으로 우려할 현상들이 일어나고 있다.

다섯째, 교육적으로 주목해야 할 점은 가족과 아동과의 틈새 현상이다. 오늘날의 아동들은 옛날에 비해 가정 구성원의 교육적 배려를 훨씬 덜 받고 있다. 위에서 고찰한 현대가정의 교육적으로 부정적인 요인들이 이 가족과 아동과의 틈새 현상을 가속화하고 있다고 볼 수 있는데, 여기에 또 하나 덧붙여 고찰해야 할 점은 모성의 교사로서 사명감을 자각하지 못하는 것이다.

2) 가정의 기능과 역할구조

(1) 가정의 기능

오늘날의 가정은 소규모화, 핵가족화의 길을 걷고 있다. 또 가정의 기능도 단순화되어 어린이의 사회화 기능과 가정의 심리적 안정화에 한정되고 있다. 태어나서 죽을 때까지 인간은 가정이라는 바구니 속에서 생활해 간다. 그래서 인간은 기본적인 가치관이나 행동기준을 부자관계, 모자관계, 형제관계 등 가족 안의 복잡한 역할관계에 접하므로 내면화하며 사회성을 발달시켜 간다.

인간은 유사 이래 오랜 기간에 걸쳐서 가족이라는 제도를 지켜 왔지만 인간과 가족의 상호관계가 보편적이고 고정적이었던 것은 아니다. 시대와 함께 가족의 형태나 규모, 기능, 사회적 위치는 변화고 있다. 가정의 규모나 형태의 변화는 사회의 변화 특히 산업화에 따라 초래되는 것이다.

가정의 규모나 형태의 변화는 가족이 지금까지 담당하여 왔던 기능의 변화를 수반한다. 가정기능의 변화에 관해서는 대립관계에 있는 것은 아니지만 그 강조점이 다른 가정기능 상실설과 가정기능 특수화설의 두 가지 주장이 있다. 가정기능 상실설은 산업화에 따라 가정기능이 축소되었다고 주장하고 있다. 근대공업의 시작과 대량생산, 대량소비의 실현에 의하여 전문화가 이루어지고 또 다양한 제도가 출현했다는 것이다. 공업화 이전의 가정은 경제, 지위부여, 교육, 보호, 종교, 오락, 애정이라는 일곱 가지의 기능을 수행하여 왔다. 그러나 오늘날에 와서는 경제적 서비스는 기업체나 기타 외부기관에, 보호기능은 경찰이나 보험회사에, 오락기능은 오락시설에, 그리고 교육은 학교에 그 기능을 넘겨 주었고, 애정 외의 여섯 가지 기능은 전문적인 기관으로 흡수됨으로써 가족으로부터 떨어져 나와 약체화되었다고 할 수 있다.

가정기능 특수화설에 의하면 가정기능은 본래기능(intrinsic function)과 역사기능(historical function)이 있는데, 전자는 애정, 생식, 양육의 기능이 있고 후자에는 경제, 보호, 교육, 오락, 종교의 기능이 있다. 그리고 가정은 도시화의 진행에 따라 역사기능을 상실함과 함께 본래기능에 점차 집중하게 되었다는 것이다. 파슨즈(T. Parsons)에게 있어서 핵가족의 본질기능으로서는 어린이의 제1차 사회화와 그리고 성인의 성격의 안정화라는 두 가지의 기능만이 있는 것으로 주장되고 있다.

가정기능 상실론과 가정기능 특수화론의 주장은 반드시 서로 배제하려고 하지는 않는다. 가정기능 상실론은 가정에 의해 영위되고 있던 사회적 기능이 다른 여러 가지 제도로 대체되어 감에 따라 지금까지의 가정의 기능이 전체적으로 쇠퇴하여 간다는 점을 주장하고 있다. 이에 대해 가정기능 특수화론은 가정이 그 본래기능에 점점 집중함에 따라 제도로서 특수화하고 전문화한다는 점을 강조했던 것이다. 따라서 양자의 차이는 그 강조점을 두는 위치가 다른 데 지나지 않는다.

(2) 자녀교육론

국제적으로 교육의 자유를 보장한 최초의 규정인 세계인권선언 26조 3항에는 '부모는 그 자녀에게 행할 교육의 종류를 선택할 우선적 권리를 가진다.'고 명시되어 있다. 부모는 자녀의 교육에 대해 책임과 의무를 지니고 있는 동시에 권리를 지닌다.

교육이 아동의 신체 · 정신 · 도덕 · 정서 발달을 도와주는 일이라고 한다면, 가정은 인간의 가장 최초의 교육의 장이며, 행동특성의 성장 · 발달을 도와주는 중핵적 교육기관이 된다. 가정에서 부모 · 형제와의 관계를 통해서 인간의 욕구를 표시하고, 충족하고, 적응하는 방법과 습관을 익히고, 가족구성원과의 인간관계를 통하여 사회성을 발달시키고, 가족문화 속에서 성격의 형성과 가치관을 배워 가게 된다.

이러한 가정교육의 중요성은 영국의 세계적 사상가이며 사회교육자인 러셀(Russell)의 일화에서 찾아볼 수 있다. 어떤 어머니가 6세된 어린이의 교육문제를 문의해 왔을 때, 그는 답하기를 '이 어린이의 성격형성은 이미 끝났습니다.'라고 했다. 이것은 가정교육이 인간의 기본을 구축하는 데 얼마나 중요한가를 시사하고 있다.

인간성장에 대한 바른 이해와 자녀에 대한 확고한 교육적 방침이 없이 근시적이고 공리적인 태도로 인하여 편협한 출세주의와 물질위주의 과시주의적인 교육관에 치우치는 경우가 허다하다. 이것은 자녀들을 하나의 독립된 인격체로 보기보다는 부모의 예속물이나 전시효과의 대상으로 취급하기 때문이다. 루소가 에밀의 서문에서 '도대체 우리들은 어린이라는 것을 전혀 알지 못하고 있다. 사람들은 어른이되기 전의 어린이가 어떤 것인지를 생각하지도 않고 있다. 내가 가장 힘을 다한 것은 이 점에 대한 연구이다. 그러므로 여러분은 먼저 자기가 가르치려고 하는 어린이를 가장 많이 연구해야 한다.'라는 귀절은 가정교육의 중요성을 암시하고 있다. 어린이는 어른의 축소가 아닌 이상 자율적·자연적으로 성장·발달할 수 있는 기회를 만들어 줌으로써 독립된 인격체로 교육해야 한다는 뜻이다.

인격형성 핵심은 가정에서 이루어진다. 엔지니어가 되려면 학위가 필요하고, 운전하는 데는 면허증 소지가 필수요건이다. 그러나 정작 중요한 출산이나 아기 양육에는 학위나 면허증이 필요하지 않다. 대다수의 젊은 부모들은 양육에 대한 사전지식이나 준비없이 부모가 된다. 이런 현상은 세계 어느 나라에서도 예외를 찾기 어렵다(아셸나임, 1996).

우리나라 어머니는 자녀교육에 관심은 높지만 실제 어떤 말과 행동으로 자녀들을 대해야 하는지 구체적 방법을 알지 못하는 경향이 있다. 특히 자신들의 무심한 말과 행동이 자녀에게 치명적인 악영향을 끼친다는 것도 모르고 있다. 대부분의 어머니들은 상식적으로 자녀에게 심리적 상처를 주는 말들을 쓰는 경향이 있다. 인격 모독적이고 자녀들에게 상처를 주는 말은 다음과 같다. 이러한 부정적 언어는 어린이의 존재가치를 부정적으로 인식하게 하는 것으로 자아정체성을 뿌리째 흔드는 것으로 써서는 안 되는 말들이다.

자녀들에게 상처 주는 말

1. 너보다 내가 더 속이 탄다.
2. 내가 어쩌다 너를 낳아서 이 고생인지……
3. 내가 무슨 낙을 보자고 이러는지 모르겠다.
4. 너 왜 ○○처럼 못하니! ○○ 반만 따라 해봐라.
5. 넌 누굴 닮아 그 모양이니!
6. 어째 잠시 말썽 없이 잘한다 싶더니……
   네가 하는 짓이 다 그렇지 뭐.
7. 공부해라, 공부해서 남 주니?
8. 다 해서 손해 날 것 없는 거야, 다 너를 위해 하는 일이다.
9. 내가 너만 할 때는 이보다 더 어려운 환경에서도……

사회가 발전하려면 가정이 건전해야 한다. 우리나라 가정은 평생 운명공동체로 단결력이 강한 것이 큰 장점이지만 최근 들어서는 가족이기주의가 지나치다는 비판도 있다. 가정이라는 말을 들으면 우선 자기 가정만을 떠올리는 사람이 대부분이다. 가정은 사랑의 안식처가 되어 사랑의 관계를 맺는 '만남의 장소'가 되어야 한다. 사랑의 말로 서로 위로와 행복을 느끼는 장소가 되어야 한다. 부모들은 말 없는 삶의 언어로써 자녀들이 올바른 가치관을 가질 수 있도록 해야 한다.

(3) 신가족주의

가족은 시간과 공간을 초월해 존재해 온 사회의 가장 기본적인 집단이며 보편적인 사회제도이다. 이러한 가족제도는 사회가 변함에 따라 변화의 길을 걸어 왔다. 사회의 급격한 변화를 겪고 있는 오늘날의 우리는 가족제도나 형태에 있어서도 과거와는 전혀 다른 '신가족시대'에 살고 있다. 신가족시대의 가족은 종전의 대가족이나 핵가족처럼 단순한 모습을 갖고 있지 않다. 전문가는 신가족시대 가족형태의 특징을 한 마디로 '다양화'로 규정한다. "현대가족은 그 어느 때보다도 많은 갈등을 경험하고 불안정서도 증가했다. 가족을 영원한 것으로 믿었던 과거와는 달리 현대가족은 매우 유동적으로 변하고 있기 때문이다. 가족은 완전한 것도 고정불변하는 것도 아니라는 인식이 필요하다"고 말하고 있다.

신가족주의 시대의 또 다른 특징은 이혼이 특정세대에만 국한된 현상이 아니라는 것이다. 이혼은 더 이상 개성이 강하고 감정적인 20, 30대 젊은 부부 사이에서만 일어나는 일이 아니다. 전통적인 가족관에 얽매여 있던 50대 이후 부부 사이에서도 적잖게 발생하고 있다. 이혼 사유도 남편의 외도 · 구타 때문만은 아니다. 그 동안 무시당하고 억눌려 살아온 삶에서 벗어나고 싶다는 이유로 이혼을 제기하고 있는 사례가 늘고 있는 추세이다.

대가족제도가 무너지면서 노후에도 자녀와 동거하지 않는 노인인구가 느는 것도 거스를 수 없는 추세다. 따라서 효도의 의미와 방법에 대한 재해석이 요구되고 있다. 단순히 효를 개인에게만 미룰 것이 아니라 사회적인 효, 집단적인 효의 개념도 필요하다는 지적이다. 이와 같이 가족의 형태가 급격한 변화를 겪고 있는 신가족시대를 살고 있는 우리에게 요구되는 것은 이에 맞는 새로운 가치관과 윤리관을 정립하는 일이다.

신가족시대에는 가족의 규모가 축소되고 자녀 수가 줄어드는 현상뿐 아니라 자녀관에도 두드러진 변화가 나타나고 있다. 개인주의가 지배적인 가치로 자리잡으면서 자녀관에도 영향을 미치고 있는 것이다.

과거에는 자녀를 본질적으로 어른의 축소판 또는 일하는 사람으로 보았다. 따라서 자녀의 권리보다는 부모에 대한 책임과 의무가 강조됐다. 부모에게 최대의 이익과 혜택이 돌아가도록 자녀를 교육시키는 것이 사회화의 1차목표였다. 하지만 전통사회와는 달리 요즘엔 노후에도 자녀에게 경제적으로 의존할 필요성이 적어지고 있다.

행복한 결혼의 시작, 닮은 사람을 만나야 더 행복한 이유

부부로 오래 행복하게 살려면 어느 쪽이 더 나을까? 이에 대한 과학의 대답은 명확하다. 서로 닮은 점이 많을수록 부부는 오래 행복하게 산다. 성격 차이는 이혼으로 이어질 따름이다. 이는 나이, 교육 정도, 직업, 취미, 정치적 견해, 성격, 소통 유형 등 거의 모든 특징에 적용된다.

서로 비슷한 모습과 성격, 특징을 지닌 사람끼리 호감을 느끼는 것을 '유사성의 원리'라고 하는데, 이는 상보성보다 더 강력한 효과를 발휘한다. 물론 누구나 자신과 다른 사람과의 짜릿한 만남을 갈망한다. 그렇지만 진지하게 생각해 보자. "우리는 너무 닮았어"라는 이유로 이혼한 부부를 본 적이 있는가? 오히려 "우리는 너무 달라!" 로 이혼을 하는 부부가 더 많지 않은가!

출처: 심리학 나 좀 구해줘, 폴커 키츠 · 마누엘 투쉬, 갤리온

5. 학교

1) 학교의 기원과 역할

학교의 역사적 기원은 문자가 발생한 기원전 4000년 전후다. 즉, 개인의 경험만으로는 감당하기 어려운 생활양식과 생산기술이 복잡해졌고, 문화가 축적되었기 때문에 이를 다음 세대에 계승시키기 위해서는 문자를 통해서 조직적으로 기록 · 훈련시키야 되었다. 따라서 학교의 기원은 형식적 교육의 필요성을 인식하기 시작한 때부터이다.

역사적으로 문자의 발생과 학교의 발생이 동시였다. 이것은 학교의 본질적

인 기능을 이해하는 데 중요한 계기가 되었다. 축적된 문화유산은 문자를 통해서 기록·보전되며, 이것은 또한 문자를 통해서 시간·공간의 제약을 벗어나서 초시간·초공간적으로 전달이 가능하게 된다. 이러한 기능은 학교를 통해서 가장 효율적으로 계승·번식이 되는 것이다.

현대사회는 급격한 변화과정 속에서 다양한 가치관들이 형성되어 가는 사회라고 할 수 있다. 이렇듯 다양한 가치관들이 공존하는 상황에서 국가와 사회가 추구하는 바른 가치관 정립을 위해서는 가정에서의 교육도 중요하지만 체계적이고 공통적인 가치관의 형성은 제도교육, 즉 학교교육에서 이루어진다고 볼 수 있다. 이러한 학교교육의 가치관 형성이 국가와 사회발전의 원동력이 됨은 물론 개인의 발전에도 커다란 영향이 미치고 있다는 것은 누구도 부인할 수 없는 사실이다. 인류가 학교라는 교육제도를 국가적인 체제로 구축한 이래 그 기능과 역할은 상상할 수 없을 정도로 성장하여 이제는 그 제도를 만들어 도입한 인류 스스로도 조정하거나 통제할 수 없는 엄청난 공룡처럼 변해 버렸다. 학교가 교육을 '독점'한 것이다.

우리는 학교가 교육을 지배하는 사회에 살고 있다. 개인의 능력보다는 학교교육을 받은 정도가 더 중시되는 사회에 살고 있다. 이 시대의 사람들은 자신의 능력보다는 학교를 몇 년 다녔느냐를 더 중시하는, 잘못된 인식이 일반화되어 있는 사회에 살고 있다. 이것이 20세기 교육의 가장 중요한 문제 중의 하나이다. 교육=학교교육이라는 교육관이 이 시대를 지배하고 있다.

현대인에게 학교란 없어서는 안 될 사회적 기관이다. 학교가 필수의 기관으로 존재하는 주된 이유는 그것이 갖는 직업적 가치 또는 진로지도 기능에 있다. 이러한 현상은 교육열이 높기로 알려진 우리나라의 경우 더욱 그러하다. 학부모들이 자녀들을 가능한 상급학교로 보내려는 데에 작용하는 교육관은 다분히 실용적이며, 경제적이며, 출세지향적이다. 이러한 교육관은 경제사회적 교육관이다. 이것은 대다수 학부모와 사회 성인들 사이에 관찰되는 일반적인 교육관이다. 교육을 설계하고 그것을 실천하며, 그것을 이론적으로 이끌어 주고, 뒷받침해 주는 교육정책가 · 교육자 · 학자들 사이에서 관찰되는 교육관은 본질적이며 철학적이다. 또 전인적 인간상을 추구하는 것이다. 이러한 교육관은 인간 형성교육관이다.

이 두 가지의 교육관의 차이는 우리가 왜, 무엇을 위해, 그리고 어떻게 자라나는 세대들을 교육시킬 것인가에 대한 학부모 · 교육자 · 교육정책 결정자들의 의견차의 원천이 되고 있다. 학부모들의 대부분은 경제사회적 교육관에 젖어 있고, 그들의 자녀들이 미래의 진로와 관련시켜 지금 무엇을 어떻게 배우고 있는가에 관심이 없는 경향이 있다. 자녀들이 상급학교(대개의 경우 대학)에 입학하느냐 못하느냐에 더 관심을 두고 있다. 미래사회는 우리들 기성인들이 살아온 것과는 다르다. 미래사회는 학교교육에 인간형성 교육관을 요구하고 있다는 증거가 나타나기 시작한 지 오래된다.

학교는 계획적, 합리적, 의도적인 사회화 기관이다. 학교교육을 통하여 기본적인 지식, 태도, 가치, 기능을 습득한다. 동료, 선후배, 교사와의 상호작용을 통하여 사회적 역할을 배우고 사회화된다. 즉, 학교는 사회로 통하는 통로이다.

교육은 학교에서 뿐만 아니라 사회 전체에서 이루어져야 하며 이러한 사회를 학습사회(learning society)라고 한다. 우리가 교육을 보는 시각이 교육=학교라는 고정관념에서 벗어나고, 국가도 역시 이런 생각을 갖게 된다면 우리나라는 보다 더 학습사회에 가깝게 접근해 갈 수 있을 것이며, 그렇게 되면 지금 우리가 안고 있는 여러 가지 교육문제는 쉽게 해결될 것이다. 이것이 미래의 우리 교육을 이끌어 나갈 교육이념이고 철학이다. 미래의 교육은 학교중심의 교육에서 벗어나 사회교육까지를 포괄하는 열린 교육이어야 한다. 평생교육이념을 바탕으로 한 학습사회의 형성이 바로 21세기를 준비하는 우리가 해야 할 일이다. 학습의 장(場)에 대한 인식도 변화하고 있다. 지금까지 교육의 전유물처럼 인식되어 오던 학교를 넘어 사회 전체가 하나의 거대한 학습의 장이 되는 이른바 '전 사회의 교육장화' 시대가 오고 있다. '교육=학교'라는 등식에서 '학교

'는 이제 여러 학습장 중의 하나의 장으로 그 의미가 나뉘어지고 있다. 학교 외에도 가정과 사회 전역, 각종 사회시설과 문화시설, 기업체 등으로 교육의 장이 확대되면서 교육기관에 대한 의미가 확산 · 변화되는 양상을 보이고 있다(최운실, 1997).

2) 학교교육의 기능

학교교육은 인간의 삶을 윤택하게 하고 지식을 축적시켜 주며, 과학의 발달에 기여하는 등 개인과 사회에 기여할 수 있는 인간을 양성하는 기능을 한다고 볼 수 있다(김병성, 1994).

학교교육의 기능은 순기능과 역기능으로 살펴볼 수 있다. 순기능은 다양하게 분류하고 있지만 일반적으로 6가지로 분류되고 있다. 역기능을 사회현상 측면에서 살펴보고자 한다.

(1) 학교교육의 순기능

학교교육은 사회의 발전과 성장을 위해 크다란 역할을 하고 있다. 이러한 학교교육의 순기능은 문화유산 전달기능, 사회통합기능, 사회충원기능, 사회지위 이동기능, 사회개혁기능, 사회봉사기능 등이다.

① 문화유산 전달기능

문화는 사회적 유산이며, 이 유산을 전달하는 기능은 가정 · 학교 · 사회에 있다고 말할 수 있으나 이를 효과적으로 전달할 수 있는 기관은 학교라고 할 수 있다. 이 기능은 일종의 사회화 기능이라고 할 수 있다.

② 사회통합기능

현대사회가 점차 전문화되고 특수화되어 분화되는 모든 사회기관들의 관계를 조정하고, 부분문화와 특수문화 사이의 모순과 갈등을 해소하여 조화를 이룰 수 있게 하는 기능이다. 이는 사회와 국가의 여러 기관에서 담당하는 것이나, 가정과 학교에서의 기능이 일차적으로 중요하다. 그리하여 사회를 공통의 사고와 행동양식을 가진 사람들로 육성하여 사회를 유지하고 존속시키는 기능을 한다.

③ 사회충원기능

교육은 사람을 길러 사회의 적재적소에 배치하는 역할을 한다. 학교교육이 수행하는 가장 현실적이고 구체적인 기능이 선발과 충원기능이며, 인력의 선발·분류·배치기능을 말한다. 이는 기능주의 관점에서는 고학력자가 더 좋은 사회적 지위를 배분받는 것이 더 정당한 것으로 보는 반면, 갈등론 입장은 사회적 선발과 배분이 개인의 귀속적 요인(부모의 사회경제적 지위, 권위, 후광 등)에 커다란 영향을 받고 있다고 주장하며 학교교육을 계층의 재생산 도구로 보는 입장이 있다. 그러므로, 학교교육이 사회계층적인 선발과 분배가 되게 하지 않기 위해서는 학교교육이 공평과 평등의 원칙 위에서 산업사회의 직업적 특성에 따라 균형 있게 인력수급을 이루되, 특정분야에 집중되는 파행적 인력수급이 개인의 서열화와 선별화의 기준이 되지 않도록 해야 한다.

④ 사회지위 이동기능

어느 사회든 교육이 사회지위 이동의 가교역할을 한다. 뿐만 아니라 모든 사회는 지위에 있어서 피라미드 구조를 형성하고 있다는 것도 현실이다. 이러한 사회구조적인 상황에서, 인간이 태어나면 성장하는 것처럼 개개인의 지위도 성장과 발맞추어 지위 상승을 한다. 이러한 지위 상승에는 일반적으로 사회계층이 상 · 하로 이동하는 수직이동과 직종이나 지역적으로 이동하는 수평이동이 있다.

⑤ 사회개혁기능

교육은 기존 사회의 계승 · 유지를 위한 기능과 함께 현존사회를 개혁하고 혁신하여, 새로운 문화를 창조하는 기능도 함께 수행하고 있다. 특히, 미래사회의 주인공이 될 학생을 양성하는 학교교육은 변화와 혁신에 대한 가치와 신념을 학생들에게 길러 주는 기능을 수행하고 있다.

⑥ 사회봉사기능

교육은 인간을 길러 개인의 생활을 윤택하게 할 뿐만 아니라 사회와 타인에게 봉사하는 역할도 한다. 이는 개인의 삶의 질을 높이는 인격배양과 아울러 진리탐구와 학문 연구를 통하여 인류가 공동으로 삶의 질을 높이는 데 기여할 수 있는 인간을 양성함과 동시에 사회의 구성원들과 함께 어울려 살아갈 수 있는 사회에 봉사하는 역할도 한다고 볼 수 있다.

(2) 학교교육의 역기능

위에서 말한 것처럼 학교교육의 기능은 순기능 역할만 하는 것은 아니다. 학교교육이 완전한 평등 속에서 이루어진다고 보기 어려운 현실 속에서, 순기능 측면과 아울러 의도하지 않은 역기능적인 역할도 하고 있다. 이러한 학교교육의 역기능은 대체로 3가지로 살펴볼 수 있다.

① 갈등심화기능

교육은 받은 사람과 받지 못한 사람 간의 갈등현상이 나타나는데, 이는 교육을 받은 사람은 받지 못한 사람보다 우위에 있다고 생각하는 의식이 존재한다는 것이다. 뿐만 아니라 사회현상적인 측면에서 볼 때도, 자본주의 사회에서는 학교교육으로 노동자계급을 계속적으로 생산하여 그 사회 체제를 유지시키고 있으며, 대부분의 학교교육을 통하여 소수의 엘리트가 양성되는 것도 사실이지만, 전반적인 교육내용은 노동자 육성에 필요한 것들이라고 주장한다. 그리하여 학교교육은 불평등한 사회체제를 다시 생산하고, 이러한 불평등을 은폐시키는 기능을 한다고 주장한다.

학교교육이 점차적으로 고등 교육화될수록 평등의 원칙에 위배되는 불이익을 많이 받았던 계층에서 그 동안의 소외감을 회복하기 위해 기득권계층의 권리를 놓고 상부구조로 올라가려는 과정에서 상층계급과 하층계급 사이의 갈등현상이 강하게 나타난다. 그리하여 사회의 개인과 집단이기주의를 형성하여 사회의 성장과 발달을 저해하는 현상을 일으키는 기능을 하게 된다.

② 사회질서 문란기능

학교교육은 흔히 제도교육과 같은 개념으로 인식된다. 그러므로 학업성적이 떨어지거나 가정형편이나 개인적인 사정으로 인하여 정규의 학교교육을 받지 못한 사람에게는 개인적인 불만요소를 형성시켜 주게 된다. 이렇듯 학습자 개개인의 능력으로 어찌할 수 없는 사회구조는 한 사회의 커다란 흐름에 순응하지 못하는 개인에게 열등감과 사회구조에 대한 불만을 형성시키게 된다. 또래집단에서의 소외는 물론 개인의 욕구에 대한 불만족이 정도를 더해 가면서 반발심을 갖게 되고 사회의 법과 제도가 불평등하다는 의식을 학습하게 된다. 개인에게 이러한 의식이 학습되면, 사회의 법과 제도를 지키려고 노력하지 않으며 그에 반발하여 바람직하지 못한 형태의 행동이 나타나게 된다. 이는 학교교육에서 현실적으로 완전한 평등교육을 실현할 수 없다는 점과 성취위주의 교육 때문에 나타나는 것이라 할 수 있다.

③ 인정기능

학교교육은 초등, 중등, 고등교육의 과정을 거치면서 고등교육을 받은 사람에게는 나름대로의 능력을 인정해 주지만 고등교육, 즉 대학을 졸업하지 못한 사람에게는 커다란 능력이 없다는 사회인식이 존재한다는 것이다. 그리하여 대학졸업장을 가지지 못한 사람들은 자신이 무능력하다고 인식하게 되고, 주위의 대학졸업자들과의 관계형성에서 자신감이 없어지고 침체되어 가는 사회심리 상태와 아울러 자신감 없는 행동표현을 보인다.

이는 사회 전체적인 구조가 개인의 평가기준을 학력에 토대를 두는 능력주의 사회관에 기초한 사회심리 풍토 때문이라고 볼 수 있다. 이로 인해 대등한 인간으로서의 관계 형성이 이루어져야 함에도 불구하고 심리적 위계를 가진 관계형성이 자연스럽게 이루어지도록 만든다는 것이다. 나아가, 학교교육은 학력을 토대로 한 사회의 심리적 계층구조를 형성시켜 개인의 능력이 떨어지는 데도 우수한 능력을 가진 사람과 같은 자격을 주어 사회에서 능력이 동일하다는 인식을 가지게 인정하도록 하는 기능을 하고 있다.

(3) 학교의 교육격차

왜 어떤 학생은 학교교육을 받는 동안 남보다 좋은 성적을 받거나 더 유리한 대우를 받는가 하면, 반대로 다른 부류의 학생들은 남보다 더 뒤지거나 불리한 위치에 처해 있는가? 이러한 차이가 나타나게 되는 것은 크게 세 가지 면에서 그 원인을 찾아볼 수 있다.

첫째, 학생 자신의 능력에 연유된다는 것이다. 즉, '너 자신이 남보다 똑똑하지 못해서'라는 능력결핍론이다. 학생의 능력 차이에서 발생하는 성적 격차는 지능결핍론(IQ-deficit theory)으로 지칭되는데, 이것은 지능의 유전적인 결핍이나 저소득 계층에 속한 아동들이 학교생활이나 교사관계에서 다른 아동에 비하여

빈약함으로 해서 결과적으로 학업성취에서 실패하거나 저조하게 된다는 것이다. 지능격차에 관하여는 아직도 유전우위론과 환경우위론이 계속적으로 논의되고 있는 가운데, 그 결정요인으로는 유전, 환경 그리고 유전과 환경의 상호작용의 세 가지로 간주되고 있다. 이런 연구가 시사하는 것은 유전격차는 지능격차의 극소 부분만을 설명하여 주고 있다는 것이다. 교육적으로 조작 가능한 변인이 환경 및 상호작용이 있다면, 이 변인의 조작에 의해 지능격차를 줄이는 실제적 노력이 뒤따라야 할 것이다.

둘째, '가정의 생활환경이 좋지 않아서'라는 가정의 문화결핍론이다. 교육격차를 유발하는 다음 요인으로는 부모의 사회경제 배경이 강력하게 지지되고 있는 바, 이것은 다른 말로 표현한다면 문화결핍론(cultural-deficit theory)으로 학생 가정의 문화환경, 언어적 그리고 지각 · 태도적 배경에서의 차이나 상대적 결핍 때문에 학교에서 다른 학생에게 뒤지게 되고, 결과적으로 학업성취의 차이를 가져오게 된다는 것이다.

셋째, '교사를 잘못 만나서'라는 교사결핍론이다.

최근에 '학교가 차이를 만든다(school can make a difference)'. 또는 '교사가 차이를 만든다(teacher can make a difference)'라는 명제가 부각되고 있다. 물론, 학생의 학업성취는 개인능력, 가정배경, 학교 혹은 교사특성 중 어느 단일요인에 좌우되지는 않는다. 어떤 의미에서는 이 세 가지 요인이 연쇄적으로 상승작용하거나 그 반대로 악순환 현상을 초래하여 학생들 사이의 성적격차를 심화시킬지도 모른다.

최근에 수행된 연구에서는 교사의 밖으로 드러난 행동보다는 교사가 마음속에 가지고 있는 학생 개개인에 대한 지각이 학급 안에서 학생들 사이의 차이를 가져오는 보다 중요한 요인이며, 더 나아가 그러한 기대 차이에 따라 학생 개개인에 대한 교사의 행동이 달라지게 된다는 주장이 강조되고 있다. 교사의 학업성취에 대한 기대의 높고 낮음이 결과적으로 학생의 성적에 강력한 예언력을 갖는다는 사실은 블룸(Bloom, 1976)의 「완전학습」이나 로젠탈

(Rosenthal)과 제이콥슨(Jacobson, 1968)의 「자기충족예언」(self-fulfilling prophecy)에서 잘 예시해 주고 있다.

퍼셀(Persell)은 교사의 대인지각과 기대가 성적격차의 중요한 요인임을 주장하면서 교사 기대의 근원과 그 결과에 관한 분석적인 모형을 제시하고 있다. 이러한 기대차는 교사 자신의 경험, 교육의 구조 그리고 학생의 가정배경, 용모, 성격, 우열반 소속 등에 따라 유발된다는 것이다. 이와 같이 하여 형성된 기대차는 의식적·무의식적으로 학생에게 전달되어지고 더 나아가 학급 안에서 상호작용 및 수업실천, 평가방식 등에 반영되어 결과적으로 학생들 사이의 학업성취의 격차를 초래하게 된다는 것이다.

교사결핍의 요인을 효과적으로 보완하기 위하여는 교사 자신이 전문성에 대한 자신감과 학습지도에서의 자기효능감을 갖는 것이 1차적인 과업이다. 학습지도에서의 자신감과 효능감은 알게 모르게 학생에게 전달되고, 결과적으로 학생의 학업성취를 결정하기 때문이다. 따라서 이러한 교사의 전문성 제고는 교사집단의 전문성개발을 위한 학교 안에서 주기적 협의회나 자체 연수과정을 통한 노력이 주어져야 할 것이다.

자기 우월감의 환상

자신이 다른 사람들보다 좀 더 특별하다고 믿는 것이다. 그래서 다른 사람들과 비교해 자신의 강점을 과대평가한다. 그것도 터무니없이! 그 결과 사람들은 너나없이 자신이 대단히 똑똑하고 매력적이며 걸출한 능력의 소유자라는 착각에 빠진다.

워비곤 호수 효과에 따르면 대개 사람들은 자신이 남들보다 능력이 뛰어나고 창조적이며 매력적이라고 착각한다. 실제로 직장인 중 80퍼센트 정도는 스스로 평균 이상이라 여긴다. 심지어 능력이 뛰어나기 때문에 동료들보다 연봉도 더 받아야 한다고 생각한다.

이것이야말로 '우월감 환상'을 대표적으로 보여주는 예라고 볼 수 있다. 우월감 환상은 일상의 거의 모든 영역에서 관찰되는 현상으로 사람들이 갖고 있는 일종의 선입견이다.

출처: 심리학 나 좀 구해줘, 폴커 키츠 · 마누엘 투쉬, 갤리온

제3장

문화와 교육

1. 문화의 속성과 중요성
2. 문화정체성과 교육
3. 다문화교육
4. 개인주의 문화와
   집단주의 문화 : 동서양의 비교

인류가 다른 동물과 구별되는 가장 중요한 특징 중의 하나는 문화를 가지고 있다는 것이다. 이 문화는 인류가 발생한 이후 오랜 세월들 두고 누적되어 왔다.

세계무역기구(WTO) 체제는 지식, 예술, 교육 등 문화의 산업 · 상품화를 가속화해 여러 나라에서 만든 자동차가 한 고속도로를 질주하듯 문화를 뒤섞고 다원화하고 있다. 미래학자들은 "21세기는 문화의 시대가 될 것"이라고 말한다. 탈 이념 현상이 가속화되면서 세계는 문화를 매개로 연결될 것이고, 다양한 문화 자원의 확보와 문화적 복지실현을 공동의 사회 가치로 추구하게 되리라고 예측하고 있다.

문화란 용어는 다양한 의미로 사용된다(예 : 문화생활, 문화인, 문화촌, 프랑스문화 등). 좋은 취미(culture as good taste), 일상생활에서의 모든 것(culture as everything), 생활양식(the way of life)이라는 뜻으로 사용되기도 한다. 인간의 사회생활과 동물들의 생활을 비교해 보면 인간은 지식을 창조하고, 교육을 통해 미래의 세대에게 전수한다는 점에서 기본적인 차이를 찾을 수 있다.[1]

문화란 인간형성에 있어서 중요한 조건이며 사회와 문화 속에서 교육적 작용이 가능하다. 교육은 문화를 전달하는 작용이다. 전통 또는 문화를 젊은 세대에 전달하는 동안에 교육이 성립된다. 이러한 의미에서 교육은 문화의 한 과정이라 할 수 있다. 그것은 문화가 교육의 과정을 통하여 계승되고 발전함

---

1) 이수원(1986, 1996)은 우리가 서구에서 발견된 학문을 받아들일 때 1차적으로 관심을 가져야 하는 것은 주어진 학문의 내용뿐만 아니라 그러한 학문을 낳게 된 인식의 틀, 즉 '문화적 가정'도 함께 인식하여 받아들여야 한다는 점을 강조한 바 있다. 그와 같은 학문이나 학설을 낳도록 만든 조건, 즉 문화적 맥락에 대해서 반드시 성찰하여 이에 토대해서 받아들여야 한다. 그렇지 못할 때 우리는 서구의 심리학을 문화를 초월한 보편적 진리로서 '절대화'해서 받아들이게 된다. 그리하여 마치 그것을 절대적 진리인 것처럼 생각하여 그것을 맹목적으로 추종하는 결과를 낳게 된다고 지적한 바 있다. 이러한 부분은 실제 교육장면에 적용하여 검토할 필요성이 있다.
이수원(1987). 한국인의 인간관계와 정 공간. 한국심리학회심포지움.
______(1996). 한국심리학에서 비교문화 연구의 위상. 한국심리학회 동계연구 세미나.
______(1996). 올바른 부모역할, 올바른 자녀역할 : 비교문화적 관점을 중심으로. 한양대학교 대학생활연구에서 발췌한 후 인용하였음.

을 뜻한다. 교육은 문화가치를 학습시켜 줄 뿐 아니라 문화화의 모델을 제공함으로써 한 개인이나 한 사회의 문화 수준을 향상시키는데 기여하고 있다. 그러나 사회가 산업화되면서 대중문화의 출현, 문화지체의 심화, 부분문화의 증가 등 교육에 미치는 부정적인 영향이 증가하였다. 교육과 문화의 관계는 더욱 밀접하고 복잡하게 되어 가고 있다.

1. 문화의 속성과 중요성

문화의 정의와 논의대상은 다양하다. 문화의 본래의 의미는 개발, 개척, 양육으로 인간이 만들어 낸 모든 것을 총칭하고 있다.[2] 흔히 정치, 경제, 사회, 문화, 종교라는 말을 사용하고 있지만 이것도 사실상 문화의 하나의 양상일 뿐이다. 따라서 문화의 개념을 하나로만 이해한다는 것은 잘못된 것이며, 역사적으로 많은 변화를 거쳐 왔다. 그러나 한 가지 분명한 것은 문화는 인간이 끊임없이 만들어 낸 것이다. 즉, 인간은 문화를 만들어 냄으로 사회를 더욱 발전한 사회로 만들어 간다. 인간과 사회, 그리고 문화는 분리될 수 없는 관계를 형성·유지하고 있어서, 사회는 문화를 통해 그 존재 양식이 결정되고 인간은 사회 속에 태어나 문화를 배우고 발전시켜 나가는 것이다(구자순, 1999).

문화의 의미는 다양하게 진술되고 있지만 문화가 어떠한 성질이나 속성을 갖고 있는지에 관해서는 의견의 접근을 보이고 있다. 대부분의 인류학자들과

2) 서양어로서 문화(culture ; Kultur)란 말은 라틴어의 키운다, 거주한다, (밭을)갈다라는 단어에서 파생했으며, 이는 한 특정사회의 독특한 생활양식(life style, way of life), 즉 그 사회를 다른 사회와 구별지어 주는 행동과 믿음의 총체라할 수 있다. 즉 사회구성원으로서 습득한 지식, 신념, 습관의 총체.

사회학자들에 의하여 받아들여지고 있는 속성은 다음과 같이 요약할 수 있다.

첫째, 문화는 초 유기체적(super organic)이다. 문화는 초 유기체적 체계, 즉 인간의 생물학적인 성질을 초월하여 존재하는 지식의 체계이다. 문화란 본능이나 생물학으로부터 생기는 것이 아니라 인간의 생활(social life)에서 창조되는 지식으로부터 형성된다는 뜻이다. 따라서 인간 사이의 상호작용 없이는 문화는 존재하지 않는다.

둘째, 문화는 학습된다. 인간이 태어날 때에는 어떤 문화환경 속에서 태어날 뿐이다. 어떤 문화환경 속에서 성장하는가에 따라 사용하는 언어나 행동양식이 달라진다. 그것은 인간이라면 누구나 어떤 문화라도 학습할 수 있는 생물학적인 능력을 가지고 있기 때문에 가능한 것이다. 어디에서 태어났든지 한국에서 자라게 되면 한국말과 한국 사고방식을 체득하게 된다. 다시 말하면 한국문화를 갖게 되는 것이다. 이러한 문화의 학습과정을 인류학자들은 문화화(enculturation), 그리고 사회학자들은 사회화(socialization)라고 부른다.

사회의 문화를 이해하기 위해서 분석하여야 할 것은 사회화의 대상인 사회성원들의 생생한 활동과 사고이다. 그것은 죽은 것이 아니라 살아서 생동하는 것이다. 문화전달로서의 교육은 개인의 성격 속에 있는 인지요소로서 평가하고 검토될 것이 아니라 행동, 생애, 생활을 위해 존재하는 것이다. 동물들이 다른 생물과의 관계에서 주로 본능과 모방으로 그들의 환경에 대처해 나가는 것처럼 인간도 문화화의 과정을 통하여, 그리고 문화전달을 통하여 사회생활을 영위하여 나간다. 학교가 사회화의 유일한 기관은 물론 아니며, 가정과 지역사회도 중요한 기관이다. 그러나 핵가족의 크기 심지어 그 지속에 대한 제한이 점차 증가하고 있는 오늘날의 복잡한 사회에서는 학교야말로 최고의 사회화기관이며 수단이라고 주장하는 사람들도 있다. 문화는 학습된 행동양식(learned ways of behavior)으로서 교육과 밀접한 관계를 가지고 있다.

셋째, 문화는 공유된다. 사회의 모든 구성원들은 구체적인 행동을 함에 있어서 자신의 독특한 행동반응을 갖고 있다. 어떤 사람은 음악을 좋아하고 또 어떤 사람은 운동을 더 좋아하기도 한다. 어떤 사람은 공부하는 것보다는 노동하는 것이 더 좋고 더 쉽다고 한다. 그러나 문화라는 것은 그 집단성원들이 공통적으로 어떤 행동양식이나 행동경향성을 가져야 한다. 다시 말하면, 문화는 집단구성원들에 의해서 공유되어 있는 것이다. 문화는 생활양식을 공유하고 있기 때문에 사회 성원들에게 사회생활의 경계선을 제시해 주어 사회의 안정과 질서를 유지시키는 것이다.

넷째, 문화는 축적적이다. 오늘날 강대국들이 보유하고 있는 인공위성도 오랜 기간에 걸친 과학자들의 과학적 경험과 지식의 집합적 표현이다. 그것은 선배 과학자들의 연구 결과(findings)가 한 세대에서 다음 세대로 내려오고 또 거기에다 각 세대에서 이루어진 지식들이 첨가되면서 쌓여진 축적물이다. 이러한 축적과정은 일반적으로 언어 · 문학 · 교육을 통하지 않고서는 불가능하다. 문화가 축적성이라는 성질을 갖고 있기 때문에 사람들은 문화를 흔히 사회적 유산(social heritage)이라 부른다.

다섯째, 문화는 상대적이다. 모든 사람들이 예외 없이 자기 나름대로의 사고방식과 행동양식을 가지고 살아가듯이 문화도 각양각색이다. 예컨대, 대부분의 미국 사람들은 장례식 때 검은색의 옷을 입지만 뉴기니의 여성들은 흰 색깔의 옷을 입는다. 죽은 자에 대한 애도의 표현에도 이와 같이 옷 색깔이 다르다. 이러한 다양성을 인식하지 못하고 문화 현상을 민족우월주의(ethnocentrism)로 이해, 해석하려는 사람들도 있다.3) 사회과학자들은 문화적

3) 제2차 세계대전 이전까지만 해도, 특히 선진국의 사람들, 심지어 문화를 연구하는 인류학자나 사회과학자들까지도 다른 나라의 문화를 자기 나라 문화의 관점에서 평가하려는 민족우월주의(ethnocentrism)에서 벗어나지 못하고 있었다. 그리하여 사람들은 다른 나라의 문화를 열등한 문화나 미개한 문화라고 낮게 평가하면서 자기 문화에 대한 우월감을 갖는 그릇된 태도를 지니고 있었다.

상대성을 강조하고 있다. 즉, 그들은 문화에 대한 연구는 그 사회의 구체적인 맥락(particular context)에서 접근하여야 한다고 믿고 있는 것이다. 이와 같이 각 문화의 고유성을 긍정하고 자기 문화의 시각으로 타 문화를 가치판단하지 않는 태도를 문화상대주의(cultural relativism)라고 부른다. 만약 민족우월주의 태도로서 다른 문화를 이해 · 해석하려 한다면 상당한 왜곡해석과 오해가 빚어질 것이다.4)

여섯째, 문화는 변화한다. 문화는 시간적 · 역사적으로 변화한다. 어떤 문화도 변하지 않는 경우는 없다. 다만 정도의 차이가 있을 뿐이다. 문화변동을 일으키는 내부요인으로는 발명이나 발견, 혁신 등이 있고 또 문화접변(acculturation)과 같은 외부요인도 있다. 아무리 문화의 축적적이고 전통적인 면을 강조하더라도 이 변화 측면을 부인할 수는 없다. 예를 들어, 현재의 한국 문화가 고려시대의 문화와 똑같다고는 볼 수 없다. 이와 같이 문화는 변화하는 속성을 가지고 있다.

문화는 우리가 무엇을 생각하고 무엇을 어떻게 보아야 하는가에 대한 것까지 좌우한다. 미국의 CBS뉴스는 이것을 실험을 통하여 증명하였다. 혼잡한 도시 한복판에서 흑인 하나가 손에 무엇인가 긴 것을 쥐고 달려 갔다. 이것을 목격한 백인들에게 무엇을 보았느냐고 물었다. 그 결과 전형적인 대답은 '흑인이 물건을 훔쳐 가지고 경찰을 피해 도망가고 있는 것'이라 하였고, 또 '흑인이

---

4) 자기 나라 문화를 세상에서 제일이라고 생각하는 경향을 민족우월주의라고 부른다. 민족우월주의의 현상은 일상생활에서 흔히 볼 수 있다. "우리는 하나님으로부터 선택된 시민들"이라고 말하는 어느 교파의 사람들이나 '중국'이라고 자기 나라가 세상에서 중심지를 차지하고 있다고 믿는 사람이나 태양이 자기 나라의 상징이라고 믿는 사람들은 민족우월주의의 좋은 예이다. 또는 미국식 교육제도가 이 세상에서 가장 진보된 교육제도라고 생각하는 미국 사람들도 민족우월주의의 희생자라고 할 수 있다. 민족우월주의는 자기 문화에서 추구하는 가치나 규범에 토대해서 다른 문화를 판단하는 현상이다. 이렇게 자기 문화의 잣대를 가지고 다른 문화를 판단하기 때문에 자연히 다른 민족을 자기 민족보다 미개한 민족으로 보게 되어 우월의식을 갖게 된다.

권총을 가지고 도망가고 있는 것'이라고 하더라는 것이다. 재미있는 사실은 흑인은 신문을 동그랗게 말아 가지고 버스를 타기 위해 달려 가고 있었다는 것이다. 만약에 뛰어가고 있는 사람이 흑인이 아니라 백인이었다면 그 백인들이 어떻게 이야기했을 것인가. 일반적으로 흑인에 대한 개인의 선입관이 부정적인 까닭으로 뛰어간다는 평범한 사실도 범죄와 관련이 있는 것으로 보는 것이 일반적인 경우라는 것이다.

또한, 문화가 사람들의 생각을 결정한다는 실례로서 다음과 같은 내용의 수수께끼를 살펴보자.5)

> 아버지와 아들이 차를 타고 고속도로를 달리다가 큰 교통사고가 발생하였다. 교통사고로 아버지는 그 자리에서 숨지고 아들은 중상을 입어 근처에 있는 병원으로 운반되었다. 그러자 그 병원의 원장이 환자 앞에 와서 얼굴을 들여다보고, "아이고 큰 일 났구나! 내 아들이 웬일이냐……"하고 울부짖었다. 중상을 입고 사경을 헤매는 그 사내아이가 차를 타고 같이 가다 죽은 사람의 아들일터인데 어찌하여 또 그 병원의 원장의 아들이 된단 말인가. 그러나 그 원장님은 그 아이의 어머니였던 것이다.

우리나라 사람으로서는 남녀노소를 불문하고 여자가 병원의 원장을 맡고 있으리라고는 생각하지 못한다. 그러나 여자 의사가 전체 의사 수의 다수가 되는 나라에서는 이와 같은 수수께끼가 쉽게 풀렸을 것이다. 이처럼 문화는 우리의 생각과 행동을 지배하고 있다. 우리는 우리의 문화양식에 따라 행동하고 생각하는 것이다.

5) 김선호 · 김정한(1985). 교육사회학. 문음사.

2. 문화정체성(cultural identity)과 교육

문화는 역사적으로 우리의 삶에 지속적으로 상속되기도 하고 중단되기도 하고, 변경되거나 합병되기도 한다. 가치가 현실화되지 못하는 문화는 역사적 과정에서 사라지기도 하고, 가치가 구체화되고 현실화되는 문화유산은 여전히 살아남아 오늘날까지 이어지기도 한다. 또한 어떠한 문화는 역사적 생성과정에서 서로 병합되기도 하고 새롭게 다시 해석되어 전달 · 계승 · 발전되기도 한다. 또한 어떠한 문화는 사장되기도 하고 소실되기도 하고 새롭게 창조 · 재창조되기도 한다. 현실적인 가치판단을 배제하고 보면, 역사적인 삶과 경험의 누적현상으로서 문화의 생성과 발전의 양상은 매우 다양하고 복합적이라고 할 수 있다. 이러한 속성을 가진 문화가 교육 및 학습행위의 매개로 전달 · 계승 · 발전되기도 한다. 결국 문화란 인간정신이 창조해 낸 모든 산출물이며, 이것이 교육과 학습을 통해서 계속 반복적으로 창조 · 전달 · 계승 · 발전 · 재창조되는 것이다. 이렇게 본다면 우리의 삶은 곧 교육(학습포함)이다. 즉, 문화 속에서의 모든 삶의 경험이 교육인 셈이다(김인회, 1995, p. 33).

문화를 이데올로기와 결부시켜 생각할 때 문화정체성의 문제는 중요한 과제가 된다. 우리나라의 경우, 세대별로 볼 때 일본지향문화, 서구지향문화 그리고 청소년을 중심으로 한 미국지향문화 등의 편향성을 부정할 수가 없다(이현청, 1994).

외래문화에 대한 지나친 수용현상은 문화정체성의 문제를 일으킨다. 어떤 특정국가에 대한 문화적 편향현상은 문화식민주의(cultural imperialism) 현상으로서 자기 나라 문화보다 다른 나라 문화를 우월한 문화로 생각하고 자기 나라 문화를 비하시키는 성향을 말한다. 학문의 식민화 상태에서는 외국의 학문을 무비판적으로 수입하게 된다. 이 과정에서 외국의 학문뿐만 아니라 이러한 학문을 낳게 된 문화까지도 함께 수용한다. 수입된 외국의 문화나 학문의 '기준'에서 자기네의 문화와 학문을 바라보게 되기 때문에 자신의 문화나 학문을 평가절하하게 된다. 그리하여 자기가 태어난 문화나 학문에 대해서 기본적인 열등의식을 갖게 됨으로써 자기정체의 혼란을 겪게 되고 끝내는 '자기부정'에까지 이르게 된다. 이러한 자기부정 현상이 학문의 식민화 상태에서 나타나는 자민족중심주의의 실체이다. 한국인의 뿌리깊은 열등의식을 민족 노이로제의 한 증후로써 설명하기도 한다. 이러한 상태는 한 마디로 '주체성의 상실'이다.6) 문화식민지 사회에서는 주체성 있는 교육이 불가능하지만 문화정체성이 확립된 사회에서는 진정한 자기 나라 교육이 가능하다.

외래문화를 무조건 거부하거나 비하시키는 일도 바람직하지 않다. 이렇게 자기 나라 문화만을 고집하는 경향은 '문화국수주의 혹은 문화보수주의'라 지칭한다. 문화정체성은 자기 고유의 문화적 토대 위에 외래문화를 선별 수용할 때 가능해진다.

문화의 국제화시대, 경제의 개방화시대에 우리가 살길은 우리 문화를 세계화하고 세계의 문화를 우리화하는 것이다.7) 세계가 하나가 된 마당에서 남는

6) "한국인의 사상적 병폐는 한 마디로 말해서 우리가 일제시대에 가졌던, 현재에도 무의식 속에 잠재하는 엽전사상(葉錢思想)이다. 그것은 달리 말하면 한국문화, 역사, 한국인의 성격, 일체의 한국에 관한 것의 부정적인 면만을 내세우는 사고방식을 말한다. 한국에는 민주전통이 없다, 개인주의가 없다, 자아의 각성이 없다 등등 한국에는 없고 외국에는 있다는 생각들의 대부분이 자기 말살적인 엽전사상에서 유래한다. 이러한 부정적인 견해의 형태는 무한정으로 많지만 그 핵심은 우리들이 아주 못났다는 것이다. 이러한 사고방식은 한국에 관한 좋은 점은 생각되지 않고 나쁜 점만이 눈에 보이는 심리이다. 같은 뿌리에서 나오는 반대의 형태는 좋은 점만 보고 나쁜 점은 보지 않으려는 사고방식이다. 이것도 극단으로 발전하면 국수주의로 흘러가는데, 이러한 사상은 일본이나 독일 같은 나라에서 길러지는 사상이지 한국의 풍토에는 맞지 않는 사상이다." -이동식(1974). 한국인의 주체성과도. 일지사. pp. 21-.

7) 한국은 역사의 전개과정에서 세계에서 보기 드문 단일민족, 단일언어를 가진 동질적 민족사회를

것은 문화민족주의이다. 우리 문화를 지키면서 세계문화의 충격을 줄여 감싸 안는 지혜가 필요하다. 세계의 문화를 받아들이되 자생력을 키우는 것만이 문화시대의 생존전략이다.

3. 다문화교육[8](multi-cultural education)

지구촌 사회가 세계화 · 정보화 · 다문화되어 감에 따라 우리도 이제 시대에 걸맞은 새로운 다문화 교육정책이 요청되고 있다. 우선 다문화교육은 소수민족 집단만을 위한 교육이 아니라 교사와 학생, 일반들까지도 그 대상이 되는 민주시민교육이다. 그리고 다문화교육은 한국문화의 정체성에 위협이 된다고 하는데, 사실 다문화교육은 타 문화에 대한 비판적, 주체적 수용을 통해 우리 문화의 정체성을 확립하는데 기여할 수 있다. 또 다문화교육에로의 정책전환이 국가를 분열시킨다는 오해를 가질 수 있으나, 다문화교육은 타 문화에 대한 이해와 공존을 통한 사회통합을 지향한다는 점을 알아야 한다.

다문화교육이란 문화적 맥락 속의 개인과 사회를 인식하는 데서 출발한 개념으로, 개인이 적어도 한 개 이상의 문화집단에 소속되어 있으면서 동시에 다른 문화집단과도 상호 연결되어 있다는 사실에 주목한다. 국가, 종교, 계층, 성별, 인종, 직업, 사회 역사적 배경 등의 다양성으로 인하여 서로 다른 다양한

유지 발전시켜 왔다. 유라시아 대륙의 동단(東端)에 위치하는 반도로 그 지정학적 입장 때문에 강대국의 침탈을 당하기도 하면서 주로 대륙으로부터, 때로는 멀리 해로를 통하여 여러 가지 문물이 유입되고 이것을 흡수, 소화, 섭취하여 유불(儒佛)사상을 바탕으로 한 독자적 생활문화를 형성하였다.

8) 최충옥(2008), 다문화시대의 교육개혁방향과 과제 -배타적 동화교육에서 개방적 다문화교육을 제안하며.

문화집단이 공존하며, 이들은 서로 영향을 미치는 밀접한 상호작용의 관계에 있음을 인식함으로써 자신이 속한 문화집단뿐 아니라 상대 문화집단을 이해하고 상호 교류가 원활히 이루어질 수 있도록 돕는 교육 개념인 것이다.

즉 다문화교육은 다원화된 민주 사회에서 효율적으로 기능하고 다양한 집단의 사람들과 상호작용, 협상, 의사소통을 하는데 필요한 지식 · 태도 · 기능을 습득하여 공동선을 추구하는 시민 공동체의 건설을 돕는 것에 초점을 둔다(Banks, 2004).

다문화교육을 뒷받침하는 이론들로는, 문화일원론적 입장에서 동화주의에 기반을 둔 용광로이론과 다원론적 입장에서 문화다원주의적 모자이크이론, 그리고 다문화주의적 샐러드그릇이론 등이 있어 왔다.

첫째 용광로이론은 다수자와 소수자를 용광로에 함께 녹여서 과거와는 새로운 문화를 만들어 낸다는 교육정책이론이지만, 소수자들이 원래 문화와 관습을 버리고 결국 주류 문화에 동화된다는 문제가 있다. 이는 우리나라에서 탈북자 자녀들을 교육하는데 적용할 수 있다.

둘째 모자이크이론은 소수자들이 주류사회 속에서 자기 나름대로 문화를 유지하고 하위문화들이 공존하여 조화를 이룬다는 문화다원주의 이론이지만, 결국 모자이크의 밑바탕에는 주류문화가 존재해야 함을 인정하는 문제가 있다. 이는 다민족 국가인 미국이 앵글로색슨 문화를 중심으로 소수민족들의 자유와 공존은 인정하지만, 그들을 지원하지 않음으로써 생활현장에서 차별과 편견을 유지시켜 온 이론이다. 그리고 일명 무지개이론으로 불리고 있지만 무지개는 비온 뒤에 햇빛의 반대편에 생기며 일시적이라는 점을 상기할 필요가 있다. 이는 우리나라에서는 국제결혼 이민자와 자녀들에게 적용할 수 있을 것이다.

셋째 샐러드그릇이론은 다문화주의에 기반을 둔 이론으로써 문화의 다양성과 다원성을 인정하면서 사회통합을 추구한다는 점에서 문화다원주의와 유사하지만 조건과 실천 방법이 다르다. 이는 주류사회의 존재를 인정하지 않고 다양한 문화가 독립적으로 평등하게 공존되어야 함을 강조하며, 소수민족의 문화를 지원하는 교육정책이론이다. 뷔페식당의 샐러드 그릇 속에서 함께 뒤섞이긴 하지만 피부색깔과 인종문화의 독자성을 유지한다는 면에서 조화롭고 아름다운 정원에 비유되기도 한다. 이는 우리나라에서는 외국인 노동자와 그 자녀들에게 적용 가능한 이론이라 하겠다.

다문화 정책의 기본 방향은 첫째, 문화의 '다양성'에 대한 청소년들의 인식을 높임과 동시에 다양한 문화들이 '동등하게 가치가 있고 문화적으로 평등'하다는 사실을 강조하는 것이다.

둘째, 다문화교육은 다양한 문화집단, 즉 국가별 혹은 집단별 특성에서 오는 문화적 '차이' 뿐만 아니라 서로 다른 문화집단이 공유하고 있는 문화현상의 '유사성'에 관하여 비교적으로 인식하는 과정을 통하여 공존하는 문화집단의 특성을 이해하고 자신의 문화집단의 특성 또한 더욱 뚜렷이 이해할 수 있도록 돕는 것이다.

셋째 다문화교육은 우리가 대하는 문화적 현상에 대하여 당연하게 여기던 사실들에 내재되어 있는 편견이나 왜곡된 점을 새롭게 인식하고 시정하려는 것이다. 이러한 노력은 교육과정을 구성할 때 문화집단 사이의 문화적 다양성과 평등성의 원칙에 걸맞게 교육 내용을 재편성할 필요성을 의미한다.

다문화교육은 각 개인이 다양한 문화적 맥락에서 오는 다양한 관점에서 사회적, 정치적, 경제적인 생활을 경험하고 인식하며, 이로부터 오는 다양성을 자각, 존중하게 되고 궁극적으로 다양한 문화집단 간의 조화로운 상호 교류를 증진하도록 돕는 개념이다. 이것은 다원주의 패러다임의 시대에 그리고 세계적으로 다양한 집단과의 상호 교류가 더욱 긴밀해지고 있는 현 시점에서 더욱 간절히 요청되고 있는 교육적 과제인 것이다.

4. 개인주의 문화와 집단주의 문화: 동서양의 비교

현재 동양과 서양의 문화를 비교하는 틀의 기준은 개인주의와 집단주의(individualism-collectivism) 차원이다. 이 차원은 비교문화연구에서 다양한 문화현상을 설명하는 개념으로 발전되어 왔다.

개인주의는 개인이 그가 속한 집단 또는 조직에서 정서적으로 얼마나 독립되어 있는가의 정도이다. 개인주의 문화에서는 구성원 각자가 갖고 있는 개성을 존중하고 개인의 권리를 귀중하게 생각한다. 인간관계보다는 개인적인 성취가 강조되며, 집단의 가치기준보다는 개인의 가치기준에 의한 판단을 우선한다. 그리하여 '우리'보다는 '나'라는 단어를 많이 사용한다. 이에 비하여 집단주의 문화에서는 개인이 그가 소속되어 있는 집단 또는 조직의 한 부분으로서 간주된다. 개인적인 성취보다는 인간관계의 유지가 우선하며, 집단의 가치기준을 개인의 가치기준보다 우선하는 것으로 받아들인다. '나'보다 '우리'가 우선하기 때문에 '나'라는 단어보다 '우리'라는 단어를 즐겨 사용한다.

개인주의의 배경은 서구(western)의 기독교사상에 바탕을 두고 있다. 신(神)의 피조물로서의 인간은 신(神)만이 소유할 수 있는 존재이다. 따라서 인간은 다른 인간에 의해서 소유되거나 침범될 수 없다. 또한 인간은 신(神)의 성품인 이성을 갖고 태어나기 때문에 인격적인 존재이다. 이처럼 개인주의는 개인의 자유와 존엄을 존중하는 정신에서 출발하고 있다. 개인의 자유와 존엄을 존중하는 이와 같은 정신의 배경에는 모든 사람은 기본적으로 이성적이고 합리적이라는 가정이 깔려 있다. 개인주의에서는 합리적이고 이성적인 사고방식을 가진 사람이 자기를 실현하는 것은 비단 자신만을 이롭게 만드는 것이 아니라 사회도 이롭게 만드는 것이라고 보았다.

집단주의의 배경은 동양의 유교사상에 뿌리를 두고 있다. 유교의 창시자인 공자는 인간의 도리로서 무엇보다도 인(仁)의 실천을 강조했다. 그 이유는 개인의 인격을 완성하는 데도 있었지만 궁극적인 목표는 인(仁)의 실천을 통하여 사회를 조화롭게 하자는 것이었다. 즉, 인(仁)을 실천하는 것만이 개인의 사사로움을 없애고 전체의 행복을 추구할 수 있는 길이라고 보았다. 따라서 유교가 궁극적으로 추구하고자 했던 것은 사사로움이 없는 개인들간의 조화로운 공동체였다. 우리 사회가 집단주의 문화로, 서구사회가 개인주의 문화로 나타나게 된 배경에는 두 사회에서의 이러한 종교적 차이가 깔려 있다.

개인주의와 집단주의의 본질적인 차이는 개인과 집단 중 삶의 기본단위를 어느 쪽으로 인식하고 있는가에 달려 있다.[9] 개인주의에서 개인은 집단의 일부로 존재하는 것이 아니라 개인 그 자체로서 존재하는 것이다. 개인주의 사회에서는 집단의 이익과 개인의 이익이 상충할 때 개인의 이익을 우선한다. 그러나 이러한 개인의 이익은 그의 능력에 의하여 스스로 획득하여야 한다. 반면에 집단주의 사회에서는 개인이 그가 속한 집단의 일부가 되어 그 집단으로부터 자신을 떼어놓고 생각할 수 없다. 즉, 개인은 개인으로 존재하기보다는 집단의 한 성원으로 존재하는 것이다. 이러한 사회에서는 집단의 이익과 개인의 이익이 상충할 때 집단의 이익을 우선한다. 그러나 집단은 그 구성원의 이익을 보호하고 구성원은 그 대신 집단에 충성을 바치는 것이다.

---

9) 엄밀한 의미에서 완전한 개인주의 문화나 또는 완전한 집단주의 문화는 존재할 수 없다. 개인주의 문화에서도 가족이나 이웃을 중심으로 한 집단의식이 존재할 수 있으며, 집단주의 문화에서도 개인의 자유와 존엄이 전적으로 무시될 수는 없는 것이다. 개인주의와 집단주의의 구분은 개인과 집단 중에 어느 한쪽이 완전히 무시되기 때문에 생기는 것이 아니며, 이 양자가 갈등할 때 상대적으로 어느 쪽을 더 중시 여기는가에 따라 결정되는 것이라고 보아야 한다. 즉, 서구사회가 개인주의 사회로 간주되는 것은 그 사회에서는 집단과 개인이 갈등할 때 집단보다는 개인이 중요한 존재로 인식되기 때문이며, 동양사회가 집단주의 사회로 간주되는 것은 개인보다는 집단을 더 중요한 존재로 인식하기 때문인 것이다.

개인주의와 집단주의의 차이는 삶의 여러 측면에서 서로 다른 특징으로 나타난다.

첫째, 개인주의와 집단주의는 타인에 대한 관심이나 배려에서 차이가 있다. 개인주의자들은 모든 의사결정이 자신에게 얼마나 이익을 가져다 주는가에 따라 결정된다. 삶의 기본단위가 개인인 개인주의에서는 집단의 목표, 욕구, 또는 관심보다는 개인의 목표, 욕구, 또는 관심이 우선하기 때문에 자연히 모든 의사결정의 기준이 자기가 될 수밖에 없다. 따라서 그들의 주된 관심은 자기 자신의 이해관계가 된다. 반면에 집단주의자들은 의사결정을 자기가 속한 집단에 미칠 영향을 감안하여 결정한다. 이들에게는 개인의 목표보다는 집단의 목표가 우선하기 때문에 집단의 이해관계가 판단의 기준이 된다.

둘째, 개인주의자들은 남에게 신세지지 않으며 또한 베풀지도 않는다. 이들은 자신을 스스로 돌봐야 한다고 생각한다. 따라서 남에게 빌려 주지도 않고, 빌려받지도 않는다. 반면에 집단주의자들은 자기가 갖고 있는 것을 타인에게 나누어 주며, 또한 타인도 자신에게 그와 같이 행동할 것을 기대한다. 집단주의에서 내집단원에 대한 분배원칙은 필요한 사람에게 더 많이 주는 요구분배나 모든 사람에게 골고루 나누어 주는 균등분배가 선호된다. 반면에 개인주의에서의 분배원칙은 내집단원이건 외집단원이건 관계없이 일한 만큼 나누어 주는 형평분배가 선호된다.

셋째, 개인주의자들은 누구에게 인정받는 것이 삶의 목표가 아니기 때문에 체면 같은 것에 관심을 두지 않는다. 그러나 집단주의자들은 자기가 속한 집단으로부터 인정받는 것에 관심이 크기 때문에 집단으로부터 배척당하면 수치스럽게 생각한다. 우리 사회에서는 체면이나 눈치가 고도로 발달되어 있다.[10]

---

10) 체면은 사회적 맥락을 많이 의식하는 사회에서 중시되는 것으로서 서구사회에서는 찾아보기 힘든 우리 사회의 독특한 것이다. 체면이 섰다는 것은 남을 대하기가 떳떳해졌다는 것이며, 체면이 깎였다는 것은 남을 대하기가 떳떳치 못하게 되었다는 것이다. 얼굴이 사람에게 없어서는 안 되는 부분인 것처럼 집단주의 사회에서 체면은 인간관계에서 빼놓을 수 없는 부분이다. 집단주의 사회에서 체면이 없는 몰염치한 사람은 인간 대접을 받지 못한다. 한 개인의 체면을

넷째, 대인관계에서 집단주의자들은 내외집단에 따라 차별적으로 대하는 반면에 개인주의자들은 내외집단에 따른 차별이 별로 드러나지 않는다. 집단주의자들은 내집단에 대해서는 외집단에 비하여 매우 친밀한 관계를 유지하며, 관계가 장기적으로 지속되며, 상호간의 자기노출도 많이 하여 내외집단에 따른 대인교류의 양상이 뚜렷이 구별되는 데 반하여 개인주의자들은 내외집단에 따른 구별이 그렇게 뚜렷하지 않다. 따라서 집단주의 사회에서는 대인관계에서 내집단과 외집단에 대한 행동이 크게 달라지는 데 비하여 개인주의 사회에서는 그와 같은 현상이 두드러지게 나타나지 않는다.

다섯째, 집단주의 사회에서는 집단결속력이 강하기 때문에 개인들간에 상호의존적 관계를 맺고 있다. 따라서 서로 영향을 주고받는 범위가 크며 개인생활의 침해도 잦다. 집단주의자들은 한 개인의 불명예는 집단의 불명예로서 받아들인다. 개인의 삶이 타인의 삶과 독립되어 있다고 생각하지 않는다. 반면에 개인주의 사회에서는 개인의 삶이 타인과 연관되어 있다고 생각하지 않는다. 예를 들면 부자(父子) 관계에서도 부모의 일과 자녀의 일을 분명하게 구분한다. 그러나 집단주의 문화에서는 부모들이 자녀의 학업문제로부터 친구 사귀

구성하는 요소는 처신, 인품, 품위, 역량 및 성숙이다. 여기서 처신은 그 사람의 몸가짐이 얼마나 바람직한가를 나타내는 것이며, 인품은 그 사람의 인간 됨됨이를 반영하는 것이며, 품위는 그 사람의 사회적 위치를 가리키는 것이며, 역량은 사회적인 성공을 나타내는 것이며, 성숙은 성숙한 사람으로서 갖추어야 할 기본적인 자질을 말한다. 여기서 성숙한 사람은 인격적이고 자기 수양적인 사람을 일컫는다. 이러한 것들이 충족되었을 때 체면이 서게 되는 것이며, 그렇지 못할 때 체면이 깎이는 것이다. 체면이 깎였을 때 사람들은 수치감을 느낀다. 이 감정은 개인주의 사회에서 구성원들이 느끼는 죄책감과 사뭇 다르다. 죄책감은 개인의 양심에서 나오는 감정이다. 반면에 수치감은 집단의 일원으로서의 집단적 의무감에서 느끼는 감정이다. 수치감은 본질상 사회적이며, 죄책감은 개인적이다. 수치감을 느끼고 안 느끼고는 규칙위반 사실을 남들이 알고 있는가 아닌가에 달려 있다. 수치감은 규칙을 위반했다는 사실 자체에서 비롯되기보다는 남들이 이를 어떻게 생각하겠는가에서 비롯되는 것이다. 그런데 죄책감은 그렇지 않다. 죄책감은 규칙위반 사실을 남들이 알건 모르건 관계없이 느끼는 것이다. 우리 사회에 사는 부모들이 가족단위의 삶을 조화롭게 영위하기 위해서 자녀들에게 남과 더불어 함께 사는데 필요한 기술과 덕목을 열심히 내면화시킨 결과가 이러한 체면이나 수치감과 같은 독특한 문화 행태를 낳게 된 것이다.

는 일까지 관여한다.

여섯째, 집단주의 사회에서는 도덕이나 규범이 개인주의에서보다 엄격하며 구속력도 크다. 도덕이나 규범에 대하여 구성원 사이에 합의가 되어 있으며 동조성도 높기 때문에 개인 선택의 틈이 없다. 반면에 개인주의 사회에서는 도덕이나 규범의 강제성이 적으며 구성원 사이에 합의도 이루어져 있지 않기 때문에 개인선택의 폭이 크다. 개인주의 사회에서의 도덕이나 규범은 추상적이고 보편적으로 정의되는 반면에 집단주의 사회에서의 도덕이나 규범은 구체적이고 상황에 따라 규정된다.

일곱째, 개인주의 문화에서의 의사소통은 솔직하고, 주장적이며, 실용적이다. 반면에 집단주의 문화에서는 신중하고, 타협적이며, 의례적인 경향이 있다. 집단주의에서는 인간관계에 민감하기 때문에 하고 싶은 말을 마음대로 하지 않고, 분위기에 따라 표현을 유보하는 것을 미덕으로 삼는다. 그러나 개인주의에서는 대화의 내용에 관심을 갖기 때문에 말이 논리적이고 명료하여 자신의 의사를 분명하게 전달해야만 능력 있는 사람으로 인정받는다.

여덟째, 집단주의 문화에서는 인간관계를 중요시하기 때문에 개인 사이의 갈등을 최대한으로 줄이려 하며, 만일 갈등이 일어났다고 해도 이를 교섭이나 중재를 통하여 화해하려 한다. 특히 내집단원과의 갈등에서는 더욱 그렇다. 그러나 개인주의 문화에서는 개인간에 갈등이 있을 때 각자 자신의 주장을 내세워 대결하며 협상을 통해서 이를 해결한다. 집단주의에서 상대를 설득하기 위해서 흔히 사용하는 무기는 상대의 의무나 책임에 호소하는 방법을 사용한다. 반면에 개인주의에서는 갈등해결을 통해서 얻게 되는 이익을 일깨우는 방법을 통해서 상대를 설득한다.

아홉째, 집단주의 문화에서 개인의 정서나 동기의 발현은 타인중심적인 것이 특징이다. 정서의 발달도 동정심이나 수치심과 같이 타인중심적 정서가 주로 발달했으며, 동기도 대인관계의 유지에 필요한 친애욕구나 친화욕구가 발달되었다. 따라서 집단주의 문화에서는 개인적 감정이나 욕구의 표현을 통제하는 기제가 고도로 발달되었다. 그러나 개인주의 문화에서는 개인적 감정이나 욕구의 표현을 수용하는 풍토이기 때문에 기쁨이나 분노와 같은 자기중심적 감정이 발달하였다. 동기의 발달도 성취동기와 같이 개인지향적 동기가 집단지향적 동기보다 발달하였다. 이 사회의 구성원들은 자신의 개인적 감정이나 동기를 감추지 않고 드러내는 것을 솔직하고 개성이 뚜렷한 사람으로 인정한다.

열째, 개인주의와 집단주의에서 구성원들 사이에 가치관이 서로 다르다. 먼저 바람직한 인간에 대한 견해가 서로 다르다. 개인주의 문화에서는 '뛰어난' 사람이 이상적 인물이고, 집단주의 문화에서는 '훌륭한' 사람이 이상적 인물이다. 여기서 뛰어난 사람은 활동적이고 자기 실현적인 사람을 일컬으며, 훌륭한 사람은 인격적이고 자기 수양적인 사람을 가리킨다. 한편 인간관계에서 바람직한 것으로 간주되는 가치도 서로 다르다. 집단주의에서는 화목, 인화, 의리, 겸손, 충성을 가치롭게 여긴다. 반면에 개인주의에서는 자조, 자율, 독립, 공정, 자유를 가치롭게 여긴다. 개인의 자질 중에 바람직한 자질로 간주하는 것도 두 문화에서 서로 다르다. 집단주의에서는 성실, 인내, 노력, 절제, 질서 등을 바람직한 자질로 꼽는다. 반면에 개인주의에서는 창의, 능력, 성취, 개성, 도전 등이 바람직한 자질로 간주된다.

문화전도사 싸이, 또 기록 경신……
'강남스타일' 뮤비 유튜브 '18억 뷰' 돌파

세계 최대 동영상 사이트 유튜브에서 싸이의 '강남스타일'이 조회 수 1,800,020,322를 기록, 18억 뷰를 넘어서는 경이로운 기록을 세웠다.

싸이의 '강남스타일' 뮤직비디오는 지난 해 7월 15일에 게재된 것임에도 1년이 훌씬 지난 현재까지 전세계인의 사랑을 받으며 꾸준히 조회 수 기록을 경신하고 있다. '강남스타일'은 그 동안 수많은 기록을 낳아 전세계인들의 이목을 집중시킨 바 있다. '강남스타일'은

싸이
가수, 음악PD
출생 : 1977년 12월 31일

유튜브 사상 최초로 '10억 뷰' 돌파를 성공한 영상이자 최단 기간 및 최다 조회 수 자리를 꾸준히 지키고 있는 영상이기도 하다.

공개 52일째 1억 조회 수를 달성하고 161일째 10억 조회 수를 돌파하며 평균 한 달에 1억건씩 조회 수를 늘려가며 무서운 기세를 보이던 '강남스타일'이 이제는 20억 조회 수를 고지에 두고 있어 또 신기록을 수립할 지 귀추가 주목된다.

출처: 경제투데이, 2013-10-23, 싸이, 또 기록 경신…… '강남스타일' 뮤비 유튜브 '18억 뷰' 돌파

제4장

학습이론과 발달의 원리

1. 학습이론
2. 발달의 원리

1. 학습이론

인간을 비롯한 모든 동물들은 환경에 적절하게 적응해야 생존을 유지할 수 있다. 계속 변화되는 환경에 적응하는 데는 두 가지 적응기제가 사용된다. 하나는 조상으로부터 유전적으로 이어받은 행동양식이다. 이것은 오랜 진화과정을 거치면서 형성된 것으로 후천적인 경험을 필요로 하지 않는다. 다른 하나는 태어나서 후천적으로 경험 또는 학습을 통해서 얻어지는 행동양식이다. 동물들, 특히 하등동물의 행동은 유전된 것이 많다. 예를 들어서 새가 둥지를 짓고, 알을 낳고, 먹이를 찾고, 그리고 자신의 둥지로 되돌아오는 것과 같은 행동은 대부분 학습을 필요로 하지 않는다. 그러나 인간의 경우는 유전된 행동보다 훨씬 다양한 행동을 구사하고 있다. 이것은 인간이 적응을 위해 다른 동물들보다 학습을 더 많이 한다는 것을 의미한다.

인간의 커다란 특징 중의 하나는 고도의 학습능력이다. 인간은 학습능력이 있기 때문에 다른 동물과 구별되고 부단한 학습과정을 통해서 진보 발전된 행동을 지닐 수 있으며, 보다 새로운 적응행동을 성취해 갈 수 있다(Ormrod, 1980 ; 윤운성, 1995 재인용). 학습과정(learning process)은 지구상에서 어떤 종족보다도 더 큰 융통성(flexibility)과 적응성(adaptibility)을 인간에게 주고 있다. 왜냐하면 인간의 행동은 본능에 의해 통제되는 것이 거의 없으며, 대부분 우리가 무엇을 배웠느냐에 따라 통제되기 때문이다. 대부분의 심리학자들은 학습(learning)은 훈련 또는 경험의 결과로 나타나는 행동상의 비교적 영속적인 변화라고 정의한다.[1)]

---

1) 상식적으로 보면 학습은 배우는 과정이다. 이렇게 단순히 지칭할 수 있지만 심리학적으로 정의하

학습과 인지는 교육현장에서 학생이 수행하는 주요 활동을 이룬다. 학생이 공부를 한다고 할 때 그것은 교사의 도움을 받으면서 교재를 학습하고 인지하는 과정이다. 교육의 과정에서 3요소는 교사, 학생 및 매체(교재)이다. 이 과정에서 학습과 인지는 교재라는 매체를 통해 학생이 교사와 갖는 상호작용이다. 교재가 음식물이라면 학습과 인지는 소화라 할 수 있다. 학습과 인지는 학생이 교재를 소화하는 심리적 활동이다. 결국 학습과 인지는 학생이 공부할 때 일어나는 심리적 과정이라 할 수 있다.

공부할 때는 학습과 인지활동이 구분되지 않지만, 이들은 심리학의 접근에 따라 구분될 수 있다. 행동주의 심리학은 행동학습에 중점을 두고 인지심리학은 인지과정에 중점을 두었다. 두 분야를 구분하자면 학습은 어떤 행동이나 지식을 습득하는 과정이고, 인지는 정보를 기억하고 이를 바탕으로 사고하는 과정이라 할 수 있다. 학습에는 두 관점이 있다. 행동변화로서의 학습과 인지변화로서의 학습이다. 전자는 Pavlov나 Skinner의 조건형성 절차로 이는 행동주의 심리학을 불러일으켰다. 후자는 Tolman, Köhler 또는 Bandura의 인지학습의 절차를 근거로 하는 인지심리학이다.

1) 행동주의 학습이론

행동주의에서는 학습을 '경험의 결과로 나타나는 관찰할 수 있는 행동의 변화'라고 정의한다. 행동주의 심리학자들은 관찰 가능한 행동에 초점을 맞추고 있다. 이러한 경향성은 학습의 내적 과정 혹은 절차 등을 고려하지 않았다는 비판의 원인이 되었지만, 행동주의 이론은 학습을 이해하는 데 폭넓게 적용되고 있으며 교사들에게 실제적인 도움을 준다.

면 학습은 행동과 인지의 변화과정이라 할 수 있다. 이러한 정의는 심리학의 변천에 따라 구체화되었다. 행동주의 심리학의 입장에서는 학습을 행동의 변화과정으로 보았으나, 현대의 인지심리학에서는 인지의 변화과정으로 보았다.

행동주의 학습이론의 근본적인 원리는 자극과 반응 간의 연합이다. 자극(stimulus)이란 환경으로부터 학습자에게 제시되는 모든 것을 의미한다. 즉, 눈에 보이는 사물, 귀로 들리는 소리, 피부로 느껴지는 감촉 등은 모두 자극이 된다. 반응(response)이란 자극으로 인한 행동을 의미한다. 행동주의에서는 이와 같은 자극과 반응의 연합을 학습으로 이해하고 있으며, 이러한 이유로 행동주의 이론을 연합이론(association theory)이라고도 부른다.

Locke(1632-1704)는 1690년 『인간이해에 관한 수필(An Essay Concerning Human Understanding)』을 통해 관념의 생득설을 정면으로 부인하였다. 그는 갓 태어난 아기의 정신세계는 아무것도 쓰여 있지 않은 백지와 같다(tabula rasa, blank slate view)고 주장하였다. 그는 '백지설'을 바탕으로 경험의 중요성을 주장한 최초의 환경론자였다. 행동주의자들은 교육이란 어린이로 하여금 주어진 자극에 계획된 반응을 하도록 조건화하는 것으로서 교육은 동물훈련과 본질적으로 다를 것이 없다고 본다. 복잡한 인간활동을 포함하여 모든 인간의 행동은 조건화(conditioning)의 용어로서 설명될 수 있고 인간의 행동은 내부의 동기에 의해서 일어나는 것이 아니라 자신이 통제할 수 없는 외적인 힘에 의해서 결정된다고 본다.

조건형성(conditioning)은 특정조건으로 특정행동을 보일 수 있는 절차이다. 예를 들면 어떤 사람이 빨간색을 보기만 하면 놀랄 수 있다. 특정자극과 특정반응 사이의 관계를 연합(association)이라 하는데, 이 개념을 일찍이 Aristoteles가 사용했지만 Pavlov가 동물실험을 통하여 심리학적으로 확립했다.[2] 조건형성

2) 일상에서도 조건형성의 예를 쉽게 찾을 수 있다. 우리는 '사랑'이라는 말을 듣고 포근한 느낌을 갖는다. 태어날 때부터 그 말의 뜻을 안 것은 아니다. 어릴 때 아마도 엄마가 '사랑한다'는 말을 하면서 안아 주었을 때 포근한 느낌을 받았을 것이다. 이제는 어머니가 안아 주지 않지만 그 말만 들어도 포근한 느낌을 가질 것이다. 이 과정은 '사랑'이라는 말의 뜻이나 느낌을 조건형성시킨다. '사랑'이라는 말은 조건자극, '안아줌'은 무조건자극, '포근한 느낌'은 조건반응이다. '사랑한다'는 말에 '안아 줌'으로써 '포근한 느낌'이 조건형성된다. 이 절차에서 반응이 강화되고 있다. 더 이상 안아 주지 않고 사랑한다고 말한다면 포근한 느낌이 식어 갈 것이다. 이 절차에서는 반응이 소거되고 있다. 한참 후에 누가 사랑한다라고 말만하더라도 자신도 모르게 포근한 느낌에

에 대한 관심은 행동을 조건에 귀인시키려는 경향을 띠고 있다. 이러한 경향을 행동주의(behaviorism)라 한다. 행동주의는 행동을 일으키는 원인을 조건에서 찾으려고 하고 이 때의 행동은 겉으로 드러난 반응뿐만 아니라 드러나지 않은 반응도 포함한다. 예를 들면 어떤 사람이 빨간색을 보고 놀라거나 도망을 칠 때 놀람이나 도망이라는 반응은 모두 빨간색이라는 조건에 의해 조성되는 행동이다. 상식적으로 놀라서 도망쳤다는 말을 하듯이 놀람이라는 의식이 원인이고 도망이라는 행동이 결과라고 보지만 행동주의는 의식과 행동을 구분하거나 이들 사이의 인과관계를 가정하지 않는다.

왓슨(J. B. Watson)의 '행동주의 심리학자의 선언'

"나에게 건강한 유아 12명을 주시오. 그러면 잘 만들어진 나의 특별한 세계에서 그들을 키울 것이고, 그들의 재능 기호, 버릇, 적성, 인종에 관계없이 의사나 변호사 혹은 예술가나 기업의 사장 등 원하는 어떠한 전문가로라도 키울 수 있습니다. 거지나 도둑이 되게끔 훈련시키는 것도 물론 가능합니다."

2) 인지-발견주의 학습이론

인지-발견주의 학습이론은 행동주의와는 달리 인간을 기계적으로 설명하지 않고, 학습자의 자율적 주체성을 강조한다. 인지-발견 접근은 인간의 사고구조와 사고과정이라는 입장에서 학습을 이해하려고 하며, 자기발견 학습이 더 큰 의미가 있다고 주장한다.

행동주의는 행동만이 의식의 근거로 본다. 이와 달리 인지학습의 실험은

빠져든다. 이 순간에 반응이 자발적으로 회복된다. 이와 같이 우리가 사용하는 어휘들의 뜻이나 우리가 갖는 정서적 느낌은 강화, 소거 및 자발적 회복의 과정을 거치는 고전적 조건형성의 결과이다.

행동으로 나타나지 않은 의식의 과정을 보여 주었다. 학습은 기억, 통찰, 관찰 등의 인지과정에서 비롯되었고, 이러한 학습이 행동으로 나타나지 않을 수도 있었다. 특히 어떤 행동이라도 비록 정서적 행동이라도 인지과정을 거친다는 것을 예시했다. 이를 계기로 모든 행동을 인지과정으로 설명하려는 접근이 시도되었다. 이 시도를 인지적 접근(cognitive process)이라 한다.

인지-발견 학습이론은 인간의 사고(인지 : cognition)와 관계를 발견하는 방법을 중시하고 강조하기 때문에 인지-발견이론이라고 한다. 수동적으로 암기되고 숙달된 지식이나 기능보다 스스로 터득하고 발견한 지식과 기능이 훨씬 의미 있고 장기적인 학습효과가 있다. 인지-발견 학습이론에서 중요한 개념의 하나는 구조이다. 구조는 기억이나 고등한 정신기능을 요구하는 학습일수록 구조에 대한 이해가 없이는 학습이 불가능하다. 따라서 낱개의 정보를 제시해 주고 그것에 대한 올바른 반응을 하면 보상을 주는 식으로 가르칠 것이 아니라 아동들이 구조를 이해하도록 도와주어야 한다. 인지-발견 학습이론에서는 사고와 토론이 요구된다. 이러한 과정이 없으면 아동들 스스로 답을 얻을 수 없다.

행동주의는 행동만을 본질이라 보고 그 외에 다른 어떤 것은 대상이 될 수 없다. 어떤 의식이 있다면 그것은 행동으로 환원되어야 하고 행동을 근거로 두지 못한 의식은 있을 수 없다. 이러한 입장을 가진 행동주의는 의식을 검은 상자(black box)로 비유했다. 이와 달리 의식은 검은 상자가 아닐 수 있다. 우리가 관찰하는 행동은 정보를 능동적으로 받아들이고 처리하여 내보내는 내면의 의식과정으로 설명되는 경우가 많다. 학습이란 내면적 의식과정의 변화일 수 있다. 그 변화를 인지적으로 설명할 수 있다. 이러한 관점을 인지학습(cognitive learning)이라 한다. 인지학습에는 그 과정을 조건형성과 차별화시킨 잠재학습, 학습을 체제화의 변화로 보는 통찰학습, 사회적 모방을 다룬 모방학습 등이 있다.

학습의 조건형성의 한계를 지적한 인지학습을 계기로 심리학은 인지과정에 관심을 가지게 되었고 그 과정을 분석하려고 했다. 이 시도를 인지적 접근이라 한다. 인지적 접근은 어떤 심리현상을 다룰 때 인지기제를 가정하고 이를 행동적 자료로 검증한다. 이러한 접근은 행동주의와 쌍백을 이루는 인지심리학을 낳게 하였다. 인지심리학은 인지기제로 인지행동은 물론 의식의 전반을 다루면서 심리학의 대상을 의식으로 회복하게 하였다. 이는 인지를 인간요인으로 삼고 그 요인을 중요시하는 다른 분야와 관련하기에 이르렀다. 이를 인지과학이라 한다.

3) 인본주의 학습이론

인본주의 심리학은 행동주의와 정신분석을 부정하는 입장으로부터 출발하였다. 행동주의는 인간을 관찰 가능한 단순한 행동체제로 취급하기 때문에 가치관, 감정, 장래의 희망, 행동의 선택, 창조성 등의 인간적 측면을 간과해 버렸다는 비판을 받았다. 행동주의는 인간 개개인을, 각각의 이상을 추구하는 통일적 존재로서 취급하는 노력을 태만하게 하였다는 비판을 받았다.

인본주의 심리학의 기원은 휴머니즘(humanism)과 실존주의의 철학적 전통에서 찾아볼 수 있다. 휴머니즘의 철학자는 인간은 자유의사를 지니고 있으며, 그 때문에 선택을 하거나 창조성을 발휘할 수 있다고 주장하였다. 또한 실존주의자는 인생의 각 순간에서 실존을 경험하는 것을 중요시하였다. 자신의 경험을 사색의 재료로 하여, 충분히 맛을 보는 것이 인생의 본질이라고 하는 것이다.

인본주의 심리학은 성장 방향이론(growth-directions theory)이라고 한다. 어떤 종류의 인간이 다른 종류의 인간으로 서서히 변화해 가는 것이다. 교육의 주요한 목적은 자기실현과 완전한 인간이 되는 데에 힘을 빌려 준다고 생각하기 때문에, 아주 중요한 학습경험은 연합학습이나 조건학습과는 다른 것이라고 생각했다. Maslow는 이를 내발적 학습(intrinsic learning)이라고 불렀다(백운학, 1990).

인본주의는 인간과 동물은 다르다는 것을 전제로 하여 인간의 주관성과 독특성을 강조한다. 인간은 주어진 자극에 대하여 수동적으로 반응만 하는 것이 아니라, 스스로 가지고 있는 힘에 의하여 결정을 내리고 행동하는 존재라고 본다. 과거보다 미래가 더 중요하고, 인간의 무의식보다는 의식이 중요하며 개인의 자유의지가 작용하는 의식의 작용을 중요시한다.

행동주의와 정신분석학 해석에 대한 하나의 대안으로서, Maslow는 제3세력의 심리학(third force psychology)인 인본주의를 제안했다. 인간은 나면서부터 성장 지향적이고, 조건이 잘 갖추어져 있을 경우에는 자기실현을 향해서 나아갈 수 있다는 것을 강조한다. 인간의 본질에 대해서 낙관적이고 여러 가지 특성을 발달시켜 나가는 자유스러움으로 해서 결국 긍정적이고도 유익한 행동을 하게 된다고 보는 '성장지향의 인간관(growth-motivated person)'을 갖고 있다.

인본주의의 시각에서 보면 인간의 본성은 신뢰할 수 있다. 인간이 개인적으로 혹은 사회적으로 해로운 존재가 되는 것은 개개인이 자신의 기본적인 본성으로부터 소외되어 있을 때이다. 사람은 선택의 자유를 가져야만하며, 자신의 내적 경험에 기초해서 결정을 해야 한다고 주장한다.

인본주의 학습이론에 따라 교육을 실천한 대표적인 예는 Neill의 섬머힐(Summerhill)이다. Neill은 "아동들은 선천적으로 현명하고 현실적이기 때문에 어른들이 특별한 간섭이나 지시를 하지 않아도 스스로의 학습을 통해 발달할 수 있을 만큼 발달한다."는 전제를 두고 인본주의 실험학교를 설립하고 아동들을 지도하였다.

4) 사회적 학습이론

인간은 다른 인간들을 관찰함으로써 학습한다는 생각은 그리스 철학자 Plato와 Aristotle까지 거슬러 가게 된다. 이들은 교육은 학습자들에게 제시할 최선의 모델을 선택하고, 모델의 뛰어난 특성을 관찰하고 본받도록 하는 것이었다. 인간은 직접적인 경험에 의해서 학습할 수 있지만 다른 사람이 하는 것을 보거나 이야기를 듣고서도 학습할 수 있다. 실제로 수행해 보거나 보상을 받는 일이 없어도 새로운 행동을 학습할 수 있다. 초기의 학자들은 사람이 일종의 모방본능을 갖고 있다고 믿었다. 사실 어떤 동물은 아주 어릴 때 그의 주의에 어미같이 항상 좋은 모델이 존재하면 자동적으로 모방한다.

사회학습이론의 접근법은 아동이 실제로 어떤 것을 학습하기 위해서는 모든 것을 직접 경험할 필요는 없다는 것을 강조한다. 우리는 인지를 갖고 있기 때문에 남의 일이 어떻게 진행되는지 관찰할 수 있다. 남이 일하는 과정을 관찰만 하여도 그 과정을 학습할 수 있다. 사회상황에서 일어나는 행동은 거의 모방학습으로 습득된다고 볼 수 있다. 사회행동 중 타인에 대한 공격행동이 어떻게 학습되는지 바로 Bandura의 실험이 지적하고 있다. 실험의 상황은 TV의 교육적 문제를 잘 묘사하기도 했다. 폭력극의 시청이 공격행동을 증가시킬 것인지 아니면 공격성을 해소시킬 것인지? 어느 쪽이 옳을까? 남의 공격행동을 관찰만 해도 그 과정을 학습할 수 있다면 TV의 폭력극은 유해하다. 이에 반해 무의식적 공격성을 억제하다가 우발적으로 발산하는 문제를 일으킬 수 있다. 이를 회피하기 위해 TV의 폭력극을 시청하여 무의식적 공격성을 해소할 수 있다. 실험결과는 폭력극이 공격성을 해소하지 못하고 공격행동을 오히려 증가시킨다는 점을 시사한다. 이러한 시사점을 TV극의 교육적인 문제로 고려해야 할 것이다.

오늘날 감수성이 예민한 청소년들에게 사회상황에서 일어나는 모방학습은 큰 영향을 미칠 것이다. 소위 '우상'이나 '영웅'이라 불리는 대상을 바로 청소년들이 동일시하려고 한다. 공격행동과 정반대의 행동인 친교행동도 그것이 사회행동인만큼 역시 모방학습으로 습득된다고 할 수 있다. 따라서 모방학습을 교육에 적용하여 부정적 행동을 감소시키는 책략뿐만 아니라 긍정적 행동을 증가시키는 책략도 구상할 수 있다.

5) 학습의 전이이론

유용한 학습은 오래 기억되는 데 그치지 않고 새로운 학습을 하는데 도움이 되어 새로운 상황에서 널리 응용될 수 있다. 교육활동은 전이의 효과를 기대하고 수행된다. 학습에 있어서 어떤 내용을 학습했을 때, 그 다음 학습한 내용에 영향을 미치는 경우가 있다. 영어를 공부한 후 독일어를 배우면 독일어로 영어를 읽는 경우가 바로 그것이다. 이와 같이 어떤 한 가지 내용의 학습결과가 다른 학습에 직접 혹은 간접으로 영향을 주는 것을 학습전이(transfer of learning)라고 한다.

"하나를 가르치면 열 개를 안다."는 속담은 전이를 두고 하는 말이다. 학습한 것 이상의 것을 알지 못하는 것은 전이가 일어나지 않기 때문이다. 학습한 것밖에 모르는 사람은 기계적인 사람이고 창의력이 없는 사람이다. 전이가 일어나지 않는다면 생활에 필요한 방법과 지식을 모두 배워야 하고 창조란 있을 수 없다.

한 학습의 효과가 다른 학습에 미치는 전이의 효과는 전혀 다른 두 가지 성질을 갖는다. 전이는 긍정적 전이(positive transfer)와 부정적 전이(negative transfer)로 나누어 볼 수 있다. 전혀 영향을 주지 못하는 경우를 영 전이(zero transfer)라고 한다. 긍정적 전이는 한 학습이 다른 학습의 향상에 긍정적인 영향을 미치는 경우를 말한다. 예컨대, 물리학을 배울 때 수학을 공부한 사람이 수학을 배우지 않은 사람보다 더 잘 공부하는 경우다. 그리고 부정적 전이는 한 학습이 다른 학습을 하는데 제지 혹은 지체되게 하는 경우다. 예컨대 영어와 독일어를 처음 공부하는 사람이 영어 단어와 독일어 단어를 혼돈하는 경우다. 부적 전이는 간섭(inhibition)현상이다.

2. 발달의 원리

발달(development)은 인간생명의 시초인 수정의 순간부터 완전히 노화될 때까지 양적 및 질적으로 성장 혹은 변화하는 과정이다. 양적인 발달은 세포의 조직 및 미세한 부분은 물론 신장이나 흉위가 커지고 체중이 늘어나 신체의 기능이 다원화되고 정교화되는 것이다. 반면에 질적인 발달은 감각, 지각, 인지는 물론 추리, 논리, 사고 등의 모든 심리적 발달을 의미한다. 이러한 양적, 질적 발달은 기능적으로는 상호 독립적으로 볼 수 있지만 한 개인에게서 동시에 이루어진다는 점에서 상호 보완적으로 보아야 할 것이다.

인간은 성장해 감에 따라 성숙(maturation)과 학습(learning)의 두 기제에 의해 발달한다. 일반적으로 성장(growth)이란 양적인 발달을 의미하며 성숙은 인간이 시간이 지남에 따라서 양적 혹은 질적으로 발달할 수 있도록 생래적으로 이미 설계되어 있는 계획표(programing)를 의미한다. 학습은 개인이 성장함에 따라 내적인 성숙수준의 향상으로 훈련과 연습을 통하여 신체적, 심리적 발달을 이루어 나가는 것을 말한다.

인간의 발달은 각 개인마다 예측할 수 없는 순서와 방향으로 일어나는 것이 아니라 거기에는 일반적인 보편성과 법칙이 있다. 개인에 따라 약간의 차이는 있으나 학자들의 분류하는 관점에 따라 다소 차이가 있다.

발달단계를 구분하는 기준으로는 ① 신체발달에 의한 기준, ② 정신분석학적 구분(구강 · 항문 · 남근 · 잠복 · 성기기), ③ 학교제도에 의한 구분(유아 · 초 · 중 · 고), ④ 사회제도에 의한 구분(태아 · 신생아 · 영아 · 유아 · 아동 · 청년 · 성년 · 노년기) 등이다. 인간발달의 원리는 다음과 같다.

1) 발달은 성숙과 학습의 상호작용의 산물이다.

연령이 증가함에 따라 발달의 변화는 성숙과 학습의 상호작용에 따라 이루어진다. 한편 개체의 유전적 요인과 환경적 요인이 상호작용하여 발달이 이루어진다.

2) 발달에는 개인차가 있다.

모든 인간의 발달은 선천적 소질, 남녀의 차이, 환경의 조건, 교육에 따라 다르기 마련이다. 신체적 · 지적 · 정서적인 면에서 발달의 속도는 개인의 차이에 따라 다르게 나타난다.

개인차는 각 개인이 지닌 유기적인 조건과 상호작용하는 환경의 차이에서 나타난다. 인간에게 주어지는 환경의 차이 때문에 개인차의 경향성과 발달의 속도에서 다르게 나타나는 것이 개인차이다.

연구결과에 의하면, 개인의 성장속도와 시간에 있어서도 개인차가 나타난다. 예를 들면, A라는 아동이 언어계통에서 높은 가능성을 보이고 있으나 수리계통이 낮은가 하면 B라는 아동은 그 정반대의 경향성을 나타내는데 이런 경우에는 그들의 환경적 차이에서 나타나는 것이라고 볼 수 있다.

인간의 성장에 있어서 개인차의 발견은 교육계획과 지도의 개별화를 주장하는 데 큰 공헌을 한 것이다(정원식, 1973, p. 65).

3) 발달은 계속적이고 점진적인 과정이다.

인간의 발달은 쉬지 않고 끊임없이 연속적으로 일어나며, 점진적으로 낮은 단계에서 높은 단계로 진행된다. 발달의 속도도 일정하지 않아 신장이나 체중의 증가, 언어의 발달, 추상적 사고력 등은 연령 증가에 따라 급격한 변화를 가져오지만, 성장의 속도는 청년기에 이르기까지 특징적인 변화를 보이면서 계속적이고 점진적으로 발전한다.

4) 발달은 일정한 발생학적 순서에 따른다.

인간발달의 순서와 방향은 동일 종족에 속하는 모든 생활체 사이에 별다른 차이가 없고 발달의 단계는 선행하는 단계의 결과이며 선행하는 단계는 후속하는 단계의 필수조건이 된다.

인간행동의 변화는 간단한 것에서 복잡한 것으로, 두부(頭部)에서 미부(尾部)로, 중심부에서 말초부로, 전체적인 것에서 특수한 것의 순서로 진행된다. 이와 같이 인간발달에는 일정한 순서와 방향이 있다.

5) 발달은 분화의 과정임과 동시에 통합의 과정이다.

인간의 성장과 발달은 분화와 통합의 과정이다. 신체적인 구조의 성장이 분화과정을 거치고 운동기능의 발달과 정신기능의 변화도 분화와 통합의 과정을 거쳐 발달해 나간다.

발달은 전체적인 기능에서부터 부분적 · 특수적인 기능에로 분화하며, 그 분화는 세분화에 그치지 않고 분화된 각 부분은 일정한 계열에 따라 조직되고 통합되어 전일적인 체제로 형성되어 중심화를 이루어 간다.

인간성장의 여러 국면이 서로 상관 · 연결되어 있어 한 부분의 발달이 다른 면의 발달의 기초가 되고, 또 영향을 받으면서 전체로서의 유기체의 성장이 통합적으로 이루어진다.

6) 발달에는 결정시기가 있다.

결정시기(critical period)는 인간의 전체 성장 · 발달과정 중에서 특정한 발달을 가져오는 결정적인 시기가 있다는 것이다. 예를 들면, 언어를 학습해야 할 중요한 결정시기가 있으며, 지적인 능력 중에서도 특정한 능력이 발달하는 시기가 있다는 것이다. 이러한 시기를 놓치면 그 후에는 그 발달이 제대로 이루어질 수 없다.

제5장

창의성 교육

인간은 우주의 존재 중에서 가장 창의적인 존재라고 할 수 있다. 아무리 지능지수가 낮은 사람이라도 가장 우수한 컴퓨터보다 창조능력이 뛰어나다. 인간의 창조적인 능력은 영원히 인간을 컴퓨터보다 위대하게 만드는 결정적인 요인이 될 것이다.

학교에서나 가정에서 아이들이 갖고 있는 잠재적인 창의력을 촉진시키는 일은 중요하다. 현대사회는 그 어느 때보다도 창의적인 사람을 필요로 하고 있다. 우리나라의 경우 입시위주 교육의 병폐로 인하여 수렴적 사고만을 강조하고 그것을 평가의 유일한 기준으로 삼아 왔다. 하나의 상황에 대하여 하나의 접근법만을 고집하는 경직성이 아니라, 여러 각도에서 해결방법을 모색할 수 있는 확산적 사고능력을 길러 주어야 한다.

한 나라의 흥망성쇠는 창의성이 결정한다는 토인비의 예언이 현실대로 나타나는 상황이 되었다. 이는 각 시대마다 그 시대에 맞는 힘의 원천이 있다는 토플러의 예언과도 맥을 같이 한다. 토플러는 힘의 원천으로 3M을 꼽고 있다. 농경사회에서는 근육(Muscle), 산업사회에서는 돈(Money), 정보사회에서는 머리(Mind)가 힘의 중심이 된다.

1. 창의성의 의미

창의성(creativity)이란 라틴어의 Creo(만들다)를 어근으로 하는 Creatio라는 말에서 유래되었으며, '무에서, 또는 기존의 자료에서 새로운 것을 발견하고, 새로운 것을 만들고 산출하는 것'을 뜻한다.

창의력(creativity)의 사전적 정의는 "새로 의견을 생각해 내는 힘"이라고 되어 있으며, 창의성의 본질은 사물을 새로운 관점에서 파악하고 예기치 못했던 관련성을 이해하는 것이다. 창의력 사고, 창의학습 그리고 창의성 교육은 창의를 얻는데 동원되는 생각, 창의를 기르기 위한 교육을 각각 의미한다. 창의성을 함양하기 위해서는 하루하루의 생활방식, 즉 삶 자체에 창의성을 발휘할 수 있는 분위기가 주어져야 한다. 독립적으로 독자적인 사고를 할 수 있게 해주고 새로운 방향을 시도해 보는 것에 대해서 관용적인 자세를 가지는 것이 중요하다.

길포드(Guilford, 1959)는 창의성을 새롭고 신기한 것을 낳는 힘이라고 정의하였고, 타일러(Taylor, 1961)는 생산적 사고와 창조적 사고를 표현하는 복잡한 심리적 과정으로서 인내성과 성취, 변화, 개선을 구하는 태도, 그리고 소신을 낳게 하는 정열 같은 것이라 하였다. 윤종건(1994)은 창의성을 기존의 요소들로부터 자기 자신에게 새롭고 유용한 결합을 이루어 내는 능력이라고 정의하였다.

토렌스(Torrance, 1971)는 창의성을 개인과 사회에 가치롭고 참신한 산물, 기존 아이디어의 수정 또는 거부를 요구하는 비판 습성, 강한 동기와 비싼 지적 에너지의 사용 등으로 특징지워지며, 최초에는 막연하고 혼란스러운 문제 때문에 야기되는 특별한 문제해결 방식이라고 정의하였다. 갤러거(Gallagher, 1985)는 새로운 아이디어나 산물을 창출해 내거나 또는 기존의 아이디어와 산물을 참신한 방법으로 재생산해 내는 정신적 과정으로 정의하고 있다. 이처럼 창의성은 인지능력을 강조하는 정의, 산출물을 강조하는 정의, 창의적 과정을 강조하는 정의 등 다양하게 정의되고 있다.

이러한 여러 정의에 기초해 볼 때, 창의성이란 기존의 지식, 경험, 산물에 근거하여 놀랄만한 새로운 발명이나 생산적, 독창적 사고 및 착상 등의 고차원적인 사고 능력을 포함하며, 일상생활에서 당면하는 여러 사태나 문제를 새롭고 참신한 방식으로 재생산해 나가는 과정이다.

이 정의에서 핵심 요소는 '새로움'이다. 새로움이란 창의적 사고의 가장 궁극적인 목표이면서 결정적 특성이다. 특정한 사고 과정이 아무리 고상하고 신기하다고 해도 새로움이 없으면 의미가 없다. 새로움의 준거는 사회, 인류에 있어서 새로운가를 기준으로 보는 경우와 개인에게 새로운가를 기준으로 보는 경우가 있다. 전자는 과학자, 발명가, 예술가 등에서 볼 수 있는 특별한 재능의 창의성이고, 후자는 누구나 가지고 있는 창의성이다.

현대사회는 그 어느 때보다도 창의적인 사람을 필요로 한다. 주입식 방법을 청산하고 창의력을 기르는 방법을 개발해 모방교육에서 창조교육으로 나아가야 한다. 따라서 학교나 가정에서 아이들이 갖고 있는 잠재적인 창의력을 촉진시키는 일은 중요하다.[1)] 항상 기발하고 새로운 생각을 제시해서 다른 사람들을 놀라게 하는 사람이 있는 반면에, 지적인 능력은 그 사람과 비슷하면서도 전혀 새로운 생각을 제시하지 못하는 사람도 있다.

---

1) 초등학생 두 명이 자기들이 살고 있는 동네의 뒷산에 회색곰이 서식하고 있다는 말을 듣고 그 사실을 확인하기 위하여 산 속 깊숙이 들어갔다. 두 명 중 한 명은 학교성적이 굉장히 좋은 아동이었고, 다른 한 명은 학교성적이 형편 없는 아동이었다. 그들은 산 속에서 갑자기 회색곰과 맞닥뜨리게 되었다. 공부 잘하는 친구의 머리 속에 일찍이 읽었던 회색곰의 생태적 특성이 떠오르자 그 친구는 사색이 되어 떨기 시작하였다. 그러나 공부를 잘하지 못하는 친구는 그 자리에 쭈그리고 앉자 자기의 운동화 끈을 동여매고 있었다. 공부 잘하는 친구가 공부 못하는 친구에게 말하기를 야! 우리가 아무리 빨리 도망친다고 하여도 그 회색곰은 17.3초만 되면 우리를 쫓아와 잡아먹을 거야.라고 말했다. 그러자 공부 못하는 친구는 17.3초의 의미에 아랑곳하지 않고 자기 친구에게 대꾸를 하였다. 나는 너보다만 빨리 뛰면 돼!
지금까지 학교에서 가르쳐 온 내용이 주로 문제의 정답을 어떻게 하면 잘 찾을 수 있는지에 대한 지식위주의 교육, 즉 분석적 지능(analytic intelligence)을 강조하여 가르쳤다. 그러나 이러한 접근은 인간의 다양한 능력을 제한하게 되고, 다원화 · 다변화되는 세계에서 학생들의 적응력을 길러 주지 못하는 결과를 초래하게 되었다. -신현기(1995). 창의성 개발과 학교교육. 서울교원연수원-.

2. 창의성의 구성요인

길포드는 창의성의 구성 요인을 다음과 같이 제시하였다.

1) 민감성

주변의 상황 변화를 재빠르게 파악하는 활동이다. 상식적이지 않은 것을 금방 알아차리거나, 미세한 변화를 포착하는 활동자료를 이용해 자극할 수 있다.

2) 유창성

아이디어의 풍부함에 대한 양적인 측면이다. 주어진 자극에 대하여 제한된 시간 동안 어느 정도 반응을 보일 수 있는가의 능력으로 언어의 유창성, 연상의 유창성, 표현의 유창성, 관념의 유창성 등이 있다.

① 언어의 유창성 : 주어진 문자를 조합하여 언어를 만든다든지 하는 능력을 말하는 것이다.

② 연상의 유창성 : 동의어를 몇 개나 답하는가에 관한 검사에 의하여 측정되는 기능으로서 작문을 위해서 중요한 것으로 확인되고 있다.

③ 표현의 유창성 : 문장을 만드는 검사 등에 의해서 조사되며 이 득점은 다른 방법에 의한 창의성 측정치와 높은 상관을 나타낸다.

④ 관념의 유창성 : 단단하고, 희고, 먹는 것은 무엇인가의 질문에 답하도록 하거나 이야기의 제목을 생각하도록 하는 검사에 의해서 조사되는 것으로서 질보다는 양이 문제가 되는 것이다.

3) 융통성

변화하는 상황에 적응할 수 있도록 현상을 변화시키는 능력이다. 즉, 질적으로 서로 다른 방안을 산출하는 능력으로서, 자발적 융통성과 적응적 융통성으로 세분화된다.

4) 독창성

기존 지식의 단순한 통합이 아닌 새롭고 흔히 볼 수 없는 반응을 도출하는 능력을 의미한다. 독특하고 희귀한 아이디어를 산출하는 활동이다. 기발하고 지금까지와는 다른 아이디어를 산출하는 활동 자료를 이용해 자극할 수 있다.

통계적으로 다수인의 응답과 상이한 응답을 하는 것, 그리고 다음과 같이 응답하는 성질에 의해서 채점되는 기능이다.

5) 치밀성

아이디어가 어떤 대상의 기능, 위치에 대한 행동, 목표에 어느 정도 정확하게 접근하고 있는가에 관계한다(임창재, 2000; 임규혁, 2003; 장선철 외, 2003, p. 94에서 재인용).

3. 창의성 이론

1) 환경론적 입장(Adams, 1986; Amabile, 1983)

창의적인 사고과정이 처음으로 자극되고, 또한 창의적인 산물을 완성하기까지 사고과정이 유지되고 촉진되는 총체적이고 복잡한 일체의 상황에 관심을 갖는다. 즉 어떤 환경적인 특성이 창의적인 산물을 산출하도록 사고과정에 영향을 주는가에 초점을 둔다.

2) 창의적 산물 접근(Besemer & Treffinger, 1981; Reis & Renzulli, 1991)

창의적인 산물 접근에서는 창의적인 과정이 없이는 창의적인 산물이 존재할 수 없지만, 창의적인 산물에 대한 연구가 보다 창의력에 대해 많은 것을 시사해 줄 수 있다는 입장을 취한다. 창의성은 독창적이고, 사회적으로 가치가 있으며, 유용성과 같은 어떤 특성들을 지닌 산물을 산출할 수 있는 능력이다.

3) 창의적인 과정 접근(Osborn, 1963; Parnes, 1961; Torrance, 1977; Wallas, 1926)

여기서는 창의적인 문제해결의 단계를 제시하거나 아이디어를 통합하는 데 초점을 둔다. 즉, 창의적인 산물이 산출되기 위해서는 어떤 과정을 거치게 되는지에 대해 관심을 갖고 창의력을 연구하는 이론들이 이 접근에 속한다. 이 이론들은 창의력이 문제의 지각, 자료 준비, 아이디어 산출, 아이디어 평가와 같은 일련의 과정을 거쳐 나타나는 것으로 본다.

4) 창의적인 사람 접근(Barron, 1969; Mackinnon, 1962; Torrance, 1962)

창의적인 사람은 어떤 심리적 특성을 갖는가에 관심을 두고 창의력을 연구하는 것이 적절하다고 보는 입장이다. 이 입장에서는 창의적인 산물을 산출하는 창의적인 사람의 특성들을 분석하고 비교하는데 초점을 둔다. 이 연구들에 의하면, 창의적인 사람은 문제에 대한 민감성, 유창성, 융통성, 독창성, 정교성과 같은 지적 특성을 갖고 있고, 자발성, 호기심, 모험성, 개방성, 독자성, 집착성, 끈기, 이타심과 같은 성격적 특성을 갖고 있다(이용남 외, 2002; 장선철 외, 2003, p. 95에서 재인용).

이런 이론을 토대로 창의적인 사람의 지적, 정의적인 특성을 제시하면 다음과 같다.

(1) 지적 특성

첫째, 창의적인 사람은 문제사태에 대한 감수성(sensitivity to problems)이 높다. 탐구심에 불타고 소극적 수용이 아닌 건전한 회의심을 가지며,"경험에의 개방성"을 가지고 시야를 넓혀 자유분방하게 탐색할 줄 안다.

둘째, 창의적인 사람은 사고활동의 유창성(fluency)이 높다. 단위시간 내에 더 많은 아이디어를 생각해 내고 그의 아이디어는 폭이 넓다.

셋째, 창의적인 사람은 사고의 융통성(flexibility)이 높다. 자신의 창조의 과정을 관찰하는 능력을 가지고 있으며, 입력과 출력의 처리를 관찰할 줄 알고 또한 상호관계와 상호작용을 명백히 볼 줄 안다.

넷째, 창의적인 사람은 사고와 행동의 참신성(originality)이 높다. 참신한 개념, 발명품, 이론, 해결방식을 찾아 내는 능력이 높다.

(2) 정의적 특징

창의적인 사람의 성격, 감정, 태도 등은 그의 내적 인지과정과 밀접하게 상호작용한다.

첫째, 창의적인 사람은 새롭고, 복잡하고 어려운 문제를 선호하는 경향이 있다. 해답이 명백하고 쉽고 단순한 문제 사태에서 희귀하고 참신한 해답을 구하려는 경향성이 있다.

둘째, 창의적인 사람은 모호성을 참는 경향이 있다. 주어진 문제를 해결하기 위해 계속 노력한다.

셋째, 창의적인 사람은 실패에 대한 불안이 적으며 약간의 위험부담을 즐기는 경향이 있다. 성공과 실패를 자기 자신에게 귀속시키는 내적 통제의 경향도 있다.

넷째, 창의적인 삶은 관행에 동조하기를 거부하는 경향이 있다. 때로는 비사교적이고 고립된 사람으로 인식되기도 한다.

다섯째, 창의적인 사람은 자신의 경험에 대하여 개방적이다. 경험을 왜곡하거나 방어하지 않고 진실하게 받아들이고 그대로 인식한다.

이 밖에 창의적인 사람은 여성적인 취미가 강하고, 성취욕, 지배성, 자율성, 변화선호, 공격성 등이 강하며 정열적인 성향을 가지고 있다.

또한 창의성은 자기 나름대로 아이디어나 작품을 독창적으로 생각해 내고 추리의 규칙에 얽매이지 않고, 때로는 엉뚱한 생각을 하며 관습적 사고에서 벗어나 유용한 아이디어를 생산하는 능력이며 태도다(이성진, 1995, p. 66).

"다르게 생각하라"

스티브 잡스 (Steve Jobs)
1955년 2월 24일–2011년 10월 5일
학력 : 리드대학 철학과(중퇴)

1985년 애플에서 쫓겨났다가 1997년 임시 CEO로 복귀한 잡스는 신기술, 신제품 관련 부서를 순시한 뒤 당시 진행 중이던 제품 개발 계획을 몽땅 폐기하다시피 했다. 항의가 빗발치자 잡스는 단 두 단어로 임직원들을 침묵케 했다. "Think different!(다르게 생각하라)" 이로써 MP3 플레이어 아이팟, 스마트 MP3 플레이어 아이팟터치, 아이폰, 아이패드 등으로 이어진 애플의 혁신 행진이 시작됐다.

애플에서 쫓겨난 지 10년 만에 다시 복귀한 그가 직원들에게 처음 요구한 것은 '다르게 생각하라'는 것이었다. 이는 곧 애플의 혁신성과 창의성을 상징하는 문구이자 스티브 잡스의 성공 비결을 설명해 주는 말이 됐다.

스티브 잡스의 이 '다르게 생각하라'는 아직도 많은 회사 회의실에서 회자되고 있다. 현실에 안주하지 말고 새로운 방식으로 고객을 만나는 것. 전혀 예상하지 못했던 상품을 만들어 세상을 놀라게 하는 힘. 그가 떠난 지 일년 반이나 지났지만 사람들이 아직도 그를 잊지 못하는 이유이다.

출처: [스티브 잡스 타계] 스티브 잡스 "다르게 생각하라"… "해군 아닌 해적이 돼라" 스포츠 동아, 2011-10-07
스티브 잡스, 책과 영화로 되살아나다, 환경일보, 2013. 08. 16

4. 창의력을 높이기 위한 교육방법

창의력은 우연히 생기는 것이 아니고 창의력을 기르는 데는 연습이 필요하다. 그러나 우리나라의 학교교육은 하나의 정답만을 추구하는 등 창의력을 키우는 데 부적절하다. 창의성의 계발은 근본적으로 인간에 대한 신뢰감과 인간은 강한 내발적 동기, 즉 호기심을 가지고 있는 존재라는 것을 인정하는 데서 시작해야 한다. 그리고 창의성은 서양문화 양식의 근본인 합리성만이 아니라 동양문화가 가지고 있는 비합리성이 갖는 창의적 요소를 존중해 줄 때에 더 많이 계발되고 육성될 수 있다는 것을 인식해야 한다. 이런 창의성 계발과 육성을 위한 교육은 지금의 교육체제를 근본적으로 쇄신하고 개혁해야 한다. 즉, 획일성, 일제수업, 기억의존 수업, 과도한 행정적 통제를 극복해야 하고, 문화적으로 창의적으로 일탈된 사람을 용납하는 교육문화의 양식을 받아들여야 한다.

인간의 사고력을 신장시키는 것은 보다 훌륭하고 완전한 인간상의 구현과 미래의 고도 정보산업사회에 대한 대비라는 두 가지 측면에 비추어 볼 때 중요한 교육목표 가운데 하나이다. 이러한 이유로 학교교육에서는 학생들의 사고력 신장을 중요한 교육목표로 설정하고 있다.

오랫동안 사고력 신장이 중요한 교육 목표로 설정되어 왔음에도 불구하고, 실제의 교육 모습은 학생들의 고등정신 능력을 효과적으로 신장시키고 있다고 보기 어렵다. 이러한 이유는 암기위주의 주입식 교육, 획일적인 교육내용과 방법, 교실환경의 악화, 입시 위주의 교육풍토, 교수-학습자료의 빈곤 등에 있다(김홍원 등, 1993).

창의력은 예술, 과학, 언어 등 다양한 분야에서 관심을 끌고 있는 인간능력으로서, 교육에서 중요한 심리적 속성이다. 전형적인 교육은 학생들이 독창성을 발휘할 수 있도록 해 주는 것이라기보다는, 이미 잘 알고 있는 것을 다시 되풀이하도록 하는 자료나 활동으로 메워져 있다. 나아가, 학생들이 독창적인 사고나 행동을 하도록 자극하기보다는 오히려 교과서나 교육과정 지침서 등을 가지고 그대로 수업을 진행하는 경우가 대부분이다. 한 가지 방법만 옳은 것이라고 가르치고, 그것에 따라서 보상을 하는 것은 결국 창의력을 저해하게 된다.

수업에 있어서 꼭 하나의 올바른 답이 있다는 생각은 배제되어야 한다. 수업시간에 제안이나 새로운 대답들은 배운 것에 대한 반복적인 대답보다 더 인정을 받아야 한다. 독특한 해결, 탐구와 의문제기 등을 수용한다는 것을 알려 주어야 한다.

상대성 원리를 발견한 아인슈타인은 "나는 천재가 아니다. 다만 호기심이 많을 뿐이다."라고 고백했다. 소아마비 백신을 발견한 소크는 "나는 수천 번의 실험을 거쳐 백신을 발견했다. 나는 어머니가 매일 새로운 요리를 만들어 주는 것을 보고 자랐기 때문에 왕성한 실험정신을 갖게 됐다."고 말했다. 유태인인 아인슈타인과 소크의 고백을 보면 호기심과 실험정신이 얼마나 중요한가를 알 수 있다.

지적 호기심을 살리는 수업은 원리적으로는 내발적 동기화가 우선되어야 하고, 그 내발적 동기는 자생적인 경우가 대부분이기 때문에, 이것을 이용하는 수업과정을 적용하는 것이 좋다. 창의성 교육에서 가장 중요한 요건은 자발성과 내발적 동기를 존중하는 일이다. 지적 호기심을 살리려면 관찰에 대한 흥미를 불러일으키는 수업이 필요하다. 적절한 의문의 제기, 토론, 관찰에서 인식으로의 안내, 실험을 통해서 얻은 특수한 지식을 토대로 일반화로 유도하는 수업도 필요하다. 또 아이들의 입장에서 보아서는 아이들이 갖는 신념이나 선입관을 출발점으로 해서 잘못된 신념과 선입관을 고쳐주는 쪽으로 유도하는 수업도 필요하다(정범모, 1991; 김재은, 1994).

1) 자유롭고 허용적인 분위기

성장 · 발달은 환경을 풍부하고 다양하게 제공해 줌으로써 촉진될 수 있다. 창의적 표현은 다양한 경험에서 나올 수 있다. 무에서 유를 창조해 낸다는 것은 어려운 일이다. 모방은 창조의 어머니라는 말도 이를 가리키는 말이다. 빈곤하고 무미건조한 환경 속에서 창의력이 발달될 수 없으며 풍부한 경험을 제공해 주어서 창의적 표현을 자극해야 한다.

창의력을 개발하는 데 있어서 가장 중요한 일은 자유롭고 허용적인 분위기를 조성하는 일이다. 지나치게 엄격한 훈육을 하며 규율이나 규칙이 엄격하면 이를 따르기 힘들고 지키기도 어려우며 틀에 박힌 인습적인 사고를 하기 쉽고, 사고의 융통성을 잃게 되며, 자발성과 독창성도 길러질 수 없다. 규칙을 잘 지키고, 어른에게 복종하고, 전통과 권위에 순종하면 교사에게는 만족스러운 존재일 것이다. 그러나 이러한 행동특성들은 창의력의 발달을 저해하는 요인이다. 일정한 규격이나 규칙, 통제 속에서는 조금도 그 테두리 밖으로 나올 수 없기 때문에 창의력은 길러 질 수 없다.

스스로 안정되고 자유로운 분위기에서 생각하고 만들고 부수고 다시 조직할 수 있도록 허용되는 분위기를 의미하는 환경조건, 스스로 답을 찾도록 해주는 수업방법, 그리고 학습자들에게 많은 자료를 제공해야 한다는 풍부한 학습자료가 구비되어야 한다.

창의력은 기존의 방식 그대로, 있는 사실 그대로가 아니라, 좀 더 다른 방식, 좀 더 나은 면을 추구하려는 태도와 기존의 관념이나 행동으로부터 자기 자신을 새롭게 하려는 노력에 의해 길러 질 수 있다. 왜 그럴까? 어째서 일까? 이렇게 한다면? 등의 태도를 허용해 주며, 공상이나 상상도 좋지 않은 것으로 위축시키지 말고 이를 장려해 주면 창의적인 태도를 형성하기 쉽고 나아가 창의력을 발달시킬 수 있게 된다.

2) 창의력을 길러 줄 수 있는 대화

대화를 할 때 단순한 문답식 대화가 아닌 보다 확산적 대화가 되도록 노력하는 것이 창의력 개발을 위해 좋다. “예, 아니오” 식의 일문일답식 대화는 애정의 결핍을 느끼게 할 뿐만 아니라, 창의력 발달에 도움이 되지 않는다. 보다 자율적으로 많은 반응을 할 수 있는 질문을 하는 것이 좋다. 문답식의 대화에서는 간단하고 사고과정을 필요로 하지 않는 반응을 하기 쉽다. 그러나 확산적 대화의 경우에는 어떤 식으로든 자기의 경험을 생각해 내고 사고과정을 통해 다시 연결시켜 새롭게 언어로 조직해서 표현해야 하므로 훨씬 더 창의력을 개발시킬 수 있다. 질문을 하거나 이야기를 할 때 간단한 단답식 반응으로 그칠 것이 아니라, 그에 알맞은 풍부한 반응을 해줘야 한다. 풍부한 반응과 허용적인 분위기 조성을 통해 계속해서 생각을 이끌어 내게 함으로써 창의력 발달을 도울 수 있다.

아동의 생활에서 여러 가지 문제에 부딪쳤을 때 이를 해결하기 위해서 여러 가지 가능한 해결책을 대화를 통해서 함께 생각해 보거나, 아동으로 하여금 생각해 보도록 하는 것이 좋다. 흔히 아동의 생각은 고려하지도 않고 "이렇게 해, 저렇게 해." 하며 일방적으로 결정해 버리기가 쉽다. 물론 교사의 생각이나 해결책이 최선의 것일 수도 있으나 그보다는 스스로 해결책을 생각하게 하거나 일단 하나의 해결책을 생각해 내면 그와 비슷한 다른 방법은 없을까? 그런 방법이 아닌 또 다른 방법은 없을까? 하는 식의 대화를 통해 사고의 유창성과 사고의 융통성을 길러 줄 수 있고 많은 것을 생각해 내는 힘을 길러 줄 수 있다. 언제, 누가, 어디서, 무엇을, 어떻게 등의 질문을 함으로써 새로운 현상을 설명할 수 있도록 지식을 확대시켜 주는 것이 바람직하다.

3) 창의력을 길러 줄 수 있는 활동

춤이나 그림 그리기 등을 통해서도 창의력을 개발시킬 수 있다. 무용을 지도할 때에는 어떤 음악에 따른 일정한 형식화된 무용을 가르치는 것보다 음악을 틀어 주고 그 느낌을 자기 마음대로 춤으로 표현하도록 하는 창조적인 춤(creative dancing)이 창의력의 개발을 돕는다. 그림 그리기를 통해서도 창의력 발달을 도모할 수 있다. 그림을 그릴 경우 성인들이 생각하는 표준이나 형식을 강요해서는 안 된다. 예를 들면 해를 까맣게 칠할 수도 있고 땅을 붉게 칠할 수도 있고 하늘을 까맣게 칠할 수도 있다. 또 그리는 형태도 어른이 보기에 괴상할 정도로 어른의 상식과 표준에 어긋나는 그림을 그릴 수도 있다. 이럴 때에도 어른의 표준이나 상식을 강요하여 해는 빨갛게 그려야 한다든지 하늘은 파랗게 그리는 거라든지 하면서 간섭해서는 안 된다. 그렇게 함으로써 창의적 표현력의 분출구를 막고 아동의 사고의 융통성과 확산적 사고력의 육성을 방해할 수 있다. 또 그림을 화폭의 전면에 가득차게 그리는가 하면, 반면에 반쪽에만 그린다든가 귀퉁이에만 그린다든가 칠을 완전히 다 하지 않는다든가 하는 경우도 있다. 이 때에도 간섭을 하지 말고 자연스럽게 자기를 표현할 수 있도록 허용하는 것이 좋다.

그러나, 한편 마음대로 그림을 그리게 내버려 두는 것도 좋지만 어떤 사물로부터 상상의 방향을 잡아 주고 발전시켜 주는 것도 창의력을 기르는 데 중요하다. 아동들의 상상력은 어른보다 풍부하고 다양하다. 우선 그림을 그리기 전에 여러 가지 물체를 보고 여러 형태를 연상하도록 도와주는 것도 좋다.

그림책 보기나 동화짓기 등을 통해서도 아동의 창의력을 개발시킬 수 있다. 그림책을 보아 가면서 떠오르는 생각들을 이야기하게 할 수 있다. 반응이나 생각을 유도해 주고 상상의 나래를 펼 수 있도록 하는 것이 좋다. 동화의 경우 동화를 들려주는 것으로도 아동의 상상력과 창의력을 길러 줄 수 있지만 보다 적극적인 방법으로는 스스로 동화를 지어 보도록하는 것이다. 처음에는 간단한 이야기를 택하여 아동에게 주인공만 바꾸어 이야기하게 한다든지, 문제상황에서 다른 해결방안을 택했을 때 이야기가 어떻게 전개되겠는가를 상상해서 이야기해 보도록 하는 것도 창의력을 신장시키는 좋은 방법이다.

또 등장인물과 대강의 줄거리만 주고 이에 따라 이야기를 만들게 하는 것도 한 방법이다. 대문호 괴테의 어머니는 어린 괴테에게 매일 이야기를 하나씩

해 주었는데 이야기를 얼마쯤 진행시킨 후 자신이 이야기를 완결시키지 않고 나머지 부분을 그대로 남겨 둔 채 괴테에게 다음 날까지 마음대로 생각해서 이야기를 완성하도록 하게 함으로써 괴테의 문학적 상상력의 기초를 형성해 주었다. 이 때에는 하나의 동화에 한 가지 이야기만이 아니라 여러 다른 종류의 이야기, 슬픈 이야기, 기쁜 이야기 등을 구성해 보도록 하는 것도 도움이 된다. 그러나 이런 것들은 아동의 발달단계와 능력수준에 맞추어 시도되어야 할 것이다.

무에서 유를 창조한 최고의 기업인 정주영 회장의 사우디 주베이 공사

현대건설 정주영 회장이 따낸 사우디 주베이 공사(工事)는 원화로 3500억 원 규모에, 콘크리트 소요량만 5t 트럭으로 연 20만대 분이 동원되고, 철강재만도 1만t 짜리 선박 12척 분이 들어가는 공사였다. 그러니 인력과 기자재의 송출이 큰 문제였다. 정회장은 당시 모든 기자재를 울산조선소에서 제작하여 세계 최대 태풍권인 필리핀 해양을 지나 동남아 해상, 몬순의 인도양을 거쳐서 걸프까지 대형 바지선으로 끌고 가는 대양악천후(大洋惡天候) 수송 작전을 직접 지휘했다.

당시의 OSTT(외항 유조선 정박시설) 공사 자체가 바다 위에 '인공섬'을 건설하는 거나 진배 없었던 것이다. 당시 기술만으로도 30m 심해저 암반에 기초 공사를 12km나 하는 난공사를 정주영 회장이 해낸 것이 역사적인 사실이다.

정주영
1915년 11월 25일- 2001년 3월 21일
현대건설 회장
학력 : 통천송전소학교

500원으로 영국은행을 움직인 사나이

"벌써 여러 번 같은 이야기를 한 것 같습니다만, 곤란합니다." 영국 신사 롱바톰 회장은 단호하게 말했다. 그는 영국의 유명한 조선회사인 A & P애플도어의 회장이었다.
"한국 정부가 빚 보증을 서도 안 됩니까?"
"한국정부도 그 많은 돈을 갚을 능력이 있을 거라고는 생각하지 않습니다."
맞은편에 앉아 있던 한국 회사 직원들은 절망감에 빠졌다. 영국 은행에서 돈을 빌리려면 롱바톰 회장의 도움이 필요했다. 그런데 마지막 희망이 사라지고 있었다.

"은행을 설득하려면 성장할 수 있다는 잠재력을 보여주어야 합니다. 그런데 한국은 잠재력도 의심스러운 나라입니다." 롱바톰 회장이 이제 그만 가봐야 한다는 듯 손목시계를 쳐다봤다. "멀리서 오셨는데, 좋은 답을 드리지 못해서 미안합니다. 자, 그럼 오늘은 이만……"

"잠깐만요."

이때 건너편에 앉아 침묵하고 있던 중년 남자가 이 말과 함께 테이블 위에 무언가를 '탁' 소리나게 올려놓았다.

"이게 뭡니까? 한국 돈이 아닌가요?"

"그렇습니다. 한국이 가진 잠재력이 이 안에 담겨 있습니다." 롱바톰 회장은 무슨 말인지 이해가 되지 않았다.

"잘 보십시오. 이 지폐에 그려진 것은 거북선이라는 배입니다. 철로 만든 함선이지요. 한국은 영국보다 300년이나 앞선 1500년대에 거북선을 만들어 냈고, 전쟁에서 일본을 물리쳤습니다."

롱바톰 회장은 의자를 당겨 앉았다. 지폐를 들어 꼼꼼히 살펴보기 시작했다. 앞면에는 한국의 국보 1호인 남대문이, 뒷면에는 바다에 떠 있는 배가 그려져 있었다. 모습이 거북이와 닮았다.

"당신의 선조들이 실제로 이 배를 전쟁에서 사용했다는 말입니까?"

"그렇습니다. 한국은 그런 대단한 역사와 두뇌를 가진 나라입니다. 불행히도 산업화가 늦어졌고 그로 인해 좋은 아이디어가 묻혀 있었지만 잠재력만은 충분합니다. 우리 현대도 자금만 확보된다면 훌륭한 조선소와 최고의 배를 만들어 낼 것입니다. 회장님, 버클레이 은행을 설득해 주십시오."

중년의 한국 남자는 조금도 기죽지 않고 당당한 태도로 롱바톰 회장을 설득했다. 롱바톰 회장이 잠시 생각한 뒤 지폐를 내려 놓으며 손을 내밀었다.

"당신은 조상들에게 감사해야 할 겁니다. 행운을 빕니다." 롱바톰 회장의 얼굴에 어느 새 환한 미소가 번졌다.

출처: 2000. 05. 01 신동아 통권 488호(p. 670 ~ 677)
뉴시스, 2013-04-20, 500원으로 영국은행을 움직인 사나이

제6장

창의성의 계발방법

1. 창의성 계발의 입장
2. 창의성 계발방법

1. 창의성 계발의 입장

교육은 인격의 완성이며 동시에 문화 발전에 기여하는 사람을 만드는 것이기 때문에 교육활동은 인격과 문화의 상호 작용으로 이루어진다. 이처럼 교육이 문화 발전과 인격 완성에 노력하고 있기 때문에 교육에서는 어린이의 가능성을 중시하는데, 특히 창의성 계발은 이러한 가능성을 중시하는데, 특히 창의성 계발은 이러한 가능성을 열어 가도록 지도하는 데에 없어서는 안 되는 것이다. 우리는 창의성 교육을 인격 완성의 가능성과 문화 발전의 가능성을 개발해 나가는 입장에서 생각해 볼 필요가 있다.

인격 완성의 가능성 측면에서 보면 어린이의 인격 가운데에 이미 신장되고 있는 측면과 신장되고 있지 않는 측면이 있음을 고려하여 골고루 전체적으로 조화롭게 완성될 수 있도록 도와주어야 한다. 능력이 골고루 조화롭게 발달되는 교육이 이루어지지 않으면 능력의 부조화가 생겨나게 된다. 그런데 능력이 전체적으로 조화롭게 발달할 수 있는 논리와 실천을 동시에 충족시키는 것은 대단히 어려운 일이다. 예를 들면, 전체적으로 조화롭게 발달할 수 있는 교육을 했다고 하더라도 반드시 능력이 전체적으로 신장된다고 하는 보장은 없다.

이러한 교육을 하면 이러한 능력이 신장된다고 논리적으로 생각될 수는 있어도 실천의 장에서는 반드시 그렇게 되지 않는 경우가 허다하다. 여기에 교육의 어려움이 있다고 하겠다. 그런데 그러한 어려움이 있음에도 불구하고 어린이의 발달을 가능하게 하는 기본적인 문제를 생각해야 한다는 데에 더 큰 어려움이 있는데 그 기본적인 문제가 어린이의 자발성이다. 이러한 능력의 개발이나 전체적인 발달을 위한 교육도 자발성이 없이는 불가능하다. 따라서 우리는 인격의 전체적인 발달을 기대하기보다는 인격 형성의 동기를 계발하는 일이 쉬울 수도 있다. 거기에는 각자의 능력을 실현하는 교육을 목표로 하고 있을 것이다. 각자의 능력을 실현한다고 하는 것은 가능성이 열리는 지도이다. 특히 인간적인 가치의 실현이야말로 창의적인 교육의 기본이다.

다음으로 창의성 교육을 문화 발전 가능성의 측면에서 생각해 보아야 한다. 교육은 본질적으로 문화 습득과 문화 창조의 기능을 가지고 있으며 따라서 당연히 문화적인 가능성이 중요시되어야 하며 어린이 또한 항상 미지의 문화에 도전하고 있는 것이다. 우리가 주어진 문화를 개척하려는 태도를 수용해 나아가는 과정은 분명히 문화 발전 가능성에 이르는 것이며, 또한 받아들인 문화를 바탕으로 하여 장래 그것을 이용하고 발전시켜 나가는 과정도 분명히 문화 발전 가능성이라고 할 수 있다.

문화가 과거에서부터 현재로, 더 나아가서 미래에로 계속적으로 발전되어 나가는 것은 그 가능성의 존재를 의식하였기 때문일 것이다. 인류 문화의 발전이란 우리가 불가능하다고 생각되었던 것을 가능하도록 만든 결과의 산물이므로, 우리는 거기에서 불가능을 가능으로 발전시켜 나가는 힘을 발견할 수 있을 것이다. 더 나아가서 불가능을 가능하게 했던 힘을 어떻게 하면 어린이들이 습득하게 할 수 있는지를 곰곰이 생각해 보아야 할 것이다.

그런데 이와 같은 문화적인 가능성과 인격적인 가능성은 각각 작용하는 것이 아니고 서로 보완하면서 문화적인 내용이 어린이의 인격완성에 도움이 되도록 하여야 한다. 다시 말하면 문화를 발전시킬 수 있는 창의적인 인격을 육성하기 위해서는 문화와 인격이 통합할 수 있게 하는 교육을 마련하여야 할 것이다. 또한 당연한 일이겠지만 보편적인 인류 문화 가운데에서 가치 있는 것을 어린이에게 전달하는 것과 더불어 자기 문화의 독특한 양식을 변화 발전시켜서 자기 자신의 내적인 문화를 창조할 수 있는 지적인 과정의 발전을 추구하여야 하며 이것을 쉽게 잊어버려서는 안 된다. 그런데 이와 같이 문화 발전과 인격 완성 가능성 계발을 위해서는 당연히 종래의 능력에 관한 견해를 재검토하지 않을 수 없다. 오래전부터 능력 계발이라고 말하고 있는데 과연 능력이란 무엇인가? 일반적으로 능력이라고 하면 매우 다양한 견해가 있는데, 창의적인 능력이라고 하면 더욱더 다양하고 복잡한 능력에 관한 견해가 나타나게 될 것이다.

우리는 능력을 심리학적으로 분석하여 창의적인 능력을 길포드의 수렴적인 사고와 확산적인 사고의 개념에 의거하여 쉽게 생각해 버릴 수도 있다. 그러나 그렇게 하면 매우 협소한 의미 밖에 이해할 수 없다.

창의적인 능력을 확산적인 사고라는 좁은 의미로서가 아니라 현실 생활을 개척해 나가는 것은 개성과 사회와의 상호관계 가운데에서 이루어지며, 개성을 개발하는 능력과 사회를 개발하는 능력이 따로 있다고 생각할 수 있어야 할 것이다. 더 나아가 이들 두 능력이 서로 유기적으로 작용함으로써 생활을 창조해 나가는 능력이 되고 있음도 인식해야 할 것이다.

개성을 개발하는 능력이라고 하는 것은 어린이가 가지고 있는 개성을 발휘하는 능력이다. 창의적인 능력을 키우기 위해서는 현재 어린이의 개성을 잘 알고 있어야 할 뿐 아니라 어린이 자신이 가지고 있지 않은 개성을 만들어 내기도 해야 할 것이다. 그렇게 하려면 개성이 충분히 발휘될 수 있는 환경을 마련해 주어 개성적인 기능을 자기 자신의 힘으로 키워 나아가도록 지도할 필요성도 포함되어야 할 것이다.

매슬로우는 창의성에 '특수한 재능의 창의성'과 '자기 실현의 창의성'이 있음을 지적하면서 '특수한 재능의 창의성'보다는 '자기 실현의 창의성'을 더욱더 중시하였다. 이러한 매슬로우의 견해를 수용한다면 개성 계발 능력은 창조의 기초적인 부분에 해당하는 것이므로 자기 자신의 능력을 충분히 발휘될 수 있도록 지도할 필요가 있고 그렇게 함으로써 비로소 사회 개발의 능력도 향상시킬 수 있다. 이러한 능력이 없다면 사회나 문화를 발전시킬 수 없다.

자기 실현 능력을 향상시키기 위해서는 무엇보다도 자기를 올바로 이해할 수 있는 힘을 가지고 있어야 한다. 물론 교사가 어린이를 이해하는 것이 필요하지만 그보다 더 나아가서 어린이 스스로 자기 자신을 앎으로써 자기의 어떤 능력을 키울 수 있는지 알게 되면 창의적인 생활에 적극적으로 참여할 수 있게 된다.

사회 개발 능력은 현대사회가 요구하는 능력이면서 동시에 미래사회를 개척하기 위해 도움을 주는 능력이다. 사회 개발에는 많은 사람들의 협력을 필요로 하며 집단에 적극적으로 참여하고 협동해 나가면서 자기의 능력을 충분히 발휘해야 할 것이다. 또한 동시에 미래사회를 건설하기 위해 필요로 하는 문화를 이해하고 탐구해 나가는 능력의 육성도 중요하다.

창의성 계발이라고 하면 새로운 것을 생산하는 개념만으로 규정해서는 안 되고, 자기 자신이 가지고 있는 가능성을 펼쳐 나간다고 하는 소위 인간의 본질에 눈을 떠가는 작용으로 규정해야 할 것이다. 자기 자신이 가지고 있는 미지의 생명을 이해하고 발전시켜 나가는 것이야 말로 교육의 궁극적인 목표이다.

거기에는 먼저 어린이들에 의욕을 키워 줄 필요가 있다. 창조의 바탕에는 자발성 또는 의욕이 있으므로, 의욕을 북돋아 주는 것은 창의성 개발과 깊은 관련을 맺고 있다.

의욕이란 무엇인가를 하려고 하는 의지로서 우리는 행동의 동기로서 이해할 수 있다. 물론 의욕이 동기로서 작용하기는 하지만 또한 창조의 목적으로도 다루어질 수 있는데 스스로가 어린이 자신의 가능성을 열려고 하는 의욕을 키운다고 하는 생각을 가져야 한다.

의욕은 발현하는 형식을 취하고 있으며 그것이 오랜 시간에 걸쳐서 다듬어 나가면 자연스럽게 개성적인 것으로 될 수 있다. 개성은 개인으로서의 독자적인 존재를 특징짓는 것이다. 각자의 개성을 형성한다고 하는 것은 이미 인간적인 가치를 인정하고 가치 있는 것을 하려고 의욕하고 있는 것이다. 즉 의욕적으로 개성을 만들어 나아가는 동기는 인격을 인정하는 데에 있으며 이것은 인격적인 가치의 개발과 연결되어 있다.

인격적인 가치의 개발과 더불어 문화적인 가치의 개발도 중요하다. 문화적인 가치 개발의 시작은 과거의 문화 유산을 창의적으로 습득해 나아가는 가운데에서 문화가 갖는 여러 가지 가치를 발견하게 되고 어린이의 인격 안에 효과적인 가치 체계를 형성하게 되는 데에 있다. 효과적인 가치 체계라고 하는 것은 습득한 가치를 만들어 내는 것을 뜻한다.

이렇게 의욕과 개성 그리고 문화가 서로 유기적인 관련 아래서 하나가 되어 가치가 있는 것을 실현해 나가는 과정이 바로 창조의 과정이라고 하겠다.

2. 창의성 계발방법

1) 탐구학습

창의적인 교육은 단순히 지적으로 이해하고 암기하는 과정으로서만 다루어질 수는 없고 학습자가 스스로 발견하고 탐구해 나아가는 과정으로 다루어져야 할 것이다. 그렇다면 창의적이 교육에 있어서 탐구란 무엇인가? 듀이에 따르면 탐구는 불확실한 상황을 확실한 상황으로 변화시키는 것이며 불확실한 상황이라는 것은 불확실함을 의심하는 여러 가지 의문이 있는 상황이다. 이러한 듀이의 탐구라는 말의 의미를 생각할 때 우리는 의문과 문제 해결이란 말을 쉽게 떠올릴 수 있다. 탐구와 의문은 어느 측면에서 보면 유사한 부분이 있는 것 같은데 왜냐하면 우리는 의문을 가질 때 탐구를 시작하기 때문이다. 즉 의문에 대한 대답을 추구할 수 있을 때에 탐구하며, 탐구한 결과 확정된 상황은 문제 해결을 위한 결정을 의미하며 거기에는 의심이 가는 상황을 관찰에 의해서 또는 그것을 분석하여 해결하려고 추론하며 그렇게 해서 궁극적으로 문제를 해결하는 것에 의해서 탐구는 완성되기 때문이다.

따라서 탐구는 추론이라고 하는 두 가지 활동이 협동하여 이루어지는 것이다. 특히 탐구와 문제 해결은 모두 추론 작용을 중시하고 있다. 그러면 우리는 탐구와 문제 해결을 통해서 무엇을 추론하여 발견하는가? 그것은 첫째로, 근거를 발견한다. 근거를 발견함으로써 그 근원이 되는 의미를 발견할 수 있다. 창조는 의미의 발견이라고 말하고 있고, 인간은 자연적인 존재에서 가치를 발견하는 존재로 발전해 나가지 않으면 안 된다. 가치 없다고 생각되는 것에서도 가치가 있는 것으로 변화되어 갈 수 있고, 더 나아가서 새롭게 가치 있는 것을 발견해 낼 수도 있다. 그렇게 하기 위해서는 무엇보다도 어린이에게 의문을 갖게 하여 그것을 해결해 나가는 소위 사물의 이유를 분명하게 하도록 지도하는 일이 필요하다. 또한 문제를 해결하는 데에는 먼저 해결하기 위한 근거가 어디에 있는지 알아야 하는데 왜냐하면 아무런 근거가 없다면 해결할 방법이 없기 때문이다. 아무리 어린이가 어떤 계획을 세운다고 해도 어떻게 세우는지 구상할 필요가 있으며 그렇게 구상하는 데에는 어떤 근거를 가지고 그렇게 할 것이다. 창의적인 발견과 발명은 훌륭한 착상에 의해 비롯되는데 이것을 위해서는 해결에 필요한 조건을 찾아 내도록 훈련되어야 하며 또한 이미 알고 있는 원리에 바탕을 두고 거기에서부터 추론하여 과제를 해결하려고 하는 태도가 길러져야 할 것이다.

둘째로, 관련성을 발견한다. 사물의 의미는 단독으로 존재하지 않고 또한 의미와 의미가 결합하여서 새로운 내용을 만들어 내기도 한다. 따라서 교재 내용은 의미와 의미와의 관련에 의해서 성립한다고 할 수 있다. 어린이는 교재에서 그것이 어떠한 관련을 이루고 있는지를 추론하여 찾아 낼 수 있어야 한다. 내용이 서로 결합하고 있는 교재 내용의 성질을 해명해 나가면서 사물의 본질이나 규칙성을 인식할 수 있다.

이상과 같이 탐구와 문제 해결을 통해서 근거와 관련성 그리고 그 근거를 발견해 내는 것은 확실히 창의적인 사고이며 이러한 사고를 발달시키는 기법이야말로 창의성 계발하는 기법이라고 하겠다.

실제로 과학 발달의 역사를 보면 가장 혁신적이고 창의적인 아이디어의 대부분은 문제를 찾아 내는 데에서 출발하였다는 것을 알 수 있다. 뉴턴이 나무에서 사과가 떨어지는 것을 보고 만유인력의 법칙을 발견한 것이나, 제임스 와트가 난로 위의 끓고 있는 물주전자를 보고 증기기관의 원리를 생각해 낸 것들은 단순한 자연 현상에서 문제를 이끌어 낼 수 있는 능력이 탐구 과정에서 얼마나 중요한 요소인가를 말해 준다. 다시 말해서 문제가 이미 주어져 있는 것을 인식하는 것이 아니라 어떤 현상 또는 기초적인 자료로부터 문제를 만들어 내는 능력이 탐구학습의 중요한 요소라는 점이다.

2) 브레인스토밍

브레인스토밍(brainstorming)은 창의성 계발 기법으로서 가장 일반적으로 사용되고 있는 것이다. 이것은 1941년 오스본[1])이 아이디어를 쉽게 내기 위해서 주장한 집단 발상 기법 가운데 하나이다. 브레인스토밍은 일체의 권위나 고정관념을 배제하고 수용적이면서 온화한 분위기에서 집단토론 구성원은 누구든지 자유롭게 생각한 것을 무엇이든 말하고 그렇게 하는 가운데에서 아이디어를 얻어 내고 그것을 더욱더 구체적인 아이디어로 다듬어 제시하려고 하는 것이다. 토론에 참여하는 사람 수는 지도자 1명, 구성원 10~30명으로 10~20분씩의 아이디어 회의를 한다. 중간 중간에 5~10분간의 휴식을 취하면서 3~5회 반복해서 이루어지는데 대체로 1~2시간 동안에 100여 개의 새롭고 재미있

1) 미국 광고회사의 BBDO의 설립자. 알렉스 오스본은 "아이디어란 터무니없을수록 좋은 것"이라고 했다. 터무니없는 상식파괴가 소비자의 호기심을 자극하는 가장 매력 있는 방법일 수 있다. 스마트폰이 그 대표적인 사례다. 불과 10년 전만 해도 전화기와 PC의 결합을 기대한 사람이 과연 몇이나 됐을까. 진정 소비자의 숨겨진 욕구가 무엇인지를 고민하는 것, 하고 나면 당연하지만 지금껏 아무도 하지 않았던 것을 발견해 내는 것이 바로 아이디어요, 파괴력있는 마케팅이다.

는 아이디어를 산출하는 매우 생산적인 방법이다. 브레인스토밍은 상상력과 확산적인 사고를 기르는 데에 적합한데 이 방법이 종래의 토의법과 다른 점은 참가자가 개인으로서가 아니라 집단으로서 아이디어를 산출한다는 점이다. 즉 참가자들이 아이디어는 공동 작업의 결과라고 생각하는 것이다.

브레인스토밍에는 다음과 같은 간단한 규칙이 있다.

첫째로, 비판을 금지한다는 규칙이다. 참여자가 아이디어를 산출하면 곧바로 그것의 좋고 나쁨을 비판하지 않는다. 나중에 산출된 아이디어를 평가할 때까지 그의 아이디어를 절대로 평가하지도 비판하지도 간섭하지도 않는다. 어떤 참여자가 아이디어를 제안하였는데 그것에 대해 "그 일은 결코 할 수 없을 거야", "참으로 바보 같은 생각이구나!"라는 평을 듣는다고 하면 이와 같은 비판의 소리를 들은 다음에는 기발하거나 색다른 아이디어를 제안할 수 없다.

둘째로, 자유로움을 존중한다는 규칙이다. 자유로울수록 좋다는 것이며 되도록 누구에게도 구속받지 않고 자유롭게 아이디어를 산출한다는 것이다.

셋째로, 양적인 산출을 존중한다는 규칙이다. 되도록 많은 아이디어를 산출하도록 장려하며 아이디어의 질에 관계없이 많은 양의 아이디어를 만들어 내는 것이다. 아이디어의 양이 많으면 많을수록 그 가운데에 질이 좋은 아이디어가 들어 있을 가능성이 커진다.

넷째로, 결합하여 개선하는 것을 강조한다는 규칙이다. 그렇게 하는 가운데 자기와 다른 사람의 아이디어를 조합하여서 더 나은 아이디어로 발전시켜 나아갈 수 있다. 창조는 이미 알고 있는 상이한 요소들을 새롭게 조합하는 데에 있다고도 생각할 수 있다.

이러한 규칙에 따르는 브레인스토밍은 아이디어를 짜내기보다는 오히려 아이디어가 떠오르기 쉬운 조건을 만들어 주는 것을 중시한다. 따라서 브레인스토밍에서는 머리 회전을 좋게 하기 위해서 그것을 억제하는 조건을 제거하려고 하며 더 나아가서 그렇게 하는 가운데 아이디어를 산출할 뿐 아니라 참가자들의 인간관계를 좋게 하여 자발성과 창의성은 물론이고 협동심을 높일 수 있게 하는 것이다.

3) 발견적 문제해결법

발견적 문제해결법(synectics)은 문제에 대한 광범위한 접근으로 시작하여 얻어진 해결책을 직접 문제에 관련지어 구체적인 해결책을 강구하도록 하는 방법이다. 발견적 문제해결의 절차는 다음과 같다.

① 참가자 구성 : 문제해결에 필요한 지식과 기술 분야의 전문가를 참여시킨다.

② 문제 제시 : 광범위하고 추상적인 문제를 제시한다.

③ 문제 축소 : 문제의 범위를 점진적으로 축소해 나간다.

④ 결론 : 산출된 아이디어를 결합하고 개선하여 문제와 관련된 새로운 아이디어로 산출한다.

시네틱스(synectics)라는 말은 그리스어에서 유래한 것으로 '서로 달라서 언뜻 보기에 관련이 없는 요소를 결합한다'고 하는 뜻이다. 즉 서로 다른 요소를 결합시킴으로써 새로운 것을 창조해 내는 것으로 이렇게 볼 때 시네틱스는 지극히 실천적인 방법이라고 하겠다.

시네틱스는 고든이 개발하였는데 창조 과정의 심리적인 과정을 기술하고 거기에서부터 구체적인 생각을 얻어 내어 그 심리적인 과정에 의해서 문제해결에 도움을 얻으려고 하는 것이다. 시네틱스 바탕에는 첫째로 창의적인 활동의 효율성은 심리적인 메커니즘을 이해함으로써 현저하게 증가하며, 둘째로 창의적인 과정에서는 지적인 요소보다도 감정적인 요소가, 합리적인 요소보다 비합리적인 요소가 중요하며, 셋째로 문제 해결의 성공률을 높이기 위해서 감정적이고 비합리적인 요소를 이해하여야 한다는 것이 들어 있다.

시네틱스에서 말하는 창조의 심리적인 과정은 다섯 가지의 과정을 거치게 되는데 그것은 이탈→투입→우회→고찰→대상의 자율화이다. 이 가운데에서 이탈의 과정은 문제에서 조금 떨어져서 멀리서 바라보고 있는 것이며, 투입의 과정은 대상 그 자체가 되고 있는 것으로 만일 자기 자신이 그것이 된다면 어떤 느낌이 들지를 생각하는 것이며, 우회의 과정은 처음 방법으로 잘 되지 않아서 한 번 더 기본적으로 다시 생각하는 것이며, 고차의 과정은 문제를 여러 각도에서 자유롭게 생각해 보는 것이며, 대상의 자율화의 과정은 자기 자신이 대상을 조장하는 것이 아니라 대상이 제멋대로 움직이면서 아이디어가 대상에게서 나오는 것으로 예를 들면 작가가 어떤 인물을 만들어 내면 그 인물이 제멋대로 움직이는 상태이다.

시네틱스에서는 중요한 메커니즘으로 유추를 활용하고 있는데 유추에는 인격적인 유추, 직접적인 유추, 상징적인 유추가 있다. 이러한 유추의 상세한 내용은 나중에 언급하기로 하고 유추에 관해 간략하게 설명하면 다음과 같다.

우리는 해결하고자 하는 문제나 필요한 아이디어를 다른 유사한 대상이나 사태에서 유추하여 얻을 수 있다. 예를 들면, 사과가 떨어지는 현상을 보고 만유인력의 기본 원리를 좀 더 분명하게 설명할 수 있는 공식을 발견한다든지, 목욕탕에 들어갈 때 넘치는 물을 보고 질량불변의 법칙의 기본 구조를 발견한다든지 하는 것 등은 모두 유추에 의한 것이며 이러한 곳이 곧 시네틱스이다.

창의적으로 문제를 분석하고 여러 가지 다른 관점이 형성되는 것을 돕기 위해 시네틱스를 많이 활용한다. 시네틱스는 특별한 준비가 필요하지 않고 다만 아이디어를 기록할 종이나 칠판만 준비하면 된다. 제일 먼저 문제를 규정하고, 모두가 볼 수 있도록 칠판에 적어 놓는다. 그 다음에는 대체로 교사의 지도로 전체 학급 단위로 또는 소집단 단위로 아이디어를 내는 작업이 진행된다.

시네틱스는 직관적인 사고를 훈련하는 데 매우 도움이 되며 그것은 혼자서도 할 수 있지만 집단에서 하는 것이 효과적이다. 왜냐하면 여러 종류의 경험을 가진 사람들 가운데에서 풍부한 지식과 경험을 이용할 수 있기 때문이며, 또한 집단이 개인의 행동에 동기를 부여할 수 있기 때문이다. 집단 구성원의 수는 대개 5~6명 정도가 적절한데 시네틱스에서 집단을 구성하는 데에 있어서 다음과 같은 열 가지의 선택 기준이 있다.

첫째, 서로 다른 분야의 사람을 선택하여 구성한다, 서로 다른 분야에서 일하는 사람은 오히려 서로 이해하기 쉽고 협동심도 잘 발휘한다. 그러므로 연구부, 기술부, 생산부, 마케팅부, 영업부, 경리부에서 일하면서 다른 전문 분야에도 관심을 갖고 있는 사람으로 집단을 구성하는 것이 좋다.

둘째, 일에 대해서 적극적이고 활력이 넘치는 사람을 선택하여 구성한다.

셋째, 나이는 대략 25~40세의 사람을 선택하여 구성한다. 과학기술의 측면에서 매우 독창적인 활동을 할 수 있는 나이는 25~40세 정도인데, 이 연령에서는 어느 정도의 경험을 가지고 몸과 마음이 경직되어 있지 않아서 새로운 경험을 받아들이는 데에도 유연하다.

넷째, 폭넓은 경험을 한 사람을 선택하여 구성한다. 여러 방면의 일을 해봐서 경험이 풍부한 사람, 전공을 바꾼 사람, 즉 물리학을 하고 생물학을 한 사람을 선택하여 구성하는 것이 좋은데 이런 사람들은 창의적인 유추를 끌어내기 쉽다.

다섯째, 유추하는 능력이 있는 사람을 선택하여 구성한다, 유추 능력이 어떤 것인지 예를 들어 보면 다음과 같다. 한 물리학자가 아들과 함께 낚시하러 갔다. 아들이 "물고기는 물 속에서 사물을 어떻게 볼까요?"라고 물었다. 그렇게 하고 나서 아들은 낚싯대에 낚싯밥을 매달고 있는 아버지의 모습이 비친 물을 들여다 보았다. 그러자 마치 물고기가 된 것처럼 그것을 알 수 있게 되었다고 한다. 이렇게 어린이의 말에 귀를 기울여 보면 우리는 물고기의 시각이라고 하는 언뜻 보기에 관련이 없는 것에 몰입하는 능력을 가지고 있음을 알게 된다. 이 경우에 어린이는 물고기의 시각을 물 속에 들어가 확인해 보려고 하는 실험 의욕을 나타내고 있고, 또한 자기 자신을 물고기라고 생각하는 인격적인 유추를 하고 있는 것이다.

여섯째, 도와주려는 태도를 지닌 사람을 선택하여 구성한다. 지도자는 시네틱스 구성원 후보자와 야외로 나가서 도와주는 태도를 살펴볼 수 있다. 사람들과 함께 야외로 나갔을 때 우리는 다음과 같은 세 가지 유형의 사람을 만나게 된다. 그저 가만히 앉아서 바라보고 있는 사람, 무엇을 해야 하느냐고 묻는 사람, 무엇인가 필요한 일을 찾아 하는 사람이다. 이 가운데에서 세 번째 사람이 시네틱스 구성원으로 가장 바람직한 사람이다.

일곱째, 요령이 있는 사람을 선택하여 구성한다. 요령이 곧바로 창의력이라고 할 수는 없지만 그것은 창의성을 엿볼 수 있는 중요한 지표임이 확실하다.

여덟째, 모험심이 있는 사람을 선택한다. 우리는 미지의 세계를 탐색하고 스스로 가치 있다고 여기는 사람을 모험심이 있는 사람이라고 간주할 수 있다,

아홉째, 솔직한 사람을 선택하여 구성한다. 창의적인 사람은 마치 어린이처럼 솔직하다. 솔직하다고 해서 꼭 정서적으로 미숙하다는 것은 아니다. 솔직함은 어린이처럼 미지의 것에 놀라고 호기심을 가지고 탐색하는 마음이며 그런 마음을 지닐 때 일에도 놀이에도 흥미를 가지고 몰입할 수 있다.

열 번째, 한 가지 일에 정신을 쏟는 사람을 선택하여 구성한다. 시네틱스에서는 아이디어를 얻고 그것을 실현하는 데에 온 마음을 쏟을 수 있어야 한다.

이상과 같은 기준에 합당한 사람들을 선택하여 시네틱스 집단을 구성해야 할 것이다. 그런데 시네틱스를 위한 집단 구성원을 선택하는 데에 중요한 열학을 하는 사람은 아무래도 시네틱스 지도자이다. 시네틱스에서는 지도자의 역할이 중요한데 지도자는 사람들을 선택하여 시네틱스를 위한 집단을 만들어 그 집단을 훈련시킨다. 그러한 지도자는 어떤 일이든 할 수 있다는 강한 신념을 가지고 있어야 하고, 폭넓은 경험과 깊은 통찰력이 있어서 전체적으로 사물을 파악할 수 있어야 하며, 창의적인 과정의 이론과 기술을 잘 알고 있어야 하며, 냉철한 판단력을 가지고 있어서 많은 사람들의 상이한 의견을 잘 정리할 수 있는 능력을 갖추어야 할 것이다.

시네틱스에서는 종합을 중시하고 있는데, 창의적인 활동에서 분석과 종합

이 모두 중요하지만 특히 종합이 강조되고 있음을 감안해 볼 때 시네틱스는 틀림없이 창의적인 능력을 계발하는 데 매우 중요한 방법이라고 하겠다.

4) 역할극

모레노(J. L. Moreno)는 지금까지 종교도 과학도 이루지 못했던 사회 변혁을 이루기 위해서 소시오메트리(sociometry) 운동을 시작했는데 소시오메트리 운동은 이웃을 사랑하는 데에서 출발하고 있다.

모레노는 1922년 비인에서 심리극(psychodrama)을 시작하였고 그 성과를 『즉흥극장』(1923)으로 정리하였다. 그 후 심리극에 관한 과학적인 기초를 마련하기 위해서 소시오메트리를 발전시켜 『누가 살아 남는가?(Who shall survive? 1934)』라는 글을 썼다. 이 책은 소시오메트리의 기본적인 견해를 잘 이해할 수 있다.

모레노는 심리치료 방법의 하나인 심리극의 기초 과학인 소시오메트리의 기본 원리를 자발성-창의성 이론에 바탕을 두고 있다. 심리치료는 새로운 형성 및 새로운 인간관계의 창조를 목적으로 한다는 점에서 인간의 자기 창조, 즉 인간의 창의성의 계발을 목표로 하고 있다고 할 수 있다. 여기에서 우리는 먼저 모레노의 자발성-창의성에 관한 생각을 중심으로 창의성의 문제를 살펴보아야 할 것이다.

자발성은 '지금 여기에서' 작용하는 것이며, 현실의 세계, 즉 사회적이고 문화적인 추적을 저장하고 있는 세계 속에서 작용하는 것이다. 따라서 자발성이 지금 여기에서 가장 현실적이고 적절한 행동으로 발휘되는 경우, 이것을 창의성이라고 할 수 있다.

그런데 모레노에 따르면 창의성은 창조 활동에서 발휘되며, 자발성과 창의성은 창조 활동을 통해서 결합되고 있기는 해도 범주는 전혀 다른 것이다. 자발적인 행동이라도 창의적이지 않은 것이 있다. 왜나하면 자발적인 행동에는 적절성을 지녀야 하는데 거기에는 사회로부터 인정되고 있는 사고 방식, 기술, 요구, 관습에 의해 통제될 필요가 있기 때문이다. 이러한 통제되어야 한다는 요청에 따르는 경향을 동조성이라고 하며 자발성과 동조성이 통합된 경우에 비로소 창의성이라고 할 수 있다. 창의성은 행위와 관계하지만 자발성은 행위의 준비도 관계한다. 창의적인 과정을 거쳐 산출된 산물은 문화 보존이며 이것은 자발적이고 창의적인 모형(母型), 즉 창의성이 근본적인 표현이다. 모레노는 산출된 창의 활동의 산물과 자발적이고 창의적인 모형과 비교하면서 우리들은 보통 완성된 창의적인 산물, 즉 과학적인 발명이나 발견, 예술 및 창의적인 인간관계나 집단을 과대평가하고 아직 완성되지 않고 구조화되지 않은 창의적인 활동인 자발적이고 창의적인 모형을 과소평가하는 경향이 있음을 지적하고 있다. 그는 또한 구조화되지 않지만 문화 보존으로 안내되는 미완성된 결과, 초기의 인간관계와 집단 형성과 같은 근원적인 자발적이고 창의적인 모형을 중시해야 한다고 강조하고 있다. 자발성과 창의성은 인간 행동에 있어서 중요한 원리이며, 이들은 항상성, 빈도 그리고 규칙성을 가지고 나타나므로 예측할 수 있다.

이러한 자발성과 창의성을 기본으로 하는 소시오메트리는 과학적인 발견이나 예술 작품은 물론이고 인간관계를 개선하거나 사회를 변화시키는 데에도 작용하고 있다고 모레노는 지적하고 있다.

모레노는 심리치료로서의 김리극의 기본 원리인 소시오케트리와 더불어 역할 이론을 제안하고 있다. 심리극에서 역할 연기(role playing)는 중요한데, 그것은 역할을 하는 하나의 방법이므로 역할 취득(role taking)이라든지 역할 창조(role creating)와는 다르다. 역할 취득은 명확하게 정해진 역할을 그대로 취하는 경우며 제법 동조성이 강한 행동이지만, 이에 비해서 역할 연기는 역할에 어느 정도 자유롭게 변화를 줄 수 있고 따라서 자발성이 제법 발휘된다. 역할 창조는 자유롭게 역할을 만들어 나아가는 것이며, 자발성과 창의성이 발휘된다. 일반적으로 역할 취득과 역할 창조를 포함하여 역할 연기라고 말한다. 역할 취득에 있어서도 행위자 자신이 관여하기 때문에 그 나름대로 자발성이 나타나고, 또한 역할 창조라고 해도 역할, 즉 문화적이고 사회적으로 정해진 행동 유형에 의해서 규정된다고 하겠다. 모레노에 따르면 역할 취득은 자발성을 억압하기 때문에 그것보다 오히려 역할 연기와 역할 창조를 중시하고 있다.

우리는 현실 생활에서 많은 역할을 가지고 시간과 장소에 가장 적절한 역할을 하지 않으면 안 된다. 그러나 역할 갈등이 생겨나면 바람직한 인간관계를 유지할 수 없게 되므로 우리들은 이러한 대립적인 역할을 통일하고 시간과 장소에 가장 적절한 역할을 창조해 내지 않으면 안 된다.

역할 연기에서는 연기자가 자기 갈등이나 긴장을 그대로 연기하기 때문에 치료자는 그 연기를 깊이 이해하고 정서적인 긴장을 해소하는 실마리를 발견할 수 있고, 연기자는 자기의 역할을 하고 있는 동안에 적절한 문제 해결을 자발적으로 학습할 수 있게 된다.

역할 연기자는 개인적인 문제를 연출하고 개인적인 정서적인 긴장을 줄이고 정신장해를 제거하기 위해서 이용되는 경우, 특히 심리극이라고 한다. 심리극은 연극의 형태로 이루어지는 심리치료이며, 인간관계 및 개인적인 세계를 다루는 연극적인 방법이다. 심리극은 무대, 연기자, 지도자(감독, 치료사), 보조적인 자아, 관중으로 구성된다. 우리는 그것을 사회극(sociodrama)이라고 한다. 모레노에 따르면 사회극은 사회관계 및 사회적인 이데올로기에 대해 다루는 연극적인 방법이다. 사회극에서 역할 연기는 개인이 아니라 사회를 중심으로 이루어진다. 따라서 사회극은 사회의 지도 또는 치료를 목표로 하고 있으며, 사회의 자발성-창의성을 발휘하게 하는데에 그 목표가 있다고 하겠다.

5) 속성 열거법

속성 열거법(attribute listing)은 문제의 대상이나 아이디어의 다양한 속성을 목록으로 작성하여 세분된 각각의 속성에 주의를 돌리는 방법이다. 각각의 속성을 분석하면서 그 속성에 대한 집중적인 생각을 통하여 개선 수정 발전의 탐색을 구한다. 각 속성들에 관한 아이디어를 산출할 때는 브레인스토밍 방법이 적용된다.

6) 생산적 사고 프로그램

이 방법은 초등학교 고학년 학생들이 불일치를 인지하고 가설을 세우는 방법을 프로그램화한 것이다. 이 프로그램은 만화식 책자로 구성되어 있다. 프로그램을 읽는 학생은 만화에서 제공되는 다양한 정보를 이용하여 문제를 해결해 간다. 학생들은 프로그램을 읽는 동안 규칙적으로 피드백을 받으면서 문제를 해결한다(임규혁, 2003; 장선철 외, 2003, p. 96에서 재인용).

걸어다니면서도 음악을 들을 수 있는 '워크맨'

모리타 아키오
1921년 1월 26일 - 1999년 10월 3일
소니 회장

모리타 회장이 "걸어다니면서도 음악을 들을 수 있는 전혀 새로운 개념의 오디오인 '워크맨'을 만들자"고 했을 때 직원들은 "그런 제품은 팔릴 리가 없다"며 거세게 반대했다. 시장조사 결과도 좋지 않았다. 그는 "새로운 아이디어를 얻기 위한 시장조사는 어리석은 짓이다"라며 시장조사 결과를 받아들이지 않았다. "고객들은 무엇이 가능한지 모른다. 헨리 포드(포드자동차 창업자)가 일반인들에게 무엇을 원하느냐고 물었다면 그들은 아마 '자동차가 아닌, 더 빠른 말'이라고 대답했을 것이다."

그는 최종 순간에 결단을 내리며 단언했다. "만약 3만 개 이상 팔리지 않으면 회장을 그만 둔다." 워크맨은 지금까지 무려 3억 개가 넘게 팔리며 소니의 위상을 크게 높였다. CEO는 직원의 반대를 무릅쓰고 결단을 내릴 줄 알아야 한다. 당연히 결과에 대한 책임도 CEO 몫이다. 1999년 포천(Fortune)지는 워크맨 개발을 역사상 가장 뛰어난 의사결정 중 하나로 선정했다.

출처: 조선일보 2007. 01. 20 [조영탁의 CEO 리더십 탐구][14]모리타 아키오 소니 창업자

제7장

교육과정론

1. 교육과정의 개념
2. 교육과정의 유형

1. 교육과정의 개념

교육과정이라는 말은 영어의 Curriculum을 우리말로 옮긴 것이다. 원래 라틴어 Currere에서 유래된 Curriculum이라는 말은 경주로(race course) 또는 경주하는 그 자체(race itself)에 해당하는 말로서, 활동하는 장소나 활동의 연속을 의미한다. 말이나 사람이 달리는 경주로를 의미하던 Curriculum이 20세기에 들어서 교육학에 응용되어 일정한 목표를 향해서 학습하는 진로 또는 진로에서 경험하는 내용을 의미하게 되었다.

교육과정의 개념은 많은 학자들에 의해 정의되어 왔으나 어떤 합의점을 찾지 못하고 있다. 잠재적 교육과정(Hidden Curriculum)[1] 개념을 교육과정에 포함시켜 넓게 개념화하고 있는 경우도 있고, 교육과정을 계획된 목표와 내용으로 좁게 한정하는 경우도 있다. 또한 교육과정을 수업의 실천을 위한 계획으로, 수업을 그 계획을 구체적으로 실천하는 것으로 개념화함으로써 교육과정과 수업을 분리해서 보려는 경우가 있는가 하면, 수업을 교육과정에 포함시키는 경우도 있다.

교육과정은 무엇을, 어떻게 가르칠 것에 대한 계획이라고 할 때 교육과정에는 가르쳐져야 할 교육의 내용을 포함하고 있다. 교육의 내용은 가르칠 재료로서 어떤 일정 형식에 의해 분류되고 조직되게 된다. 이렇게 교육의 내용을

---

1) 의도하지 않았으나 학생들이 배운 내용, 또는 학교와 교사가 의도적으로 가르치지는 않았으나 가르쳐진 내용이다. 잠재적 교육과정에서는 학교를 단순한 교육의 장이 아니라 학생들이 생활하는 공간으로 간주한다. 학생들의 인지 · 태도 · 행동변화는 공식적인 교육과정을 통해서 뿐만 아니라 학교 안의 눈에 띄지 않는 힘, 즉 학교의 물리적 조건, 제도 및 행정조직, 사회 및 심리적 상황에 의하여 일어난다. 잠재적 교육과정은 이들 힘이 학생들에게 미치는 지속적인 영향력과 그 결과를 뜻한다.

어떤 기준에 의해 조직해 놓은 것을 교과라고 한다. 학생들은 이러한 교과의 내용을 학습하고 교사는 교과의 내용을 학생들에게 가르치게 된다. 그러므로 교과는 교육과정을 실현하는 중요한 수단이 된다.

교육과정의 중요한 관심사는 학생들에게 '무엇을', '어떻게' 가르칠 것인가에 관한 것이며, 그것은 교육내용을 매개로 하여 이루어지는 것이 일반적이다. 특히 한국과 일본에서는 교육내용의 대부분이 교과를 통해 이루어져 왔기 때문에 교과는 학교 교육의 핵심이라고 할 수 있다. 교육과정이 변화함에 따라 그 내용을 담을 수 있는 형식인 교과는 필수적으로 변화되어야 한다.

교육과정을 개발하는 데 있어서 교육과정의 목적을 달성하기 위해 어떤 교과로 구성되어야 하는가는 중요한 문제다. 그래서 우리나라에서 교육과정을 개정할 때마다 어떤 교과를 설정하고, 또 어떤 교과를 폐지할 것인가 하는 문제를 두고 격심한 논쟁을 했다. 교과는 교육과정을 실현하는 도구이며, 교육과정 내용을 담는 형식이다.[2] 한편, 사회구조적인 측면에서 교육과정에 대한 전통적 관점은 교육은 사회화의 기능을 중추적으로 수행하며, 교육의 목적은

2) 교과의 설정논리는 교육과정 이론을 중심으로 기본적 기능론, 진학준비론, 문화전수론, 형식도야론, 생활적응론, 사회적 필요론, 아동중심론, 학문중심론의 8가지로 제시된다. 기본적 기능론은 지식을 배우는 데 필요한 기본적 기능들을 길러 주기 위한 교과를 설정해야 한다는 입장이다. 진학준비론은 학생들이 상급학교에 진학하는 데 적절하거나 필요한 교과목들을 설정해야 한다는 것이다. 문화전수론은 한 사회가 가진 문화를 다음 세대에 전수하기 위한 교과목을 설정하자는 주장이다. 형식도야론은 인간의 마음은 추리력, 판단력, 감정 등과 같이 몇 가지 능력 또는 요소들로 구성되어 있다고 보고, 그러한 능력이나 요소를 기르기에 적절한 교과목들을 가르쳐야 한다는 주장이다. 생활적응론은 학생들이 성인이 되었을 때, 성인으로서 생활에 잘 적응할 수 있게 하는 것을 교육 목적으로 삼고 생활에 적응하는 데 필요한 지식과 기능, 태도 등을 기르는 데 적합한 교과목들을 설정해야 한다는 주장이다. 사회적으로 필요한 인간 특성을 규정하고 그러한 특성을 가진 인간을 기르기에 적절한 교과목들을 설정하자는 주장이 사회적 필요론이다. 아동의 흥미나 욕구 또는 필요를 충족시킬 수 있는 교과목들을 가르치자는 아동중심론은 18세기의 Rousseau나 Pestalozzi와 같은 자연주의 교육사상가들에 의해서 이론적으로 제기되었으며, 20세기 심리학의 발달에 의하여 강력한 경험적 뒷받침을 받게 되었으며 진보주의 교육사상은 아동중심론에 따른 교육이었다는 것이 특색이다. 학문을 가르치는 것이 교육의 목적이며, 여러 가지 학문이 곧 교과목으로 설정되어야 한다는 주장이 학문중심론이다. -김종건. 1997. 교과목 변천의 역사적 경향성 연구. 한국교원대-.

아동으로 하여금 전체 사회가 요구하는 규범 태도와 각 아동이 처한 각기 다른 사회환경에서 요구되는 규범 태도를 형성시켜 주는데 있다. 따라서 교육목적도 사회체제와 문화에서 부여하는 가치와 규범에서 도출된다.

전통적인 교육과정론에 의하면 사회는 하나의 통합된 체제이며, 교육목표는 사회통합의 관점에서 수립된다. 이러한 관점에서 교육과정이론을 전개시킨 대표적인 학자는 타일러(B. Tyler)이다. 그에 따르면 교육목표는 교육과정의 선정, 조직 그리고 평가에 이르는 일련의 과정에서 일정한 방향을 제시하는 중요한 요소이다. 타일러는 교육목표를 현명하게 포괄적으로 설정하기 위한 원천으로 학습자, 사회, 교과, 철학, 학습심리의 다섯 가지를 들고 있다.

반면에, 교육과정에 대한 비판적 교육과정론자들은 전통적 교육과정론에 대하여 비판을 제기하고 있다. 이들의 비판요지는 교육과정이 합의의 산물이 아니라 사회적 갈등의 한 부분이라는 점이다.3)

첫째, 비판적 교육과정론에 의하면 교육과정은 합의된 것이 아니며 쉽사리 합의될 수 있는 것도 아니다. 오히려 교육과정의 구성에 관련된 여러 집단은 서로의 이해관계가 상충되기 때문에 집단 사이의 갈등이 노출될 수밖에 없다. 현실적으로 교육과정은 사회와 정치적으로 가장 강력한 권력을 행사하는 집단이 결정하게 된다.

둘째, 전통적 교육과정 모형, 특히 Tyler의 교육과정 모형은 가치중립성을 표방하고 있다는 비판을 받고 있다. 교육은 가치중립적일 수 없음이 지적되고 있다. 오히려 교육은 특정지식을 선택하고 학생들에게 그것을 가르치는 과정이기 때문에 교사는 자신이 의식하든 의식하지 않든 일종의 정치적 행위에 개입하고 있는 것으로 본다.

셋째, 전통적 교육과정론이 기능주의적 합리성의 관점에 따라 체제 경영의 기법을 도입함으로써, 교육이 아동을 통제하는 수단으로 작용하게 되었다고

---

3) 이혜영 등(1990). 교육이란 무엇인가? 한길사. 교육과정과 이데올로기통제. pp. 111-117.

주장한다. 이러한 비판의 관점은 합리성이 사회체제의 정당성을 평가하는 준거로서가 아니라 기존 사회체제를 유지 · 옹호하는 수단으로 기능하고 있다고 지적한다.

넷째, 산업사회의 교육은 시장경제의 원리에 따라서 경제적 효율성의 추구에 주력하고 있으며, 학교에서는 기존의 경제체제를 유지하는 데 적합한 인성특성을 길러 내는데 주력하고 있다는 점이다.

학교는 학교체제 자체가 경제성을 추구하며 학교교육을 통하여 아동들에게 경제체제에 적합한 행동특성을 습득하게 한다는 두 가지 측면에서 경제적 가치를 추구하고 있다. 학교는 이미 설정된 교육목표를 효율적으로 달성하기 위한 교육활동을 추진한다는 점에서 하나의 경제체제로 비유될 수 있다. 학교를 경제체제의 하나인 공장으로 비유하기도 한다. 즉, 학교는 공장에서 생산목표를 달성하기 위한 공정과 유사한 것으로 간주될 수 있다는 것이다.

이상과 같이 비판적 교육과정론은 전통적 교육과정론을 비판하면서 교육과정을 사회구조와 관련지어 분석하고 있다. 요컨대 교육과정에 대한 비판적 논의에 따르면 한 사회의 중심적 교육내용인 교육과정은 지배집단의 이해관계에 의하여 결정되며, 지배집단은 그것을 유일하고 보편 타당한 것으로 정당화한다. 즉, 교육과정은 지배적 사회관계를 유지 정당화하는 이데올로기적 기능을 수행하고 있다.

2. 교육과정의 유형

교육과정의 유형은 교육과정의 개념을 정의하는 입장과 교육과정 개혁에 접근하는 방식에 따른 변천과정을 역사적으로 살펴보면 교과중심, 경험중심, 학문중심, 인간중심 교육과정의 네 가지로 나누며, 어떤 교육과정의 개념을 받아들이느냐에 따라서 교육의 실제에도 차이를 가져올 수 있다.

1) 교과중심 교육과정(subject matter centered curriculum)

교과중심 교육과정은 학교교육이 시작된 이래 1920년대까지 동서양의 교육을 지배해 온 교육과정이론으로서 교과의 학습내용을 조직하고 전개하는 데 핵심을 이루고 있다. 교과란 인류의 문화유산을 논리적으로 조직한 것이며, 그 조직은 각 교과의 전문가에 의해 이루어진다. 따라서 교사는 교과를 가르치고 아동은 교과를 중심으로 학습하게 된다. 이런 관점에서 본다면, 교육과정이란 각 과목별로 아동들에게 가르칠 만하다고 생각되는 주제를 열거한 것, 즉 교수요목을 의미한다.

이러한 교과중심 교육과정의 이론적 기초는 형식도야이론(formal discipline theory)에서 찾을 수 있다. 형식도야이론에 의하면, 인간의 정신은 서로 뚜렷이 구분되는 몇 가지 능력들(faculties), 즉 지각, 기억, 상상, 추리, 감정 및 의지로 구성되어 있다. 이것은 신체의 근육을 단련하는 것과 마찬가지로, 마음의 근육(심근)을 단련하는 것, 즉 정신도야가 가능하다고 보고 있다. 이 이론에서는 7자유학과(문법, 수사학, 논리학, 대수, 기하, 음악, 천문학)를 도야적 가치가 큰 교과로 인정하고 있다. 이런 교과를 중요시한 것은 그것에 담긴 내용이 개인생활이나 사회발전을 위한 수단이 된다는 점에 있기보다는 그 교과가 정신도야의 기회를 제공해 준다는 점에 있다. 그리고 교육의 방법은 신체적 근육을 발달시키는 것과 마찬가지로 교과를 반복적으로 연습하는 것이다(이홍우, 1977).

한편, 교과중심의 교육과정은 학습자의 흥미 · 노력 · 필요가 무시당하기 쉽기 때문에 가장 중시되어야 할 학습자의 학습동기는 거의 망각된 가운데 학습활동이 일어날 가능성이 있다. 나아가, 미래사회에 필요한 문제해결을 위한 능력, 응용력 같은 학습활동이 적기 때문에 사고력, 창조력 등의 고등정신 기능을 함양하기 어렵다는 단점이 지적되었다.

2) 경험중심 교육과정(experience centered curriculum)

John Dewey를 중심으로 한 진보주의 교육사조가 나타남에 따라 이 당시의 비판론자들은 교과중심 교육과정으로는 아동들이 급변하는 사회에 적응할 수 없으며, 현실생활의 문제를 해결하는 데 직접 도움이 되지 않은 교과를 맹목적으로 주입시키는 데 문제가 있다고 보고 교과가 아니라 경험을 가르쳐야 한다고 주장하였다. 종래의 교육내용의 개념을 교과라고 규정하고 그것을 경험이라는 새로운 개념으로 대치하고자 하였다. 또한 경험중심 교육과정은 아동의 욕구와 흥미를 중요시하는 교육원리와 결합하였다. 그리고 아동들이 실제 생활에서의 적응능력을 보다 강조하였다. 그래서 경험중심 교육과정을 생활중심 교육과정 또는 아동중심 교육과정이라 부르기도 한다.

교과의 조직은 아동의 기본적인 욕구나 흥미를 중심으로 하며, 그 내용은 아동의 생활에 의미가 있는, 즉 아동이 스스로 학습에 참여할 수 있는 것으로 구성된다. 이러한 경험중심 교육과정은 교과중심 교육과정을 완전히 배격했다기보다는 교과와 아동경험 사이의 간격을 없애야 한다는 주장이 더 타당하다고 할 수 있다.

경험중심 교육과정은 교과중심 교육과정을 전적으로 배격하지 않았더라도 관점에서 뚜렷한 차이를 보이고 있다. 이러한 주요 특징은 다음과 같다(김종서, 1983).

(1) 교과활동에 못지 않게 과외활동을 중시한다.
(2) 생활인의 육성을 목표로 하고 있다.
(3) 아동중심 교육을 강조한다.
(4) 사회의 급격한 변화에 적응하는 인간을 육성하고자 한다.

(5) 문제해결력의 함양을 강조한다.

(6) 전인교육을 강조한다.

이상과 같은 생활경험을 중시하는 교육과정은 1950년대까지 무비판적으로 시행되었다. 그러나 교과를 무시한 생활은 도야되지 않은 사소한 일상생활일 수밖에 없게 된다. 이러한 경험중심 교육과정을 비판하면서 경험의 대안으로서 '학문(discipline)'이라는 개념을 주장한 학문중심 교육과정이 등장하게 되었다.

3) 학문중심 교육과정(discipline centered curriculum)

학문중심 교육과정은 1957년 소련의 인공위성 스푸트니크(sputnik) 발사에 의한 충격이 미국의 국가안보에 위협을 주었으며, 이에 국제간의 과학기술 경쟁에서의 우월성을 확보하기 위해서는 무엇보다도 과학기술을 진흥시켜야 한다는 필요성을 자극하여 경험중심 교육과정의 대안으로서 발전하게 되었다. 또한 학문중심 교육과정에서는 지식과 기술의 폭발적인 증가에 대처해 나가기 위해 학문에 내재해 있는 전이가(轉移價)가 높은 지식, 즉 지식의 구조를 가르쳐야 함을 강조하고 있다. 여기서 지식의 구조를 가르친다는 말은 해당 학문의 성격을 충실히 가르친다는 것을 의미하며, 지식의 구조는 곧 학문을 특징짓는 사물을 보는 안목 또는 각 학문의 기본적인 아이디어, 지식의 기본개념, 지식의 기본원리, 그리고 지식의 탐구과정 등과 동의어로 사용하고 있다.

그러나 학문중심 교육과정은 Dewey이론의 잘못을 시정하기 위해 나타났지만, 결국 과학교육을 강조하는 데 그쳤고, 지식의 구조를 지나치게 강조한 나머지 학문 사이의 단절 현상을 초래하였으며 전인적인 인간교육을 소홀히 했다는 비판을 받게 되었다.

4) 인간중심 교육과정(human centered curriculum)

1970년대에 들어오면서 고도산업화에 따라 파생된 인간성의 상실과 비인간화 현상이 심각한 사회문제로 제기되었다. 이 같은 사회문제와 관련하여 학문중심 교육과정을 비판하는 소리가 높아지기 시작했다. 즉, 지식을 가르치는 것만 가지고 이러한 복잡한 사회문제에 대응할 수 없다고 생각하게 된 것이다.

맥도날드(McDonald, 1977)는 인간중심 교육과정의 흐름을 교육본질, 심리학, 그리고 사회학적 입장으로 구분하여 설명하고 있다. 여기서 본질적 입장을 취하는 인간중심 교육과정론자들은 인간 잠재가능성의 최대 실현이라는 관점에서 학교의 교과목의 균형을 강조한다. 아동들의 전인적인 발달을 위해서 인문과학과 과학과목을 골고루 가르쳐야 한다는 것을 주장한다.

심리학적 배경을 가진 인간중심 교육론자들은 인본주의 심리학의 지지를 받고 있다. 인본주의 심리학의 주요 관심은 정의적(情意的) 교육에 있으며, 건전한 자아개념, 진지한 감성, 올바른 태도와 가치의 발달을 통해서 자아의 최대 실현을 돕는데 주안을 두고 있다.

사회학적 입장에서는 학교가 인간소외와 비인간화의 역기능을 하게 되는 것은 사회구조 때문이라고 지적하고 있다. 따라서 기존 교육이 강압적 권위주의적으로 흘러 수동적 인간을 만들어 내고 있다고 주장한다.

인간중심 교육과정은 기존의 학교에서 가르치고 있는 전통적인 교육내용의 성격을 어떤 방식으로든지 바꾸어야 한다는 점에서는 일치된 견해를 보이고 있으나, 구체적으로 어떻게 바꾸어야 할 것이냐에 대해서는 합의가 이루어지지 않고 있다. 인간중심 교육과정은 그 범위가 넓고, 가치관의 차이에 따라서 해석도 다양하며, 아직도 개념탐색의 단계라고 볼 수 있다. 학교상황에서 인간중심 교육과정이 어떻게 나타나야 할 것인지에 대하여서는 구체성을 띠지 못하고 있다. 그러나 이 교육과정의 특성과 유형에서 미루어 보면 목표설정, 경험의 선정과 조직, 실제지도, 환경구성 등에 관하여 교육실제에 적용될 시사를 얻을 수 있을 것이다.

이상에서 교육과정의 개념을 역사적인 변천과정에서 나타난 주요 교육사조와 관련시켜 살펴보았다. 각 교육과정 유형은 새로운 유형이 나타남으로써 사라지는 것이 아니라 현재의 교육과정 속에까지 부분적으로 지속되고 있음을 알 수 있다. 그리고 교과중심 교육과정과 학문중심 교육과정이, 경험중심 교육과정과 인간중심 교육과정이 서로 유사한 맥락을 갖고 있으나 동일한 유형은 아니며 고유한 특징을 지니고 있다. 또 전체적으로 볼 때 시대가 변천됨에 따라 교육과정 개념의 넓이가 점차 확대되고 있다.

2009 개정 교육과정(2011~)

2009 개정 교육과정은 우리나라가 선진 국가로 도약하게 되고 이에 따라 경쟁 상대가 변하게 되는 환경의 변화, 신성장 동력을 마련하고 녹색 성장을 추구해야 할 국가적 필요성, 창의 인재 · 글로벌 인재 육성의 필요성, 학교의 자율화 · 다양화, 학생의 관심과 수준을 고려하지 못하는 경직된 교육과정 체제 개선 필요, 비교과 활동의 내실화를 통한 학생의 전인적 성장 · 도모 등의 필요성이 반영되어 개정되었다.

2009 교육과정 개정의 방향은 '하고 싶은 공부, 즐거운 학교'가 될 수 있도록 학생의 지나친 학습부담은 감축하고, 학생들의 학습흥미를 유발하며, 암기중심의 교육이나 단편적 지식 이해 교육이 아닌, 학습하는 능력을 기르고 배려와 나눔을 실천하여 미래사회가 요구하는 창의 인재를 육성하는 교육으로의 변화를 추구하는 것이다.

2009 개정 교육과정에서 변화된 주요 내용은 다음과 같다.

첫째, 공통 교육과정을 9년으로 단축하였다. 국민 공통 기본 교육과정의 명칭을 공통 교육과정으로 변경하고 이수 기간을 9년으로 단축하였으며 기간을 초등학교 1학년부터 중학교 3학년까지로 정하여 의무교육 기간 동안 공통 교육과정을 이수하도록 하였다.

둘째, 교육과정은 교과(군)와 창의적 체험활동으로 편성하도록 하였다. 교과(군)는 국어, 사회(역사 포함)/도덕, 수학, 과학/기술 · 가정, 체육, 예술(음악/미술), 영어, 선택으로 한다. 선택 과목은 한문, 정보, 환경, 생활 외국어(독일어, 프랑스어, 스페인어, 중국어, 일본어, 러시아어, 아랍어), 보건, 디자인, 종교, 진로와 직업 등으로 한다. 창의적 체험활동은 자율활동, 동아리활동, 봉사활동, 진로활동으로 편성한다. 영역별 시간 배분은 학교가 자율적으로 정할 수 있다.

셋째, 교과(군)와 학년(군)제를 도입하여 집중이수제 실시로 학기당 이수과목을 8과목 이내로 축소하였다. 2~3개 학년을 하나의 학년(군)으로 묶어 주고 성격이 유사한 교과목을 교과(군)로 묶어 기준 이수단위를 제시해 줌으로써 집중이수가 가능하도록 하였다. 집중이수로 일부 교과의 이수 학기가 축소되며 교과별 이수 학년은 학교에서 자율적으로 정할 수 있어 학교마다 교육과정이 다양해지게 되므로, 학교는 학생들이 이수해야 할 3년간의 교과목을 학년별, 학기별로 편성하여 안내해야 한다.

넷째, 학교의 특성, 학생 · 교사 · 학부모의 요구 및 필요에 따라 학교가 자율적으로 교과(군)별 수업 시수를 20% 범위 내에서 증감하여 운영할 수 있다. 모든 학교에서 똑같은 교육과정을 획일적으로 교육하는 방식에서 탈피하여, 특성화된 교육과정을 운영할 수 있도록 하였다. 교과(군)별 기준시수의 20% 증감 운영이 가능하도록 하여 학교의 자율권을 확대하였다. 국가는 교육과정 운영의 기본 틀만을 제시함으로써, 학교 교육과정 운영의 자율성을 대폭 확대하였다. 교과(군)별 기준시수의 20% 증감, 교과(군) 내 교과별 시수는 단위 학교가 결정하게 되었다.

다섯째, 창의적 체험활동을 도입 · 강화하여 배려와 나눔을 실천하는 창의 인재 양성 교육을 학교에서 실시한다. 2007년 개정 교육과정에서 재량활동은 2개 영역(교과재량활동과 창의적 재량활동), 특별활동은 5개 영역(자치, 적응, 봉사, 계발, 행사)으로 구성되어 있다. 이를 특별활동과 창의적 재량활동을 통합하여 창의적 체험활동으로 편성하여 하위 영역으로 자율활동, 동아리활동, 봉사활동, 진로활동의 네 가지 영역으로 하였다.

여섯째, 학교는 학생의 직업 및 진로에 대한 탐색과 선택을 돕기 위해 중학교에서 진로교육을 강화한 교육과정을 편성 · 운영해야 한다. 진로교육의 중요성이 부각되고 있으며, 고등학교 3개 학년이 모두 선택 교육과정이 되어 고등학교 전 단계에서 진로교육이 필요하게 되었다. '진로와 직업' 과목이 중학교에서도 선택과목이 되었으며, 창의적 체험활동에 진로활동이 설정되었다. 학교에서는 '진로와 직업'을 선택과목으로 운영하거나 창의적 체험활동에서 진로활동에 비중을 두고 시간 편성을 충분히 하여 학생들의 진로탐색을 위한 지도를 적극적으로 해야 한다.

일곱째, 학교는 필요한 경우 새로운 선택과목을 개설할 수 있도록 하였다. 선택과목은 학교에서 자율적으로 새로운 과목을 개설하여 운영할 수 있으나 그 경우 시 · 도 교육청의 교육과정 편성 · 운영 지침에 의거하여 사전에 필요한 절차를 거쳐야 한다. 선택과목을 개설할 경우, 학교는 2개 이상의 과목을 개설함으로써 학생들의 선택권이 보장되도록 해야 한다.

출처: 국가교육과정정보센터 http://ncic.re.kr/

제8장

교육평가론

1. 교육평가의 개념과 기능
2. 교육평가의 유형
3. 평가도구의 구비조건
4. 수행평가 : 대안적 평가

1. 교육평가의 개념과 기능

인간이 존재하는 한 교육은 계속 행하여지고, 교육이 존속하는 한 어떠한 형태로든 평가활동도 계속된다. 인간 · 교육 · 평가라는 세 가지 개념은 서로 떨어질 수 없는 관계이다.[1] 새로운 인간을 만들기 위하여 교육이 필요하고 올바르고 참다운 교육을 하기 위해서는 평가가 필요하다. 반대로 보다 나은 평가결과나 자료에 의해 보다 개선되고 발전된 교육이 가능하고 이 같은 교육을 통해 인간은 보다 향상 발전되어 왔다.

교육평가는 학생들의 학습결과의 평가뿐만이 아니라 목표를 달성하는 데 관련된 모든 자료를 수집 · 분석하여, 학습목표의 달성 정도는 물론 그와 관련된 여러 가지 요인에 대한 가치판단을 내리는 과정이다. 교육평가를 교수와 학습을 개선하고 학생의 학습에 도움을 주는 것으로 보려는 관점도 있다. 만약 교육평가의 기본목적이 학생을 판정, 분류, 유목화, 선별하는 것에 있다면 평가는 교수 및 학습과정의 개선에는 아무런 관련 없는 교육활동이 된다.

교육평가의 기능은 교수과정과 학습과정에 도움을 주고, 학생의 학교학습을 극대화시키는 역할을 갖도록 하려는 것이 교육평가가 지향하는 방향이다. 이렇게 보면 교육평가란 "교수 프로그램에 관한 의사결정을 하기 위해서 학습자의 행동변화 및 학습과정에 관한 정보를 수집하고 이용하여 교육적 의사결정을 내리는 데 도움을 주거나 혹은 의사결정을 하는 과정 바로 그 자체"라고 볼 수 있다.

1) 역사적으로 볼 때 B.C. 2,000년경에 이미 초보적인 형태의 시험제도가 있었으며, 중국의 수나라 시대(A.D. 589-618)부터는 서술형이나 실기형 시험으로 이루어진 체계적인 과거제도가 시작되었다

교육평가는 그 목적과 형태에 따라서 다양한 기능을 갖는다. 또 교육평가란 그 자체로서는 개선이나 반성, 방향설정 등 긍정적 기능 또는 순기능을 지니는 것으로 이해되고 있다. 그러나 시험이나 측정의 결과, 또는 평가자나 주요한 타인의 태도, 행동양식 등에 따라 부정적 기능 또는 역기능을 하기도 한다. 따라서 교육평가의 순기능뿐만 아니라 역기능을 이해하고 그것의 억제방법에 대한 탐구가 요청되고 있다.

여러 학자들의 견해를 종합하면 교육평가의 기능은 다음과 같이 정리할 수 있다.2)

첫째, 개개 학생의 학업성취도를 평가하는 기능이다. 일정한 목표와 목적을 지니고 체계적으로 이루어지는 활동이 교육이므로 이러한 교육목표가 어느 정도(집단적으로 뿐만 아니라 개인의 경우) 달성되고 달성되지 못했는가, 달성되지 못한 주요 원인은 무엇인가 등에 대한 통찰을 얻도록 돕는 기능을 갖는다.

둘째, 개인차원과 집단차원에서 학습에서 곤란한 점이 무엇인가를 파악할 수 있는 기회를 제공하는 기능을 갖는다. 학습 곤란점은 다양하게 파악될 수 있다. 즉, 학습자가 지니고 있는 곤란점, 교사가 지니고 있는 곤란점, 교수-학습 과정상의 곤란점, 교육환경이 안고 있는 곤란점 등을 고려할 수 있으며, 교육평가는 결국 어떤 점이 학습을 곤란하게 하며 교육목표 달성을 어렵게 하고 있는가를 이해하는 데 도움을 준다.

셋째, 학습촉진의 기능을 지닌다. 평가는 학생의 학습촉진을 위해 필요한 학습동기 유발기능을 수행한다. 물론 이러한 교육평가의 기능이 순기능으로서 이해될 수 있는가의 문제가 있다. 즉, 교육평가의 학습촉진 기능이 진정한 의미에서 자율적인 학습동기를 유발시키는 것인가, 아니면 학생들의 스스로 하고자 하는 마음에서 우러나는 학습촉진이라기보다는 강제된, 타율적인 힘에 못이겨 수행하는 학습이냐 하는 문제다. 교육평가가 긍정적인 학습촉진 기능을 수행하기 위해서는 자율적이고 자의적인 학습 동기유발이 가능하도록 해야

2) 길형석 · 손충기(1998). 교육과정과 교육평가. 동문사. pp. 266-269(교육평가의 기능).

한다. 그러기 위해서는 학생들의 개인차에 부응하는 평가, 시험이나 검사·측정 등의 무기화(武器化)를 지양하는 평가가 되어야 하며 평가자의 생각 깊은 평가 방법에 대한 탐구가 요청된다.

넷째, 교육평가는 교육과정, 수업자료, 수업과정, 그리고 학급조직 등의 여러 측면에 대해 교육적 효과성을 점검하고 개선할 자료제공 기능을 수행한다. 따라서 교육평가란 결과로서의 교육성취도 뿐만 아니라 투입요소와 과정요소에 대한 평가도 포함되는 넓은 개념이며 활동이다.

다섯째, 교육평가는 교육정책 결정을 위한 자료제공의 기능을 수행한다. 이 기능은 전국적인 규모 또는 특정 지역단위의 교육평가에 드러나는 기능이다.

여섯째, 교육평가는 생활지도와 상담을 위한 기초자료 제공기능을 수행한다. 어느 면에서는 생활지도 과정이나 상담과정도 교육평가 영역에 포함될 수 있다. 그러나 교육평가의 1차적인 기능을 학생 이해에 둔다고 할 때, 그 이해에 바탕을 둔 생활지도나 상담이 보다 효과적으로 수행될 수 있는 것이다.

2. 교육평가의 유형

교육평가의 유형은 크게 세 가지 기준에 의하여 나눌 수 있다.

첫째, 학습자의 학습결과 혹은 행동변화 상태가 양호한지 불량한지의 여부를 어떤 기준에 의하여 판가름하느냐에 따라 임의평가, 상대평가, 절대평가로 나눌 수 있다. 평가이론의 발달은 이 순서로 진행되고 있다.

둘째, 평가를 학교교육의 핵심적 부분이라고 할 수 있는 수업을 중심으로 어느 시기에 실시하느냐에 따라서 진단평가(diagnostic evaluation), 형성평가(formative evaluation), 총합평가(summative evaluation)로 나눈다. 교수-학습의 전체적인 과정에서 평가는 세개의 지점에서 서로 만나게 되는 것이 공통적이다. 현재의 학습단원에 대한 학습지도가 시작되기 직전(진단적 평가)에 실시하고, 현재의 학습단원에 대한 본수업이 한창 진행되고 있는 도상에서 평가가 다시 실시되며(형성적 평가), 마지막으로 현재의 학습단원에 대한 학습지도가 끝나 버린 지점(총합평가)에 실시한다.

1) 상대평가 · 절대평가

(1) 상대평가

역사적으로 동서양을 막론하고 소수의 학생을 대상으로 한 학교교육의 초기는 절대기준 평가의 입장에서 주로 학생들의 성취를 평가하였다. 그러나 학교교육이 대중화함에 따라 학교 간에, 학급 간에 또는 교사 간에, 학생에게 주어지는 성적의 객관성과 균일성의 문제가 생기게 되었다. 이러한 문제를 해결하는 하나의 방편으로서 모든 학급이나 모든 학교에 일정한 비율의 평점 수준을 갖도록 하는 상대평가를 적용하게 되었다.

상대평가란 학생들의 학력을 다른 학생들과 비교해서 평가하는 방법으로 한 집단의 학력분포가 정상분포를 이룬다는 가정에 근거를 두고 있다. 이러한 상대평가는 학생들의 학력분포를 일정한 범위에 맞춘다는 점에서 비교육적이라는 비판을 받고 있지만 개인차를 식별해 주고 동기유발을 시켜 준다는 장점을 지니고 있다.3)

상대평가는 집단 속의 개인을 집단 속의 어떤 규준과 비교하여 상대적

3) 상대평가는 개인차를 변별하고자 할 때와(당락의 결정, 일정한 수를 선발하려는 경우에 유용한 평가방법이다) 경쟁을 통하여 학생들의 외현적 동기유발을 꾀하는데 유리하다.

위치를 찾는데 의의가 있다. 상대평가에서의 평점은 개인의 어떤 행동특성의 상대적 위치를 표시하는 구실을 하게 된다. 따라서 상대평가는 규준지향평가(norm-referenced evaluation)이다. 지능이나 학력과 같은 표준화검사의 기준에 의한 지수나 표준점수, 백분위점수도 상대평가의 입장에 의한 방식이다.

이러한 상대평가의 원리와 절차는 규준지향 측정이라고 하는 심리측정이론의 한 입장에 근거를 둔 것이었다. 이 입장은 20세기의 심리학에 커다란 발전을 가져왔던 지능, 적성, 성격 등의 여러 심리검사의 모체이론이며, 표준화 학력검사도 바로 이 입장에 따라 만들어진 것이었고, 상대평가의 검사는 대개 백점만점, 등위점수, 백분위점수나 표준점수의 방법을 이용하고 있다. 따라서 상대평가라는 평가체제에서는 학생들의 학습성취도가 학생 상호간의 상대적 비교를 통해서 평정된다는 점이 특색이다.

(2) 절대평가

절대평가란 학생들의 학업 성취수준을 평가할 때 학생의 성취수준을 동료 학생들이 획득한 학습평가의 점수나 성적등위와 비교하는 것이 아니라, 설정된 교수목표를 어느 정도 획득하였느냐에 따라 성취수준을 결정하는 방식을 말한다.

절대기준 평가는 상대평가와는 달리 학생이 얼마나 성취했느냐?(How much has he achieved?)라는 질문보다는 학생이 무엇을 성취했느냐?(What has he achieved?) 라는 질문에 더 관심이 있고, 이것이 평가의 궁극적 기준이 된다. 여기에서 무엇이라는 것이 곧 달성해야 할 교육목표 및 영역이 된다.[4)]

---

4) 사회윤리적인 입장에서 절대평가 방법이 강조되어야 할 분야가 있다. 예를 들어, 수많은 생명에 대한 책임을 진 의사의 양성이나 비행사의 훈련, 자동차 운전면허 등은 배울 것을 어떤 일정한 수준까지 배우지 못하고 면허를 얻는다든가 또는 졸업이나 자격증을 딴다면 이것은 커다란 사회적 문제가 된다. 학습의 위계적 관계가 뚜렷한 수학이나 과학 등에서는 절대평가의 방법이 우선적으로 요구된다. 학습의 위계적인 관계가 뚜렷한 교과에서는 전단계의 학습을 어떤 일정한 수준까지 학습하지 않고는 다음 단계의 학습이 거의 불가능하거나 어렵게 된다. 모든 학습의

절대평가는 학생들의 현재의 성취수준이나 행동목표의 도달 정도를 알아보기 위한 평가방법이다. 즉, 이는 다른 학생과 상대적으로 비교하는 것이 아니라 교육 또는 교육목표에 비추어 평가하는 것이기 때문에 이를 목표지향 평가(criterion referenced evaluation)라고 할 수 있다. 따라서 절대평가 방법을 택하는 검사는 심리측정이론의 또 하나의 주류라고 할 수 있는 목표지향 측정에 근거를 둔 것으로서 학생들이 무엇을 할 수 있는지 없는지에 관한 정보를 제공해 준다.

절대평가는 교수-학습이 적절히 진행되고 개선되기만 하면 대부분의 학생이 우리가 기대하는 교육목표에 도달할 수 있고 우리가 가르치는 내용을 성취할 수 있으며, 우리가 기대하는 기준에 도달할 수 있다는 입장에 서고 있기 때문에 학생들에게 보다 많은 성취감이나 성공감을 줄 가능성이 크다.

상대평가와 절대평가는 서로 다른 특징과 장 · 단점을 지니고 있다. 그래서 어느 한 가지 방법이 더 좋다거나 나쁘다고 말하기는 어렵다. 그러나 선발을 목적으로 하는 경우에는 상대평가의 사용이 유리하고, 인정이나 확인에 목적을 둘 때에는 절대평가를 사용하는 것이 적절하다.

2) 진단평가 · 형성평가 · 총괄평가

(1) 진단평가(diagnostic evaluation)

진단평가의 목적은 수업이 시작되기 전에 실시되는 예진적 활동과 학습실패의 교육 외적 원인을 밝혀 보완하는 활동이다.5) 효율화와 학습의 능률을

기초과정에서는 우선적으로 절대평가 방법이 선행되어야 한다.

5) 학습실패의 교육 외적 원인의 파악이란 수업과 직접적인 관련이 없으면서도 학습실패의 원인이 되고 있는 학습장애의 여러 요인을 밝히는 것을 뜻한다. 이러한 요인들은 신체, 심리, 환경요인으로 분류된다.

신체요인 : 건강상태의 이상, 영양관리의 이상, 운동, 감각기능의 장애, 피로 등

심리요인 : 심리적 갈등(자아개념이 부정적이거나 가정에서의 어떤 문제나 변화로 인하여 생긴

향상시키기 위해서는 학생이 어떠한 특성을 지니고 있으며, 과거의 학습의 정도, 준비도, 흥미, 동기상황 등 학습이 시작되기 이전의 초기상태에 관해서 알아두는 것이 중요하다. 이처럼 학년이나 학기 혹은 단원이 시작되는 시기에 학습자의 수준을 파악하기 위하여 실시하는 평가를 진단평가라 한다.

(2) 형성평가(formative evaluation)

형성평가는 교수-학습이 진행되는 교육활동 중에 궤도수정이나 문제점을 극복해 나가기 위한 필요에서 행하는 평가활동을 뜻한다. 형성평가란 교수학습이 진행되고 있거나 자료를 고안하고 있는 등의 유동적인 과정에 있어서 평가자료를 수집하는 것을 말한다. 그러므로 형성평가는 반드시 지필식(紙筆式) 문항구성이 아닌 학생들의 눈빛이나 표정을 통해 판단하거나 혹은 질문으로 확인하는 방법을 사용한다. 형성평가는 학습이 끝난 다음에 실시하는 총합평가와는 달리 학습이 형성되고 있는 시기에 실시하는 평가이기 때문에 학습증진의 극대화가 이루어지도록 하려는 것이 최대의 목적이다.

(3) 총괄평가(summative evaluation)

총괄평가는 주어진 학습과제, 또는 한 교과가 끝났을 때 설정된 교수목표의 달성도를 알아보기 위한 평가활동을 말한다. 총괄평가란 학습을 통해서 의도하는 교육목표에 대한 종합적 성취에 관심을 가지는 것으로 학습과제, 단위, 교과가 끝난 다음이나 기말, 학년 말에 총괄적으로 교육목표의 달성 정도를 평가하려는 것이다. 형성평가가 과정 전개 도상에서의 평가임에 비하여 총괄평가는 과정종료 후에 실시한다는 데 그 특징이 있다.

총괄평가의 주된 목적은 주어진 교수목표의 달성도에 따라 학생들에게 성적

심리적 불안정이나 신경증 등)
환경요인 : 물질적, 경제적 빈곤, 친구나 교사와의 관계, 교실 내외의 환경, 문화실조 등

을 준다. 총괄평가의 결과는 학생들의 학습지도, 교육지도 또는 생활지도의 기초자료가 된다.

3. 평가도구의 구비조건

우리가 원하는 측정도구는 재려는 대상을 올바르게 잴 수 있는 도구이어야 하고, 그 측정도구 자체가 언제나 일정한 측정결과를 낳을 수 있는 일관성 있는 도구가 되어야 하며, 마지막으로 그 측정도구는 다루기에 간편하고 편리하게 만들어져 있어서 최소한의 시간과 노력 및 비용으로 사용할 수 있는 것이라야 할 것이다.

1) 타당도(vilidity)

타당도란 검사 또는 평가도구가 측정하려는 것을 어느 정도로 측정하고 있느냐에 관한 것이다. 수학고사라는 것이 실제로는 수학능력이 아닌 국어능력을 재고 있다면 그 수학고사는 타당도가 없다고 말하는 것이다. 사회과학에서의 측정도구가 완전히 독립된 하나의 행동요인을 재기란 물론 어렵다. 왜냐하면, 거기에는 그 이상의 다른 개재요인이 작용할 가능성이 크기 때문이다. 따라서 다른 행동요인을 가능한 한 제외하고 본래 재려고 하는 순수한 행동을 잴 수 있는, 즉 타당도가 높은 도구를 제작하도록 노력해야 한다.

2) 신뢰도(reliability)

신뢰도는 어떻게 재고 있느냐의 문제이다. 곧, 한 평가도구가 측정하고 있는 정도에 얼마나 일관성이 있느냐, 또는 측정의 오차가 얼마나 작으냐 하는 문제이다. 따라서, 신뢰도에는 항상성, 예언성, 정확성, 신빙성 등의 뜻이 포함된다. 결국, 신뢰도란 척도가 얼마나 믿을 수 있느냐의 정도라고 말할 수 있다. 가령 몸무게를 10번 달았는 데, 그 때마다 결과가 다르고, 또 차이가 심하면 그 저울은 믿을 수 없는, 즉 신뢰도가 낮은 저울인 것이다.

3) 객관도(objectivity)

객관도란 채점자에 의해서 좌우되는 신뢰도의 일종이다. 즉, 검사자의 신뢰도이다. 객관도란 한 측정의 결과에 대해서 여러 검사자 또는 채점자 사이에 어느 정도로 일치된 평가를 하느냐의 문제이다. 학생의 한 가지 행동을 놓고 교사가 보는 관점에 따라 여러 가지 해석과 평가가 내려질 수 있다. 때로는 교사 자신의 주관, 편견, 인상, 기분적 요소가 채점에 영향을 주는 경우도 흔히 있다.

객관도는 그 자체가 신뢰도와 깊은 관계가 있는 것이다. 신뢰도가 없는 검사일 때 채점의 객관성이 있을 수 없고, 객관성이 없는 채점을 하게 되는 도구는 신뢰도가 없는 것이다. 흔히 논문형 검사에서는 선택형 검사에서 보다 채점자의 주관, 편견 등이 작용할 가능성이 크다.

4) 실용도(utility)

아무리 좋은 측정도구라도 그것이 값이 너무 비싸던가, 실시에 고도의 전문성이 요구된다던가, 검사작성이나 결과처리에 시간과 노력이 너무 많이 든다면 실제로 사용하기 어려울 것이다. 이런 점에서 고려되어야 할 것이 실용도이다. 실용도란 한 평가도구가 얼마나 경비와 시간과 노력을 적게 들이고도 소기의 목적을 달성할 수 있느냐 하는 정도를 말하는 것이다.[6]

4. 수행평가 : 대안적 평가

1) 기존의 평가와 수행평가의 차이

지식 · 정보사회에서는 단편적 · 사실적 지식을 암기하고 이해하는 능력보다는 정보의 탐색, 수집, 분석, 비판, 종합, 창출능력, 자기주도적인 평생학습능력, 효율적인 의사소통 능력, 협동적 문제해결 능력 등이 요구된다. 수행평가(performance assessment)의 목적은 평가를 실제학습과제와 보다 밀접하여 문제해결 능력, 비판적 사고 등과 같은 고등인지 기능을 평가할 수 있도록 하는데 있다.

최근의 평가연구에서는 단순히 학생들이 알고 있는 지식을 평가하는 지필검사에서 학생의 이해력을 기초로 하여 실제로 할 수 있는 능력을 평가하는 전통적인 평가의 대안적인 방법이 제시되었다. 수행평가는 대안평가의 한 유형으로, 새로운 문제해결 혹은 구체적인 과제의 완성에서 미리 획득한 지식을 사용하는 학습자의 구체적인 기술과 능력을 측정하려는 체계적인 시도이다.

---

6) 실용도가 있는 경우는 다음과 같다. ① 실시의 용이성(평가도구는 누구나 쉽게 실시하고 활용할 수 있어야 한다), ② 채점의 용이성, ③ 결과의 해석과 활용의 용이성, ④ 최소한의 절약(시간, 노력, 비용이 가능하면 적게 드는 것이 좋다).

평가 설계와 해석의 판단보다는 수업 과제의 수행을 반영한다.7) 현대교육은 고등정신 기능을 함양시키기 위해서 창의성 계발과 문제해결력 향상에 발맞추어 개인의 능력과 흥미에 맞는 개별학습과 열린교육이 활발하게 전개되고 있다. 이러한 창의성 교육과 열린교육의 정신과 함께 하기 위해서는 선택형 위주의 획일적인 지필평가로는 그 소임을 다할 수 없다. 따라서 학습과정을 중시하고 교육의 결과를 질적으로 평가해야 할 것이다. 이러한 이유로 수행평가는 학습현장과 밀착되고 학습과정에서 평가되며 교과서 중심이 아니라 영역별 · 상황별로 시행되기 때문에 자기주도적 학습이나 창의성 신장학습과 동전의 앞뒤와 같이 함께 하는 평가가 될 것이다.

전통적인 평가에서는 상대적 순위나 학습목표 도달도 등의 양적인 평가가 중심이 되어 종합적인 결과중심의 도달률 또는 상대적 순위만을 알 수 있는 경우가 많았다. 이는 교육수요자 입장에서 요구하는 정보로서도 부족하고 창의성과 개성을 존중받아야 하는 미래사회의 창조적 인간육성에도 부족하다. 따라서 결과중심이며 양적인 획일적 평가로는 더 이상 환영받을 수 없다는 것이 자명한 사실이다.

수행평가는 개인의 적성과 능력이 존중되며 다양성과 창의성을 육성 · 발전시켜야 한다. 그러기 위해서 결과중심의 양적인 숫자의 평가에서 문제해결과정 능력을 중시하는 질적 평가가 요구된다. 교과 안의 내용영역과 행동영역별로 평가결과가 서술적으로 기재되어야 하며 개인의 적성, 흥미, 능력 등까지 나타나 평가 당사자인 학생 학부모에게 통보되어 스스로의 능력을 개발 · 발전시키는 교육에 환류되어야 할 것이다.

수행평가의 장점 중 하나는 평가를 수업에 통합시킬 수 있다는 점이다.

---

7) 수행평가는 강조되는 측면에 따라 여러 가지로 표현된다. 대표적으로 학생의 실제 업무수행 능력을 측정하는 의미로 '수행평가', 학생이 지니고 있는 능력을 가장 적은 오차로 평가할 수 있는 방법이라는 뜻으로 '참 평가', '진정한 평가', '나선형 교육과정'과 같이 처음과 끝이 묶어져 돌아가기 때문에 그 때마다의 수업과정에서 직접 결과를 평가한다는 뜻으로 '과정평가'라고도 한다.

그러므로 교사들 스스로 수행평가의 목적과 활용방법을 이해하고, 교실수준에서 이를 활용하고 그 결과를 자신의 수업에 피드백하는 것이 가장 이상적인 상황이라 할 수 있다. 그러나 수행평가는 많은 시간과 노력을 요구하며 과제를 개발하고 평가하는 데 별도의 훈련이 필요하기 때문에 교사의 입장에서 볼 때 부담스러운 평가로서, 교사들에 의한 자발적인 활용을 기대하기가 어려울 것이라 판단된다.8)

수행평가는 수업과정에서 이루어지는 학생들의 활동과 관련해 보다 긴밀하고 직접적인 방식이다. 따라서 학생들은 수업시간에 학습과제에 대해 적극적으로 참여할 필요가 있다. 여기서 학습과제란, 학생들에게 성취되기를 기대하는 교육목표와 관련되는 것으로, 가능한 한 실제생활에서 보다 의미 있고 중요하고 유용한 과제들을 의미한다. 여기서 수행이란, 학생이 단순히 답을 선택하는 것이 아니라, 학생 스스로 답을 구성하는 것, 산출물이나 작품을 만들어 내는 것, 태도나 가치관을 행동으로 드러내는 것 등을 모두 포함하는 의미이다. 그러므로 수행평가는 "선택형 지필평가 이외의 다른 모든 방법으로 평가하는 방식"으로 정의 내릴 수도 있다.

2) 수행평가의 방법

수행평가는 구술발표, 작문, 운동평가 등 지필사용이 적합하지 않은 상황에

---

8) 수행평가는 수업목표로 삼고 있는 것을 평가의 대상으로 하되 결과적 성취행동만이 아니라 과정적 행동도 평가해서 지식과 문제해결 전략의 학습효과를 높이자는 것이다. 수행평가는 교사가 직접 학생 개개인의 과제나 활동을 관찰하고 평가해야 하기 때문에 평가대상 학생 수가 적어야 한다는 것이 전제조건이다.
또한 수행평가가 가능한 교과와 영역이 있고 불가능한 교과와 영역이 있다. 그러나 현실 여건은 수행평가를 실시해야 할 교사들의 대부분이 이에 대한 이해가 부족하고, 평가대상 학생이 수백 명이 되므로 실시가 불가능한 실정이다. 이러한 여건을 무시하고 전체영역에 걸쳐 조급하게 시행하는 까닭에 종전에 학업성취도를 평가하던 시험마저 없어지는 부작용까지 나타나고 있다.
-윤정일(1999). 학교교육 붕괴의 종합진단과 대책. 서울대학교 교육학과.-

서 학습결과를 알아 내는데 사용되어 온 방법으로 점차 독서, 쓰기, 수학에서 개념의 획득이나 기능의 발달을 관찰하는 데 활용되어 가고 있다. 수행평가의 최대 이점은 수업의 효율성을 가장 잘 평가하게 해 준다는 점(the greatest promise of assessing effectiveness of instruction)과, 시험과 교육과정을 계속적으로 관련시킨다(keeping testing and curriculum aligned)는 점이다.

현재 널리 사용되고 있는 수행평가의 방법으로는 서술형(주관식) 검사, 논술형 검사, 구술 시험, 실기 시험, 실험실습법, 면접법, 관찰법, 연구보고서, 포트폴리오(portfolio)법 등이 있다. 이러한 기법들은 새롭게 개발되었다기보다는 과거에도 있었던 것이지만, 학습에 있어서 기존의 권위나 가치관에 대한 수동적인 수용보다는 자기 나름의 세계를 재창조해 가는 과정을 강조하는 근래의 인지 심리학을 근거로 하여 창의성이나 문제해결력 등 고등사고 기능을 파악하고 신장하기 위한 교육평가의 기법으로 각광받고 있다고 할 수 있다. 각 기법에 대해 부연 설명을 하면 다음과 같다.9)

(1) 서술형 검사

서술형 검사란 흔히 주관식 검사라고 하는 것으로 문제의 답을 선택하는 것이 아니라 학생들이 직접서술(구성)하는 검사형태이다. 보통은 모범답안을 상정하고 있는 경우가 대부분이나, 학생들이 단순히 암기하고 있는 수준이 아니라 문제의 해결과정을 제대로 이해하고 있는지를 파악하기 위한 경우가 대부분이다.

질문의 형태에 있어서 전통적인 서술형 검사의 형태는 단편적인 지식을 묻는 것(예컨대, 2차 세계대전은 언제 일어났으며 어느 나라와 어느 나라와의 싸움이냐?)이 대부분이었으나, 최근에는 창의성 등 고등사고 기능을 묻는 것(예컨대, 2차 세계대전이 현대를 사는 우리에게 어떠한 교훈을 주고 있는가?)이 대부분이다.

---

9) 한국교육과정평가원(1998). 수행평가의 이해.

(2) 논술형 검사

논술형 검사란 일종의 서술형 검사이기는 하지만 특별히 상정하고 있는 정답이 없는 상태에서 개인 나름의 생각이나 주장을 창의적이고 논리적이면서도 설득력 있게 조직하여 작성해야 함을 강조한다는 점에서 서로 구별된다. 논술형 검사는 서술된 내용의 깊이와 넓이뿐만 아니라 글을 조직하고 구성하는 능력을 동시에 평가하게 된다. 이러한 논술형 검사를 통해서 학생들의 창의력, 문제해결력, 비판력, 조직력, 정보수집 및 분석력 등 고등사고 기능을 제대로 평가할 수 있게 된다.

(3) 실기시험

실기시험이란 학생들의 지식이나 기능을 직접 행동으로 나타내도록 하는 시험이다. 종래의 실기시험과 수행평가에서 말하는 실기시험의 차이는 시험을 치르는 상황이 통제되거나 강요된 상황인가 아니면 자연스러운 실제상황인가의 차이에 있다. 기존의 실기시험에서는 평가가 이루어지는 상황이 통제되거나 강요되는 경우가 대부분이나 수행평가에서 이루어지는 실기시험은 통제되거나 강요되는 상황이 아닌 자연스러운 상황에서 여러 번 관찰함으로써 실제 수행능력을 평가하는 것이다. 주로 과학이나 예체능분야에서 주로 사용되는 방법으로 학생 스스로가 행동으로 나타내거나 작품을 만들어 내는 기능을 측정하는 평가방식이다.

(4) 실험 · 실습법

실험 · 실습법은 자연과학 분야에서 많이 사용하는 것으로, 어떤 과제에 대해서 학생들로 하여금 직접 실험 · 실습을 하게 한 후 그 결과보고서를 제출하게 하는 것이다.

(5) 관찰법

관찰은 학생을 이해하고 평가하기 위한 가장 보편적인 방법 중의 하나이다. 교사들은 늘 학생들을 접하고 있으며 개별 학생단위로나 집단단위로나 항상 관찰하게 된다.

(6) 토론법

토론법이란 교수-학습활동과 평가활동을 통합적으로 수행하는 대표적인 방법 중의 하나로, 특정 주제에 대해 학생들이 서로 토론하는 것을 보고 평가하는 것이다.

(7) 구술시험

구술시험(oral discourse)은 종이와 붓이 발명되기 전부터 시행되어 오던 가장 오래된 수행평가의 한 형태로서, 학생들에게 특정 교육내용이나 주제에 대해서 질문한 다음 학생의 의견이나 생각을 발표하도록 하여 평가하는 것이다.

(8) 면접법

면접법이란 교사가 학생들과 대화를 통해서 얻고자 하는 자료나 정보를 수집하여 평가하는 방법이다. 즉, 평가자와 학생이 직접 대면하여 평가자가 질문하고 학생이 대답하는 과정을 통해 지필시험이나 서류보고서만으로는 알 수 없는 사항들을 알아보고 그것을 평가하는 방법이다.

(9) 자기평가 및 동료평가

자기평가(self-evaluation)란 특정주제나 교수-학습영역에 대하여 자기 스스로 학습 과정이나 학습결과에 대해 자세히 평가하도록 하여 그 결과(보고서)를 보고 평가하는 것이다. 동료평가(peer-evaluation)란 동료 학생들이 상대방을 서로 평가하도록 하여 그 결과(보고서)를 보고 평가하는 것이다.

(10) 연구보고서법

연구보고서법이란 각 교과별로나 통합교과적으로 특정주제에 대해서 자기 나름대로 자료를 수집하고 분석 · 종합하여 연구보고서를 작성 · 제출하도록 하여 평가하는 것이다. 연구주제나 범위에 따라 개인적으로 할 수 있고 관심 있는 학생들이 함께 모여 단체로도 할 수 있다.

(11) 포트폴리오(portfolio)법

포트폴리오란 자신이 만든 작품을 지속적으로 모아 둔 작품집을 이용한 평가방식이다. 예컨대 화가지망생이 유명한 화가에게 지속적으로 지도를 받으면서 자신의 작품을 그린 순서대로 차곡차곡 모아 둠으로써 자기 자신의 변화 · 발전과정을 스스로 파악할 수 있도록 하고, 그 작품집을 이용하여 자기의 스승뿐만 아니라 다른 사람들에게도 쉽게 평가를 받을 수 있게 하는 것과 비슷한 것이다. 그림, 사진, 시, 소설 등도 작품집을 이용하여 평가할 수 있으며, 글짓기한 것이나 교과과제물이나 연구보고서나 실험 · 실습의 결과 보고서 등을 정리한 자료집을 이용하여 평가할 수도 있다.

특히 학생들은 자신이 제작한 포트폴리오를 통해 자기 자신의 변화과정을 알 수 있고 자신의 장점이나 약점, 성실성 여부, 잠재가능성 등을 스스로 인식할 수 있으며, 교사들은 학생들의 과거와 현재의 상태를 쉽게 파악할 수 있을 뿐만 아니라 앞으로의 발전 방향에 대한 조언을 쉽게 할 수 있다. 이 평가방식은 단편적인 영역에 대해 일회적으로 평가하지 않고 학생 개개인의 변화 · 발달과정을 종합적으로 평가하기 위해 전체적이면서도 지속적으로 평가하는 것을 강조하는 것으로 수행평가의 대표적인 기법 중의 하나이다.

제9장

교육방법론

1. 교육방법의 개념
2. 교육방법의 형태
3. 열린교육 방법

1. 교육방법의 개념

교육에서 중심이 되는 것은 무엇을 가르칠 것인가와 어떻게 가르칠 것인가의 문제이다. 일반적으로 교육은 왜 가르치려는가의 교육목적과 무엇을 가르칠 것인가의 교육내용과 어떻게 가르칠 것인가의 교육방법으로 나누어 생각해 볼 수 있다.

학습자에게 어떠한 내용을 선정 · 조직하여 어떻게 효과적으로 가르칠 것인가에 관한 영역이 교육방법이다. 한 마디로 교육방법은 학습과제를 가르치는 방법이다. '교육방법'은 좁은 의미로는 가르치는 기술을 뜻한다. 넓은 의미로는 '교육의 과정'을 의미하기도 하는데, 여기에는 교육목적의 탐구, 교육과정 구성, 수업(학습지도), 교육의 평가, 생활지도의 영역까지 포함된다.[1]

넓은 의미로 교육방법을 생각할 때는 다음과 같은 영역이 포함된다.

첫째는 교육과정이다. 이것은 어떤 교육내용을 학습할 것인가의 문제를 다루는 영역이다.

둘째는 학습지도이다. 이는 종래 흔히 사용해 온 교수법이란 표현을 보다 넓은 개념으로 확대한 것으로, 학습자의 지식 · 기능 · 태도를 고르게 계발 · 발전시키고자 하는 학습의 과정이나 형태 등을 총칭하는 말이다. 학습지도는 지식의 체계적인 전달 · 수용뿐만 아니라 학습자 하나하나의 인격의 형성과 학습환경의 조성 등도 이에 못지않게 중요하게 다루어져야 할 것이다.

셋째는 생활지도이다. 이는 학습자의 건전한 성장과 발달을 촉진하기 위하

---

1) 전통적인 교육에 있어서는 교육목적이란 지식의 전달과 수용에 국한되었기에 교육방법은 좁은 의미로 쓰였으나, 현대교육에 있어서는 교육목적을 학습자의 전인적 발달에 두기 때문에 교육방법을 넓은 의미로 쓴다.

여 그들의 생활과정에서 나타나는 현실적 문제들을 개개인의 능력 · 적성 · 처지에 알맞게 지도하는 일이다.

넷째는 교육평가이다. 이는 교육목적에 관한 증거 및 교육목적의 달성에 영향을 미치는 변인에 관한 증거를 수집하고 이에 더해서 교육적 의사결정을 내라는 과정을 말한다.

다섯째는 학급경영이다. 이는 학급구성원이 의도하는 교육목적을 달성하기 위하여 영위하는 계획 · 조직 · 조정 · 통제와 관련된 일체의 활동을 총칭한다.

여섯째는 교구활용이다. 이는 교수의 수단 또는 방법으로서, 교수를 용이하게 하고 교수효과를 높이기 위하여 도구를 사용함을 말한다. 종래에는 교구란 교과서, 괘도(掛圖 ; 걸어 놓고 보는 학습용의 그림이나 도표), 모형 등에 한정되었으나 최근에는 시청각 기구가 다양하게 개발되어 교구의 개념이 넓게 쓰이게 되었다(김정환, 1984).

교육방법이란 결국 어떻게 가르칠 것인가를 탐구하는 것이며, 교육현장에서 가장 중요한 부분의 하나이다. 교육의 내용이 잘 선정되고 조직되었더라도 그 내용이 학습자에게 정확하게 전달되지 않으면 아무 의미가 없다. 즉, 교육의 내용선정과 조직이 집을 짓기 위한 설계도라고 하면, 교육방법은 설계도에 따라 집을 짓는 과정으로서 공부할 내용을 어떻게 하면 학습자들에게 효과적으로 전달할 것인가에 대한 방법을 찾는 것이다. '아는 것과 가르치는 것은 별개(To know is one thing, to teach is another)'라는 말처럼, 가르친다는 것은 지식을 많이 아는 것으로만 이루어질 수 있는 것이 아니다. 우리가 알고 있는 지식을 어떻게 하면 보다 효과적으로 학습자들에게 전달할 수 있는가라는 물음과 어떻게 안내하면 학습자가 스스로 탐구할 수 있게 될 것인가에 대한 물음에 해답을 찾으려는 것이 교육방법에 관한 연구라고 볼 수 있다(양용칠, 1995 : 175-177).

좋은 교육방법이란 효과적이고, 효율적이며 매력적이고 안전한 것이어야 한다. 효과적이란 목표로 하는 학습이 발생했느냐를 보는 것이고, 효율적이란 얼마나 경제적으로 그 목표가 달성되었느냐를 보는 것이다. 매력적이란 학습자와 교수자들이 얼마나 그 과정을 즐길 수 있으며 좋아하느냐에 대한 고려이고, 안전하다는 것은 교육방법이 실천과 수행이 도덕적으로 문제가 없다는 것을 말한다. 예를 들면, 평상시에는 도저히 불가능한 양의 암기를 체벌 등의 강압적인 수단이 동원되는 경우 짧은 시간에 해낼 수 있을 것이다. 이 때의 수업이 효과적이고 효율적이라고 말할 수 있을지는 모른다. 목표로 하는 학습이 발생하였고 이 목표가 평소에 비해 짧은 시간 안에 달성되었기 때문이다. 그러나 이 수업은 매력적이지 않다. 또한 도덕적으로 안전하며 다른 내용의 학습을 위해서 추천할 수 있는 방법은 아니다. 최근의 학습자들은 효율이나 효과보다는 매력을 더 중시하는 경향이 있으며, 장기적으로 보더라도 매력이 다른 두 가지(효율과 효과)보다 더 중요하다고 볼 수 있다.

좋은 교육방법의 필요성은 학습자와 교수자가 효율적이고 효과적이며 매력적이고 안전하게 교수활동을 한다면 학습자가 지적 영역의 학습에 필요한 시간을 최대한으로 줄일 수 있을 것이라는 가설을 바탕으로 하고 있다. 학습자가 학습에 투자해야 할 시간이 줄게 되면 나머지 시간을 보다 인간적인 교육활동에 사용할 수 있을 것이다(변영계 · 김영환, 1996 : pp. 20-21).

구체적인 학습장면에서의 학습여건과 학습자들의 개성은 다양함으로 공장에서 규격에 맞는 물품을 생산하거나 농장에서 품질좋은 농산물을 기계적 · 공식적으로 생산하는 것과 같이 일률적인 학습이나 방법을 적용할 수는 없다. 학습자에 따라 지능, 성숙 및 경험적인 배경에 의한 학습의 바탕이 다르며, 그에 따라 개개인의 학습에 대한 요구수준을 달리 하고 있으므로, 다양한 학습내용이나 방법을 적용해야 할 것이 요청된다. 바로 이것이 인간을 가르치는 교육방법상의 묘미이기도 하나 학습지도 운영상의 큰 난점이다(함종규, 1992).

학습접근 방식도 변화하고 있다. 교사주도형의 학교출석식 직면학습(直面學習)이라는 전통적 학습방법에서 학습자 중심의 자기주도적 학습과 참여학습, 컴퓨터나 위성통신, TV 방송매체, 통신 등의 멀티미디어를 학습매체로 하는 원격학습, 화상학습, 초고속 정보통신망에 의한 첨단정보화 학습 등이 입체적으로 다양하게 이루어지고 있다. 교과서와 학습지도서에만 의존하던 시대는 지나갔다. 재래식 교육방법으로는 정보시대의 다양하고 창의성 있는 교육을 할 수 없다.

2. 교육방법의 형태

교육방법의 형태는 나름대로의 장 · 단점을 가지고 있고 현실적인 여건상 특정한 학습지도형태에 얽매일 수도 있다. 다양하게 제기되어온 학습지도의 형태를 살펴보기로 한다.

교육의 질적 향상을 도모하는 데 있어서 중요한 개선과제 중의 하나는 학습지도방법의 개선이라고 할 수 있다. 모든 학습자에게 똑같이 좋은 최선의 학습결과를 보장할 수 있는 '유일한 최선의 교수방법'은 존재하지 않는다. 지금까지 밝혀진 연구결과는 누구에게나, 어떤 교과목에서나, 어떤 상황에서나, 똑같이 최고 · 최선의 결과를 보장해 주는 이상적인 교수방법은 존재하지 않는다는 사실이다. 교수방법에 관한한 '요술방망이'는 존재하지 않는다.

학습지도의 방법에는 여러 가지가 있을 수 있으며, 그것이 적절하게 조화적으로 활용될 때 주어진 상황 속에서 효과를 얻을 수 있다. 학습지도의 형태는 하나의 방법이나 어떤 형태를 지나치게 과신하는 나머지 그것이 결과적으로 가져다 줄 실패와 나쁜 영향을 전혀 예견하지 못하는 일이 있다. '교수에는 왕도(a royal way)가 없으며, 어디까지나 상호 보완적인 관점에서 채택되고 운영되어야 한다'.

1) 강의법

강의법은 지식이나 기능을 교사중심의 설명을 통해서 학습자에게 전달하고 이해시키는 교수법을 말한다. 이 방법은 교사중심의 학습법이기 때문에 학습자가 능동적으로 학습활동에 참여할 수 없고 또 학습자로 하여금 주의집중시키기 어렵다는 등의 여러 가지 비판을 받게 되었다. 그러나 강의법은 아직도 많은 사람들이 모일 수 있는 곳이라면 어디에서든지 학습자를 가르칠 수 있는 효과적인 교수법으로 이용되고 있다.

강의법은 가장 오래된 교육방법으로써, 고대에서부터 동서양을 막론하고 유용하게 사용해 왔던 교수방법이었다. 동양에서는 공자나 맹자도 일찍이 1 : 1의 개인교수 방법을 사용하기도 했지만 여러 제자들을 함께 모아 놓고 강론이라는 형식으로 가르치기를 즐겨했다. 서양에서는 그리스시대부터 소크라테스, 플라톤, 아리스토텔레스 등이 즐겨 사용했다. 이것이 중세에 들어와 대학이 제도적 형태를 갖추기 시작하면서 완전히 하나의 교수모형으로 정착하기에 이른다. 특히 15세기 초 중세의 대학에서 주된 교수법으로 활용되었다. 이 때는 교육의 실용적 가치를 외면한 교양교육을 실시하던 때였으므로 지적인 내용을 주입하는 방법으로서 강의법이 가장 적당한 방법으로 여겨졌다. 그러나 교양교육을 위주로 하던 주지주의(主知主義) 교육에서 실생활의 대비를 중요시하는 실용주의 교육철학이 나타남에 따라 강의나 암송을 통한 방법만으로는 학습자의 욕구를 충족시켜 줄 수 없게 되었다.

강의법은 다량의 사실을 체계적으로 입으로 전달할 수 있으며, 많은 학생을 짧은 시간에 교수할 수 있고, 학습 보조자료를 적절히 제시하면 학생들의 동기유발과 난해한 문제를 평정할 수도 있으며, 전체적인 전망을 제시하는 데도 유리하다. 교과내용의 전달이나 소개에 적당하고, 단기기억이 요구하는 사실적인 정보를 다루기에 적합하며, 반복해서 가르치거나 최근의 정보를 가르치는데 효율적이다. 강의법은 많은 학습자들을 대상으로 짧은 시간에 많은 양의 지식, 정보, 메시지를 전달할 수 있다는 '능률성'과 지식이나 정보를 개인적 스타일로 조직해서 제시할 수 있다는 '개별성'을 특징으로 한다.

반면에, 교사와 학습자 사이에 반응을 주고받을 기회가 제약되며, 학습자의 반응에 대해 피드백을 제공할 기회가 적다. 더욱이 교수목표의 메시지가 복잡한 사고과정이나 문제해결에 있을 경우에 이러한 결점은 더욱 두드러진다. 따라서 표현력 · 응용력 등의 고등정신 기능을 기르는 데는 미흡하다.

강의법의 문제점 중의 하나는 강의를 듣는 학생들에 따라서는 제시되고 있는 자료를 이해하고 따라갈 수 있는 능력에 차이가 있음에도 불구하고 전형적으로 강의는 일정한 보조에 따라 진행된다는 데에 있다. 강의법은 비효과적이라는 비판이 있으나 현장에서 가장 많이 사용하고 널리 보급되어 있다.

학교 수업방법이 많이 개선되었지만, 아직도 대부분의 수업은 교사가 학생들 앞에 서서 열심히 교과서에 실려 있는 내용을 설명해 주는 형태가 가장 많다. 강의와 설명중심의 전통적 방법은 그 나름대로 장점이 없는 것은 아니지만 교육의 과학화, 개별화, 민주화를 표방하는 현재에 그러한 방법은 고답적인 것이 아닐 수 없다.

2) 질문법(산파법, 문답법)

질문법은 학습자에게 문제를 주고 응답에 의하여 학습활동이 전개되는 방법이다. 강의법과 더불어 오랜 역사를 가지고 있으며 소크라테스의 교육방법2)에

2) Socrates(B.C. 469-399)의 교육방법은 플라톤의 '대화편'에 나타나 있다. 대화편에 나타난 그의 교육방법을 간단하게 특징짓는 것은 불가능하지만 일반적으로 Socrates의 교육방법은 '산파술'(Dialogic method)이라고 규정하고 있다. Socrates는 사람이면 누구든지 대체로 동일한 정도의 판단능력을 가지고 있다는 것을 믿었다. 누구든지 각자 자기의 눈으로 볼 능력을 가지고 있으며, '볼 수 있도록' 해 주면 누구든지 볼 수 있게 된다는 것을 믿었다.
Socrates는 교육을 지식의 주입이 아니고 주어진 능력의 계발로 보았다. 지덕(知德)을 교사가 외부로부터 일방적으로 주입하지 않고 먼저 학생으로 하여금 의문을 일으키게 하여 스스로의

서 출발하였다. 그 후 페스탈로치에 의해 강화되었고, 20세기 초에 독일, 영국, 미국에 널리 보급되었다. 아동의 질문에 대한 교사의 답변, 교사의 질문에 대한 아동의 답변은 모든 학습 형태에 작용하므로 모든 학습지도 방법에 공통되는 기본적인 것이다. 질문법은 학습자가 어느 정도 학습 목표에 도달되었는가를 살필 수 있고, 학생들이 가지고 있는 경험을 학습지도에 결부시키고 학습지도에 대한 이해를 증진시킨다. 또, 질문에 의한 문제의 답이라든가, 해결을 탐구하려는 흥미를 강하게 자극한다. 또한 재미있는 물음을 통하여 정서적인 태도를 양성하고, 그것이 관념이나 행동반응의 조건이 되도록 유도함으로써 감상력을 기를 수 있다. 교사와 학생 사이의 학습면이나 심리적인 면에 관한 좋은 물음을 통해서 학생들의 흥미를 발견하고 상호 친목관계를 유지한다. 이것이 학습생활에 직접적인 동기유발이 될 수도 있다.

자신의 지식을 적용시킴으로써 성취감도 맛볼 수 있다. 개인이나 학급집단의 지적인 배경이나 흥미, 성숙도 질문을 통해서 알아볼 수 있다. 그러나 학습의 장면에서 그때 그때 생각나는 대로 질문할 것이 아니라 한 가지 질문을 함에 있어서도 사전에 계획적으로 조직하여 사용하는 기술이 숙달되어야 한다. 또한 교사 자신이 일반적인 교양이나 지적인 흥미를 널리 갖추고 있어야 한다. 그래서 능숙한 질문을 통하여 학생들로 하여금 의견과 태도 그리고 가치에 대하여 적성과 평가를 새롭게 하여야 한다.

사고활동으로써 학습하게 한다. 즉, 학생의 내부에서 끄집어 내야 한다는 것이다. 계발주의적 방법이라고 할 수 있다. 따라서 교사의 역할은 학습자가 그 능력을 계발할 수 있게 도와주는 일이다. 마치 산파가 산부를 도와 아이를 순산하게 하듯이 교사는 산파처럼 산모로 비유되는 학습자를 도와 신생아로 비유되는 능력의 발전을 꾀해야 한다고 하였다. 이래서 소크라테스는 교육을 '산파술'이라고 했다.

소크라테스는 교육을 지식획득의 과정이 아니고 이미 우리에게 주어져 있는 힘을 사용하여 키우는 일(not a process of acquisition, but the use of powers already existing in us)로 보았고, 이런 교육의 방법으로 힘을 자극하고 키워 주는 대화를 강조했다. 소크라테스의 방법이 나타내고 있는 가장 명백한 특징은, 소크라테스 자신이 강조하고 있듯이, 학생이 모르는 것을 '가르쳐 주는' 것이 아니라, 학생으로 하여금 자신의 지적 '탐구'를 통하여 스스로 '발견'해 내도록 하는데 있다고 볼 수 있다.

3) 토론법(discussion method)

학교교육은 교사의 일방적인 지시나 설명으로 전개되는 것이 아니라, 토의하고 공동으로 의견을 모으고, 자료를 서로 나누어 보며 교재를 공부하면서 기뻐하는 만남의 장으로 변모되어야 한다. 개개인의 특성이 수업에 반영되어야 하고 학습자의 의견이 존중되어야 하며, 몇몇 학생만이 발표를 하고 대부분은 침묵하는 곳이 되어서도 안 된다.3)

강의법과 대비되는 교수방법의 하나가 토론법이다. 이 방법은 소수의 학습자 집단이 수업의 주도적 역할을 담당하도록 설계된 방법으로, 흔히 강의법이 교사중심의 수업이라고 한다면 토론법은 학습자중심의 수업이라고 말할 수 있다. 토론법은 학습자의 활동 · 참여, 피드백의 기회가 많아서 학습자를 적극적으로 움직이게 만드는 효과가 있다.

Dewey는 '개방적 분위기에서 토론과 의사소통은 아이디어와 지식을 낳게 하는 필수적 조건이며, 또한 이들이 건강하고 활기차게 성장하는 데도 불가결하다'고 말한 바 있다. 이와 같이 토론을 통한 교육방법은 사람들로 하여금 상호 공통의 문제를 일깨우도록 자극하며, 문제의 확인을 돕고 문제를 탐구하는 데 도움을 준다. 또한 문제해결 모색의 길잡이가 되고, 참여자들로 하여금 활동적인 연구를 계획하는 기회를 마련하게 하는데 사용될 수 있다.

토론법은 학습자들 사이에, 또는 학습자와 수업자들 사이에 정보나 아이디어, 의견 등을 나누기 위해 서로 이야기하거나 함께 문제를 해결해 나가는

---

3) 한국인은 토론문화에 익숙하지 않다고 한다. 특히 주입식 · 암기식으로 이뤄지는 우리 교육의 폐해를 극복하기 위한 방안으로 토론학습의 중요성이 강조되고 있다. 대화와 토론은 인간의 삶이라고 하는 전체 사회현상과 체제의 기본구조를 형성한다. 특히 교육활동에서 토론은 필수적인 학습수단이며 상호 지식과 의견을 전달하는 기본형태가 된다. 또한 토론은 인간 사이의 만남을 현실화하는 방법이다. 교육활동이 인간관계와 공동체 형성에 그 본질을 둔다고 할 때, 대화를 통한 토론은 교육의 장을 마련해 주는 바탕이 된다.

탐구과정이다. 이것은 학생들의 참여와 역할을 강조하는 학습자중심의 수업방식이며, 개방적인 의사소통과 협조적인 분위기를 요구한다. 토론법은 학습자와 수업자 모두의 창의성과 자발성, 그리고 대인관계의 태도 및 기능 등을 키울 수 있다는 점에서 교육적 가치를 지닌다.

토론법은 학습자들 상호간에 각기의 의견을 발표하여 서로간의 의견을 존중하고 개개인간의 서로 다른 의견을 종합함으로써 보다 새로운 결론을 내릴 수 있다. 문제자체를 해결하는 것도 주요한 교육목표이지만, 집단 속에서 개개인이 자유롭게 의견을 발표하고 타인의 의견을 수용하여 편견이나 특정인의 의견이 아니라 원만하고 합리적인 결론으로 협동적으로 문제를 해결하는 태도와 습관과 성격을 기르는 데 있다. 이러한 과정에서 자주적인 학습의욕이 생긴다는 데 교육적 의의가 있다. 여기서 교사의 역할은 학습자들 사이의 상호작용을 조정하고 유익한 정보를 제공해 주는 것이다.

토론법은 학습자 상호간의 토의를 통하여 이루어지는 학습방법으로서 문답법에서 발전 · 개선되었다. 어떤 주제 · 이유 · 논쟁점 등을 분석 · 탐색 · 토론하기 위하여, 학생과 교사 등이 다같이 언어로 상호작용하는 방법이다. Parker(1915)가 문답법을 개선하여 회화법이라 부른데서 연유되어 오늘날까지 널리 사용되고 있다. 공동학습의 하나의 형태로 학급조직을 고정시키지 않고 비형식적인 토의집단으로 구성해서 자유로운 토론을 통하여 문제해결에 협력하며 집단사고를 통한 집단적 결론으로 이끌어 가는 학습방법이다.

토론식 수업은 의사소통을 실제로 하고 학습자의 참여를 유도하며 문제를 비판 · 분석하는 능력을 기르고, 창의적 능력과 협동적인 기술을 개발할 수 있는 방법이다. 그리고 토론학습은 분단학습이나 공동학습의 성격을 띤 학습형태로서 학급을 일정한 조직체로 묶지 않고 비형식적인 집단으로 해체해서 각 교과별의 학습재료 또는 학습내용을 가지고 사회화된 학습형태로 토의를 전개하여 문제를 해결하는 형태이다.

토론식 수업을 통해 학습자는 타인의 의견을 존중하고 협력하는 태도와 실천력을 기를 수 있고, 자기 스스로 사고하는 능력을 길러 주며 의사표현력을 길러 준다. 그리고 타인을 통하여 자기가 알지 못했던 것을 알게 한다.

토론은 목적을 지닌 대화의 과정이다. 토의가 이루어지기 위해서는 목적 지향적이어야 하며, 그 목적은 성취될 수 있는 것이어야 한다. 또 토의의 주제가 논란거리여야 하며 토의에 참가하는 사람들이 이것에 대해 충분히 인식하고 있어야 한다. 토론법은 자기 스스로 사고하는 능력을 길러 주며, 자기 의견을 발표하는 의사표현력이 길러진다. 그리고 타인의 의견을 존중하고 이를 관대하게 받아들이는 민주적 태도와 가치관 등을 육성할 수 있는 교육적 효과가 있다.

4) 협동학습

협동학습(cooperative learning)이란 학습능력이 각기 다른 학생들이 동일한 학습목표를 향하여 소집단 안에서 함께 활동하는 수업방법이다. 여기서 '전체는 개인을 위하여(all-for-one), 개인은 전체를 위하여(one-for-all)'라는 태도를 갖게 되고, 집단 구성원들의 성공적 학습을 위하여 서로 격려하고 도움으로써 학습 부진을 개선할 수 있다.

경쟁학습과는 달리 동료 사이에 서로 돕고 상호작용하도록 하는 협동학습은 교육현장에서 공동체적인 삶을 위한 사회성 발달을 도모하는 데 필수적이다. 협동학습은 동료 사이의 우정이나 다른 사람에 대한 책임감이나 존경심 등 민주시민 양성이라는 교육목적 뿐만 아니라 학업성취 향상도 함께 달성될 수 있다.

협동학습은 주어진 학습과제나 학습목표를 소집단으로 구성된 구성원들이 공동으로 노력하여 그 목표에 도달하는 방법이다. 연구결과에 의하면 협동학습이 개별학습이나 질의응답식 학습보다 훨씬 높은 학업성취도를 나타냈다.

또한 경쟁학습에서는 일부 학습자만이 성공경험을 갖게 되는데 반하여, 협동학습에서는 대부분의 학습자들이 성공경험을 갖게 됨으로써 보다 바람직한 자아상을 지니게 되었고, 학습과제에 대하여 긍정적인 감정을 지니게 되어 학습태도 및 학습동기유발에 기여한다는 점도 협동학습의 의의가 된다. 또한 협동학습은 모든 학습자에게 동등한 학습참여 기회를 보장함으로 수업방법의 민주화라는 측면에서도 의의가 있다.

협동학습의 개념은 새로운 것은 아니다. 성경에도 '두 사람이 한 사람보다 나음으로 너희가 함께 수고함으로 좋은 상을 얻을 것이라…… 한 사람이면 패하는 것을 두 사람이면 능히 잘 견디니, 세 겹줄은 쉽게 끊어지지 아니하느니라(구약 전도서 4장 9절-13절)'는 구절이 있다. 탈무드에도 학습을 하려면 함께 학습하는 동료가 있어야 한다고 지적한다.

세 가지 학습체제 목표 구조와 관련된 예화자료를 살펴보기로 한다.

- 옛날 어느 곳의 세 부족 -

그 중의 한 부족은 태어날 때부터 경쟁하기를 좋아하였다. 그들은 무슨 일이든지 다른 사람들보다 더 잘하고, 일등으로 일을 마쳐야 한다는 생각 때문에 언제나 조바심을 하곤 했다. 이들은 가장 편안하고 살기 좋은 동굴을 차지하기 위해 서로 다투었고, 남보다 더 많은 사냥을 하기 위해 경쟁을 하였으며, 가장 멋진 정원을 차지하기 위해 다투기도 하였다. 그리하여 사냥을 못하고 동굴을 차지하지 못한 사람들은 차례로 죽어 갔다. 마침내 힘이 강하여 살아남은 사람들은 더욱 위험한 방법으로 그들끼리 경쟁하기 시작하였으며, 맨주먹으로 호랑이를 잡는 시합을 하다가 죽어 가는 사람들이 늘어 갔다. 또한 음식을 차지하기 위해 다투다가 많은 사람들이 죽어 가기도 하였다. 결국 부족민들 가운데 한 사람만이 남게 되었다. 그러나 그도 곧 죽었다. 왜냐하면 그는 다른 사람과 경쟁을 하지 않을 경우에는 어떻게 살아야 하는지를 알지 못했기 때문이다.

두 번째 부족은 태어날 때부터 혼자서 일을 하는 것을 좋아하였다. 그들은 혼자서 사냥하고, 혼자서 동굴에서 활동하였으며, 사람들과 멀리 떨어져 있는 것을 좋아하였다. 위험한 일이 발생하여도 언제나 혼자 일을 처리하느라 애쓰곤 하였다. 홍수가 나자 부족민들 가운데서 많은 사람들이 물에 휩쓸려 죽었다. 그들은 다른 사람들의 처지는 생각하지 않고 자신의 동굴 주변에만 둑을 쌓으려고 애를 썼던 것이다. 한 번은 사나운 짐승이 나타났는데도 부족민들은 서로 알려주지 않고 모른 척했기 때문에 많은 어린이들이 죽기도 하였다. 이렇게 하여 이 부족 또한 오래가지 못하였다. 지나치게 자기 자신만을 생각하다 보니 생산이 줄어들고 어린아이들은 태어난 지 일년이 못되어 죽어 갔으며, 마을은 더 발전하지 못하였다.

세 번째 부족은 태어날 때부터 함께 일을 하는 것을 좋아하는 부족이었다. 그들은 몇 시간씩 팀을 이루어 사냥을 하였으며, 다른 사람들은 집에서 옷을 만들거나 따뜻한 담요를 만들어 사냥해 온 고기와 바꾸었다. 어떤 사람들은 활을 잘 만드는 반면, 어떤 사람들은 화살을 잘 만들었다. 그래서 그들은 함께 만든 활과 화살을 부족민들에게 나누어 주며 사냥할 때 무기로 쓰게 하였다. 그들은 서로 도우며 생활하였기 때문에 서로 친하게 지내게 되었으며, 상대방을 이해했다. 그리하여 그들의 생활은 즐거웠고, 서로 대화를 통하여 문제를 해결해 나갔으며, 노는 것과 일하는 것을 잘 조화시켜 나갔다. 마침내 이 부족은 오래오래 번창하며 행복하게 살았다.

출처: Johnson & Johnson(1975 : 24), 이동원(1995 : 52-53에서 재인용)

인간은 사회생활을 하는데 있어서 협동이 없이는 공동생활을 영위할 수 없다. 학습에서 동료간에 상호작용을 하는 협동학습은 교육이 삶 그 자체라는 점에서 중요하고 필요하다. 협동학습을 통한 상호작용은 동료간의 우정, 서로에 대한 적극적인 태도, 다른 사람에 대한 책임감, 타인에 대한 존경심을 가져온다. 또 협동학습에서는 모든 집단구성원들이 그 집단의 학습목표를 달성하는 데 다같이 기여하기 때문에 각자는 상당한 성공경험을 갖게 된다. 이러한 성공경험은 학습태도 및 학습동기의 유발에 기여한다.

특히 사회심리학 전통의 학교학습이론가인 Johnson과 Johnson(1975)은 '협동과 인간'에 대한 관계를 '물과 고기'와 같은 관계로 비유하고, 또한 '경쟁'과 '개별' 행동은 '협동'의 틀(framework) 안에서 발생하는 것으로 보고, 협동이 '숲'

이라면 경쟁과 개별학습은 '나무'일 뿐이라고 주장하였다. 이처럼 그는 인간 상호작용의 90% 이상이 협동적인데도 불구하고 협동이 교수에서 무시되고 있는 사실을 지적하고 있다.

3. 열린교육 방법

1) 열린교육의 개념

이제까지 우리의 교육은 모든 아동들을 교과서 진도에 따라, 획일적으로 가르쳐 왔다. 열린교육은 전통적인 교육과 차이가 나는 특징 중의 하나는 모든 학생들에게 똑같은 내용을 똑같은 방식에서 가르치는 획일화된 교육에서 탈피하여 학생 하나하나의 개인차를 파악하여 그에 알맞은 다양한 방식을 통하여 가르치자는 것이다.[4] 열린교육은 아동의 흥미와 능력을 존중하고, 아동들을 대하는 태도에 있어서 종래의 획일적인 방식이 아닌 개별적인 지도를 강조한다는 점에서 전통적 교육방법과 구분된다.

열린교육은 무엇보다도 먼저 자신이 가르치고자 하는 학생들 하나하나의 특성을 파악하는 데에서 출발한다. 의사가 환자의 상태를 잘 알고 있어야만 치료할 수 있듯이, 교사도 아이들의 삶의 세계와 각자의 상태를 잘 알고 있어야만 잘 가르치고 지도할 수 있다. 학생들을 파악한 후, 학생들 각자의 지적 수준과 학업수준에 알맞은 내용과 방법으로 가르치기 위해 노력해야 한다. 이러한 형태의 열린교육은 모든 학생들에게 똑같은 내용을, 똑같은 방식으로 가르치는 획일화된 교육에서 탈피하여 학생 각자의 능력, 적성과 흥미 등을

4) 정진곤 · 조경원 · 반채익 · 김철중(1998). 열린교육을 위한 학습모형 정립. 교육부.

파악하여 이에 알맞은 교육내용과 방법을 통하여 가르치게 된다. 또한 교과서에 제시되어 있는 단편적인 지식을 배우고 암기하는 데서 벗어나, 학생들의 창의적인 능력과 자율적인 사고 능력을 길러 주는데에 크게 기여한다. 이러한 종류의 능력이야말로 우리에게 다가오고 있는 21세기 사회에 필연적으로 요구되는 능력이며, 열린교육을 통하여 그 능력을 길러 주어야만 한다.

열린교육은 학교현장에 많은 변화를 가져왔다. 그 가운데 가장 중요한 것은 교수-학습방법 면에서의 혁신이다. 그 동안 학교교육이란 주어진 교과서 내용을 학생들에게 전달하는 것이라는 생각에서 벗어나지 못하였다. 정해진 시간표에 따라 그날의 진도에 맞춰 해당교과 교과서를 읽고, 그 주된 내용을 판서하고 설명하는 형태로 거의 모든 수업이 이루어졌다.

열린교육은 오랫동안 변화가 없던 학교현장의 수업형태에 많은 변화를 가져왔다. 열린교육 운동은 아동들에게 교과내용을 가르치고 지도하는 방법은 이외에도 여러 가지 방식이 있을 수 있으며, 다양한 수업형태를 배우고 익혀서 아동들을 가르치는 것이 중요하다는 인식을 불러일으키는 데 기여하였다. 교과서 위주의 수업에서 벗어나 여러 가지 도서자료, 비디오, 컴퓨터 프로그램 등의 다양한 교수-학습자료를 활용하여 아동들을 지도하였다.

열린교육은 다가오고 있는 21세기의 지식, 정보사회에서 살아가는 데에 필요한 능력과 자질을 길러 줄 수 있다. 전통적인 교육의 내용과 방법은 산업사회에 필요한 인력을 길러 내는 데에는 적합할지 모르나, 창의적이고 자율적인 사고를 필요로 하는 미래사회에는 적합하지 못하다. 21세기 사회는 단순한 양적인 측면에서의 변화가 아닌 질적인 측면에서 이제까지와는 근본적으로 다른 사회이다. 이러한 사회적 변화에 필요한 인적 자원은 열린교육과 같은 형태의 교육을 통해서만이 길러질 수 있다.

열린교육에 대한 개념 정의를 종합적으로 검토해 보면 관점 표현의 차이는 다양하지만 다음과 같은 열린교육의 본질적인 개념 정의의 특징을 추출해 볼 수가 있다. "열린교육이란 학습공간의 활용 면에서 융통성 있는 운영, 학습활동의 선택에 있어서 학생들이 스스로 활동하도록 하며, 학습자료를 풍부하게 제공하고 교육과정을 통합적으로 운영하고, 대집단 수업보다는 개별적 또는 소집단 수업으로 운영하는 등의 제반 활동을 포함하는 교수양식이다."라고 정의할 수 있다. 그러므로 일반적으로 아동에 대한 신뢰와 존중심을 가지고 보다 더 많은 자유를 부여함으로써 교육의 과정과 방법 그리고 구체적인 학습 환경하에 능동적 상호작용(active interaction)과 더욱 개방적인 접근방법으로 시행하도록 하는 아동 주도적인 교육양식이라고 볼 수 있다.

열린교육의 기본원리는 다음의 네 가지에 기초하고 있다.

첫째, 열린교육에서는 학습자를 존중한다. 이것을 '존중의 원리'라 하며, 열린교육에서 특히 중요시한다. 학습자는 상당한 자유를 인정받으며 최대한 자율적으로 행동한다. 학습자의 요구가 중요하게 고려되며 교사와 학습자 사이의 교류가 빈번하고 학습자의 견해가 중요한 것으로 받아들여진다.

둘째, '환경의 원리'이다. 교사는 각 학습자에게 적절한 환경을 조성하여, 교육적으로 흥미있는 활동을 효과적으로 수행하도록 한다.

셋째는 '자유의 원리'라 하며 이것은 학습자가 자신이 원하는 것을 모두 할 수 있도록 허용한다기보다는 자신이 선택한 것 중에서 교육적인 활동을 추구해 나가는 데 자유롭다는 것을 의미한다. 따라서 교사가 교육적이라고 생각하지 않는 활동에 대해서는 어느 정도 제한을 둘 수도 있다.

넷째는 '개별성의 원리'이다. 교사는 학습자의 흥미에 기초한 개별화된 수업을 실시하는 바, 단순 흥미보다는 교육적 가치가 있는 것을 지도한다.

2) 열린교육의 특성

학교는 '가르치는 곳'으로부터 '학습하는 곳, 생활하는 곳'으로 전환되어야 한다는 것이 열린교육의 기본입장이며 아래와 같은 특성을 가지고 있다.

(1) 유연한 교육과정(open curriculum)

교과선택, 학습내용, 학습방법 선택 등에 있어서의 개개 학생의 권한과 책임, 학교 안에서의 각자의 시간 사용의 독자성이 인정된다. 학습의 주체를 각 학생으로 보기 때문에 학습성과의 평가주체도 원칙적으로 각 학생이 되며, 교사는 현명하게 도와주는 자의 입장이다.

(2) 탄력적인 학습집단 조직(open organization)

열린교육에 있어서는 학습집단은 항상 유동적이다. 개인-소집단-중집단-대집단이 언제나 필요에 따라 구성되며 학습동반자의 선택도 학습자 스스로에게 맡겨진다.

(3) 트여진 인간관계(open human-relation)

열린교육 방식에서는 학생 대 학생, 학생 대 교사, 교사 대 교사, 교사 대 교장 등 모든 인간관계가 모두 개방된 상태에 있다. 학생들의 자기 의사표시는 언제나 분명하고, 교사도 헛된 권위에서 벗어나 솔직하게 그 의사와 감정을 표현한다.

(4) 공간의 개방(open space)

교실과 교실 사이, 교실과 복도 사이의 불필요한 벽을 없앰으로써 필요에 따라 더 넓은 학습공간을 확보할 수 있게 되며, 자료사용이나 자료교환이 용이하다. 소음이 문제될 때가 있으나 천정 · 바닥 등의 방음장치로 상당히 줄어들 수 있다.

(5) 열려 있는 마음(open mind)

예측할 수 없는 변화의 시대에 살아야 하는 우리는 마음의 문을 열어 젖힐 필요가 있다. 유연한 정신 자세와 활짝 열려 있는 마음으로 어린이를 대하며 모든 교육현실에 대처해야 한다.

열린교육을 한 마디로 정의하기는 어렵고 이해정도와 관점에 따라 해석이 다르다. 그래서 열린교육 연구자들은 명확한 개념보다는 그 속에 녹아 있는 이념과 특성을 주로 논한다. 결국 열린교육은 주입식이고 단순 지식암기위주인 현행 일제획일교육의 문제점을 인식하고 아동 개개인의 개성과 창의력 신장에 대응하는 교육이라고 할 수 있다.

모든 수업모형이나 교육이론 등이 나름대로의 장점과 단점이 있듯이 열린교육도 다른 어떤 형태의 교육모형보다도 우월하다는 뜻은 아니다. 그러나 우리나라의 교육현실을 반성해 보면, 지나치게 획일적인 전통적 교육에 치우쳐 있기 때문에 교육상황이나 학습상황에 따라 다양한 교육방법들을 적용하지 못해 온 것이 사실이다.5)

열린교육은 어린이의 개성을 존중하는 '인간교육'의 교육관과 교사의 적극적인 역할, 철저히 계획된 환경에 대한 강조, 어린이의 자유의 한계 명시, 교육과정에 대한 깊은 관심 등 열린교육의 참 의미를 이해하고 수용하는 세계 각국의 교육자들에 의해 각 나라마다 독특한 방법으로 발전하고 있다.

교육이란 어느 한 가지 방법이 지배적일 수 없음은 누구나 부인하지 않을 것이다. A라는 학생에게 효과적인 방법이 B라는 학생들에게도 똑같이 효과적이라고 말할 수 없다. 우리는 지금까지 한 명의 교사 밑에 이미 짜여진 교육과정을 갖고 대부분이 강의식으로 지식위주의 교육을 받아온 것이 사실이다.

---

5) 권낙원(1997). 열린학습의 이해. 서울교원연수원.

획일적인 교육방법이 아니라, 다양한 상황에서 다양한 방법이 선택되어 사용되어야 할 것이다.

3) 열린교육의 폐단

열린교육운동이 학교교육에 반드시 바람직한 변화만을 가져온 것만은 아니다. 열린교육이라는 이름 아래 오히려 교육의 질적인 수준을 저하시키고 있다는 비난의 소리도 있다. 열린교육(open education)에 대한 맹종적(盲從的) 신뢰를 경고하고, 동시에 열린교육과 대비적 개념으로 통용되고 있는 소위 한국의 주입식 교육이라는 것이 비판의 대상이 아니라는 점을 강조하는 반론도 제기되고 있다(황용일, 1999).

교육은 그 본질상 놀이와는 구별된다.6) 교육이라는 것은 기본적으로 부과

---

6) '공부(工夫)'란 과연 무엇인가 하는 점을 생각해 볼 필요를 느낀다. 공부란 한 마디로 말하여 우리 몸에 공력(功力)을 들이는 것이다. 하나의 인간이 태어날 때 지니고 있는 것은 단지 잡기, 빨기, 움츠리기 등 몇 가지의 반사적 행위체계뿐이며, 사고능력, 감정표현 등은 거의 백지상태에 가깝다. 그러나 그러한 단순한 행위체계로는 사회적 존재로서 부족하기 때문에 점차로 복잡한 여러 가지의 행위체계를 습득해야만 한다. 여기에는 우선 바른 사고의 형식과 방법 및 균형감각을 지닌 절도 있는 행동 등이 요점이 되며, 교육이라는 것 역시 그것이 제도 교육이건 아니건 간에 이러한 점에 초점을 두고 있다. 그런데 이 모든 것은 몸에 배어 있도록 철저히 연습해 두어야 한다. 왜냐하면 우리의 몸은 관성(慣性)의 지배를 받고 있어서 특별히 습관을 붙여 두지 않으면 과거에 해오던 양태를 그대로 반복하기 때문이다. 그러므로 관성의 질적 변환을 위해서는 새로운 행위의 수많은 반복연습이 요구되는데, 이 때 요구되는 노력이 바로 '공력'인 것이다. 공부란 인간의 사고와 그에 따른 행위가 인간다움을 좇아가도록 공력을 들이는 과정이라고 할 수 있다. 이러한 의미에서 볼 때 공부의 본질은 어디까지나 몸의 관성을 뒤엎는 작용으로서, 연마(鍊磨)의 과정이지 결코 놀이의 과정은 아니다. 연마는 문자 그대로 자신을 단련하는 것이며, 여기에는 일정한 고통이 수반될 수밖에 없다. 이러한 고통이 누적되어 일정한 수준에 이르게 되면 그에 따른 커다란 즐거움을 얻게 되는 것이다. 즉, 고통 뒤에야 비로소 참다운 즐거움을 맛볼 수 있는 자격을 획득한다고 할 수 있다. 그러나 최근에 행해지고 있는 열린교육이라는 것은 사실 열린교육의 철학은 그렇지 않지만 학교에서 학생들을 가르치는 행위를 마치 놀이삼아 하는 것처럼 잘못 인식하고 있는 경향이 있는데, 이것은 우려하지 않을 수 없는 일이다. 즉, 공부란 기본적으로 연마의 과정이며, 따라서 교육은 유희적(遊戲的) 측면과는 구별되는 성격을 지니는 것이다(황용길, 1999).

(imposition)의 성격을 지닐 수밖에 없다. 교육은 사회화(socialization)라는 관점에서 이해될 수 있으며, 사회화는 사회적 가치나 규범 등을 사회구성원들로 하여금 내면화(internalization)하도록 한다는 점에서 외적 부과의 성격을 지니고 있다. 또한 이는 '공부(工夫)'라는 개념이 '부족한 부분을 채우는' 성격을 지니고 있다는 맥락에서도 동일하게 이해될 수 있다.

배운다는 것은 기본적으로 깨닫는 것이며, 깨닫는 것은 이해에서 시작한다고 밝히고, 이 '이해'라는 것이 가능하기 위한 바탕이 바로 '지식(factual information)'이라고 보았다. 즉, 교육에 있어서 지식은 결코 소홀히 취급되어질 수 없는 영역이며, 지식은 창조성의 발현(發現)을 위해서도 중요한 조건이 되는 것이다.

열린교육이론의 핵심적 입장이, '아이들은 무한히 선하고 창의적이므로 교육환경만 잘 갖추어 주면 모든 것은 스스로 알아서 잘 할 것'이라는 견해인데, 이것은 동시에 열린교육의 가장 큰 오점(誤點)이다. 즉, 한국의 주입식 교육을 무조건 포기하지 말고, 주입식 교육의 장점도 있음을 알고 그 점을 살려 가야 한다7). 여기서 우리는 인간을 교육시킨다는 것은 이러한 공부에 관련된 일이며, 이것의 핵심은 몸의 관성에 질적 변환을 가져오도록 하는 연마의 과정임을 인식할 필요가 있다. 즉, 무엇인가를 배운다는 것이 지식에 국한된 개념이어서도 안 되지만, 동시에 지식을 떠난 개념일 수도 없으며, 진정한 창의력은 지식의 상호 연결구조 속에서 가능하다.

우리가 국제사회에서 살아남기 위해서는 국가의 경쟁력을 키워야만 하고 이는 교육이 우리의 현실에 맞는 올바른 역할을 해야 가능하다. 특히 인적 자원만이 유일한 재산인 우리 나라의 경우는 교육의 중요성이 크다. 지금 같이 미국식 교육방법을 모방하다가는 우리는 IMF사태보다 더 심한 곤경에 빠지게 될 것이다. 한국의 학교가 모든 면에서 완벽한 것은 물론 아니다. 그러나 한국

7) 한국식 교육이라는 것에 기본적으로 긍정적 입장을 취하고 있다. 교육에 있어서의 지식의 중요성을 간과할 수 없다는 사실을 역설하고 있다.

의 학교는 세계의 많은 나라가 부러워하는 성공적인 모델이다. 한국의 학교는 뒤집어서 버려야 할 쓰레기가 아니다. 다듬고 가꾸어져야 한다.

1983년, 「위기에 처한 국가(The Nation at Risk)」라는 보고서가 카네기 교육재단에 의해 발표되었다. 이 보고서는 믿을 수 없을 만큼 엉망이 돼버린 미국의 공립교육을 고발하며 미국 사회에 커다란 물의를 일으켰다. 카네기재단의 보고서 「위기에 처한 국가」는 미국 아동들의 한심한 학습성취도를 다른 나라의 아동들과 비교하여 "이렇게 엉망인 교육방법과 제도를 망치려는 이적행위와 다름이 없다"는 극언을 사용하며 돌머리 아동을 대량생산한 미국의 학교들을 맹렬히 비난한다. 학교 때문에 나라가 망한다는 것이었다.

미국이 역사상 최대의 치욕적인 패배로 기억하는 10년 간의 월남전에서 전사한 미군장병의 수는 5만 5천명 정도가 된다. 그러나 지금 미국에서 총에 맞아 죽는 사람이 매년 2만 명이 넘는다. 전쟁 때보다도 더 많은 수의 사람들이 죽어 가고 있다.

스티븐슨(Stevenson)과 스타이거(Stiger)라는 미국의 교육학자 두 사람은 동양권 아이들이 미국 아동들보다 공부를 잘하는 이유를 찾기 위한 연구를 1970년대 중반에 시작했다. 그리고는 거의 20년만에 완성된 연구의 결과를 『배움의 차이(The Learning Gap)』라는 제목의 책으로 1992년에 발표했다.

동양권 아동들의 높은 학업성취도를 한 번 맺어지면 찰떡같이 붙어 사는 이혼 없는 가족구조, 어른을 존경하는 전통적 사회가치의 유지, 높은 교육열 등으로 설명한 이 연구는 놀랍게도 전학급 수업방식을 동양권 아동들의 높은 학습성취의 또다른 원인으로 지적했다. 그 이유는 이 방식이 학급 내 전체의 아동들에게 보다 긴 시간의 직접적인 교사지도(teacher directed instruction)를 제공할 수 있다는 것이었다.

다른 나라의 교육모델을 복사해서 성공한 나라의 예는 극히 드물다. 그리고 서로 다른 사회 · 문화 · 경제적 배경 때문에 수입된 모델은 제 능력을 발휘할 수가 없다.

제10장

전인교육론

1. 전인교육과 교육의 목표
2. 가치관 교육의 성격
3. 도덕성 발달과 교육

오늘날 청소년들이 가치관에 혼란을 느끼고 타인을 전혀 배려함 없이 자신의 이익을 위해서는 수단과 방법을 가리지 않고 행동하며, 타인의 재산이나 심지어는 생명까지도 아무런 죄책감 없이 훼손하는 일이 일어나고 있다. 이러한 현상은 우리 교육이 지 · 덕 · 체의 균형 있는 성장을 하지 못하고 한 곳으로 치우친 데서 하나의 원인을 찾을 수 있다. 이 같은 현상은 학교교육에서 생활지도라는 심리적 성숙을 위한 교육이 그 비중을 잃게 되었기 때문이다. 따라서 우리 교육이 목적하는 지적, 심리적, 신체적으로 고르게 성장하도록 하기 위해서는 학교 상담활동이 활성화되어야 한다.

학교교육의 목적은 학생들의 지적 발달(知), 심리적 성숙(德) 및 신체적 성장(體)을 고르게 돕는 것이다. 따라서 학교 상담활동은 심리적 성숙을 위해 필요한 교육의 핵심요소이다. 흔히들 교육이라고 하면 지식의 전수가 가장 중요한 것이고, 심지어는 전부라 생각한다. 그러나 지식의 전달만을 강조하는 교육은 학교나 교사 없이 컴퓨터나 기타 첨단 매체만 가지고도 얼마든지 가능하며, 또한 학교에서 교사가 가르치는 것보다 훨씬 더 효과적일 수도 있다. 그러나 인간이 일생을 살아가면서 타인과 관계를 형성하며 신체적 발달을 이룩하고 자신을 다스리는 방법을 고르게 배우는 것은 지식의 습득 못지않게 중요한 것이다.1)

교육학에서 자주 쓰는 말의 하나가 전인(全人)이다. 영어로는 whole person, holistic education에 해당된다. 쉬운 말로 전인은 지(知) · 정(情) · 의(意) ·

1) 카네기재단에서는 직업적인 성공에 관련된 요인을 추출하기 위한 종합적인 연구를 진행하였다. 지식이 풍부한 사람, 끈기가 있는 사람, 사교적인 사람, 성격이 원만한 사람, 대인관계가 좋은 사람, 지도성이 있는 사람 등 여러 가지 특징 중에서 어떤 특징을 가진 사람이 직업적으로 성공하고 사회적으로 인정받을 수 있느냐 하는 것이다.
연구결과, 한 개인의 직업적인 성공과 사회적인 업적에 관련되어 있는 요인 중에서 지식과 기술을 포함하는 지적 능력이 차지하는 비중이 20-30% 밖에 되지 않았다. 어느 직업이나 그 직업집단에 소속되기 위해서는 일정한 지적 능력을 필요로 한다. 어떤 직업집단에 들어갈 수 있는 최저 능력만 있으면 그 다음 그 개인의 성공을 결정해 주는 것은 지적능력 이외의 요인이 70-80%를 차지한다는 것이다.

체(體)를 고루 갖춘 사람을 말하고, 전인교육은 그렇게 고루 갖춘 전인을 길러 내려는 교육을 뜻한다.

'전인(whole person)'은 모든 것을 갖춘, 온전한, 원만한 인간을 말한다. 반면에 현재의 교육은 그 모든 것 중에서 어느 특정한 부분 또는 측면만을 편파적으로 발달시키고 있다는 것이다. 이러한 사고방식에서 전인교육은 전인을 구성하고 있는 모든 부분을, 그 중의 어느 것에 편파적으로 치중함이 없이, 골고루 조화롭게 발달시키는 교육을 뜻하는 것이다. 전인교육의 정의는 현재 통념상으로 받아들여지고 있는 '知, 德, 體(혹은 知, 情, 意)의 조화로운 발달'이다.

전인적 인간관이 우리 사회에서 좀 엷어 보이고, 특히 학교교육, 그 중에서도 중 · 고등학교 교육에서는 거의 망각지대에 놓여 있다.

교육의 목적은 지식을 주입하는 데만 있는 것이 아니다. 지 · 덕 · 체를 고르게 발달시키는 전인교육이 목적이다. 그러나 진학을 위한 경쟁이 치열해 지 · 덕 · 체의 균형은 깨어지고 지(知)만을 강조하는 경향이 강하게 나타나고 있다.

1. 전인교육과 교육의 목표

교육의 궁극적인 목표는 '인간다운 인간'의 육성에 있다. 우리나라의 교육목표도 '인간다운 인간'을 육성하는 전인교육(全人教育)을 지향하고 있다. 여기서 '인간다운 인간'이란 '사람으로서의 품격'을 지닌 사람을 말하고, 이는 바로 '인격자'를 뜻하는 말이 된다.

교육은 인간을 대상으로 하는 인간의 가치활동이다. 교육의 개념 속에는 이미 가치 개념과 인간을 전제로 한다는 사실이 붙박혀 있다. 따라서 교육의 궁극적인 목적은 인간의 가치로운 상태, 즉 '인간다운 인간'의 상태를 실현하는 데 있다고 할 수 있다. 실제로 교육은 그것이 어떤 유형의 교육이든 간에, 이상적 인간다운 인간의 실현에 관심을 두어 왔으며, 이러한 관심이 결여된다면, 교육은 교육 이외의 다른 인간활동과 구별이 불가능하다. 이상적 인간상의 실현에 대한 관심은 교육의 가장 본질적인 기능에 속한다고 보아야 할 것이다.

전인교육이란 인간성의 특정한 부분만이 아니라, 전면적인 교육을 뜻하는 것이다. 전면적인 교육이란 학생들의 지적 발달 · 사회적 발달 · 정서적 발달 · 신체적 발달 · 도덕적 발달 등을 망라한 것이다.

인간성의 전면적인 발달, 즉 인간의 지(知) · 정(情) · 의(意) 뿐만 아니라 여러 가지 기능을 자유롭고도 자연스럽게 그리고 조화롭게 발달시킬 것을 의도하는 교육을 전인교육이라고 부른다.2) 따라서 그것은 칸트(Kant, 1724-1804)가 말한 것처럼 사람을 사람답게 형성시키려고 하는 이상적인 인간상의 추구이며, 나아가 교육의 본질을 해결하려는 과업인 동시에, 인류의 영원한 염원인 것이다. 그것은 전 인류에 공통하고 있는 인간의 보편적인 본질과 본성인 인간성(human nature)의 전면적인, 그리고 완전무결한 발달을 시도하는 것인 동시에 인류가 해결해야 할 가장 어렵고 영원한 숙제인 것이다.

동서고금을 막론하고 교육의 이상은 전인교육이다. 교육의 목적은 백지와 같은 미완의 인재를 이상적인 인간으로 길러 내는 것인데, 이상적인 인간상은 시대와 나라에 따라 약간의 차이는 있으나 대체로 지(知)와 덕(德)과 건강과 체력(體)을 고루 갖춘 사람이다. 이것을 풀어 설명하면 지식이 풍부하고, 정서가 안정되어 있고, 성격이 밝고 적극적이고, 태도가 바르고, 표준의 체격과 강건한

---

2) 1945년 광복 이후부터 현재까지 전인교육은 교육을 논의하는 중요한 자리에서도 빠져 본 적이 없다. 논의는 많이 하였으나, 실속은 없는 공허한 논의였다고 볼 수 있다. 학교교육은 인간다운 인간, 즉 지적 · 정의적 · 심동적으로 균형을 이룬 전인적 인간을 길러야 한다. 그런데도, 전인교육은 하나의 교육철학이나 공식적인 교육과정의 구호에만 그치고 참다운 전인교육, 인간교육을 하지 못하고 있다

체력을 지닌 사람일 것이다. 전인교육은 인간의 어느 한 부분에 치우치지 않고 여러 가지 면이 고루 개발되고 발달하도록 이끌어 주는 것이다.

원만한 전인적 발달, 즉 인격의 완성자는 인격교육에서 추구하는 이상적인 인간상이다. 그런데 전인의 조건은 학문적인 지식에만 국한될 수 없다. 지식과 더불어 태도, 흥미, 가치관 그리고 넓은 의미의 성격이 바람직하게 발달되어야 한다. 그렇게 될 때만이 참다운 의미에서 개인적으로 행복하고 사회적으로 유익한 행동이 가능해질 수 있기 때문이다. 이는 적응의 문제라고 할 수도 있는 것으로 적응의 과정은 자기와 환경 사이에 보다 원만한 관계를 이룩하려는 개인의 노력의 과정이다.

교육의 목표는 크게 두 가지 영역, 즉 인지적 목표와 정의적 목표로 분류된다. 인지적 목표는 학교교육에서 전통적으로 가장 관심을 두어온 지적 과정, 즉 인지하고 이해하며, 사고하고 지식을 습득하며, 파지하는 과정과 관련된 목표들이다. 정의적 목표는 느끼고, 믿고, 좋아하고, 싫어하는 주관적인 정서적 과정과 많이 관련되어 있다. 학교는 학생의 태도, 가치, 선호, 감상 등을 다루지 않으면 안 된다. 인간주의 심리학에 의하면 정의적 영역은 인지적 영역보다 개인에게 훨씬 더 중요할 수도 있다는 것이다. 인지교육을 통해서 개인은 자신에 대해서 많은 것을 배울 수 있으며, 또 객관적 · 과학적 · 지적 측면에서 자신을 이해할 수 있게 된다.

태도, 가치관, 도덕성, 성격 등의 정의적 특성들은 후천적인 학습에 의해서 형성되는 것이지만 다른 특성들보다 이미 형성된 감정 양상에 의해 더욱 큰 영향을 받게 된다. 정의적 영역은 감정적인 색조를 띠게 되어 다른 특성들과 비교하여 보다 심층적인 특성이라고 할 수 있다.

정의적 교육은 지적 · 기능적 또는 행동적 특성들의 형성을 위해서 중요한 의미를 가지고 있으며, 학습된 지적 · 기능적 특성들의 활용 방향과 활용의 정도는 정의적 특성에 의하여 결정되는 경우가 많으며, 심체적 건강이 주로 정의적 특성에 의해서 좌우되고 있다. 또한 자아실현과 완숙한 인격의 도야라는 교육의 상위 목표를 구현하기 위해서 정의교육이 중추적인 구실을 하고 있으며, 원만한 대인관계와 사회생활의 영위를 위해서 정의교육 또한 중요한 의의를 갖는다. 타인존중, 인격존중, 사랑, 동정, 관용, 개방성, 자율성, 협동성 등의 수많은 대인 사이의 태도와 사회관계에 임하는 태도는 정의적 특성에 해당한다.

인격교육은 바로 정의교육의 목표와 동일한 개념으로, 물론 인격완성을 목표로 하고 있다. 인격이란 도덕성 발달의 최종단계이며, 인간주의 심리학자들은 인격을 '가치관의 산물'[3]로 보며, 전인교육을 인지의 발달 → 행동의 변화 → 인격의 완성 과정으로 보아 인격과 가치관을 거의 동일시하고 있다. 따라서 인격이란 지적인 완성을 의미하기보다는 인간의 품성을 의미하며, 품성이 도덕적 행위의 실천으로 표면화되었을 때에 비로소 인격이 완성되었다고 본다. 현대 교육은 인간의 품성 개발을 주안으로 하는 인격교육에는 별로 관심을 가지지 않았다. 심지어는 인격은 가르칠 수 없는 것이라고 교육의 대상 밖에 두자는 견해도 있다.

산업사회의 발달로 인하여 인간은 자기성찰의 기회를 잃고 모든 것이 기계화, 규격화, 대중화되어 가는 추세에서 자율성을 상실해 가고 있다. 사람이 만든 기술과 제도가 인간을 제멋대로 지배할 때, 인간은 그의 본질적인 자율정신을 상실하게 되며, 허구적인 물질의 풍요 속에서 인격이 결여된 기계적인 인간으로서 사회 전체의 움직임을 모르는 체 자신을 조정하는 조직의 힘 앞에 무력하게 자신을 맡기고 있는 형편이다.

인격완성이란 지적으로는 합리적이고 객관적이며, 정의적으로는 이타적, 애타적이며 격조 높은 품성을 지니며, 도덕적 가치의 실천을 행하는 상태를 의미하는 것이다. 그렇다면 도덕과 교육, 특히 인격교육에서 강조하는 정의적 요소들로는 감정, 정서, 가치, 신념, 의지, 태도, 행위 등이다.

---

3) 이해명(역). 全人教育을 위한 학습지도 방법. 교육과학사. 1983, p. 217.

교육의 목표에 관한 논의에서 공통적인 현상은 교육이란 지 · 덕 · 체의 조화적인 인격형성을 위한 활동이라는 것이다. 즉, 조화적이고 전인적인 인간형성을 지표로 삼는다는 것이다. 인간은 지식만으로 이해될 수도 없고 지식만으로 한 사람을 평가할 수 있는 준거(準據)가 될 수도 없다. 따라서 인간교육은 덕(德)에도 체(體)에도 관심을 가져야 한다. 다른 말로 표현하면, 정적(情的), 의적(意的), 신체적(身體的), 사회적인 여러 가지 요인들을 지적 요인 못지않게 개발하고 함양해야 한다.[4]

2. 가치관 교육의 성격[5]

우리의 학교교육이 지식이나 기능을 가르치는 데는 성공을 거두었지만 '인간을 인격'으로 길러 내는데는 실패했다. 실패의 원인은 말로는 가치관의 교육을 중시하면서도 수단주의 교육관에 영합하여 실지로는 '허드레 교과'나 '있으나마나한 교과'로 경시해 왔기 때문이다. 학교가 교육의 본질적인 기능을 수행하고 있지 못한 이유는 '기르는 교육'이 아니라 '만드는 교육'만을 가르쳐

4) 현재의 교육이론은 교육내용으로서의 지식을 지나치게 강조하는 경향이 있다. 교육은 지식은 물론이고, 예술, 기예, 기술, 실생활 기능 등을 모두 내용으로 포함한다. 따라서 교육이론은 이 모든 교육내용들을 균형 있게 다루어야 될 필요성이 있다. 물론 지식교육이 중요하지 않다거나 필요 없다는 뜻은 아니다. 지식은 지적 탐구활동의 산물로서 인간이 지니고 있는 독특한 업적이다. 따라서 그것은 아무리 중시된다고 하더라도 지나침이 없다. 그러나 현재의 교육이론 가운데 어떤 것은 지식의 중요성을 강조하는 데 그치지 않고 그것 이외의 내용들을 다루는 것은 교육의 본질적 모습이 아니라는 주장으로까지 이어지는 것들이 있다. 이러한 교육이론들은 교육내용들을 포괄적으로 고려하지 못한다는 점에서 그 타당성이 재검토될 필요성이 있다.

5) 이계학(1994). 가치관 교육이란 무엇인가 -가치관 교육의 성격. 교육개발. 85호(1993,8). 한국교육개발원.
-이계학(1994). 가치관 교육이란 무엇인가 -가치관 교육 원리 교수 · 학습과정. 교육개발 87호. 한국교육개발원.-

온 교육에 책임이 있다.6) 학교교육이 본질적인 기능을 발휘하지 못하고 있는 이유는 지식이나 기능 · 기술교육에 비하여 가치관 교육의 성격을 파악하고 있지 못하기 때문이다.

가치관교육은 지식이나 기능교육과는 판이하게 성격이 다른 교육이다. 뿐만 아니라 가치관의 교육은 만드는 교육과는 비교가 안 될 정도로 어려운 교육이고, 교사의 고매한 인격과 고도의 전문성을 요구하는 교육이다.

지식이나 기능교육에 비하여 가치관교육의 성격이 어떻게 다른지를 살펴보기로 한다.

첫째, 가치관교육은 올바른 가치관을 형성시켜 사람다운 사람, 즉 고매한 인격자를 '길러 내는 교육'이다. 가치관 교육은 올바른 가치관을 형성한 인격인을 양성하는 것이 1차적인 목표이고, 궁극적으로는 사람다운 사람, '성자(聖子)'를 길러 내려는 교육이다.

---

6) - 기르는 교육과 만드는 교육 -
광복 이후 한국인의 교육은 진보주의 교육사조와 행동주의 심리학에 뿌리를 두고 있었다. 이 교육사조는 만드는 교육을 상정하고 있는 교육이다. 한국의 교육현장을 크게 지배한 타일러(Tyler)의 교수-학습의 기본모형은 공학적 사고방식을 도입한 전형적인 모형이다. 이 교수-학습의 기본모형은 투입 과정 산출이라는 제품생산 과정을 상정하고 있는 교육모형이다. 이 사고방식에 따르면 학교는 사회가 주문하는 표준제품을 대량생산해 내는 공장이고, 학생은 주문대로 생산되어질 소재에 불과하다. 학생은 주문대로 그림이 그려져야 할 백지(Tabula Rasa)나 가소성이 높은 밀납(密臘)과 같은 존재이다. 현행의 학교에서도 이 모형에 근거하여 지식과 기능을 합리적이고, 효율적으로 교육해 내고 있다. 그래서 이 교육모형을 공장모형이라 한다. 기르는 교육이 아니라 만드는 교육이다.
이 교육모형은 철학적인 문제를 제기하고 있다. 왜냐하면 인간은 주문에 따라 제조되어질 소재가 아니라 어느 누구도 제 삶을 제 자신이 책임지고 자유롭게 살아갈 수 있는 존엄한 존재이기 때문이다. 그러므로 인간은 비록 지극히 어리석고 어린 존재라 하더라도 주문대로 생산되어질 소재가 아니라는 것이다.
만드는 교육의 모형은 그런 인격성장의 가능성을 논리적으로 배제하고 있는 모형이다. 가치관교육은 식물의 씨앗처럼 인간은 인격성장의 가능성을 그 씨앗으로서 지니고 태어나는 존재라는 것을 전제로 하고 있는 교육이다. 그러므로 가치관의 교육은 학생을 만들어질 소재로 보고 출발하는 교육이 아니라 기르는 교육의 모형, 즉 식물모형, 또는 성장모형과 만남의 모형을 상정하고 있는 판이하게 성격이 다른 교육이다.

둘째, 가치관의 학습은 '마음으로 하는 공부'이다. 학교교육의 내용을 '지·덕·체'로 분류하기도 한다. 지식은 머리로 하는 공부이고, 체육은 몸으로 하는 공부라고 하면, 德은 마음으로 하는 공부이다.

셋째, 가치관교육은 '알고 있음'을 전제로 한 교육이다. 가치관의 교육은 공부할 내용을 이미 잘 알고 있는 내용이다.

넷째, 가치관교육은 교사가 '일러 주는 교육'이 아니라 오히려 학생들에게 '묻는 교육'이다. 가치관의 교육은 생활규범 속에 내재되어 있는 도덕적 가치를 스스로가 파악하도록 이끌어 주는 교육이다. 그러므로 생활규범 속에 내재되어 있는 도덕적 가치를 교사가 일러주면 오히려 망치는 교육이다.

생활규범 속에 내재되어 있는 '도덕적 가치를 파악한다'는 말은 '도덕적 의미를 파악한다'는 말이요, '의미의 파악'이란 남이 대신해 줄 수 없는 사적이고, 심적이고, 개인적인 사건이다.

다섯째, 가치관교육의 내용은 강건너 불이 아니라 '발등의 불'이다. '지구는 둥글다', '물은 100도에서 끓는다', 나는 컴퓨터를 잘 칠 수 있다' 등등은 따지고 보면 강건너 불이다. 그러나 공부를 하고 있는 학생에게 '공부는 왜 하나? 안하면 어때?'란 질문은 발등의 불이다. 그의 삶을 온통 지탱하고 있는 '실존적 기반'이기 때문이다. 가치관교육의 내용은 이처럼 바로 실존적인 문제라야 한다.

여섯째, 가치관의 교육은 '보태기 교육'이 아니라 '빼내기 교육'이다. 지식이나 기능·기술교육은 학습자에게 없던 지식이나 기능, 또는 기술을 보태 주는 교육이지만 가치관의 교육은 학습자가 가지고 있는 기존의 바르지 못한 도덕적 신념 등을 빼앗는 교육이다. 기존의 바르지 못한 태도나 도덕적 신념, 또는 그릇된 가치관을 '빼내는 교육'이다. 가치관 교육에서는 1차적으로 기존의 바르지 못한 인습수준의 태도나 신념, 또는 그릇된 가치관을 빼내는 작업으로부터 출발하지 않으면 안 된다.

일곱째, 가치관의 교육은 삶의 '지혜를 획득해 가는 교육'이다. 인격의 실체인 가치관이 바르게 확립되면 될수록 지혜(智慧)가 늘어난다.

여덟째, 가치관의 교육은 통합적인 성격을 띠는 교육이다. 知·情·意가 일이관지(一以貫之)하게 통합하여 자아동일성(identity)을 이루도록 촉구하는 교육이다.

아홉째, 가치관의 교육은 알기교육이 아니라 '알고-행하기' 교육이다. 지식은 '알기'에서 끝이 나고, 기능교육은 '행하기'에서 끝나는 교육이라고 하면 가치관의 교육은 '알고-행하는' 데서 끝이 나는 교육이다.

열째, 가치관의 교육은 '알기교육'이 아니라 '깨닫기교육'이다.

지식이나 기능교육은 알기교육이라고 하면 가치관의 교육은 도덕적 '의미의 파악'에서 끝나는 교육이다. 파악은 직관이요, 직관은 매개 없는 각성이고, 각성은 깨달음이다.

행복은 어디에서 오는가

세계 정복을 꿈꾸었던 프랑스 영웅 나폴레옹은 마케도니아의 알렉산더 대왕과 로마제국의 카이사르에 버금가는 군사 전략가이자 정치가로 평가받는다. 그는 지중해 코르시카섬에서 태어나 가난한 유년기를 보냈지만 아버지를 따라 프랑스로 이주한 뒤 수학과 군사에 천재적인 재능을 보였다. 프랑스 민중혁명 이후 권력을 장악하고 제1제정 체제의 제1총통이 되어 유럽전역으로 영토를 확장해 나갔다. 그러나 그는 워털루 전쟁에서 패한 뒤 유배지 헬레나 섬에서 고독하게 생을 마감하기 전 다음과 같은 말을 남겼다. "내가 진정 행복했던 때는 단 6일 밖에 없었다."

나폴레옹보다 1세기 후에 태어난 헬렌 켈러는 생후 19개월 되었을 때 심한 열병으로 시각과 청각을 모두 잃어 보지도 듣지도 말하지도 못하는 삼중고의 장애를 안고 살았다. 하지만 7살 때 가정교사 설리번을 만나 불행을 희망으로 변화시켰다. 세계최초로 대학교육을 받은 시각장애인이 됐고, 평생 시각장애인 복지사업과 구제에 나서 '빛의 천사'로 칭송받으며 생을 마감했다. 그는 죽음을 앞두고 "내 인생은 참으로 행복한 나날이었다"고 고백했다.

출처: 국민일보 2013. 05. 10 [삶의 향기-이승한] 행복은 어디에서 오는가

3. 도덕성 발달과 교육

도덕(道德)은 모든 인간이 당연히 가야할 길(人之所當行之路)이고, 인간으로서 지켜야 할 공통된 도리(人之所共由者)로서 선악·정사(正邪)의 원리가 된다. 어원적으로 볼 때, 도덕이란 사람으로서 마땅히 해야 할 바른 도리, 그에 준한 행위, 인륜의 태도라고 해석할 수 있다. 따라서 도덕이란 인간이 밟아야 할 길을 삶에서 실천하여 얻는다는 것을 뜻한다.

도덕성(道德性)의 성(性)은 인간성, 예절성 등의 경우와 마찬가지로 인간의 성격이나 태도와 같은 내적인 경향성을 나타내는 것으로 사용되는 것이 보편적이다. 따라서 우리 말의 도덕성은 인간이 도덕행위를 할 수 있는 능력, 또는 성향으로 보는 것이 타당하다.

도덕성 발달은 사회적으로 인정받을 수 있는 방식으로 행동하는 것을 배우는 중요한 과업의 하나이다. 인간의 성장과정에서 도덕성의 발달은 인간 자신의 삶이나, 사회에 중요한 영향을 줄 수 있다. 인간을 사회화시키는 중요한 목표 중의 하나는 옳고 그른 것을 구별할 수 있도록 가르치는 것이다. 일반적으로 도덕성은 어린시기부터 기초가 형성되어 가며, 유아기에 경험하는 모든 환경은 유아의 도덕성 형성에 영향을 주게 되고 특히 가족, 교사, 또래집단의 영향을 받게 된다.

어느 문화에서나 윤리적 판단기준과 규범적 체계가 있기 때문에 사회화 과정에서 이를 따라야 한다. 그러므로 도덕성 발달에 필요한 것은 다른 사람의 표준을 자신의 것으로 삼는 내면화(internalization) 과정이며, 내면화 과정을 통하여 도덕성 발달이 이루어진다. 심리학적 관점에서 일반적으로 도덕성은 "개인에 의해서 내면화된 사회적 행위상의 일련의 문화적 규칙이다."고 정의된다. 그러나, 내면화 현상의 어떤 측면을 강조하느냐에 따라서 서로 다른 도덕성 발달이론이 성립된다. 정신분석학은 도덕성을 정의적 속성인 양심으로 보았다. 그러나 Piaget와 Kohlberg 등은 도덕성을 정신 내부에 구조화된 개념으로 보았고, 학습이론은 도덕성을 학습된 행동(습관)으로 보았다.

1) 정신분석학 관점

정신분석학에서 도덕성을 설명하는 기본개념은 '양심'이며, 도덕성 발달은 '양심' 또는 '초자아'의 발달을 의미한다. Freud에 의하면 양심은 동일시라고 하는 심리적 과정에 의해 형성된다. 대개 4~5세 경인 Oedipus Complex 시기에 초자아 형성을 이루기 위한 동일시가 이루어지기 때문에 도덕성 발달에 있어서는 유아기가 중요하게 고려된다. 어린이는 충동이나 욕구의 집합체로 도덕적 행동을 해낼 수 없으며, 성장해 감에 따라 부모와의 관계를 통하여 점차로 사회의 규범에 따른 행동을 형성해 가는 성향이 있다.

2) 인지발달론 관점

인지발달론 관점에서는 도덕성 발달이 인지발달에 의존한다고 보며, 도덕성이 일정한 단계와 계열을 따라 발달한다고 주장한다. 인지론자들은 연령증가에 따른 인지구조의 변화를 양적 증대로 보지 아니하고 질적 변모로 보기 때문에, 도덕성 발달은 개인이 지닌 도덕적 태도와 개념이 전도덕적인 상태로부터 질적으로 전혀 다른 도덕적 성숙의 단계로 변화해 가는 과정이라고 규정하고 있다. 따라서 도덕성의 발달은 행위의 주체자로서 개인이 그를 둘러싼 사회적 환경을 어떻게 인식하며, 사회환경 안의 여러 가지 규범을 어떻게 개념화하느냐에 따라 결정된다고 볼 수 있다.

아동의 도덕성이 일정한 단계와 계열을 따라 발달한다는 것은 여러 사람들의 연구에서 밝혀졌다. 인간의 도덕성 발달에 관한 인지발달의 대표적인 연구는 Piaget(1896-1980)와 Kohlberg(1927-1987)를 들 수 있다.

3) 학습이론 관점

학습이론 관점에 의하면 도덕성은 사회적으로 학습된 행동이며, 보상과 처벌에 의해서 이루어진다고 본다. 도덕성은 직접적인 모방학습에 의하여 주어지고 또 강화에 의해서 유지된다. 학습이론 입장에서는 도덕성이라는 것을 관찰 가능한 구체적인 도덕행위의 총합체로 본다. 즉, 도덕성의 유무나 발달의 수준을 인간심성의 내면에 존재하는 감정이나 인지구조로 보지 아니하고 구체적으로 관찰이 가능한 행위의 수준에서 그 특성의 유무가 측정되어야 할 것이라고 생각한다. 예를 들면, 정직성이라는 덕목 또는 특성은 정직한 행동이 요구되는 어떤 구체적인 상황에서 정직한 행동을 나타내느냐 않느냐에 의해서 측정될 수 있다고 보는 것이다.

학습이론은 기본적으로 도덕성을 행동의 학습결과(습관)로만 보는 것이기 때문에 훈련(training), 시범(modeling), 상과 벌(rewards & punishment)로써 도덕적 습관이 습득된다고 설명한다. 즉, 도덕성 교육은 훈련이나 상과 벌에 의해 이루어져야 한다는 입장을 지니게 된다.

경영의 신 "가난, 허약체질, 무학(無學)이 성공의 바탕이었습니다."

1989년 4월에 타계한 마쓰시타 그룹의 창업자인 마쓰시타 고노스케는 '경영의 신'으로 추앙받고 있다. 고노스케를 '경영의 신'으로 부르는 데는 그 이유가 있다. 첫째로 세계적 기업을 단 1대(代)만에 거의 무일푼에서 일으켜 세운 것이고, 둘째 마쓰시타 발전의 원동력은 단일 제품이나 기술이 아니라 뛰어난 경영이었다. 오늘날 글로벌 기업들이 기본적으로 적용하는 사업부제(事業部制)를 일본에서 가장 먼저 확립했는데, 세계에서 사업부제를 처음으로 실시한 듀폰과도 몇 년 밖에 차이가 나지 않는다. 셋째는 이런 틀을 통해 많은 사람들을 경영자로 키우고 그들의 지혜와 창의력을 경영이라는 활동에 끌어들인 점이다.

마쓰시타 고노스케
1894년 11월 27일- 1989년 4월 27일

세계의 경영자들 가운데 마쓰시타 고노스케만큼 많은 책을 쓴 사람은 없다. 창업자 저서가 청소년, 대학생에게 귀감이 되고 배울 점을 시사한다는 의미에서는 한국의 대기업 또는 중견기업 창업자들이 고노스케의 발자취를 배울 필요가 있다. 그가 입버릇처럼 하는 말이 있다. "경영은 예술이며 경영자는 경영이라는 작품을 창조하는 예술가이다."

"가난, 허약체질, 무학(無學)이 성공의 바탕이었습니다."

"저는 가난한 집안에서 태어난 덕분에 어릴 때부터 갖가지 힘든 일을 하며 세상살이에 필요한 경험을 쌓았습니다. 저는 허약한 아이였던 덕분에 운동을 시작해 건강을 유지할 수 있었습니다. 저는 학교를 제대로 마치지 못했던 덕분에 만나는 모든 사람이 제 선생이어서 모르면 묻고 배우면 익혔습니다." 마쓰시타는 초등학교 4학년 때부터 화로가게 점원으로 일하면서, 밤이면 외로움에 떨며 어머니 생각에 하염없이 눈물 흘렸다. 화로가게가 문을 닫자 자전거 가게 점원으로 17살 때까지 일했다.

자전거 가게를 그만두고 시멘트 회사 운반원을 거쳐 1910년 오사카전등주식회사 견습사원으로 입사해 만 22살 때 검사원으로 승진했지만, 검사원이 되기 전부터 소켓 개량 연구에 착수하고 있었고 결국 1917년 6월 20일 퇴사했다. "몸이 약했기 때문에 회사 근무는 맞지 않았습니다. 보수가 일당 지급이라 쉬면 끼니를 걸러야 할 때도 있었습니다. 쉬더라도 다소나마 먹고 살 수 있어야 한다는, 참으로 사소한 동기에서 사업을 시작한 것입니다." 1917년 10월 소켓을 출시했지만 판매가 시원치 않았고 제품에도 문제가 많았다. 품질 개선에 착수했지만 수익을 내지 못하던 12월, 선풍기 부품 대량 주문을 받아 기사회생했다. 주문이 안정되자 마쓰시타는 1918년 3월 7일 오사카시 기타구(北區. 오늘날 후쿠시마구) 오비라키 1번가 2층 목조 가옥을 빌려 마쓰시타 전기기구제작소를 창립했다. 직원은 마쓰시타 부부와 마쓰시타의 처남 이우에 도시오(산요전기 창업자)가 전부였다. 이날의 창업은 내쇼날, 파나소닉으로 유명한 연매출 7조 엔(연결기준)이 넘는 세계 굴지 기업의 출발이었다. 첫 히트 상품은 연결 플러그였다. 모양이 현대적이고 경쟁제품보다 30% 싸서 인기를 모았다. 그 다음 히트 상품은 전구 두 개를 끼울 수 있는 플러그. 이 상품으로 제1차 세계대전 후의 불경기도 헤쳐 나갔고 1923년 70평 규모의 공장도 지었다.

출처: M이코노미, 2013년 02월 07일, 마쓰시타 그룹 창업자 마쓰시타 고노스케, 그는 왜 '경영의 신'이 되었는가? http://navercast.naver.com/contents.nhn?rid=75&contents_id=578

제11장

생활지도와 상담

1. 생활지도의 개관
2. 상담활동
3. 상담자와 내담자의 관계
4. 상담자의 역할과 기능

1. 생활지도의 개관

생활지도는 인류의 역사와 같이 시작되었다고 할 수 있다. 즉, 인류는 역사를 통해서 지식과 경험을 가진 사람으로부터 언제나 자문을 요구해 왔다. 원시사회는 부락의 추장이나 노인들이 오늘날의 상담자 역할을 담당했으며, 또한 부모는 자녀들에게 기본적인 생존에 관한 기술을 전달해 왔다. 인류문명의 초기는 철학자나 神이나 종교를 대표하는 승려들이 자문을 하는 기능을 담당해 왔다.

인류의 역사는 20세기로 접어들면서부터 많은 영역에 걸쳐 변화를 가져왔다. 특히 인간의 편리를 위한 기계적 · 물질적 발달과 변화가 심화되고 있다. 이러한 과학적 기술은 인간으로 하여금 자연에 대한 적응력을 길러 주었다는 것과 신체의 편안함을 얻었다는 장점을 가지고 있지만, 한편 많은 단점을 노출시키고 있다. 인간들을 생활로부터 소외시켰으며, 자연의 극복을 위해 고안되었던 모든 기술들이 이제는 오히려 인간을 위협하는 대상이 되었으며, 또한 이러한 모든 것들은 인간성의 상실을 촉진시키는 결과를 가져왔다.

오늘날은 어느 때보다도 생활지도의 필요성이 강조되는 시기라고 할 수 있다. 사회구조 · 직업세계 · 가족구조 · 생활양식 · 가치관과 태도의 변화 등은 성장하는 아동에게 적응상의 어려움을 겪게 하고 있다. 우리의 교육은 한 인간의 잠재력 개발이나 심리적 · 정서적 개발과 행복의 추구 등은 등한시되고, 지적인 인간을 길러 내는 지식위주의 교육에 집중되어 왔다고 할 수 있다.

당면하고 있는 사회적인 문제를 치유하고 예방하기 위해서는 知·德·體가 조화된 행복한 삶을 영위할 수 있는 창조적인 인간으로 성장시키기 위한 생활지도가 더욱더 강화되어야 할 것이다(이재창, 1988).

학교교육은 크게 두 가지의 영역으로 나누어진다. 역사적으로 축척된 지식이나 기능 및 문화적 유산을 이해시키고 전수하는 이른바 교과교육과, 다른 하나는 학생 개개인의 사회화(socialization)나 자기실현(self-actualization)을 도와주는 생활지도 영역이다.

교과교육과 생활지도 영역의 특징적 활동은 교육이 있는 곳이면 언제 어디서나 조화롭게 행하여야 정상적인 교육이 되는데, 알게 모르게 사회가 발전하여 점차 복잡하게 되고, 과학기술이 급속히 발전하면서 지식과 기술의 전수에 치중하여 학생들의 행동에 문제가 있을 때만 생활지도가 운위되며 필요성이 강조될 뿐 학교조직 체제에 존재하면서도 활성화는 뒷전에 있는 실정이다.

흔히들 교육이라고 하면 지식의 전수가 가장 중요한 것이고, 심지어는 전부라 생각한다. 그러나 지식의 전달만을 강조하는 교육은 학교나 교사 없이 컴퓨터나 기타 첨단 매체만 가지고도 얼마든지 가능하며, 또한 학교에서 교사가 가르치는 것보다 훨씬 더 효과적일 수도 있다. 그러나 인간이 일생을 살아가면서 타인과 관계를 형성하며 신체적 발달을 이룩하고 자신을 다스리는 방법을 고르게 배우는 것은 지식의 습득 못지않게 중요한 것이다.[1] 이렇게 생각할

1) 카네기 재단에서는 직업적인 성공에 관련된 요인을 추출하기 위한 종합적인 연구를 진행하였다. 지식이 풍부한 사람, 끈기가 있는 사람, 사교적인 사람, 성격이 원만한 사람, 대인관계가 좋은 사람, 지도성이 있는 사람 등 여러 가지 특징 중에서 어떤 특징을 가진 사람이 직업적으로 성공하고 사회적으로 인정받을 수 있느냐 하는 것이다.

연구결과, 한 개인의 직업적인 성공과 사회적인 업적에 관련되어 있는 요인 중에서 지식과 기술을 포함하는 지적 능력이 차지하는 비중이 20~30% 밖에 되지 않았다. 어느 직업이나 그 직업집단에 소속되기 위해서는 일정한 지적 능력을 필요로 한다. 어떤 직업집단에 들어갈 수 있는 최저 능력만 있으면 그 다음 그 개인의 성공을 결정해 주는 것은 지적 능력 이외의 요인이 70~80%를 차지한다는 것이다.

때 상담활동 또는 생활지도는 교육에서 하나의 축을 이루는 중요한 요소이다.

1) 생활지도의 개념

생활지도라는 개념은 지도(guidance), 지시(direction), 안내(pilot), 관리(management), 조종(steering) 등의 의미를 지니고 있다. 즉, 개념으로서의 생활지도란 개인을 돕는 것을 의미하며, 교육과 관련되었을 경우에는 학습자들 스스로가 자신의 문제를 보다 심도 있게 이해할 수 있도록 도와주는 다양한 경험의 제공을 의미한다.

따라서 생활지도는 개인이 지니는 성장가능성을 최대한 실현시키고 사회에 현명하게 대응해 나갈 수 있도록 이끌어 주고 도와주는 일이다. 생활지도의 목적은 교육의 목적과 일치한다.

교육적인 면에서는 자기이해와 자기지도에 도움이 되는 경험을 제공하는 것이고 실제의 지도면에서는 도움을 주는 관계의 실천 절차 혹은 과정이라고 할 수 있다. 생활지도는 아동에게 스스로 책임을 지는 능력과 독립심을 양성하는 것을 목적으로 하고 개개인으로 하여금 자신과 자신들의 세계를 이해하는데 도움을 주는 과정(Guidance is the process of helping individuals to understanding themselves their world)으로 정의된다.

생활지도란 인간 개개인의 인지적, 정의적, 신체적 특성과 잠재가능성을 바르게 이해하고 발달시켜서 개인이 교육적, 직업적, 사회적, 심리적 발달을 가능성의 최고수준까지 도달할 수 있도록 도와주는, 즉 자아실현을 도와주는 봉사활동을 가리킨다. 따라서 생활지도는 이런 봉사활동에 관한 학문적 이론과 실증적 연구의 총체로서, 이 봉사활동의 과정과 절차를 모두 가리키며, 또한 그런 목적을 달성하기 위해서 제공하는 모든 교육적 경험을 포함하게 된다. 그러므로 생활지도에서는 삶의 전 발달단계에 걸친 포괄적인 발달에 관심을 가져야 한다.

2) 생활지도의 기본원리

생활지도가 필요성에 부응하지 못하고 제한된 기능 밖에 수행할 수 없는 이유는 생활지도에 대해서 가지고 있는 그릇된 견해 때문이라고 할 수 있다. 우리는 생활지도를 문제아의 지도, 도의교육, 사건처리 등으로 보고 있거나, 훈육적 지도, 학생운동의 지도, 도의교육 등으로 생각하는 그릇된 개념을 가지고 있다.

생활지도의 기본원리를 종합하여 정리하면 다음과 같다.

(1) 생활지도는 모든 아동을 대상으로 한다.

교육이 모든 아동을 대상으로 하듯이 생활지도도 그 대상은 모든 아동이다. 생활지도는 문제를 가진 특수아동만을 다루는 것으로 생각하는 경우가 많다. 생활지도는 개인의 성장 · 발달과 잠재력의 개발, 치유보다는 예방에 중점을 두는 것이기 때문에 적응에 문제를 보이는 특정한 집단의 아동만을 대상으로 하는 것이어서는 안 되고 정상적인 전체아동을 대상으로 해야 한다.

(2) 생활지도는 자율적인 지도능력의 함양을 기본으로 삼는다

결과보다는 과정이 중요한 것이며, 자율적으로 생각하고 행동해 보는 경험이 중요하다. 자신의 문제를 누구에게 의존하지 않고 스스로 해결해 나갈 수 있는 자기지도력을 구비하게 하여야 한다.

(3) 생활지도는 처벌이나 제지보다 선도 내지 지도를 앞세운다.

생활지도를 문제아동을 처벌하는 것으로 잘못 인식하는 경우도 있다. 생활지도의 주안점은 개인의 성장 · 발달을 촉진하는 것이다. 처벌, 위협, 억제 등은 행동을 일시적으로 중단시킬 수는 있으나 근본적인 행동의 변화를 가져오기는 어렵다. 생활지도는 아동을 처벌하기보다는 성장을 촉진하는 적극적인 활동이 되어야 한다.

(4) 생활지도는 치료나 교정보다 예방에 역점을 두고 있다.

생활지도는 개인의 전인적 발달에 초점을 두고 정상 아동을 대상으로 하는 것이기 때문에 이미 발생한 문제의 치료보다는 문제발생을 예방하는 데 역점을 두어야 하는 것이다.

(5) 생활지도는 임상적 판단뿐만 아니라 과학적 근거에 기초한 판단에 역점을 두고 있다.

상식적인 판단에만 의존하는 것은 착오를 가져올 가능성이 있다. 아동을 제대로 이해하기 위해서는 여러 가지 표준화된 검사를 활용하는 것이 필요하다. 객관적인 자료만이 절대적인 것은 아니지만 생활지도도 과학화되어야 아동을 바르게 이해해서 바르게 지도할 수 있는 것이다.

(6) 생활지도는 전인적 발달에 초점을 둔다.

생활지도의 주요한 기능 중의 하나는 개인의 성장 · 발달이다. 여기서의 발달은 지적인 발달뿐만 아니라 신체적 · 정서적 · 사회적 발달 등을 모두 포함하는 것이다. 또한 개인의 잠재능력을 계발하도록 촉진하는 것도 의미한다. 생활지도는 개인으로 하여금 지적인 발달은 물론 올바른 판단과 사고를 하고 자신의 흥미 · 태도 · 가치관 등을 통해서 건전한 자아상을 확립해서 전인으로 발달할 수 있도록 해야 한다.

2. 상담활동(counseling service)

과거의 세대도 그 나름대로 해결해야 할 삶의 문제가 있었다. 그러나 비교적 단순하고 변화가 없었던 전통사회에서 파생된 대부분의 문제들은 자신의 힘이나, 부모 선배들의 조언으로 쉽게 해결될 성질의 것이었다. 산업화, 기계화, 도시화의 특징을 지닌 현대사회는 과거세대가 경험하지 못한 삶의 난제를 일으킨다. 상담은 현대사회의 요청에 의해서 생겨난 분야이다.

현대적 의미의 상담이 모습을 갖추기 시작한 것은 19세기 말부터라고 할 수 있다. 상담은 19세기 말에서 20세기 전반기에 이르는 동안 문명사회의 인간의 삶을 다루는 새로운 문화적 양식으로 발전되었다. 윤리와 종교를 기반으로 하던 훈육과 인격지도가 과학과 교육실천 원리를 기반으로 하는 생활지도와 상담으로 전환된 것은 20세기 전반에 이루어진 일이다. 흔히 20세기는 고향을 상실한 시대이고, 21세기는 가정을 상실한 시대가 될 것이라고 예측하고 있다.

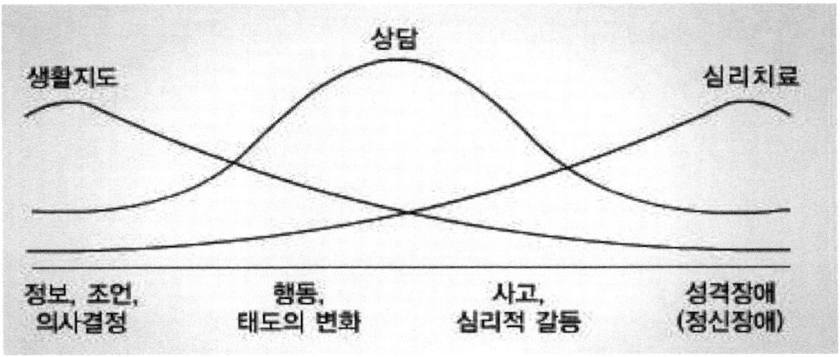

〈상담, 생활지도, 심리치료의 영역 비교〉

출처 : 이장호, 1996

상담은 인류지성이 성취한 최대의 성과로서 학문적으로나 실험적으로 중요한 위치에 있다. 하나의 독립된 전문영역으로서 여러 학문적 접근을 하고 있다. 생활지도는 교육학만이 아니라 심리학, 정신의학, 사회학, 문화인류학 등의 광범한 학문영역에서 관심의 대상이 되고 있다.

상담은 아동들의 무한한 잠재가능성(potential ability)에 대한 신념에서부터 출발하여 최대한의 바람직한 자기실현(self-realization)과 문제해결(problem-solving)을 돕는 과정(helping process)이며, 자율적인 성장과 고차적인 적응성의 발달을 돕는 지원 노력(supportive intervention)이라고 볼 때, 교육과 상담과의 관계는 뗄 수 없는 긴밀한 관계에 있음을 이해할 수가 있다.

상담은 대화를 통하여 자기발견과 자기성장을 추구해 갈 수 있도록 이를 돕는 행위이며 과정이다. 상담은 단순한 대화나 조언이 아니라, 보다 전문적이며 과학적인 도움을 포함한 행위 · 관계 · 과정의 성격을 갖는다. 상담에 대한 견해는 사회와 시대의 변천에 따라 변화한다. 먼저 상담에 관한 몇 가지 견해를 살펴보고 이를 근거로 시대와 사회에 적합하다고 여겨지는 상담의 견해를 정리하면 다음과 같다

1) 정보제공 또는 충고로서의 상담

오늘날 주변에서 남용되고 있는 여러 가지 종류의 상담—민원상담 · 융자상담 · 매매상담—이 여기에 속한다. 이 견해에 따르면 상담이란 특정분야에 지식과 경험을 가진 사람이 그 분야의 문제로 고민하는 사람에게 정보를 제공해 주고 충고해 주는 것에 불과하다. 이런 의미의 상담은 인류역사와 더불어 존속해 왔다고 볼 수 있다. 예를 들면 농사법을 몰라 힘겨워하는 아들에게 아버지가 자신의 경험과 지식을 통하여 정보를 제공해 주거나, 승려나 목사, 의사 또는 법률가 등 여러 전문직에 종사하는 사람들이 해당분야에 관련된 문제로 어려움을 당하고 있는 사람들에게 도움을 주기 위하여 필요한 정보를 제공하고

충고를 하거나 자문에 응하는 것을 상담으로 보는 견해이다.

이와 같은 의미의 상담은 비교적 단순하고 큰 변화가 없었던 전통적 사회에서는 어느 정도 통용될 수 있었다. 왜냐하면 그 때 사람들이 경험한 삶의 문제들은 대분분 기성세대나 해당분야 전문가의 정보제공이나 충고만으로도 쉽사리 해결될 수 있었던 성질의 것이었기 때문이다. 그러나 변화의 다양화로 특징지어지는 오늘의 사회를 살아야 하는 현대인들은 옛 사람들이 상상이나 경험도 하지 못한 여러 가지 복합적인 문제에 직면하게 됨으로써 한층 고조된 심적 불안, 긴장, 고통을 겪지 않을 수 없다. 따라서 현대인들은 일상생활 상태에서 직면하게 되는 새로운 심적 문제들을 자신의 힘으로는 물론 부모, 교사, 동료들과 같은 비전문가의 정보제공이나 충고만으로는 해결할 수 없음을 깨닫게 됨으로 이 문제들을 보다 원만히 해결해 줄 수 있는 상담전문가의 도움을 필요로 하게 되었다. 이와 같은 시대와 사회적 요청에 따라 심리치료 또는 문제해결을 돕는 전문적 상담이 발전하게 된 것이다.

2) 심리치료 또는 문제해결 과정으로서 상담

상담을 심리치료 또는 문제해결의 과정으로 이해하려는 이 견해는 주로 정신건강에 관심을 가진 사람들의 영향으로 발전하게 되었다. 이 입장은 정신역동과 성격이론에 근거를 두고 있기 때문에 상담과정에서는 주로 개인내적 심리현상을 취급하는 한계를 지니고 있다. 이 견해에 의하면 상담의 대상은 심리적으로 병들거나 문제를 지닌 개인이고, 상담의 과정은 상담자와 내담자의 면접관계에서만 가능하며, 상담 목적은 병을 치료하거나 문제를 해결하도록 돕는 것으로만 인식되고 있다.

이 치료적 견해에 입각한 상담활동은 극소수의 사람들에게만 도움을 줄 뿐 대다수의 사람들에게는 외면당하는 문제점을 지니고 있다. 이 견해를 채택하는 상담자는 상담실에서 대기하고 있다가 문제를 가지고 찾아오는 사람들만 치료해 주는 것을 주업무로 여기기 때문에 문제를 지닌 소수의 사람들, 그 중에서도 자진해서 찾아오는 극소수의 사람들에만 도움을 주게 된다.

이러한 문제점을 인식하게 된 상담학계는 1960년대 말기에 이르러 보다 적극적이고 보다 많은 사람에게 도움을 줄 수 있는 상담의 새로운 접근개발의 필요성을 주장하기 시작하였다. 그리하여 연구와 수정을 거친 후 상담의 발달 접근과 생태체제적 접근이 전통적인 치료적 접근대안으로 제시되기에 이르렀다.

3) 발달과업 성취를 돕는 과정으로서의 상담

이 견해는 인도주의적 입장을 취하고 있는 심리학자들과 교육학자들의 인간관을 기본철학으로 하고, 발달이론가들이 연구한 인간발달의 여러 가지 단계와 과업에 관한 이론을 그 이론정립의 골격으로 삼고 있을 뿐 아니라, 행동주의 학습이론에서 실제적 방법에 관한 도움을 받고 있다. 이 견해에 의하면, 상담이란 문제가 발생할 때까지 기다렸다가 찾아오는 내담자를 진단하고 치료해 주는 소극적인 자세에서 떠나 오히려 적극적으로 개인의 발달과업 성취에 도움이 되는 다양한 활동 프로그램을 개발하여 적용함으로써 사전에 문제의 발생을 예방하는 동시에 대다수의 정상인들로 하여금 자력으로 보다 나은 성장·발달을 이룩해 나갈 수 있도록 돕는 과정을 말한다.

4) 생태체제적 접근으로서의 상담

최근에는 인간발달은 개체 내적인 요인에만 작용을 가함으로써 이루어지는 것이 아니라 기관이나 조직체의 전체 체제에 작용을 가함으로써 그 조직을 인도적이고 발달적인 풍토로 개선할 때, 개인과 환경 사이의 상호 복합작용을 통하여 최고도로 성취될 수 있다는 새로운 견해가 대두되기에 이르렀다. 즉,

이 때까지 상담활동의 주된 이론적 배경이었던 개인 내적인 정신역동이나 개인의 행동을 중심으로 한 성격이론에만 의존하는 경우 소기의 목적을 달성할 수 없다는 결론에 따라 사회학, 문화인류학, 정치학, 경제학, 경영학 등을 포함한 사회행동과학 분야의 이론을 도입, 활용하기에 이르렀다.

사회 행동과학 분야의 여러 이론과 실천적 전략을 배경으로 하여 개인과 그가 속한 환경체제 사이의 상호 복합작용 및 그 결과에 관련지어 개인의 발달을 도모하려는 것을 상담의 생태체제(ecosystem) 접근이라고 한다. 생태체제적 모형은 개인으로 하여금 그가 가진 가능력과 성취해야 할 발달과업을 최대한 성취하도록 돕기 위하여 그가 속한 조직체의 환경이 발달되도록 조성해 주는데 관심을 가지고 있다. 즉, 이 견해에 의하면 상담이란 개인을 기존의 환경에 적응시키려고 노력하는 것이 아니라 오히려 조직체의 환경을 개인의 요구와 발달에 적합하게 재설계하려는 데 치중하는 과정으로 보아야 한다. 또한 이 접근은 한 걸음 나아가, 개인으로 하여금 기존환경을 자신의 발달에 도움이 되는 방향으로 개선하고 활용하는 일에 직접 참여하도록 기회를 제공해 주는 것을 상담의 기능으로 보고 있다.

3. 상담자와 내담자와의 관계

상담이 효과적인 조력관계가 되려면 상담자와 내담자 사이의 신뢰(trust)관계가 형성되어야 한다. 이는 상담과정에 있어서 치료적 분위기를 수립하는 데 있어서 가장 필수적인 것이다. 처음 상담을 시작하는 내담자는 상담에 대한 기대가 불확실해서 불안을 경험하게 된다. 만일 처음 상담면접에서 내담자가 상담자를 신뢰할 수 없으면 내담자는 자신의 감정 · 사고 · 문제와 갈등 등을 솔직하게 상담자에게 표현할 수 없기 때문에 효과적인 상담을 기대하기 어렵다. 그러나 상담자와 내담자 사이의 신뢰가 형성되면 내담자는 상담자를 믿고 자신을 개방할 수 있기 때문에 성장과 변화에 대한 잠재력도 향상되어 상담이 효과적으로 이루어질 수 있다. 이러한 신뢰관계가 형성되기 위한 조건은 다음과 같다.

1) 공감적 이해(empathic understanding)

감정이입 혹은 공감(empathy)이라고도 하는 공감적 이해는 내담자의 경험 · 감정 · 사고 · 신념을 내담자의 준거체제(frame of reference)에 의해서 상담자가 내담자인 것처럼 듣고 이해하는 능력이다. 그러므로 공감은 "타인의 입장에 서게 되는 것" 또는 "타인의 눈으로 사물을 바라보는 것"이라고 할 수 있다. 상담자가 내담자에게 던져 주는 단순한 하나의 언어반응이 아니라 상담자와 내담자가 '함께하는(being with)' 과정이다.

공감이란 타인의 감정과 심리상태 혹은 경험을 마치 나의 것처럼 느끼는 것으로서, 다른 사람의 내적 경험을 매순간 함께 느끼고 인지하는 능력이다. 상담장면에서 공감이란 상담자와 내담자가 더불어 느끼는 것이며 상담자가 내담자의 눈을 통해 외부세계를 보고 이해하는 것이다.

상담자의 자질은 무엇보다 상담자 자신에 대한 이해와 더불어 내담자와의 관계형성 능력이라고 할 수 있다. 여기서 상담자와 내담자의 관계형성 능력은 흔히 상담자의 공감적 이해능력으로 대표된다. 그 동안 공감적 이해능력에 대해서는 다양한 정의가 있어 왔는데, Fliess(1942)는 공감은 자신을 내담자의 입장에 서게 하여 내담자의 내면세계에 대한 지식을 얻는 능력이라고 보았다. Patterson(1974)은 공감적 이해가 내담자와 '더불어 느끼는 것'이며 가능한 한 내담자의 눈을 통하여 외부세계를 보는 것이라고 하였다.

일반적으로 공감(empathy)이란 타인의 감정과 심리상태 혹은 경험을 마치 나의 것처럼 느끼는 것으로서, 다른 사람의 내적 경험을 매순간 함께 느끼고 인지하는 능력에 기초를 두는 정신내적 현상이다. 즉, 상담장면에서 공감이란 상담자와 내담자가 더불어 느끼는 것이며, 가능한 한 상담자가 내담자의 눈을 통해 외부세계를 보는 것이다.

공감적 이해능력이 왜 그렇게 중요하며 상담실습에서 공감적 이해 능력의 습득을 중점적으로 다루어야 하는가는 상담이란 상담자와 내담자의 1 : 1의 관계 속에서 대화를 통해 문제해결을 돕는 것이므로 상담자와의 관계, 특히 촉진적 관계가 치료와 변화의 핵심이라는 데서 출발한다. 내담자중심 상담가와 행동주의 상담가들을 포함한 모든 상담이론가들이 공감의 중요성을 지적하고 있으며, 공감의 역할을 강조하고 있다. 뿐만 아니라 일부 상담가들은 공감을 성공적 상담기준으로 이용하기도 하였다.

2) 긍정적 존중(positive regard)

내담자를 한 인간으로 존중하여 그의 감정 · 사고 · 행동을 평가하거나 판단하지 않고 있는 그대로 받아들이는 것을 말한다. 이러한 태도를 무조건적(unconditional)이고 긍정적(positive)인 것이라 하고, 상담자는 내담자를 가치와 권위가 있는 사람으로서 존중할 것을 제안하고 있다.

상담자가 내담자에게 긍정적 존중을 보이면 내담자는 자신에게 자신감을 가지고 상담자에게 반응하게 된다. 다른 사람들에 대한 긍정적 존중은 자기존중에 기인한다고 할 수 있다. 즉, 자신의 경험 · 사고 · 감정을 존중하지 않는 상담자는 다른 사람의 사상과 감정을 존중하는 데 어려움을 갖게 된다.

3) 진실성(genuineness)

내담자와의 관계에서 상담자가 자신의 경험이나 감정을 솔직하게 표현하는 것을 진실성이라고 한다. 상담자가 상담관계 속에서 내담자에게 단순히 상담자로서의 역할을 수행하는 행동을 취하며 가식하거나 '-체' 하지 않고 인간으로서의 자신의 모습을 진솔하게 나타내는 것이다.

4. 상담자의 역할과 기능

상담자란 문제를 가지고 그것을 해결하려는 사람에게 인성적인 자질을 갖추고 전문적 훈련을 받은 전문가의 자질을 습득한 사람으로서 남에게 도움을 주는 사람을 말한다. 상담자의 자세 중에 가장 기본적인 것은 내가 무엇인가 도움이 될 수 있으리라는 자신감을 갖는 일이다.

무엇보다도 상담자(counselor)로서 긍정적인 자아지각을 갖는 일이 중요하다. 또한 상담과정에서는 내담자(client)의 말을 주의 깊게 경청하고 명랑하고 친절하며 수용적이고 이해를 하면서 문제의 실마리를 풀어 가는데 정성을 기울여야 한다. 한편 원만한 인간관계를 가지고 서로 믿고 의지하는 분위기를 조성하여 문제해결을 도와주는 협력자가 되어야 한다. 따라서 상담자는 선천적으로 봉사적인 인성과 사회적 · 경제적 · 문화적 제 요인과의 관계를 이해하고 있어야 한다.

상담자는 선천적으로 다루는 전문가로서 역할을 수행하기 위해서는 전문적 자질도 요구되는 생활지도의 기초이론, 상담이론, 각종 정보의 이해, 상담기술, 조직과 행정, 심리검사 처리방법의 이해, 심리학, 교육학, 문화인류학, 사회학 기타 주변 학문을 총괄적으로 이해하고 있는 범위 안에서 종합적인 판단이 요구되며 상담의 윤리강령을 준수해야 한다.

상담자는 '제3의 귀'를 가지고 있어야 한다. 그것은 육안으로 들리는 소리뿐 아니라 그 이상의 경청할 수 있는 인내와 자세가 요구되는 것이다. 그만큼 남을 신중하게 이해하고 내담자의 심중을 꿰뚫어 문제의식을 파악하는 데 심혈을 기울여야 하는 것이다.

내담자의 인간적인 성장을 도와주기 위하여 상담자는 내담자가 안전감과 자존감(self-esteem)을 가지고 스스로를 돌아볼 수 있는 분위기를 만들어 주어야 한다. 그렇게 하기 위하여 상담자는 어떠한 태도로 상담에 임해야 하는가? 이에 대한 여러 학자들의 논점을 다음과 같이 정리해 보기로 한다.

첫째, 상담자는 그 자신의 사람됨을 바탕으로 진실된 태도를 가져야 한다. 위장된 역할(playing a role)은 어떠한 형태로 행해지든 용납될 수 없다고 많은 학자들은 한결같이 주장하고 있다.

둘째, 상담자는 내담자에 대한 진지한 관심과 흥미를 보여주어야 한다. 내담자는 그 자신에 대한 책임을 질 수 있으며 적절한 도움이 있으면 그 자신에게 가장 잘 어울리는 선택을 할 수 있는 능력이 있다는 사실에 순수한 확신을 가지고 있는 것이 필요하다. 그리고 이 확신은 대화로 교환할 수 있어야 하는 것이다. 그러나 이것은 호기심과는 엄연히 구별되어야 한다.

셋째, 상담자는 내담자의 이야기를 적극적으로 들을 수 있어야 한다. 적극적인 경청이란 상대방의 이야기를 있는 그대로 받아들이는 동시에 나타나지 않은 숨은 의도를 정확하게 간파할 수 있는 능력을 말하는 것이다. 그러나 이러한 능력이 쉽게 습득되는 것은 아니다. 우리는 대부분의 경우에 상대방의 이야기가 끝난 다음에 자신은 무슨 이야기를 할까를 생각하거나 아니면 그 이야기와 관련된 자신의 경험을 회상하기가 쉽기 때문이다.

넷째, 상담자들은 내담자의 이야기를 제대로 이해하지 못했으면서도 잘 알아들은 듯한 허세를 부리지 말아야 한다. 내담자를 올바로 이해하는 일은 그리 간단한 것이 아니기 때문에 상담자는 조심스럽게 그의 이야기를 정확히 알아 들을 수 있도록 노력해야만 하는 것이다.

이상에서 살펴본 바와 같이 상담은 도움을 주고받는 과정(helping process)이라고 할 수 있다. 여기서 중요한 것은 상담이 단 한 번으로 끝나는 어떤 일(event)이 아니라 계속적인 관계를 맺는 과정(process)이라는 점이다. 그렇기 때문에 상담은 전문적으로 훈련을 받은 상담자가 도움을 필요로 하는 내담자와 함께 보다 나은 적응(adjustment)과 성장(growth)을 향해 진행하는 길고 오랜, 또한 힘든 과정이라고 할 수 있다. 상담자의 실제적인 효율성(effectiveness)은 상담자의 역할에 대한 내담자들의 수용과 협조에 의해 좌우되는 것도 간과해서는 안 될 사실이다.

진정한 선승이며 수행자였던 경허 스님도 파계행 부끄럽게 여겼다

경허(1846~1912) 스님

경허 스님이 일대사(一大事)에 매진했던 진정한 수행자였음에는 이론의 여지가 없음을 밝혔다. '오도가(悟道歌)', '참선곡', '중노릇하는 법' 등 스님이 남긴 글은 구도심이 간절해 한 번에 읽어 내려가기 어려울 정도로 깨달음이라고 하는 과제 앞에서는 발분망식(發憤忘食)했던 선승이었다는 것이다. 또 스님이 범어사, 해인사, 통도사, 화엄사, 송광사 등 대찰에 선원을 개설하고, 만공, 수월, 혜월, 한암 스님 등 기라성 같은 선지식들을 길러 낸 것도 큰 업적으로 꼽았다.

그러나 경허 스님의 공로가 크지만 과오도 결코 적지 않음을 지적했다. 주색(酒色)이라는 경허 스님의 일탈 행위는 승가적으로는 물론이고 사회규범이나 도덕적으로도 지탄받는 일로 도저히 납득하기 어렵다는 것이다.

논문에 따르면 경허 스님은 삶과 행동은 한 마디로 파격이었다. '해인사에서 문둥병에 걸린 여인과 여러 날 동숙한 것', '만공 스님과 함께 길을 가다가 물동이를 이고 가는 아낙네의 입을 맞춘 것', '송광사 점안식 법상에서 술과 돼지고기를 바랑에서 꺼내 삶아오게 한 것' 등 일화가 그것이다. 율장에 의거한다면 이 같은 행위는 승복을 벗기고 속복을 입혀 멀리 산문 밖으로 추방하는 바라이죄에 해당한다는 것이다.

경허 스님도 자신의 삶에 대해 변명하거나 후회하고 있음도 밝혔다. 화엄사 강백 진진응 스님이 경허 스님의 기행을 비판하자 "돈오는 비록 부처와 동일하지만 다생(多生)의 습기가 깊어서 이치는 분명하지만 생각은 여전히 침노한다는 글처럼 내가 꼭 그와 같다"며 "내가 출가했던 청계사는 당취승의 소혈로서 뭇사람들이 주색에 빠진 것을 어려서부터 자주 보고 듣다 보니 이러한 습관이 본성이 되어 그칠 수가 없게 됐다"고 털어놓았음을 근거로 제시했다.

한 불교학자는 "경허 스님의 파계행위에 대한 지적에는 공감하지만 그것으로 인해 자칫 많은 사람들이 경허 스님의 위대함과 긍정성까지 한꺼번에 부정할까봐 걱정된다"고 말했다.

출처: 법보신문, 2012. 09. 04, "경허 스님도 파계행 부끄럽게 여겼다"

제12장

정보사회의 교육

1. 정보사회의 모습
2. 정보사회의 교육방법
3. 정보사회의 특성
4. 정보혁명과 정보사회
5. 정보사회와 학습콘텐츠 구성

인간에게 정보는 옛날부터 중요했다. 인간은 문자 그대로 아는 것이 힘이였기 때문이다. 이 이치가 정보시대에는 더욱 절실하게 작용된다. 정보시대는 지식의 생산·처리·전달 등을 맡은 지식산업이 주된 산업이 되어 가는 시대를 말하기 때문이다. 인간의 역사에는 몇 번인가 '정보 혁명'이라고 부를 수 있는 사건들이 있었다. 태고에 인간이 '말'을 쓰기 시작한 것도 그런 사건의 하나겠지만, 보다 근래에 유사시대(有史時代)에 들어오면서 '문자'를 발견했다는 것은 큰 사건이다. 문자가 역사를 적어 놓을 수 있었기 때문에 유사시대가 시작되었다. 수 천년 동안 문자는 극소수 사람들의 점유물이었다. 약 500년 전 인쇄술의 발명은 서책(書冊)의 대량보급으로 서양에서 종교개혁의 불씨가 될 정도로 큰 사건이었다. 나아가, 하나의 '교육혁명', 즉 여러 나라에서 대중교육이 시작된 것도 '읽을 거리'의 범람 때문이라고 볼 수 있다.

대부분의 나라에서 교육이란 곧 '읽기, 쓰기, 셈하기' 또는 '글 공부'를 의미했고 지금도 대부분 그렇다. 인쇄술 다음으로 큰 정보혁명이 지난 100년 남짓 정신 없이 터져 나오는 여러 가지 정보기기(情報機器)와 그것에 수반되는 소프트웨어의 속출이다. 전신, 무선전신, 라디오, 활동사진, 유성기, 텔레비전, 대형컴퓨터, 인공위성, PC, 가상현실, 인터넷, CD, 광섬유, 정보고속도로 등이다. 이들은 어떤 '희한한 새 세계'를 펼쳐 가면서, 그 순기능과 역기능과 더불어 이들도 종교혁명에 못지않는 어떤 심각한 부수적 '혁명'을 요구하고 또 실제로 진행시키고 있는지도 모른다.

– 정범모(1996). 정보화 시대와 아동교육. 1996년 한국아동학회 춘계학술대회.

1. 정보사회의 모습

인간사회는 역사적으로 세 가지 중요한 문화 변화과정을 겪어 왔다. 수렵채취 → 농경화 → 산업화 → 정보화로 단계화할 수 있다. 인류는 약 30만 년의 수렵채취 시대를 거쳐 농기를 발명하고 사용하면서 약 만년 동안의 농경사회를 지나왔다. 지난 200년 동안은 18세기 중엽에 시작된 산업혁명을 단초로 하여 산업화를 겪었다. 1970년대 정보기술의 발달로 우리들의 생활방식에 획기적인 변화를 가져와 정보화 과정을 겪고 있다.

교육은 미래에 대한 투자이다.[1] 미래학자들의 전망에 의하면, 우리가 곧 당면하게 될 미래사회는 정보(또는 지식)사회가 될 것이다. 정보사회에서는 정보가 가장 중요시된다. 즉, 정보의 생산, 정리, 저장, 활용이 산업활동의 핵심이 되는 것이다. 이런 사회에서는 기존 정보의 효용성은 급격하게 떨어지고, 새롭고 참신한 정보가 끊임없이 요구된다. 미래사회의 승패는 누가 더 좋은 정보를 더 많이 발견하고 창조하고 활용하는가에 달려 있다고 할 수 있다. 종전의 제도 · 관행과 의식으로는 정보시대에 적응할 수 없다. 21세기에 적응하려면 사고의 혁명적인 전환이 필요하다. 근대화 · 산업화 시대의 교육철학 · 교육원리는 수정되어야 한다.

미래학자들은 정보시대가 인간과 사회에 충격적인 변동을 안겨다 줄 것으로

1) 교육은 본질적으로 미래를 지향한다. 교육이란 미래를 겨냥하는 긴 안목으로 보지 않으면 안되며, 그 효과와 영향은 상당한 시간성을 가지고 나타나게 마련이다. 그래서 우리는 교육현상을 분석하고 구상할 때 미래예측에 따른 사전평가에 많은 관심을 갖게 된다. 즉, 오늘의 교육이 형성하고 있는 인간은 어떠한 미래를 살아가게 되며, 또한 어떠한 사회를 건설해 가야 할 것인가에 대한 논의는 중요하다. 현대를 불확실성 시대라고 말하듯이 미래사회를 예측하고 그에 따른 교육계획을 구상해 보기란 쉽지 않다.

예견하고 있다. 앨빈 토플러(Alvin Toffler)는 1980년대부터 『미래쇼크』2), 『제3의 물결』(The Third Wave)3), 『권력이동』(Power Shift)4)의 저술을 통해 지식에 대한 지배능력을 갖춘 엘리트들이 통제에 바탕을 둔 전통적 엘리트들을 대체하게 될 것이라고 예언했다. 정보통신기술이 발달하여 소수의 권력 엘리트들이 장악하고 있는 정보생산-소비 시스템이 재편되고, 이 과정에서 새로운 권위와 리더십으로 무장한 엘리트들이 역사의 전면에 등장할 것이라는 견해를 밝히고 있다.

각계 전문가들은 21세기를 성공적으로 대비하기 위한 요인들을 제시하고 있다.5)

첫째, 변화를 긍정적으로 받아들이는 마음을 갖춰야 한다. 각 분야가 자기 파괴와 재창조를 되풀이하는 것처럼, 개개인도 끊임없이 파괴와 재창조를 해

---

2) Toffler는 세상이 얼마나 빨리 변하는가를 경고하고 있다. 우리는 이제 Toffler도 상상하지 못했을 정도의 문명폭주의 시대로 돌입했다. 오토바이 폭주자는 자기 실력이 아니라 주변의 돌출적 상황에 의해 생사가 갈릴 수 있다. 그러나 폭주자는 자기 운명을 자기 손 안에 장악하고 있는 줄로 착각한다. 이 거짓된 제어감이 오늘날 폭주하는 문명과 닮았고, 갑자기 설 수 없어 오히려 계속 달리는 것이 안전한 것처럼 느껴지는 관성도 역시 닮았다. 많은 사람들이 그 변화의 속도를 이기지 못해 정신적 혼란에 봉착하고 있다.

3) Toffler는 인류문명이 농업혁명, 산업혁명, 정보혁명이라는 3대 물결에 의해 추동되어 왔다고 주장한다. 제1의 물결(농업혁명)에 의한 농업중심사회는 기본적으로 지방분권적이며, 자급자족을 원칙으로 하였다. 제2의 물결(산업혁명)은 지방의 사람들을 거대한 도시권의 공장으로 이동시켜 인구와 산업의 공간적인 집중도 가져왔다. 많은 수의 노동자가 한 공장, 한 도시에서 살게 됨에 따라 정치분야의 중앙집권화가 촉진되었으며, 거대한 관료조직이 출현되었다. 그러나 첨단 과학기술에 의한 제3의 물결(정보혁명)이 가져오는 정보사회는 지식의 생산, 정리, 저장, 재생, 전달, 활용이 가장 주된 산업이 된다.

4) 권력의 원천이 농업사회의 폭군(군사력)과 산업사회의 돈(부)으로부터 지식(정보)으로 이동하게 된다고 주장하였다. '지식'을 고품위 권력이라 하여 그 중요성을 강조하였다. 개인이나 국가로서 부강 번성할 수 있는 가장 중요한 밑천이 '땅'이었던 농경시대를 지나서, 다음에는 그것이 '자원'과 '자본'이었던 산업시대를 거쳐서, 이제는 그것이 '지식'이 된 시대를 말한다. Toffler에 의하면 모든 힘 또는 권력의 근원이 한때 폭력, '힘살'이었던 시대를 지나서, 다음에는 재력, '돈'이었던 시대를 거쳐서, 이제는 지력, '머리'가 가장 근본적인 힘이고 권력인 시대라는 뜻이다. 정보사회에서 가장 중요한 밑천은 두뇌, 지식, 정보인 셈이다. 정보시대에는 칼 소리도 포화도 없는 조용한 두뇌전쟁, 정보전쟁, 지식전쟁, 교육전쟁의 모습을 갖는다.

5) 이홍동(1999). 21세기 준비 잘되고 있나요? 한겨레. 1999. 5. 15.

나간다는 각오를 가져야 한다.

둘째, 21세기에는 창조적 인간만이 새로운 가치를 창출할 수 있다는 점을 강조한다. 물질적 자원을 활용하는 데 인간의 지혜가 집중됐던 20세기는 IQ(지적지수)가 중시됐다. 그 뒤 감성적인 것이 가치를 창출하는 원천이 되면서 EQ(감성지수)가 중요한 평가지표가 됐다. 21세기는 AQ(유추지수)라는 새 개념의 시대가 된다. 엉뚱할 수도 있는 추리와 문제의식을 창조적 가치로 연결할 수 있는 사람이 성공할 확률이 높다는 것이다.

셋째, 21세기는 세계적 사고, 우주적 사고를 필요로 한다. 정보통신과 수송기술의 발전은 전세계를 한 단위로 보는 시장개념을 더욱 촉진해 인적 노동력을 포함한 모든 생산요소의 세계적 이동이 일상화될 것이다. 국내기업의 취업안내서만을 펼쳐 놓고 자신의 미래를 구상하는 일은 20세기와 함께 구시대의 유물로 남을 것이라고 전망한다.

앞으로 10년간 변화를 주도하는 중심축은 인터넷을 비롯한 사이버공간이 될 것이라고 본다. 인터넷의 대중화는 엄청난 양의 정보유통을 가능하게 함으로써 모든 사람에게 거대한 기회를 제공한다. 이 공간을 통해 가장 큰 효율을 얻을 수 있는 기술을 가져야만 승자가 될 수 있다. 이런 판단을 전제로 우선 지식과 정보를 다루는 기술의 개발이 필수적이라고 권고한다. 그 기술은 개인에 따라 다양한 방식으로 개발할 수 있다. 가장 공통적으로 지적하는 것은 정보통신과 인터넷에 대한 기술이다. 단순한 사용법을 익히는 것은 기초사항에 속한다. 나름의 경쟁력 있는 방식을 개발해야 한다는 것이다.

넷째, 스스로 자신이 맡고 있는 직업에서 전문화를 추구하되, 관련 분야와 통합된 복수기능을 갖는 멀티전문화를 염두에 두어야 한다는 것이다. 미래의 발전방향은 어떤 분야든 다양하게 가능성이 열려 있고 그 가능성에 접근할 수 있는 다양한 경로를 확보해야 한다. 창조적 생각은 단선적 · 직렬적 사고보다 주변적 · 병렬적 사고에 의해 만들어지는 경우가 많았다고 지적한다.

언제든 자신을 부정하고 다시 출발할 수도 있다는 마음가짐도 필요하다.

앞으로 정년이라는 개념은 사라진다. 직업이동은 국내 지역간, 국가간에 동시에 일어난다. 굳이 해외에 취업하지 않더라도 세계를 상대로 한 경제생활이 일상화할 것이기 때문에, 국제적인 감각과 함께 최소한 한 개의 외국어 구사능력은 갖춰야 한다는 것이다.

무엇보다 21세기에는 인간중심시대가 될 것이라고 내다 봤다. 이 때문에 새로운 것에 대한 열정 못지않게 인간에 대한 끝없는 사랑이라는 덕성을 갖춰야 진정한 21세기형 인간이 될 수 있다고 강조한다. 우리 앞에는 숨막히는 21세기의 새로운 도전이 기다리고 있는 셈이다.

정보사회화가 빠른 속도로 추진되고 있는 이 시점에서 우리가 생각해야 할 부분은 정보사회가 가져올 긍정적 가능성 못지않게 부정적 가능성을 사회과학적으로 밝혀 내는 일이다. 정보사회에 대한 맹목적인 신화와 신뢰가 가져올 위험성이 과소 평가될 수 없기 때문이다. 정보사회의 양면의 얼굴 중 밝은 면을 가능성으로 인식하되 어두운 면을 소홀히 하지 않는 신중한 사고와 인식이 필요한 것이다. 정보사회의 어두운 면들도 제시되고 있다.6)

첫째, 정보사회가 사회적 평등을 보장하는 것이 아니라는 점이다. 오히려 산업사회의 불평등의 유형에 새로운 형태의 불평등이 추가되어 사회적 불평등이 재생산되고 구조화될 여지가 크다. 정보사회의 사회적 자원이라 할 수 있는 지식, 정보, 정보기술 등의 접근과 이용에 있어서 성, 세대, 계층, 지역 등과 같은 요인들을 가로지르면서 정보격차가 나타나 정보부자와 정보빈자의 불평등이 발생한다. 이러한 정보격차는 국내에서만 발생하는 것이 아니라 국가 사이에도 심화된다.

둘째, 정보사회에서의 새로운 기술이 노동절약적이기 때문에 전체적으로 볼 때 고용 규모를 축소시킬 것이라는 점이다. 새로운 기술로 인해 그 기술과 관련된 새로운 직종이 대거 출현하여 노동인구를 흡수하기도 하지만 기존산업

---

6) 김진영(1998). 정보화사회의 두 얼굴. 전자신문. 1998. 10. 12.

에 고용되어 있는 노동인구를 새로운 기술에 의해 대체하기 때문에 전체적으로는 고용규모의 축소가 가속화된다. 현재 단계에서 이러한 경향은 서구의 대기업에서 나타나고 있다.

셋째, 정보과잉과 정보폭증으로 인해 정보에 무감각해지거나, 스스로 정보의 합리적 선택을 하기보다는 타인 또는 기계에 의한 정보선택에 일임하게 되는 경우를 초래할 수 있다.

넷째, 개인의 사생활이 침해될 가능성이 크다. 정보사회에서는 개인에 대한 상세한 정보가 데이터베이스로 구축되는데, 지금까지 개인적인 영역으로 남아 있던 개인적인 특성과 사회생활의 내용들이 특정집단이나 타인에 의해 관리됨으로써 개인적인 사생활이 침해될 가능성이 높아진다.

요컨대 정보사회에서의 신기술은 이전과는 다른 세계를 열어 놓을 것이 분명하다. 그 세계가 어떠한 내용으로 구성되느냐 하는 것은 인간의 사회적·정치적 선택에 달려 있다. 정보사회의 밝은 면을 극대화하고 어두운 면을 최소화하려는 인간의 의식적인 노력 없이는, 신기술이 산업사회의 문제점들을 극복할 것이라는 낙관적 전망은 현실화되지 않을 수도 있다.

2. 정보사회의 교육방법

산업사회의 패러다임(paradigm)을 기반으로 형성된 현재의 교육체제는 컴퓨터·정보·통신공학의 급속한 발전에 의해서 촉진되고 있는 지식·정보사회의 물결과 보조를 맞추지 못하고 있으며 그 차이는 더욱 심화되어 가고 있다.

고도의 정보화 · 국제화 및 다원화의 특성을 지닐 지식 · 정보사회에 대응하기 위해서는 산업사회의 교육 패러다임에서 벗어나 정보사회의 교육을 구현하는 데 요구되는 패러다임을 바탕으로 한 새로운 교육체제의 설계가 요구된다(이인숙, 1996).

정보시대, 즉 모든 정보를 손쉽게 검색할 수 있고, 변화의 속도가 빠른 시대에는 단편적인 지식을 암기하는 것은 의미가 없다. 정보시대의 학교에서 학생들에게 길러 주어야 할 것은 문제해결력, 창의적 사고력, 메타인지능력(학습방법의 학습) 등과 같은 것들이다.

정보사회에서는 우리 사회의 주된 정보 전달 방식과 사람들 사이의 의사소통 방식이 바뀌게 된다. 과거 활자가 없던 시대에는 모든 정보가 구전으로 이루어졌고, 그 당시의 교육은 말하기 교육(수사학)이 주를 이루었다. 그러나 15세기 활자의 발명과 함께 인쇄술이 발달하면서 학교교육에서 수사학을 몰아내고 문자중심의 읽고, 쓰기 교육이 지금까지 주를 이루어 왔다.

<교육 패러다임의 변화>

현재의 교육	미래의 교육
학위취득(학벌중시)	능력중심, 자아실현
수동적 지식의 전래	능동적 문제해결, 메타 인지능력
단편적 사고	통합적 사고
암기 및 회상능력	창의적 사고력
개인적 성취	협동적 팀 성과
획일적 · 직선적 강의 중심	다양한 학습자원 및 경험학습방법
국민적 · 국가적 관점/단일사고	세계적 관점/다양한 사고
컴퓨터 리터러시(literacy)	정보공학 리터러시(literacy)
통제적 분위기 교육	역동적, 허용적, 환상적 분위기
현재 및 과거(현상)의 이해	미래의 예측, 대응 및 설계

출처: 박승배(1996). 정보화시대의 학교교육 과정과 평가상의 과제. 교육학연구, 34(3).

본격적인 정보시대에는 모든 정보는 인쇄물 속에 활자화되는 것이 아니라 디스크나 테이프에 전자적인 형태로 보관되며, 글자를 읽어 정보를 얻는 것이 아니라 생생한 음성과 살아 움직이는 총천연색의 동화상으로 우리에게 직접 전달된다. 활자문화시대의 사고와 논리에서 벗어나야 한다(허숙, 1995 : 126).

앞으로의 사회는 정보화, 세계화, 분산화의 큰 경향 속에서 이들이 상호작용하면서 사회의 유연화와 다원화가 증대되리라 예상된다. 이 추세는 사회의 구성이 산업사회의 논리에서 정보사회(information society)의 원리로 바뀜을 의미한다.7) 농업사회의 기본문제가 생산성의 향상을 통한 생존의 해결이었다면, 산업사회에서는 대량생산, 대량소비, 대중교육으로 인해 엄청난 규모의 사회적 부(富)가 생산되었다. 이 변화의 바탕에는 과학과 기술의 결합을 통한 대량생산 체제의 성립과 이 체제를 유지할 수 있게 한 규격화되고 표준화된(standardized) 인간들의 삶이 놓여 있다. 그러나 산업사회 이후에 나타날 새로운 사회는 비대량화, 비대중화를 추구하는 전문화 · 개별화 · 다양화와 같은 사회적 특성을 지니게 될 것이다.

---

7) 정보시대(information age)는 정보사회(information sosiety)라고 구분지어 부를 만한 특성이 지배되는 시간대를 가리킨다. 컴퓨터 공학, 소프트웨어, 그리고 정보통신기술의 혁신에 힘입어 지식과 정보의 처리 및 전달속도가 신속해지며, 지식과 정보가 사회의 핵심적인 가치로 자리잡게 될 뿐만 아니라, 과학과 기술의 혁신, 정치 사회적인 변혁, 산업과 경영의 혁신, 그리고 시민적인 삶의 변화 등과 같은 총체적인 변혁이 나타나는 시간대를 가리킨다.
정보화는 정보통신기술의 발달이 가속화되고 지식과 정보가 네트워크를 통하여 대량으로 유통되어 가는 추세이다. 정보화는 정보사회로의 전환이 가속화되는 현상이라고도 할 수 있으며 여기서 정보사회는 '새로운 종류의 미디어를 통하여 정보가 대량으로 배포되고, 컴퓨터 기술을 활용한 정보 분류, 사용 및 분석이 가능하며, 잘 정리된 현대적 지식이 중요한 생산요소로서의 역할을 수행하는 사회'(Council of Europe, 1990) 혹은 '지식과 정보의 생산증가, 정보생산, 처리 및 전달에 관련된 일을 하는 인구의 증가, 정보기술 시장과 관련 서비스 기술의 발달 등을 특징으로 하는 사회'(Landsheere, 1991), '정보의 대량생산, 유통과 소비에 의해서 특징지어지는 사회'(한국통신기술협회, 1994)를 의미한다.
정보화를 촉진시키는 요인으로서 '정보통신 기술'은 정보를 획득, 저장, 처리, 검색 및 전달하는 방법에 관한 기술이다(Weer, 1986). 정보통신 기술은 컴퓨터 과학과 전자공학, 전기통신의 발달에 힘입어 나타난 정보의 저장, 처리, 전달에 관련된 새로운 방식으로서, 그것이 사회 · 경제 · 문화에 미치는 영향은 지대할 것으로 생각된다. 정보통신 기술은 정보화를 촉진하는 요인으로서 특히 멀티미디어를 포함하여 다양한 형태의 정보를 시간과 장소에 구애됨이 없이 교환할 수 있게 하고 전세계적인 네트워크의 구축을 실현하는 데 기여함으로써 정보화를 가속화시키고 있다(김영철, 1996 : 125-126).

농경시대는 '자연'을 잘 아는 사람이 필요하였고 산업시대는 물건을 만들고 기계를 다룰 줄 아는 사람이 대접받는 사회였지만, 정보시대는 다양하고 창조적인 생각을 할 줄 아는 사람, 남과는 다른 생각을 할 줄 아는 사람이 필요하다.8)

정보사회에서는 정보를 효과적으로 선택하고 가공하여 사용할 수 있는 능력, 즉 지식의 배양이 교육의 기본목표가 되어야 한다. 컴퓨터가 통신과 만나 정보사회의 근간인 정보통신의 시대를 열었다. 이에 따라 사회 각 분야에서는 인터넷(internet)이라는 정보통신망에 대한 관심이 폭발적으로 증가하고 있다. 컴퓨터와 통신으로 대표되는 정보기술을 활용한 교육은 교육의 새로운 대안으로 부상하고 있다.9) 학교의 벽은 허물어지고, 결국 '어떤 학교를 다녔느냐'(간판)보다 '무엇을 배웠느냐'(내실)가 더 중요해지는 사회가 된다. 교실의 무게중심이 교사중심에서 학습자 중심으로 옮겨 가고 있다. 교사로부터 일방적으로 수동적으로 듣는 것보다 직접 보는 것이 낫고(백문이 불여일견, 百聞而 不如一見), 보는 것보다 학습자 스스로 능동적으로 직접 실제로 해 보는 것이 학습(hands-on learning)에 있어서나 그 효과의 지속에서 중요하며 더 낫다는 것을 단적으로 말해 주고 있다.

정보의 바다, 인터넷 덕택에 탐구-조사-연구영역이 무한대로 늘어났다. 과거에는 교과서와 도서관의 백과사전이 전부였지만 앞으로는 전세계가 학습의 대상이 된다. 교사가 교실에서 일방적으로 지식을 전달하던 시대도 지나갔다.

---

8) 21세기 사회는 정보화·세계화로 특징지워지며, 이에 대비하기 위한 교육의 중점은 단순한 기능인의 양성보다는 자기주도적으로 지적 가치를 창조할 수 있는 인간형성에 주어져야 할 것이다. 개편되는 새로운 교육과정(7차 교육과정; 2000년 시행예정)은 추구할 인간상을 21세기 삶을 살아갈 개방적 자기주도 능력을 가진 인간으로 설정하고 있다.

9) 교육정보화를 위한 새로운 수단으로 현재 가장 주목받고 있는 것은 망(網)들의 망으로 불리는 인터넷이다. 학교현장의 인터넷 활용은 정형화된 교실중심 교육을 다양하게 할 수 있다. 교실의 벽을 넘어 전세계를 대상으로 이뤄지는 교육이다. 인터넷이 교실과 세계를 잇는 가교역할을 하므로 학생들은 이를 통해 실생활에서의 문제해결 방법을 배운다.

인터넷은 모든 학습방법을 양방향으로 바꾸어 놓고 있다. 학생들은 과거처럼 가만히 앉아만 있는 것이 아니라, 정보의 바다를 헤엄쳐 다니며 스스로 지식을 습득하고 있다. 이를 통해 학습동기를 스스로 만들어 훨씬 더 능동적으로 수업을 받고 있는 것이다.[10)]

세계적으로 급속히 확산되고 있는 인터넷 통신망은 새로운 생활공간을 만들어 주고 있다. 통신망에서 일하고, 생활하고, 비즈니스가 이루어지고 있다. 인터넷을 통해 컴퓨터 저작물, 학술지의 논문, 책의 한 부분, 비디오 자료 등을 사용할 수 있고 통신망을 통해 상호 접촉하며 공부하고 가르칠 수 있게 된 것이다. 그야말로 '지능적인 가상의 생활공간'(사이버 스페이스)이 만들어지고 있는 것이다.

현대는 '노하우(Know-How)'가 아닌 '노웨어(Know-Where)' 시대이다. 암기위주의 교육에서 벗어나 생생하게 살아있는 세계의 현장에 직접 뛰어들어 보고, 듣고, 배울 수 있다. 학교정보화 운동은 모든 학생 · 교사가 '언제 어디서나 학습이 가능한' 교육체계를 만들고자 노력하는 운동이다. 강의에 의해 지식을 전수하는 교육방식은 정보시대에는 맞지 않는다. 강의식 지식전달보다 '과제중심의 학습'(Project-Based Learning)이 필요하다. 과제중심의 학습은 학생이 스케줄에 따라 논술형 문제 등 부과된 과제를 해결하면서 스스로 공부하도록 하는 것이다. 학습과제를 해결하면서 필요한 지식을 스스로 찾을 줄 알고 창의력과 상상력을 키우는 것이다. 교사의 일 또한 가르치는 역할에서 도와주는 역할로 바뀌고 있다.

인터넷을 활용한 교육은 폐쇄된 교실을 벗어나 전세계를 대상으로 협력 · 협동학습을 가능하게 해 학생 · 교사 모두에게 능동적인 학습의욕을 불러일으킨다. 다양한 학습경험을 쌓으면서 자연스럽게 세계인으로 동참하는 계기를 마

10) 인터넷 시대에는 단순한 지식의 축적만으로 안 된다. 어떤 정보가 어디에 있고, 그것을 어떻게 수집 가공해서 얼마나 잘 활용할 줄 아느냐가 미래형 지식인의 기준이 된다. 따라서 모든 수업방식은 학생들에게 정보를 찾아 가공하는 방법을 가르치는 방향으로 전환될 것으로 보인다.

련하게 된다.

'정보의 바다' 인터넷 교육은 학생들을 정보화 사회에 적응시키는 중요한 수단이다. 21세기를 살아갈 학생들에게 정보를 습득 · 관리하는 방법을 가르치고 정보에 능동적으로 대처할 수 있도록 능력을 배양시키는 것은 필수적인 과제이다.11)

3. 정보사회의 특성

1) 기술적 정의

웹스터에 의하면 정보사회를 설명하는데 가장 흔히 거론되는 정의는 기술혁신을 강조하는 것이다. 컴퓨터에 의한 정보의 처리, 디지털 압축 기술에 의한 획기적인 저장과 전송 기술의 발전으로 사회의 거의 모든 부분에 정보기술이 활용되고, 통신망의 발달로 모든 사회는 상호연결(network)된다는 것이다. 예를 들어, 종합정보통신망(Integrated Services Digital Network : ISDN)이 확산하면 산업사회에서 철도나 도로가 했던 것과 같이 정보사회의 하부구조(infrastructure)를 제공한다는 것이다.

앞으로 논의할 피오레와 세이블(Michael Piore & Charles Sabel)의 유연전문화라는 새로운 노동방식을 제공하는 것이 바로 진보된 컴퓨터와 통신기술이라는 것이다. 이러한 기술을 통해 정보가 중소기업의 대처 능력을 향상시키고 다양

---

11) 21세기형 학습방법과 실천지침은 새로운 학습환경에 대비하는 교육적 대응방안이다. 이를 위한 기초작업으로서 학습에 대한 고정관념, 이를테면 학습은 반드시 책을 통해 필요한 지식이나 기술을 습득하는 것이라는 관념을 창조적으로 파괴하고 디지털 네트워크, 가상공간에서 학습활동의 본질적 속성과 원리를 정립할 필요가 있다.

한 기술과 적응력이 강한 숙련공으로 대량 생산의 시대를 주문생산의 시대로 대체하게 된다고 주장한다.

정보사회에 대해 기술적 정의를 내리고 있는 논지를 한 마디로 요약하면 산업혁명에 대한 기계화의 역할과 정보시대에 대한 컴퓨터 기술의 역할이 같다고 보는 입장이다. 이와 같은 입장은 기술의 현재성(herence) 때문에 자명한 것처럼 보이지만 웹스터의 반문처럼 "우리 사회에 얼마나 많은 정보기술이 존재하며 이 기술이 정보사회로 옮아가는 데 얼마나 이바지하는가? 정보사회가 되기 위해서는 얼마나 많은 정보기술이 필요한가?"라는 물음에 실제적이거나 검증할 수 있는 척도를 제시하지 못하고 있다. 또한, 기술에 의한 사회변화를 설명하려는 시도는 앞에서 지적하였듯이 기술 결정론적 입장이라는 비난을 면하기 어렵기도 하다.

2) 직업적 정의

정보사회의 등장을 뒷받침하기 위해 산업 구조를 이루는 직업 구성의 변화를 주장하는 논의도 많은 편이다. 주로 앞서 설명한 경제적 정의와 함께 이용되는 경우가 많은데 정보산업 부문에 종사하는 인구의 증가를 강조함으로써 사회의 변화 조짐을 설명하려는 것이다. 이러한 현상은 비단 미국에서만 일어나는 일은 아니다. 경제협력개발기구(OECD)에서 발간한 보고서에 따르면 모든 회원국에서 정보 관련 직업의 지속적인 성장이 보고되었다고 한다.

앞으로 논의할 벨의 후기 산업 사회론에서 서비스, 즉 정보산업 종사자의 증가는 상당한 중요성을 가진다. 기술에 의한 생산성 향상으로 산업노동은 쇠퇴하고 증가한 잉여로 생겨난 욕구를 만족시키기 위해 새로운 서비스업의 종류와 종사자가 증가한다는 것이다. 화이트 칼라 계급의 증가는 마르크스가 주장한 계습 간의 갈등을 희석시키고 인간과의 관계가 중요시되는 새로운 사회의 도래를 알리는 징표로 삼았다.

3) 공간적 정의

정보사회를 설명하는 공간개념은 전세계를 연결하는 정보통신망(network)의 중요성을 강조한다. 온라인 서비스나 인터넷 가입률에서 알 수 있듯이 통신망에 연결되는 사람의 수가 점점 증가하고 통신망 자체의 범위와 용량도 확장되고 있다. 나아가 전세계적인 차원의 '연결망 사회(wired society)'를 이룰 수도 있을 것이다.

정보유통의 양과 속도의 증가로 얻어지는 '시공 축약'(time-space compression)은 이전 사회에서는 불가능했던 많은 일을 가능하게 함으로써 정보사회를 이전 사회와 구분시키는 구성요소로 간주할 수 있을 것이다. 옛날 같으면 며칠씩 걸릴 출장으로 파악될 업무 사항들이 화상 회의나 전자 메일로 실시간에 이루어질 수 있다는 것만으로 기업의 운영 방식이나 인간의 생활 방식에 변화가 있는 것이 사실이다.

그러나 통신망의 등장을 근거로 정보사회를 규정한다면 무엇이 통신망을 구성하는지 명확한 규정이 먼저 있어야 한다. 그것이 없이는 전화 연결망부터 종합정보통신망(ISDN)까지 다양한 범위의 통신망을 어떻게 분류할 것이며 어느 수준이 되었을 때 정보사회가 도래했다고 할 것인지 정의할 수 없는 것이다.

4) 문화적 정의

정보사회와 관련한 문화적 정의는 커뮤니케이션 미디어의 폭발적인 증가로 인해 증폭된 정보의 양과 관련이 있다. 미디어를 통해 전달되는 정보와 더불어 우리가 자신의 이미지에 대응하는 방식, 예를 들면 머리 모양, 의상, 화장 등에도 정보를 담고 있다. 최근 들어 미디어를 통해 전달되는 다양한 생활양식에 대한 이미지의 제공으로 개인의 신체나 가구, 집과 같은 사적 영역도 상징적인 의미로 채우도록 강요당하고 있다고 본다. 유행에 따른 복장뿐 아니라 가구며 침실도 TV드라마를 통해 또는 광고, 책을 통해 받아들인 상징적 표현양식으로 의미화시키게 되었다. 정보사회로의 진입은 이러한 의미화의 폭발적인 증가로 인식되며, 어디서나 너무나 다양한 기호와 부딪치게 되기 때문에 더는 기호들이 의미가 있지 않는다고 보드리야르(Jean Baudrillard)와 같은 포스트모더니즘 학자들은 주장한다. 이전 사회에서 기호에 대응되어 공통으로 통용되던 의미를 사라지고 기호 자체만 존재한다는 것이다. 이들의 주장은 정보사회에 더 많은 양의 커뮤니케이션이 진행되고 있다는 것만을 주장하는 것이 아니라 포스트모던 문화는 그 이전과 결정적인 단절성을 가지고 있다는 것이다.

그러나 포스트모더니즘이 주장하는 의미화나 상징적 상호작용에 대한 증대가 감각적으로는 짐작이 가지만 이들을 측정할 기준이 없는 상황에서 그들이 주장하는 정보사회의 문화양식을 이해하는 것은 불가능하다는 의문이 제기된다.

'카카오톡'의 성공 신화

"대학교(서울대학교 산업공학과)를 졸업하고 삼성 SDS에 입사했는데, 당시 내로라 하는 고수들이 많더라고요. 저는 프로그래밍을 할 줄 몰랐기 때문에 처음부터 배워서 따라간다는 것이 막막하기만 했죠. 그래서 6개월 후를 생각해 봤어요. 6개월 후 제가 남들보다 뛰어난 경쟁력을 가질 수 있는 것이 무엇일까 고민했죠. 그때 들었던 생각이 '윈도우가 뜰 것이다'였죠. 그래서 프로그래밍의 기본을 다 건너뛰고 (온라인 개발자의 기본 언어인) C++하고 윈도우만 파고들었어요. 6개월 후 회사 내에서 강사로 활동하고 있는 제 자신을 발견했습니다."

그의 예상대로 6개월 후 컴퓨터 업계의 패러다임이 바뀌었고 동료들에게 뒤처지던 그가 오히려 동료들 앞에서 강의할 정도로 앞서나가게 됐다. 그 후로는 '6개월 후에 어떤 변화가 올까'를 고민하고 남다른 관점에서 상황을 바라보고 판단하는 것이 습관이 됐다.

김범수
출생: 1966년 3월 8일 (만 47세)
소속: 카카오 이사회 의장
학력: 서울대학교 대학원 산업공학 석사

"같은 것을 보면서 다른 생각을 한다는 것이 쉬운 일은 아니에요. 하지만 질문하는 습관을 통해 다른 사람들이 다 생각하는 것이 아닌 다른 것을 생각하려는 연습을 계속하다 보면 어느 순간 내재화되는 것을 느끼게 됩니다."

"아무리 스마트폰이라 해도 기본적인 역할은 전화기거든요. TV와 인터넷이 제 기능이 있듯이, 전화기의 기능은 커뮤니케이션에 있다고 생각했죠. 그래서 그 기본적인 역할을 극대화시킬 앱 상품인 '카카오톡'을 구상하게 된 거예요."

출처: '유니텔'에서 '카카오톡'까지 김범수 의장의 성공 신화, 2011. 12. 05, 레이디경향

4. 정보혁명과 정보사회

현대사회를 '정보혁명', '컴퓨터 혁명' 또는 '커뮤니케이션 혁명'으로부터 파급된 정보사회라고 부른다. 정보사회란 급속한 정보 기술 혁신의 진척과 함께 정치, 경제, 문화 등 사회구조 전반에 걸쳐 정보와 지식의 가치가 높아지는 사회현상을 지칭한다.

정보사회라는 용어는 1960년대 중반에 일본의 연구자들에 의해 처음 사용되었고 비슷한 시기에 미국에서는 '후기 산업사회'라는 개념이 대두하였다. 그 후 정보사회 개념은 주로 학자들 간에 다양한 접근을 통하여 꾸준히 다루어졌다. 그러나 학술적인 차원에서의 정보사회에 대한 논의 못지않게 시사적인

용어로서 정보화가 일반적으로 확산한 것은 1970년대부터 컴퓨터 및 정보통신 기술의 대중화가 점차 가시화되기 시작하고 이러한 현상을 간파한 일부 미래학자들의 저술을 통해서 파급되었다.

정보사회의 개념은 가시적인 기술적 발전만을 주제로 이해해서는 안 된다. 정보사회가 내포하는 역사적 또는 사회 변동론적 성격을 이해하기 위해서는 단순히 그 기술적 변모의 추적이 아니라 그 기술이 파생되는 역사적인 배경과 동기를 비판적으로 탐색해야 한다. 특히 기술발전의 전개과정에 개입된 추진체(driving forces)들 간의 역동관계를 분석함으로써 앞으로의 사회발전에 대한 체계적인 예측이 가능해질 것이다.

정보사회를 설명하는데 통용되는 '커뮤니케이션 혁명'의 개념도 예외가 아니다. 정보기술이 사회 환경에 정착하기까지는 수많은 파생기술의 발명(derivative inventions)의 누적이 그 근간을 이룬다. 따라서 정보기술은 진화적 측면의 접근에서 시대적 상황에 따른 정치, 경제적 이해관계로부터 도출된 '기술적 반응'으로 간주할 필요가 있다.

정보의 가치는 개인 또는 사회집단의 정보의존도에 따라 결정된다. 즉 정보의 가치가 높아진다는 것은 비교적 그만큼 정보에 대한 의존도가 높아지는 것을 의미한다. 전술한 바와 같이 정보의 가치가 중요하게 부각되기 시작한 것은 19세기 말엽부터이다. 산업혁명 이후 관료제(bureaucracy)를 배경으로 정보 조직과 일반 사회 조직의 분화 및 확대는 정보의 유통량을 증가시켰다. 특히 과학 기술의 발전과 교육의 확대, 일반 교육 수준의 증대, 경제 발전에 따른 개인 소득의 증가, 산업 구조의 변화와 서비스업의 확대, 경영 조직의 비대화, 국제 교역의 증대, 방위 산업의 육성 등 금세기 중반에 이르기까지 일련의 급변하는 사회 경제적 변동은 더욱더 정보 및 정보 처리 기술의 의존도를 높이는 결과를 낳았다.

정보사회의 전개는 이와 같이 19세기 말엽부터 20세기 초까지 사회조직의 변화가 낳은 '필요의 정보'로부터 시작하여, 컴퓨터와 전자공학 기술이 등장하는 20세기 중반부터는 새로운 사회조직의 변화를 야기하는 '원인의 정보'로 역조되는 과정을 밟고 있다. 즉 20세기 중반부터는 고도화된 정보기술의 등장으로 인하여 새로운 생산 체제와 인력 구조가 형성되기 시작했고 결국 새로운 산업구조를 창출함으로써 이른바 산업의 정보화를 추진시키는 원동력이 되었던 것이다.

한편 정보사회, 즉 '정보의 사회화'는 '산업의 정보화'에 비해 더욱 넓은 의미의 개념이다. 산업의 정보화가 생산을 위한 경제적 측면의 정보행위를 주로 다루는 반면, 정보의 사회화는 사회 전반에 걸친 정보 행위를 내포하고 있다. 즉 사회가 정보화한다는 것은 산업뿐만 아니라 사회, 정치, 문화, 개인 생활 등을 포함하는 질적인 정보환경의 변화를 의미한다.

산업의 정보화는 새로운 정보 기술 장비를 생산 과정에 도입함으로써 짧은 시간 내에 현실화시킬 수 있다. 반면에 정보의 사회화는 일반인의 정보에 대한 인식이 고양되어야 하고 경제적이나 심리적인 수용 능력을 수반해야 하기 때문에 단시간에 이루어질 수 없는 것이다.

정보사회는 산업의 정보화와 아울러 궁극적으로 정보의 사회적 가치가 높아질 때, 즉 정보의 사회화가 현실화될 때 참 의미가 있게 된다. 다시 말하면 정보화 과정에서 필요한 개개인의 인지, 태도, 가치관 및 행동의 변화와 새로운 정보환경의 변화가 얼마만큼 서로 상호조화를 이루느냐에 따라 이상적인 정보사회의 실현이 앞당겨질 수도 늦춰질 수도 있다. 이는 정보의 사회화 과정에서 기대와 실천이 항상 병행되지 못하고 이에 따른 득과 실의 결과 역시 불가피하게 공존하기 때문이다.

5. 정보사회와 학습콘텐츠 구성

1) 정보사회와 교육

1970년대 마이크로프로세서의 발명을 계기로 급속도로 발전하는 컴퓨터 기술과 통신기술이 혼합되어 정보 기술을 이뤄 토플러가 예측한 제삼의 물결이 밀어닥치기 시작한 지 어느덧 30년이 흘러 정보시대로 접어들고 있다. 홍수와 같이 쏟아지는 정보의 유통이 팽창함에 따라서 더욱 높은 정보의 질적 수준이 요청되고 있는 현상을 볼 수 있다. 이를 위해 각계 각층에서는 정보기술의 발전을 위한 방안을 모색하는 동시에 교육의 분야에서도 컴퓨터와 통신기술을 이용한 인터넷교육, 가상교육 등을 추진 중이다.

정보화 사회에서 생활하는 학습자 개인은 무분별하게 쏟아지는 정보와 지식의 홍수 속에서 자신에게 유용하고 즉각적으로 합당한 정보와 지식을 선별해 내기 위한 전략이 있어야 한다. 다시 말해 인터넷상에 무순으로 접근할 수 있는 이들 정보와 지식에 어떤 기재로 접근을 하고 상호작용을 하는 것이 효과적인지에 대해서 알 필요가 있다. 이러한 접근의 기재를 무시한 채 인터넷에 접속할 때 학습자는 일부 편협적으로 정보나 지식을 접하게 되고 다른 한편으로는 무분별한 접근으로 중도에 헤매거나 아예 흥미를 잃어버리게 될 가능성이 내재하여 있다. 아이디어와 정보가 정보사회를 살아가는 우리에게 생활을 영위하는 주요 자본이 되고 있고 정보의 창출과 유통이 사회의 중심이 되는 지식중심적 정보사회에서 개인학습자에게 요청되는 기술은 개개인의 생활과 학습의 필요에 따라 정보를 효율적으로 수집, 분석 및 종합하여 이를 효과적으로 활용할 수 있는 정보 처리 기술과 자신의 필요에 맞도록 정보를 창출하고 활용할 수 있는 정보 생산능력이다.

이러한 정보의 유통이 팽창함으로써 정보의 높은 질적 수준이 요청된다. 정보의 질적 수준을 높이고 정보를 쉽고 편리하게 활용하기 위해서는 적절한 기술수단, 즉 정보기술(information technology)을 필요로 한다(전석호, 1998). 정보기술이란 정보의 수집, 축적, 처리, 검색, 전송 등 정보유통의 모든 과정에 사용되는 기술수단을 총체적으로 표현하는 넓은 의미의 개념이다.

정보기술은 특히 20세기 중반, 컴퓨터 및 통신 분야의 기술 혁신이 두드러지면서 비롯된 용어이다. 정보의 가치가 높아지고 이에 따라 정보기술의 확산이 증가하는 변화의 추진체는 정보산업이다. 정보산업은 정보 테크놀로지가 다루는 모든 정보 유통분야에 자본과 경영, 전문 인력과 연구 개발 등을 개입시켜 이윤 추구를 목적으로 사업 활동을 유지하는 조직을 말한다. 이러한 사업 활동의 한 분야가 교육으로서 교육은 정치, 경제, 문화와 함께 정보 의존도가 높은 분야이다. 이와 같이 정보 의존도가 높은 정보사회의 학습자들에게 요청되는 것은 정보 창출과 정보 생산 능력이다.

2) 정보사회의 수업설계

정보사회에서 인간은 정보를 자산으로 그 생활 범주가 현재 우리의 상상을 초월할 정도로 넓어진다. 생산성은 정보와 관련된 것으로 고차원적인 창조력에 의해 고조된다. 정보의 생산은 필수적으로 정보의 관리를 비롯하여 저장, 검색 및 활용 등의 작업이 수반되어야 한다(권성호, 1990). 이런 작업을 학습자들이 수월히 해내기 위해서는 더욱 진전된 공학적 접근이 적용되어야 한다.

정보의 생산과 관리, 저장 및 검색과 활용은 이제까지의 산업사회에서 수동적으로 수업에 임하였던 학습자의 행위가 적극적이고 능동적으로 전환되어야 함을 일깨워 준다. 이제까지 교실이나 실험실에서 일어나는 모든 작업은 교수자에 의해서 주관되고 완성되는 것을 흔히 찾아볼 수 있었다. 피동체로서 학습자는 단지 모방의 수준을 벗어나지 못하여 인지적 고등정신기능과 아울러 보다 고차원적 학습능력의 계발에 크게 제한을 받아 왔다. 그러나 정보사회의 환경과 사회문화적 기반의 변화는 이와 같은 학습자의 피동적 학습행위를 허용할 수 없는 새로운 형태로 전환되어 사회의 주체인 학습자와 관련된 모든 교육적 환경에 일대 혁신을 가져오게 되었다.

정보사회에서 필요로 하는 기능은 고차원적인 인지 기능의 숙달 및 문제해결력의 육성이다(윤승금, 1999). 따라서 산업사회에 팽배해 있던 회귀적 사고력에서 그치지 않고 정보사회의 교육에서는 다면적 사고력을 배양시키기 위해서 멀티미디어와 하이퍼미디어 등의 뉴미디어를 사용하여 학습자 개개인의 경험의 세계를 인정하는 학습 환경의 조성이 필요하다.

정보사회에서는 이들 뉴미디어를 이용한 개별화 학습프로그램은 계획, 실행 및 평가의 측면에서 비용이 적게 들고 개발과 관리에 드는 시간이 적게 들어서 경제적이다. 그뿐만 아니라 기술적으로 탁월하고 사용자인 교수자나 학습자가 긍정적인 자세를 가지게 된다.

특히 PC통신과 접속된 인터넷은 원격 교육, 재택 교육 등을 가능하게 해주어 학습자에게는 생산, 검색, 정리, 저장, 관리하는 데 있어서 선택의 폭이 넓어지고 더욱 자유로워지며, 교수자와 학습자 사이에 비동시적인 상호작용이 이루어져서 상호작용의 빈도가 높아지고 상호작용의 내용도 다양하고 충실해져서 교수－학습의 효과가 제고된다.

HTML을 이용하여 정보를 수집하고 분석 및 종합한 결과를 웹(web)에 올리는 것은 그다지 어렵지 않으나 웹에서의 수업 설계 기법은 거의 이용되지 않고 있다(백영균 · 설양환, 1998). 수업은 학습의 촉진이라고 하는 궁극적인 목적을 위해서 정보를 치밀하게 조직화시켜서 제시하는 활동이다. 웹 기반 수업의 설계에서 적절한 수업 설계 이론에 맞게 자료가 제시되지 않으면 학습자들이 수업목표에 도달하기 어렵다.

3) 정보사회의 학습유형

또한 Goodman(1984)에 의하면 인간에게 존재하는 세계는 상징적 부호로 구성된 세계판에 의해 만들어지기 때문에 세계는 인간의 지각이 각기 다른 만큼 많은 수가 될 수 있다. 이와 같은 Goodman의 주장은 학습자 개성중심의 개별화학습을 뒷받침해 주는 하나의 이론적 준거가 된다. 정보사회에서 우세한 매체로 간주하는 인터넷에 의한 원격화상교육은 시간과 장소를 초월한 학습자와 교수자 간의 상호작용을 가능케 하는 교수–학습 환경으로 인터넷에 올리는 자료의 특성은 무순으로 검색되며 다른 관련 자료와 혼합되어 새로운 지식과 정보를 학습자를 위해서 인터넷에 올리는 자료 중 가장 손쉬우며 유용한 것은 CAI(Computer Assisted Instruction) 자료로서 교수자와 학습자 사이에 정보를 교환하는 상호작용이 역동적으로 일어난다. 컴퓨터는 학습자의 반응에 따라 학습자의 특성과 능력을 평가하며, 그 평가 결과에 의거 학습자에게 적절한 과제를 선정하여 제시할 수 있으며, 어떤 반복학습에서도 인내를 가지고 계속 학습자를 상대해 준다(권성호, 1990).

CAI의 개별화된 패키지는 학습자가 이해한 것을 주기적으로 모니터하여 학습자의 요구에 맞도록 응답해 줄 수 있으며, 학습 태도와 학습 능력의 수준이 다른 개별 학습자를 동시에 수용하여 기대하는 성취 수준에 도달하게 해 준다. 또한, 학습자의 연령과 흥미, 그리고 관심을 고려하여 적절한 피드백을 주어 학습을 강화시킬 수 있는 장점이 있다(윤승금, 1994, 1997).

시뮬레이션은 실제로 존재하는 물리적이거나 사회적인 현상을 소규모로 모방한 가설적 상황으로 학습자는 그 현상에 대한 자료를 수집하고 후속되는 의사결정 행위를 얻을 수 있도록 해 주는 행동을 선택하는 가정적 상황에 몰입하게 된다. 시뮬레이션은 능동적 학습 환경으로서 위험스럽지 않고 비용이 저렴하고 시간상으로 경제적인 범주 내에서 변인을 조작하고 문제해결

접근법을 찾아 내는 기회를 제공해 준다(Billings, 1986).

시뮬레이션은 시나리오, 자료 수집, 관리 선택(management option), 그리고 자료수집과 관리 및 선택을 연계시켜 주는 다리로 구성되어 있다. 시나리오는 연습환경을 묘사하고 해결되어야 할 문제를 설명한다. 자료수집과업은 학습자에게 관리대상에 접근할 기회를 제공하거나, 문제가 진전될 때에 자료를 수집할 기회를 준다. 관리 선택단계는 문제해결을 위한 필요사항을 제공해 준다. 시뮬레이션은 학습자가 문제를 해결했을 때에 종료된다.

모든 시뮬레이션은 세 가지 유형의 해답을 가진다. 하나는 최적의 해결책이고, 두 번째는 보통의 해결책이며 다른 하나는 위험부담이 높은 해결책이다. 따라서 시뮬레이션에 참여하는 학습자는 때에 따라서 성숙하지 않고 위험 부담이 높은 해답을 찾고 헤맬 수도 있다. 이를 위해 시뮬레이션 프로그램은 직선형과 분기형을 혼합한 형태로 짜여서 학습자에게 선택의 여지를 할애한다.

초일류기업을 이룬 이건희 회장의 신경영, 창조경영, '마하경영(음속 돌파 위한 체질 개선)'

이건희
삼성전자 회장
국제올림픽위원회 위원
출생: 1942년 1월 9일

연매출 240조 원, 영업이익 40조 원을 바라보는 삼성전자에서 "마누라와 자식만 빼고 다 바꿔라"고 했던 이 회장의 신경영 20주년 의미를 되새기며 신임 임원들에게 "앞으로 그룹 발전을 위해 더 노력해 달라"고 당부했다.

이 회장은 신년하례식 당시 "신경영 20년 간 글로벌 1등이 된 사업도 있고 제자리 걸음인 사업도 있다"며 "선두사업은 끊임없이 추격을 받고 있고 부진한 사업은 시간이 없다. 다시 한 번 바꿔야 한다"고 주문했다.

이 회장이 올 초 신년사에서 "지난 20년간 양에서 질로 대전환을 이뤘듯이 이제부터는 질을 넘어 제품과 서비스사업의 품격과 가치를 높여 나가자. 더 높은 목표와 이상을 향해 힘차게 나아가자"고 한 것과 궤를 같이 한다.

1993년 "마누라와 자식 빼고 다 바꿔야 한다"고 했던 프랑크푸르트의 신경영 선언 이후, 삼성이 변곡점을 지날 때마다 '위기의식'을 강조하며 조직에 긴장감을 불어넣었다. 연초 신년사에서도 이 회장은 "5년 전, 10년 전 비즈니스 모델과 전략, 하드웨어적인 프로세스와 문화는 과감히 버리자"며 변화를 강조했다. 위기론이라는 아버지의 바통을 아들인 이재용 부회장이 건네받은 셈이다.

마하(Mach) 경영은 이건희 삼성 회장이 전자계열사 사장단과의 전략회의에서 던진 화두다. 이 회장이 '신경영', '천재경영'에 이어 당시 꺼내 놨던 화두가 '창조경영'과 '마하경영'이었다.

이 회장은 당시 "제트기가 음속(초당 340m=1마하)을 돌파하려면 비행기의 설계도는 물론 엔진 소재 부품 등을 모두 바꿔야 한다. 선진기업을 앞지르기 위해서는 마하 1이 아니라 최소한 마하 2~3은 돼야 한다"며 근본 체질과 구조를 완전히 바꿔야 한다고 강조했다.

그의 '마하경영론'은 스피드를 중시하는 속도 경영이 아니라, 이런 스피드를 내면서도 항공기가 부서지지 않고 순항하기 위해 체질과 구조를 한 단계 더 높은 위치로 끌어올려야 한다는 '내부로부터의 혁신과 변화'를 당부한 것이다.

삼성은 지난 해에 위기경영과 준법경영, 나눔경영 등 3가지 화두를 두고 사장단 세미나를 진행했다. 삼성은 내년에도 50조 원이 넘는 공격적 투자에 나설 것으로 예상된다.

출처: 머니투데이, 2013-12-21, 삼성 40여 명 사장단 '1박 2일', 주제는 '마하경영'
이투데이, 2014-1-21, "삼성, 다시 한번 바꾸자" 이재용 부회장도 위기론

제13장

리더십과 교육

1. 현대사회와 리더십
2. 정보사회의 리더십
3. 디지털 시대의 리더십
4. 변하지 않는 리더의 덕목

1. 현대사회와 리더십

현대는 리더십의 시대다. 학계와 기업은 물론 일반인 사이에서도 리더십에 관한 관심이 높아지고 있다. 리더십이란 기초부터 차근차근 몸에 익혀야 하는 덕목이다. 리더십은 분열시키는 것이 아니라 통합시키는 것이며, 조직 내 다른 사람이 아니라 포용하는 자세가 바탕에 있어야 한다. 따라서 리더십은 현대사회를 이해하고 훈련을 거쳐야만 길러진다.

정보화시대의 리더십은 지배와 복종의 관계가 아니다. 수평적 인간관계와 민주주의, 자율의 시대, 다양한 생각을 존중하는 특징을 갖는 정보사회에서 요구되는 리더십의 덕목은 과거와는 다르다. 현대사회에 요구되는 리더십의 조건은 정보사회와 자율사회를 이해하는 것이 가장 중요하다. '나를 따르라'는 방식의 성장시대의 리더십과 단결투쟁을 외치는 민주화시대의 리더십을 뛰어넘는 '자율의 리더십'이 필요한 시대이다.

일반적으로 거론되는 리더의 덕목은 시대상황에 때라서 다르다. 강남의 귤나무를 강북으로 옮겼더니 탱자가 열렸다는 중국의 이야기처럼 나라마다 또 시대에 따라 요구되는 리더십은 다르다. 지식시대, 감성시대인 지금은 자율적이고 수평적인 리더십이 필요하다. 산업화시대에는 대량생산, 대량유통을 위해 기업이라는 조직체가 만들어졌고, 기업 내에서 분업화가 이루어지면서 이를 통합하고 끌고 나가기 위해 가부장적 리더십이 주효했으나 정보화시대로 이동하면서 더 이상 가부장적 리더십은 통하지 않게 되었다.

인터넷에 의하여 우리는 물리적 공간이 아닌 사이버(cyber) 공간을 갖게 되었다. 이 사이버 공간은 공간의 제한성을 극복한 무한한 공간이다. 무한한 공간에 대한 인류의 오랜 꿈이 사이버 공간에 의하여 이루어지게 된 것이다. 새로운 시대에서 개인에게 있어 신념 체계의 바탕이자 조직과 집단에게 성장과 성숙의 핵심인 리더십이 기존의 그것과는 다른 새로운 것이어야 한다는 필요성이 대두되고 있다. 과거 산업사회에서 아무렇지 않게 받아들여졌던 카리스마적이고 권위적인 리더십에서 벗어나 개인의 자율성이 극대화되는 인터넷을 기반으로 한 지식정보화사회에 새로운 리더십의 정립이 선택이 아닌 필수라고 할 수 있다.

리더십의 변화 양상

산업사회에서 인터넷으로 대표될 수 있는 지식정보화사회의 도래로 인한 가치관과 의식이 변화되었으며 리더십에 대한 개념과 의미, 역할 등에 관한 기본적인 관점이 변화되었음.

농업 또는 산업사회에는 특성이론, 행동이론, 상황이론으로 대표되는 권위적인 관리자에 가까운 리더가 조직을 이끌었던 반면, 정보화 또는 창조화사회에서는 비전과 가치, 공유와 참여 등을 강조하는 변혁적, 서번트(servant), 감성, 창조적 리더십이 대세를 이루고 있음.

현재에 필요한 리더십은 한편으로 보면 춘추전국시대와도 같은 양상을 띠는 것 같지만, 근본적으로 조직 구성원에 대한 인식이 종래에 수직적이고 권위적인 형태에서 수평적이고 존중하는 형태로 변했다는 점에서 이전과 달리 Leadership 2.0이라고 명명할 수 있음.

2. 정보사회의 리더십

우리나라는 1960년대 초반에 시작된 산업사회가 1990년대에 들어서면서 막을 내리기 시작하여 21세기가 도래하면서 본격적으로 정보사회의 문이 열리게 된 것이다. 지금 우리는 엄청난 전환기적 변화 속에 있다. 우리 사회를 지탱해 온 산업사회적 의식 사고 행태, 관행제도 체계, 생산양식 등 산업사회의 틀을 정리하고, 정보사회에 걸맞는 새로운 틀을 마련해야 한다.

산업사회에 공공연하게 받아들여진 카리스마적 리더십이나 양적 성장중심의 리더십은 개인의 자율성이 극대화되고 인터넷을 기반으로 한 대중의 여론이 빠른 속도로 형성되는 정보사회에서는 더 이상 받아들여지지 않는 권위의 산물이 되고 있다. 시대 변화 흐름에 걸맞은 리더십의 재정립이 필요하며, 특히 인터넷 사회를 살아가는 모든 세대를 아우를 수 있는 리더십이 실천의 형태로 제시되어야 정보의 양적 팽창에 대한 올바른 판단과 의사결정을 할 수 있는 분위기가 조성될 수 있다. 새로운 시대로 명명된 인터넷 사회는 현재를 살아가는 우리에게 더 이상 새로운 것이 아니며, 보다 나은 미래와 보다 질적으로 성숙된 그야말로 '새로운' 사회를 열어가기 위해 촉진자의 역할을 할 수 있는 리더십이 제시되어야 한다.

자율성(自律性)은 자기 스스로의 원칙에 따라 어떤 일을 하거나 자기 스스로 자신을 통제하여 절제하는 특성이고, 반면에 타율성(他律性)은 자신의 의지와 관계없이 정하여진 원칙이나 규율에 따라 움직이는 성질이 있다. 자율성은 주인의식을 갖게 하고 책임의식을 갖게 한다. 자율성은 스스로 생각하게 하고,

스스로 행동하게 하며, 창의성을 발휘하게 한다.

조직의 리더 역시 자신의 철학과 경험을 조직 구성원에게 일방적으로 전달하고 답습하도록 하는 것이 아니라 개인의 가치관을 존중하고 각각의 문제를 스스로 자율적으로 해결할 수 있도록 분위기와 환경을 조성하는 역할을 하여야 한다. 자율은 자유민주주의 체제의 기본 덕목이기도 하다. 각기의 처지에 응당한 자율성이 인정되고 존중되고 장려될 때 제각기의 활동 효능도 극대화된다는 신념이 자유민주체제의 전제이다.

자율은 모든 일에서 성취와 생산의 원동력이다. 자율이 없으면, 모든 성취와 생산은 저조해지게 마련이다. 사람은 타율 하에서는 신이 안 나고 사기도 오르지 않는다. 노예는 주인의 말대로는 하지만, 일은 시들하고 마지못해서 할 뿐이다.

자율은 모든 일에서 책임감과 도덕적 감각의 원천이다. 내가 내 뜻대로 하는 일에만 사람은 책임감을 느낀다. 따라서 타율적 지시사항의 난무는 그대로 무책임의 풍토를 만들어 낸다. 노예는 일에서 자유가 없다. 그러나 일의 책임도 없다. 책임은 주인의 몫이다. 타율 하에서는 사람의 도덕적 감각도 무디어진다. 파리 한 마리 죽이지 못하는 어진 독일 병사도 히틀러의 명령 하에서는 무고한 유태인을 가스실에 몰아넣어 죽인다. 타율은 무책임만 아니라 무도덕의 풍토도 조성한다.

변화를 선도해야 할 리더가 시대상황을 이해하지 못하고, 기존의 권위적인 리더십으로는 오히려 조직 구성원보다 변화에 뒤쳐져 해결책을 제시하기보다는 불협화음을 만들어 낼 수 있다. 구체적인 해답을 제시하거나 올바른 방향을 직접 모색해 주기보다는 조직 구성원 스스로가 직접 자신의 해답을 찾게 한다는 점에서 오늘날 개개인의 자율성과 자아 존중감이 큰 조직 구성원에게 적용할 수 있는 적합한 방법이라고 할 수 있다.

감성코드

집단의 합의점이 인터넷 상에서 자유롭게 도출되는 지식정보화사회에서 비단 이성적인 판단과 비판적인 가치관에 의해서만 집단지성이 도출되는 것이 아니라 감성이 상당한 영향을 미치게 됨.

이성이 합리적인 것이며, 감정에서 출발한 감성은 비합리적이라는 이분법적 믿음이 한계를 가지게 되었으며, 이제는 지식의 끝이 이성이면 감성의 끝이 설득과 행동이라는 생각이 지배적이게 됨. 개인과 집단의 감성을 얼마나 자극할 수 있으며, 감성적 기대에 얼마나 부흥할 수 있느냐에 따라 집단의 행동 변화가 달려 있으며, 집단을 이해하고 중심이 되어야 하는 리더는 감성에 대한 고려가 필수적임.

산업사회라고 할 수 있는 이러한 시대에는 타고난 리더, 단순한 행동에 의해 명명될 수 있는 리더, 상황에 따라 처치를 달리하는 리더 등 규모의 경제에서 생산성을 극대화시킬 수 있는 강한 카리스마 또는 단편적인 처치를 하는 리더로 국한될 수 있음. 변화의 속도가 현재처럼 빠르지 않고 노동과 자본, 단순 기술에 의해 유지 및 운영되었던 사회경제 시스템에서는 리더의 역할과 필요성이 현재처럼 다양화되기보다는 단편적인 성향이 강했음.

감성지능 리더십(Emotional Intelli-gence Leadership)

감성지능 리더십은 1998년 다니엘 골만이 「하버드 비즈니스 리뷰(Havard Business Review)」지에 냈던 논문에서 처음 소개됐다. 과거 리더십이 이성과 논리를 강조했다면, 감성지능 리더십은 공감대 형성과 사교적인 기술 등 5가지를 강조하고 있다. 감성지능 리더십은 보통 남성 CEO보다 여성 CEO에게 적합하다.

이베이 CEO 마거릿 휘트먼은 "신뢰감을 형성하는 문제에 관해 남자보다 훨씬 낫다고 자부한다"면서 "엄마로서의 경험 덕분이다"라고 밝혔다. 마거릿 휘트먼이 안정적인 대기업을 벗어나 이베이 CEO에 처음 안착했을 때, 그 곳은 '괴짜들'의 집합처였다. 하지만 이질적인 문화에 적응하는 데는 오래 걸리지 않았다. 바로 여성의 감성이 있었기 때문이다. 경제전문지 「포춘」이 선정한 '미국에서 가장 영향력 있는 여성기업가'에서 1998년부터 6년 연속 1위에 오른 것은 그녀의 감성 리더십이 빛을 발했기 때문이다.

3. 디지털 시대의 리더십

인터넷의 확산과 더불어, 모든 조직 구성원이 리더에게 이메일, 블로그, SNS 등의 다양한 의사표현 통로를 통해서 자신의 의견을 개진할 수 있게 되었으며, 이제 리더는 다양한 의견에 대해 필수적으로 모니터링해야만 한다.

권위적으로 군림하고, 정보의 중요도에 따라 조직 구성원에게 일부 정보를 비밀에 부치고, 의사결정과 판단에 폐쇄성을 띠었던 과거의 리더십 방식은 다양한 정보가 인터넷을 통해 실시간으로 전달되는 공유의 시대에 적합하지 않다.

리더는 개방된 세상의 한 가운데서 24시간 360도로 노출되어 있다는 것을 염두에 두고 더 많은 참여와 공유가 일어날 수 있도록 환경과 제도를 제공할 수 있도록 해야 한다.

특히, 리더 스스로 달라진 커뮤니케이션 방식을 이해하고 블로그, 이메일, 메신저, 문자 메시지 등을 직접 활용하여 인터넷 세대와 교류함으로써 그들의 사고를 이해하고 공감대를 형성하여 그들 스스로 리더에게 다가서는 것이 어렵지 않게 인식할 수 있도록 하여야 한다.

참여적 분위기를 바탕으로 조직 구성원이 내놓는 아이디어에 적극적인 경청과 칭찬을 아끼지 않아서 조직 전체가 끊임없이 생산적이고 미래가치를 이끌어 갈 수 있는 아이디어를 창출하는 분위기를 조성할 수 있도록 하여야 한다.

다만, 다양한 통로를 통해서 전달되는 정보 중에 유용하지 못하고 터무니없는 것도 많다는 점을 감안하여, 많은 정보 속에서 예견력과 판단력을 갖추고 취사선택할 수 있도록 하여야 한다.

1) 카리스마보다는 섬김

디지털 시대의 새로운 세대들은 사이버 세계와 현실 세계를 손쉽게 넘나들며 신속하게 집단의 합의점을 도출해 내고 지식과 정보를 습득하여 확산 전파하고 있다.

동일한 자리에서 딱딱하게 안주하는 하드리더십을 벗어나 공감대를 주는 소프트리더십이 필요하다. 많은 신세대 선수들을 통제하고 관리하기보다는 각자를 인정해 주고 격려해 주어 결국 2008 베이징 올림픽 야구 결승전에서 한국이 쿠바를 누르고 금메달을 딸 수 있게 한 김경문 감독은 소프트리더십의 대표적인 사례로 꼽히고 있다.

물론 개인의 일을 함에 있어서 카리스마 있는 추진력이 필요할 수 있지만, 집단과 조직의 리더는 조직구성원이 해야 할 일에 대해 산업사회의 리더처럼 일방적으로 전달하는 카리스마를 보이기보다 코칭리더십과 마찬가지로 적극적으로 상대방의 말을 경청하는 기본자세를 갖추고 상대방의 의사를 존중하는 가운데 여유를 보이는 리더십이 필요하다.

상대를 인정하는 이면에는 핵심적으로 신뢰감이 형성되어야 섬김의 리더십을 통해 조직의 변화 가능하게 되며, 신뢰감의 형성에 있어서 리더의 도덕적 청렴과 권위 및 행동과 실천의 지속성은 중추적인 요소가 될 수 있다.

섬김 리더십(servant leadership)

브룩클린 빈민가에서 태어나 임대주택에서 성장한 한 청년이 있다. 그는 청년기 내내 영업사원으로 잔뼈가 굵었고, 자신의 고객사를 인수해 오늘날 세계적인 기업으로 키워 냈다. 바로 스타벅스 CEO 하워드 슐츠다. 어린 시절의 고생 탓인지, 그는 종업원들을 떠받드는 CEO로 유명하다. 수천 명이나 되는 종업원에게 의료보험 혜택을 주고, 스톡옵션을 제공하고 있다. 하워드 슐츠는 직원들의 역량을 마음껏 발휘할 수 있는 환경을 조성하고,

기업의 목표와 가치를 직원과 함께 공유하는 섬김 리더십을 실천하고 있다. GE의 전 CEO 잭 웰치는 "리더는 항상 직원들에게 신경을 집중해야 한다"면서 "직원들에게 자극을 주기 위해서는 리더 스스로 더 강한 열정을 보여주고 직원들을 더 잘 보살펴야 한다"라고 강조했다.

펩시콜라 회장 인드라 누이

예전처럼 카리스마를 가지고 명령만 하는 CEO의 리더십은 통하지 않는다. 또한 젊은 세대들은 개성을 존중받고 인정받기를 원하고 있다. 섬김 리더십이 사회적인 추세가 되고 있는 것이다. 삼성경제연구소 이민훈 연구원은 "리더는 목표로 가기 위해서 직원들과 함께 결속하고 융화해야 한다"면서 "결과도 중요하지만, 결과에 이르기까지의 과정을 직원들에게 설득하는 것이 더 중요하다"라고 강조한다.

월마트의 창업자 샘 월턴은 섬김 리더십을 몸으로 직접 보여 줬다. 그는 직원들을 '동료'라고 부르며 동등하게 대했다. 직원에게 좋은 일이 생기면 직접 축하 메시지를 띄우고, 월마트의 이익은 직원들과 함께 나눴다. 샘 월턴은 "종업원이 행복하면 고객도 행복하다. 직원이 고객을 잘 대하면 고객은 다시 찾아올 것이다"며 행복한 직원 만들기에 역점을 뒀다. 그의 솔선수범에 직원들은 감동했고, 당사로서는 이례적으로 노조가 없는 기업이 나타난 것이다.

조직에서 상대를 높일 수 있게 하기 위해서는 경청과 인정 이외에도 개인의 가치를 파악하고 그 가치가 성과로 극대화될 수 있도록 하여 개인 스스로 성과에 만족할 수 있도록 하는 것이 중요하다. 리더는 개인의 성과 향상을 위해 개개인의 역량상 강점과 약점을 명확하게 파악하여 강점을 최대한 발휘할 수 있도록 하는 리더십을 발휘할 필요성이 있다.

약점을 지적하고 개선하도록 하는 것보다 타고난 재능과 강점을 더욱 강화시키는 것이 성과에 있어서 효과성과 효율성 두 가지 모두를 만족시킬 수 있게 한다.

리더는 신뢰를 바탕으로 조직 구성원의 의사를 존중하고 마음으로 섬기는 동시에, 개개인의 강점을 파악하여 더 발전할 수 있도록 방향을 제시하고 끝없는 칭찬과 격려를 해야 한다.

2) 안정보다는 변화와 창조

지식정보화사회 도래 이후 정보의 홍수 속에서 변화의 속도는 가히 상상을 초월할 정도로 접어들었으며, 지식의 생산이 소수 권력 계층이 아니라 다수에 의해 동시다발로 가능해지기 때문에 변화는 더욱 가속화될 것으로 예견된다.

변화의 흐름 속에서 집단과 조직의 가치를 공고히 하고 꿈을 실현시키기 위해서는 집단과 조직이 그 변화의 틈새를 찾아 안정을 취하는 것이 아니라 정면으로 맞서 변화의 흐름에 동참하고 나아가 변화를 선도할 수 있는 중추적인 역할을 해야 한다.

리더가 선두에 서서 변화를 몸소 실천하고 조직 구성원을 격려하여 변화에 적응할 수 있도록 하며, 나아가 새로운 아이디어의 창출을 통해 변화를 선도할 수 있도록 여건과 환경을 제공해야 한다.

끊임없이 변화를 추구하는 리더가 결국 새로운 기회를 더 많이 발견하게 되고, 이러한 기회를 조직 구성원에게 제시함으로써 새로운 방향성을 모색하게 하여 조직 구성원이 변화하는 환경에 동요되지 않고 오히려 민감하게 적응하여 새로운 가치를 창출시킬 수 있게 된다.

창조를 통한 변화에서 리더는 요란한 구호를 걸고 혁신을 추진하는 것만이 능사가 아니라 모든 과정과 결과에 창조적인 요소가 뿌리 깊게 박힐 수 있도록 모든 지원과 관심을 표현하며, 끊임없는 동기부여를 통해 모두가 함께 변화할 수 있는 창조 리더십을 발휘해야 한다.

3) 이성보다는 감성

이성적인 것은 합리적이며, 감정을 밑바탕에 두는 감성은 비합리적이라는 이분법적 합의는 더 이상 큰 의미를 가지지 않으며, 다양한 영역에서 인간의 선택이 감성에 의해 더 큰 영향을 받게 된다는 점이 새롭게 부각되고 있다. 리더 역시 냉철하고 합리적인 태도로 조직 구성원에게 다가서기보다는 그들의 개성과 주관을 인정하고 각각의 가치관이나 욕구, 심리적 상태 등을 파악하여 유연하게 대응할 필요가 있다. 오히려 리더 스스로는 자기 자신의 감정에 대해서 철저한 자기 관리를 통해 일관성이나 가치관을 흔들리지 않도록 해야 한다. 객관적인 정보나 지식에 의해 판단하여 조직 구성원에 다가서는 것이 아니라 인간적인 이해와 관심으로 인간관계를 형성하는 감성 리더십을 통해 조직 구성원의 변화에 대한 설득과 실천이 확대될 수 있도록 해야 한다.

인터넷 시대 리더십의 키워드

인터넷을 기반으로 생긴 지식정보화사회, 창의성, 통합성, Web 3.0, 참여와 공유, 평생학습사회로 대변되는 현재사회에 걸맞은 리더십이 구체적으로 제시되어야 한다.

기본적으로 인터넷 시대의 리더는 급변하는 시대의 빠른 예견력과 판단력을 바탕으로 조타수와 등대가 될 수 있도록 조직 구성원에게 비전과 꿈을 제시할 수 있어야 하며, 리더 자신이 솔선수범하여 변화 그 자체가 되어야 한다.

6. 변하지 않는 리더의 덕목

1) 변하지 않는 원칙

디지털이 확산되고 사회 · 문화적인 메가트렌드가 달라졌기 때문에 그에 필요한 리더십이 비전형 리더십, 코칭리더십, 참여리더십, 섬김의 리더십, 창조리더십, 감성리더십 등으로 새롭게 정의된다. 그러나 시대가 아무리 변하더라도 변하지 않는 리더 덕목이 여전히 리더십의 중심에 자리를 잡고 있다.

인터넷을 기반으로 한 기술의 발전에 따라 단순히 일의 방식이 바뀐 것에서 벗어나 사회 · 문화적 생활양식의 근본적인 변화가 일어났다. 시대는 이미 산업사회에서 지식정보화사회로 변화하였으며, 질적인 성장, 통합성의 시대, 융복합, Web 2.0과 참여 및 공유, 평생학습사회가 핵심 키워드로 자리잡았다.

새로운 시대에 걸맞게 세대의 특징도 다양성, 개방성, 호기심, 지식창조, 자기주장, 능동적 참여, 신속성, 적극성, 혁신성 등으로 변화되었으며, 커뮤니케이션 방식과 네트워킹의 내용과 형식에도 보다 주체적이고 다차원적인 형태로 변화되었으며, 이와 더불어 이성적인 판단보다 감성적인 성향이 가치판단의 중요한 기준이 되었다.

이제 변화는 선택의 문제가 아니라 필수가 되어 삶을 이루는 핵심기재가 되었으며, 개인, 가정, 학교, 기업, 사회 모두 이러한 시대적 상황을 이해하고 그에 걸맞은 선택이 필요하다.

2) 새로운 시대에 필요한 리더십

조직 구성원에게 권위적이고 카리스마 넘치는 리더의 모습은 역사의 산물일 뿐, 더 이상 현재 시대에 적합하지 않으며, 인터넷으로 대표되는 지식정보화사회는 공유, 참여, 창조, 변화, 감성, 융합, 적응, 집단지성을 바탕으로 새로운 리더십이 자리매김되어야 한다. 끊임없는 변화의 소용돌이 속에서도 우선 리더는 자신의 위치와 본분에 대한 명확한 인식을 바탕으로 조직 구성원의 상호작용과 역동성을 파악하여, 새로운 시대에 조직이 나아가야 할 방향을 모색하고 구체적인 꿈으로 제시할 수 있어야 한다. 조직 구성원 모두에게 있어서 꿈이 현실과 가까워질 수 있도록 리더는 조직의 연금술사가 되어야 하며, 질책과 꾸중보다는 칭찬과 격려, 양적인 것보다는 질적인 성장, 타인에 대한 시기와 질투보다는 존중과 배려가 가정, 학교, 기업, 사회의 근간이 될 수 있도록 끊임없는 자기성찰과 노력이 필요하다. 구체적으로 코칭리더십, 참여형 리더십, 섬김의 리더십, 창조리더십, 감성리더십으로 실천화할 수 있다.

3) 변화하는 How to do, 불변하는 What to do

급속한 시대의 변화는 요구되는 리더십의 특징을 바꾸게 하였지만, 리더십의 본질적 속성이 달라졌음을 의미하는 것은 아니다. 기존의 티칭, 권위, 카리스마, 안정, 이성리더십에서 코칭, 참여, 섬김, 창조, 감성 리더십 등으로 필요 리더십이 달라지기는 했으나 이는 행동양식과 관점이 달라졌음을 의미한다. 방법적 측면인 How to do의 변화와는 달리, 정직, 선경지명, 솔선수범, 희생정신, 성실성 등 리더십의 덕목인 What to do는 여전히 필요한 것이며 변하지 않는 삶의 기본원칙을 반영하고 있다.

변화하는 시대에 따라 행동양식에 있어서는 새로운 태도를 취하는 동시에 대대로 지켜야 하는 가치를 마음 속으로 유지하는 리더십의 덕목과 형식의 온고지신(溫故知新)이 필요한 때이다.

4) 리더십은 태도(Attitude)보다는 행위(Behavior)가 중요

꿈은 글로 쓸 때 이루어질 수 있으며, 좋은 결과는 피나는 노력을 할 때 가능하듯이, 리더십도 단순히 습득과 이해의 차원에서 끝나는 것이 아니라 실천할 때 그 의미가 발현될 있는 것이다.

인터넷 시대가 요구하는 리더십 또한 공부하고 이해하여 마음 속에 품는 것으로 그치는 것이 아니라 당장 지금 이 순간부터 칭찬이나 격려와 같은 작은 행동을 실천하는 것에서부터 진정한 리더십이 이루어지는 것이다. 가정, 학교, 기업, 사회의 모든 리더들은 마음 속에 품은 리더십을 행동 그 자체, 삶 그 자체로 실천해야 할 때이다.

삼국지 리더십

오늘날 우리가 조조에게서 배워야 할 점은 무엇일까? 성품이 '온화하다'는 자질은 결코 리더의 필수 성공 조건은 아닙니다. 그렇다면 어떤 리더가 성공했을까요? 첫째 멀리 내다볼 수 있는 시각, 둘째 결정적인 시기에 흔들리지 않고 결단을 내릴 수 있는 과감성, 셋째 포부와 기개가 필요합니다. 조조에게선 이 세 가지 자질을 전부 발견할 수 있습니다.

예를 들어 조조의 밑에는 하후돈이라는 용감한 장수가 있었습니다. 하후돈은 용맹하기 그지없어서 큰 전쟁에서 수차례 승리를 이끌었는데, 조조는 하후돈에게 이렇게 말합니다. " '너의 장점은 용감한 것이다. 하지만 너는 그 장점으로 인해 실패할 수 있다.' 불같은 성격의 하후돈은 여포 정벌에 나섰다가 화살에 맞아 애꾸눈이 됩니다. 이처럼 조조는 항상 먼 앞을 바라볼 수 있는 사람이었습니다."

마오쩌둥은 "조조는 세월을 뛰어넘는 영웅"이라고 했고, 최근엔 국내에서도 조조의 리더십을 긍정적으로 평가하는 저서들이 소개되고 있다.

하지만 절대적으로 숫자가 많은 조조의 군대가 적벽대전에서 유비 · 손권 연합군에게 대패한 것 자체가 조조 리더십의 한계를 보여주는 것은 아닐까. 이에 대해 자오위핑 교수는 "조조의 잘못이 있다면, 그 때까지 너무 순조롭게 성공해서 주변의 리스크를 보지 못한 것"이라고 말했다.

그는 조조가 결정적으로 방심했던 사례를 들었다. 손권의 장수인 황개가 매를 맞은 뒤 앙심을 품은 것처럼 위장하고 조조에게 거짓 투항한 때였다. 황개는 투항한 뒤 동남풍이 불 때를 기다렸다가 군량 보급선으로 위장한 배를 타고 조조의 수군에 접근해 불을 질렀다. 불길은 바람을 타고 걷잡을 수 없이 번져 조조군의 배를 모조리 불태웠다.

"조조는 그 전의 수많은 전쟁을 통해서 훌륭한 장수를 많이 얻었습니다. 적벽대전에서도 훌륭한 장수를 얻을 수 있다고 믿어 의심치 않았지요. 현대의 기업들도 이렇게 성공에 도취하다가는 위험을 겪을 수 있습니다. 노키아나 마이크로소프트, 애플도 마찬가지입니다."그는 조조가 적벽대전에서 실패한 또 다른 이유로 혼자서 결정을 내렸다는 점을 들었다.

그에게 "조조, 사마의, 제갈량 가운데 현대 조직 사회에 가장 걸맞은 리더를 꼽으라면 누굴 들겠는가"라고 물어 보았다. 그러자 조금 전까지도 조조의 장점을 열심히 열거하던 그는 "유비"라고 답했다.

"물론 제갈량, 사마의, 조조도 리더로서 훌륭한 자질을 가진 인물이라고 생각합니다. 하지만 제가 유비를 꼽은 이유는, 앞서 말한 세 인물은 모두 개인 기량이 대단히 뛰어나고, 그래서 홀로 결정을 내리는 경향이 있는 반면, 유비는 '지지(支持)형 리더'이기 때문입니다. 유비가 가진 개인적 역량 자체는 걸출한 것이 못 됩니다. 문(文)으로 치자면 지략면에서 제갈량과 어깨를 겨누는 방통에 범접하지 못하고, 무(武)에선 중국에서 신으로 숭배받는 관우에 비할 수 없습니다. 하지만 유비는 그들과 차별화되는 자신만의 장점을 가지고 있었습니다. 바로 문관과 무관을 가리지 않고 뛰어난 인재들을 기용해 능력을 꽃피우게 만든 용인술(用人術)입니다."

그는 그러나 기업 여건에 따라 필요한 리더십이 달라질 수 있다고 덧붙였다. "업무나 시장 상황이 비교적 단순한 기업에선 조조의 방식이 성공하기 쉽습니다. 반면 업무가 복잡하고 변화가 급할수록 유비형 방식이 성공하기 쉽습니다. 간단하고 단순한 업계는 통제해야만 잘 돌아가고, 복잡한 쪽은 전문가들이 능력을 잘 발휘할 수 있도록 지지해야 조직이 잘 돌아가게 마련이니까요. 지금까지는 조조형 리더가 많았지만, 앞으로는 기업 문화가 바뀌면서 유비의 방식이 더 중요해질 것입니다."

그는 또 이상적 중간 관리자로는 제갈량, 이상적 일선 직원으로는 조자룡을 들었다. "제갈량은 만사 일처리가 착실하고 디테일을 잘 보면서도 큰 그림을 놓치지 않습니다. 위로는 보스의 신임을 얻고 아래로는 병사들의 존경을 받았지요. 조자룡은 능력이 뛰어나고 충성심이 강했습니다. 조조가 형주를 공격해 유비가 달아날 때 조자룡은 품에 유비의 어린 아들 아두를 안고 단기필마(單騎匹馬)로 적진을 돌파했습니다."

(1) 천리마 같은 인재에겐 드넓은 초원을 제공하라.

삼국지에 나온 영웅들에게서 발견할 수 있는 한 가지 공통점은 우수한 인재를 자기 밑에 두기 위해 노력을 아끼지 않았다는 것이다. '인재 전쟁'이라고 할 정도로 기업마다 우수한 인재를 영입하려고 애를 쓰는 오늘날, 삼국지 영웅들로부터 무엇을 배워야 할까.

"삼국지에서 아주 많이 알려진 이야기 가운데 하나가 삼고초려(三顧草廬)입니다. 유비는 제갈량을 얻고자 세 번이나 몸소 제갈량이 사는 누추한 집을 찾아갔습니다. 이 이야기에서 우리가 배워야 할 첫째는 큰일을 하는 사람은 항상 겸손하고 자기를 낮춰야 한다는 것입니다. 지금 우리가 차를 마시고 있는데, 다도를 예로 들어 말하자면 인재는 물이고 조직은 찻잔입니다. 찻잔에 물을 따르려면 찻잔이 아래에 있어야 합니다. 그러기 때문에 조직을 이끄는 리더는 항상 자신을 낮춰야 합니다."

인재를 적재적소에 배치해야 한다는 점 역시 삼국지의 교훈이다. 방통은 굉장히 못생기고 세련되지 못해서 처음엔 유비가 좋아하지 않았다. 유비는 방통을 뇌양현이라는 변방의 작은 마을을 다스리도록 발령 냈지만, 방통은 그 일을 너무나 못해서 면직됐다. 나중에 방통의 재주를 높이 산 제갈량이 그를 다시 중앙으로 불러들여 군대 지휘를 맡긴 뒤에야 방통은 능력을 발휘했다.

(2) 유비의 밑엔 우수한 인재가 많았습니다. 인재를 모으려면 어떤 노력을 해야 합니까?

"하루에 천 리를 간다는 전설 속 천리마가 좋아하는 것은 넓게 뛰놀 수 있는 초원입니다. 그래서 만약 천리마를 가지고 싶다면 그런 공간을 만들어 줘야 합니다. 이것이 유비가 제갈량을 데리고 있을 수 있었던 가장 큰 이유였습니다. 둘째, 우리는 젊은이들에게 빵을 나눠 주지 말고 젊은이들 스스로 빵을 그릴 수 있도록 도와줘야 합니다. 무슨 말이냐 하면 젊은이들에게 비전을 제시해 줘야 한다는 것입니다. 유비가 제갈공명에게 준 비전은 대단히 유혹적이었습니다. 유비가 천하통일이라는 커다란 대의를 이루기 위해 제갈량이 어떤 기여를 할 수 있을지를 제시한 것이었습니다. 셋째로는 구성원들의 능력에 따라 각기 다른 비전을 제시해야 합니다. 비교적 능력이 약하고 평범한 집단에는 편안함과 만족을 보장해 주면 족합니다. 하지만 능력이 뛰어나고 자존감이 강한 구성원이 모인 집단에서는 그런 만족감만으로는 직원들을 붙들어 둘 수 없습니다. 이상이나 이념, 가치관을 실현해 줄 수 있어야 합니다. 이들이 자아를 실현하고 꿈을 이룰 수 있도록 비전을 줘야 합니다."

(3) 리더는 정서가 안정돼야 한다.

유비는 말년에 관우를 잃고 상심한 나머지 주변의 만류를 뿌리치고 무리하게 오나라를 침공하다가 실패하고 맙니다. 때로는 이처럼 리더의 무리한 아집이 조직에 큰 위기를 불러오기도 합니다. 이런 실패를 범하지 않기 위해 리더는 어떤 노력을 해야 합니까?

"먼저 지도자는 정서가 안정적이어야 합니다. 옛날부터 지금까지 수많은 역사의 사례를 보면 정서가 안정되지 않은 상태에서 일하면 전부 실패합니다. 사업을 할 때는 고민거리가 아주 많습니다. 그러니 '갖가지 시험에 부닥칠 때 내가 이런 불안정한 정서를 잘 견뎌낼 수 있을까' 하고 자신을 냉철하게 판단할 수 있어야 합니다. 둘째로는 중대한 일을 결정할 때 한 사람이 독단적으로 해선 안 됩니다. 리더가 정신을 잃으면 주변 사람들이 옆에서 잘 보필하고 조언해 줄 수 있어야 합니다."

조선일보 Weekly BIZ, 삼국지 리더십 중에서
베이징, 오윤희 기자 2013. 12. 28

제14장

헌법과 교육

1. 헌법과 교육기본법
2. 교육권의 구조

1. 헌법(31조)과 교육기본법

1) 헌법(31조)

국가의 최고법인 헌법에 의하면 모든 국민은 인간으로서의 존엄과 가치를 가지며 국가는 이를 확인하고 보장할 의무를 진다(헌법 제10조). 그를 위해 교육을 받을 권리(제31조 교육에 관한 권리), 인간다운 생활을 할 권리(제34조 복지에 관한 권리)가 구체적으로 보장되어야 하며, 특히 어린이의 인권은 오늘날 더욱 중요한 의미를 갖고 있다.

교육에 관한 권리는 헌법 제31조 교육을 받을 권리를 근간으로 학문의 자유, 인간으로서의 존엄과 가치 및 행복추구권, 양심의 자유, 직업선택의 자유, 인간다운 생활을 할 권리 등과 밀접히 관련되는 종합적 기본권으로서의 성질을 갖는 것이며, 그러한 헌법상의 인권을 실현하기 위한 구체화 법률로서 교육법은 존재 의의를 갖는다.[1)]

헌법 제31조는 교육에 관해 다음과 같이 자세한 규정을 두고 있다.

[헌법 제31조]

① 모든 국민은 능력에 따라 균등하게 교육을 받을 권리를 가진다.[2)]

② 모든 국민은 그 보호하는 자녀에게 적어도 초등교육과 법률이 정하는

---

1) 신현직(1999). 유아교육 관련법의 현황과 과제. 전국전문대학 유아교육과 교수연수자료집.

2) 능력에 따라 균등하게 교육을 받을 권리가 있다고 하는 것은 교육을 받을 수 있는 요건으로 부당하거나 불합리한 제약을 해서는 안 된다는 것이다. 다만 기회균등이 기계적 무차별의 평등이 아니기 때문에 교육의 성격상 그 필요로 하는 최저한의 능력과 학력 정도에 따라 제한을 둘 수 있다. 따라서 능력이 미치지 못하는 사람은 교육의 기회가 원하는 대로 될 수 없다.

교육을 받게 할 의무를 진다.

③ 의무교육은 무상으로 한다.

④ 교육의 자주성 · 전문성 · 정치적 중립성 및 대학의 자율성은 법률이 정하는 바에 의하여 보장된다.

⑤ 국가는 평생교육을 진흥하여야 한다.

⑥ 학교교육 및 평생교육을 포함한 교육제도와 그 운영, 교육재정 및 교원의 지위에 관한 기본적 사항은 법률로 정한다.3)

(1) 교육을 받을 권리

교육을 받을 권리라 함은 교육을 받을 수 있도록 국가의 적극적인 배려를 요구할 수 있는 권리를 말한다.4) 현대적 사회국가 · 문화국가에 있어서는 인

---

3) 교육에 관한 주요 사항은 입법 사항임을 정한 조항이다. 국민의 교육에 관한 사항이니 다른 어떠한 것보다 중요한 것이므로 법률로 정해야 함은 당연하다.

4) 교육을 받을 권리는 세계인권선언 제26조와 국제인권규약 제13조에도 명시되어 있다.

세계인권선언 1948. 12. 10(국제연합 제5회 총회)

제26조 ① 사람은 누구를 막론하고 교육을 받을 권리를 가진다. 교육은 적어도 초등 및 기초기에 있어서는 무료이어야 한다. 초등교육은 의무적이어야 한다. 기술 및 직업교육은 일반적으로 받을 수 있게 하여야 하며 고등교육도 능력본위로 누구나 받을 수 있게 하여야 한다.

② 교육은 인격을 완전히 개발시키고 인권과 기본자유에 대한 존경의 염을 견고히 하도록 지도되어야 한다. 교육은 모든 국가와 종족과 종교단체 사이에 이해와 관용성과 우의를 돈독히 하여야 하며, 평화를 유지하기 위하여 국제연합의 사업을 조장시켜야 한다.

③ 모자는 그 자녀에게 과할 교육의 종류를 선택할 우선권을 가진다.

국제인권규약(경제적 · 사회적 및 문화적 권리에 관한 국제규약) 1966. 12. 16(국제연합 제21회 총회)

제13조 ① 본 규약의 당사국은 모든 사람이 교육에 대한 권리를 갖고 있음을 인정한다. 당사국은 교육이란 인격과 그 존엄의 의식이 충분히 발전하도록 지향되어야 하며, 인권과 기본적 자유에 대한 존중을 강화하지 않으면 안 된다는 것에 합의한다. 당사국은 또 그 교육에 의하여 모든 사람이 효과적으로 자유로운 사회에 참여하고, 각 국민과 모든 인종적, 종족적 또는 종교적 집단 간의 이해, 관용과 우호를 촉진하고 평화의 유지를 위하여 국제연합의 활동을 조장하는 것이 가능하게 되지 않으면 안 된다는 것에 합의한다.

간다운 생활의 필수요건이 되며, 국민의 능력의 계발과 실현을 위하여 요구된다.5)

교육을 받을 권리의 의의와 기능에 대하여 헌법재판소는 다음과 같이 판시하였다(헌재 1994. 2. 24 선고, 93 헌마 192).

교육을 받을 권리는 첫째, 교육을 통해 개인의 잠재적인 능력을 계발시켜 줌으로써 인간다운 문화생활과, 직업생활을 할 수 있는 기초를 마련해 주고, 둘째, 문화적이고 지적인 사회풍토를 조성하고 문화창조의 바탕을 마련함으로써 헌법이 추구하는 문화국가를 촉진시키고, 셋째 합리적이고 계속적인 교육을 통해서 민주주의가 필요로 하는 민주시민의 윤리적 생활철학을 어렸을 때부터 습성화시킴으로써 헌법이 추구하는 민주주의의 토착화에 이바지하고, 넷째, 능력에 따른 균등한 교육을 통해서 직업생활과 경제생활의 영역에서

---

② 본 규약의 당사국은 이 권리와 완전한 실현을 달성하기 위하여 다음 사항을 인정한다.
ⓐ 초등교육은 모든 사람에게 의무적이고 무상으로 하여야만 한다는 것
ⓑ 기술적 · 직업적 중등교육을 포함하여 여러 가지 종류와 형태의 중등교육은 모든 적당한 수단에 따라, 특히 무상교육의 점진적인 채용에 의해서 일반적으로 이용할 수 있을 뿐만 아니라 모든 사람에게 개방되어야만 한다는 것
ⓒ 고등교육은 모든 적당한 수단에 의하여 특히 무상교육의 점진적인 채용에 의하여 재능에 따라서 모든 사람에게 동등하게 개방되어야만 한다는 것
ⓓ 기초교육은 초등교육의 전과정에 받지 않았거나 또는 그것을 종료하지 않은 자를 위하여 가능한 한 장려하거나 강화되어야만 한다는 것
ⓔ 모든 단계에 있어서 학교제도의 발전을 적극적으로 추가하고, 충분한 장학금제도를 설치하고 교육직원의 물질적 조건을 계속하여 개선하지 않으면 안 되는 것
③ 본 규약의 당사국은 부모와 경우에 따라서는 법정보호자가 아동을 위하여 공공기관에 의하여 설치된 학교 이외의 학교에서 국가가 설정하거나 또는 승인한 최저한의 교육수준에 합치하는 것을 선택하고, 또 자기의 신념에 따라서 아동의 종교적 · 도덕적 교육을 확보할 자유를 존중할 것을 약속한다.
④ 본래의 어떠한 규정도 개인 또는 단체가 교육시설을 설치하고 관리할 자유에 간섭하는 것으로 해석할 수는 없다. 다만, 본 조의 제1항에 규정한 원칙에 준수되고 이와 같은 시설에서 부여되는 교육이 국가에 의하여 설정된 최저한의 기준에 합치하는 것만은 항상 필요로 한다.

5) 김철수(1998). 헌법학개론. 박영사. pp. 669-686. 교육을 받을 권리.

실질적인 평등을 실현시킴으로써 헌법이 추구하는 사회국가, 복지국가의 이념을 실현한다는 의의와 기능을 가지고 있다.

(2) 교육의 의무와 의무교육의 무상

국민에게 교육의 의무를 부과하는 이상 국가는 피교육아동의 편의를 도모하여 줄 의무를 질 뿐만 아니라 또 경제적으로 어려운 학부모의 교육의무 이행을 가능하게 해야 하므로 이를 위해 의무교육의 무상이 필요하다. 이러한 필요성에 근거해 헙법 제31조 3항에서 의무교육은 무상으로 할 것을 원칙으로 규정하고 있다.[6]

의무의 대상이 되는 교육으로서 헌법 제31조 2항은 '적어도 초등교육과 법률이 정하는 교육'이라고 규정하고 있는데, 이러한 헌법 규정은 초등교육뿐만 아니라 중등교육까지도 의무화하기 위한 것이다. 현행 교육기본법 제8조는 6년의 초등교육과 3년의 중등교육을 합하여 9년의 의무교육을 명시하고 있다.

(3) 교육제도의 보장

교육의 자주성 · 전문성 · 정치적 중립성 및 대학의 자율성이 보장되지 않는 경우에는 특정한 세계관을 강조하여 교육의 발전이 저해될 우려가 있고, 특정한 정치세력에만 영합하는 교육을 할 우려가 있기 때문에 헌법은 특별히 교육의 자주성과 전문성 및 정치적 중립성을 보장하고 있다.

(4) 평생교육의 진흥

국가는 평생교육을 진흥하여야 한다(헌법 제31조 5항). 평생교육은 학교교육뿐

---

6) 무상의 범위에 대해서 무상이란 수업료 면제만이 아니라, 국가의 재정이 허용하는 경우에는 학용품을 비롯한 급식의 무상까지도 포함한다고 보아야 한다(김철수 교수 견해, 1998).

아니라 가정교육, 사회교육 등을 망라한 넓은 의미의 교육으로 연령에 의한 제한을 두지 않는다. 학교교육 및 평생교육을 포함한 교육제도와 그 운영, 교육재정 및 교원의 지위에 관한 기본적인 사항은 법률로 정하도록 하고 있다(헌법 제31조 6항).

2) 교육기본법

초기 교육관계법의 제정은 일본의 교육 3법(교육기본법, 학교교육법, 사회교육법)을 참고로 하였으나 교육법으로 단일화되었고, 그 후 교육공무원법, 사립학교법과 함께 교육 3법으로 자리잡았다.[7)]

교육을 가정교육, 학교교육, 사회교육으로 나눌 때, 가정교육은 법이 간섭할 영역이 못되고, 교육법은 학교교육법과 사회교육법으로 대별될 수 있다. 학교교육에 해당되던 교육법을 교육기본법, 초·중등교육법, 고등교육법으로 분리하여, 1998년 3월 1일부터 시행하게 되었다.

교육에 관한 기본제도를 정한 법률이 교육기본법이다. 교육제도라 함은 교육의 기본방침과 내용, 교육행정의 조직, 교육 및 그 감독 등에 관한 제도를 말한다. 교육기본법은 교육에 관한 국민의 권리·의무와 국가 및 지방자치단체의 책임을 정하고 교육제도와 그 운영에 관한 기본적 사항을 규정하고 있다. 나아가 학교교육에 관해서는 초·중등교육법, 고등교육법, 학교시설사업보건법 등이 있다.

---

7) 그 밖에도 사회교육법, 교원지위향상을 위한 특별법, 지방교육자치에 관한 법률, 학원의 설립 운영에 관한 법률, 학교보건법, 학교급식법, 지방교육재정교부금법, 지방교육양여금법, 교과용도서에 관한 규정, 사립학교교원연금법, 독학에 의한 학위취득에 관한 법률, 학점인정 등에 관한 법률, 학교시설사업촉진법, 학교용지확보에 관한 특례법, 보호시설에 있는 고아의 후견직무에 관한 법률, 청소년보호법, 청소년기본법, 입양촉진 및 절차에 관한 특례법, 사회복지사업법, 소년법, 소년원법, 근로자직업훈련촉진법, 학술진흥법, 유아교육진흥법, 특수교육진흥법, 산업교육진흥법, 과학교육진흥법, 도서벽지교육진흥법, 도서관 및 독서진흥법, 문화예술진흥법, 지방문화원진흥법 등 교육관련법률들은 무수히 많이 있어 혼란마저 초래하고 있다.

교육기본법은 제1장 총칙, 제2장 교육당사자, 제3장 교육의 진흥 등 29개조와 부칙 4개조로 구성되었다. 법률의 주요 내용은 다음과 같다.[8)]

(1) 교육이념 등

종전 교육법의 홍익인간 이념을 그대로 규정하고 인격도야, 자주적 생활능력과 민주시민 자질구비, 인간다운 삶 영위, 민주국가 발전, 인류공영 이상실현을 교육의 목적으로 규정하였다.

(2) 학습권 규정

모든 국민은 평생에 걸쳐 학습하고, 능력과 적성에 따라 교육받을 권리를 가짐을 규정함(제3조).

(3) 교육의 자주성

학교운영의 자율성은 존중되며, 교직원 · 학생 · 학부모 및 지역주민 등은 법령이 정하는 바에 의하여 학교운영에 참여할 수 있도록 함(제5조 2항).

(4) 국 · 공립학교의 특정종교 교육금지

국가 및 지방자치단체가 설립한 학교에서는 특정한 종교를 위한 종교교육을 하여서는 아니 된다(제6조 제2항).

8) 강인수(1998). 교육기본법 및 초 · 중등교육법의 내용과 과제. 중앙교육진흥연구소. 제10권 제3호(통권 39호).

(5) 학교교육

학교는 공공성을 가지며, 학생의 교육 외에 학술과 문화적 전통을 유지 · 발전시키고 주민의 평생교육을 위하여 노력하도록 함(제9조 2항).

(6) 사회교육

평생교육을 위한 모든 형태의 사회교육은 장려되며, 사회교육의 이수는 법령이 정하는 바에 의하여 그에 상응하는 학교교육의 이수로 인정될 수 있도록 함(제10조).

(7) 학습자

학습자의 기본적 인권은 교육의 과정에서 존중되고 보호되어야 하며, 학생은 학칙을 준수하고 교원의 교육활동을 방해하는 등의 행위를 하여서는 아니되도록 함(제12조).

(8) 부모와 보호자의 교육권

부모 등 보호자는 자녀 또는 아동을 교육할 권리와 책임이 있으며, 자녀 또는 아동의 교육에 관하여 학교에 의견을 제시할 수 있도록 함(제13조).

(9) 교원의 의무와 법률이 정한 공직취임권 보장

교원은 법률이 정하는 바에 의하여 다른 공직에 취임할 수 있다(제14조 4항).

(10) 학교 등의 설립 · 경영자

학교 및 사회교육시설의 설립 · 경영하는 자는 교육을 위한 시설 · 설비 · 재정 및 교원 등을 확보하도록 하며, 학교의 장은 법령이 정하는 바에 의하여 학습자를 선정 · 교육할 수 있도록 함(제16조).

(11) 평가 및 인증제도

국가는 국민의 학습성과 등이 공정하게 평가되어 통용될 수 있도록 학력평가 및 능력인증제도를 수립 · 실시하도록 함(제26조 제1항).

2. 교육권의 구조

교육권(rights to education)이란 넓은 의미로 교육에 직접 관계하는 어린이 · 부모 · 교사 · 국민 · 국가 등의 교육에 관한 권리 · 의무, 책임과 권한 관계를 통틀어 말한다. 따라서 이러한 권한 관계가 어떻게 이루어지느냐에 따라 여러 가지 교육권 이론이 전개된다. 예컨대 부모의 교육권, 교사의 교육권, 국가의 교육권 등이 그것이다. 그리고 부모 · 교사 및 국가의 교육권이 어린이의 교육받을 학습권이나 국민의 교육받을 권리와 어떠한 관계와 구조를 이루고 있는가가 넓은 의미의 교육권 논쟁이 된다.

교육권의 개념을 좁은 의미로 논하는 사람도 있다. 이 경우 교육을 할 권리에 국한하며, 교육을 받을 권리는 별도로 생각한다. 따라서 교육권을 논할 때,

그것이 교육을 할 권리와 교육을 받을 권리의 두 가지를 포함시킨 넓은 의미의 교육권 가운데 어느 것을 택하고 있는가를 판정할 필요가 있다.

근래에 들어 교육권에 관한 논의가 활발하게 진행되고 있다. 교육에 관한 권리의식이 학습권에 관하여는 무관심하고 교육권에만 집중되어 온 이유는 지난 200년의 현대사회를 국민교육제도가 지배적이었기 때문이다. 그러므로 이 시대의 교육학도 가르치는 일에 관한 연구에 치중하고, 사람들이 스스로 또는 주체적으로 하는 학습활동에는 관심이 적었다. 예를 들면 국가와 학교가 가르치고자 하는 교육내용은 교육과정이라 하여 많은 연구관심을 기울였지만, 학생들이 학교생활을 통하여 스스로 배우는 것에 관하여는 '잠재적 교육과정'이라 부르면서 부차적 관심을 보이는 정도이다.

1) 부모의 교육권

자녀를 보호하고 교육시킬 1차 의무는 부모에게 있다. 1959년에 채택된 UN의 아동권리선언 제7조 역시 아동교육과 지도의 책임이 1차적으로 아동의 부모에게 있다고 하여 부모의 아동교육에 대한 의무와 권리는 인류의 보편적인 성격을 가진 것임을 강조하고 있다.

친권의 한 내용으로서 학부모의 '교육권'은 미성숙한 자녀를 교육하는 것을 내용으로 하고, 학교 선택권, 재학 중인 학교의 교육과정에 참여할 권리가 여기에 포함된다.[9] 어린이를 보호 · 감독 · 교육하는 것은 부모의 권리로서 자연법이나 실정법, 그리고 사회통념상 인정되고 있다. 이 권리는 부모가 자녀에게 생명을 준데 대한 책임(부양의무)과 자식이 성장하여 감당해야 할 미래사회에 대한 의무(교육의무)를 포함한다. 그러나 어린이가 교육을 받는 것은 인간으로서

9) 부모가 미성년인 자녀에 대해서 가지는 권리는 민법상 친권이라고 하는데, 친권은 자식에 대한 어버이의 권리인 동시에 의무로서 재산을 관리할 권리, 살 곳을 지정할 권리, 적절한 징계를 할 수 있는 권리 등을 그 내용으로 한다(하승수 · 김진(1999). 교사의 권리, 학생의 권리. 사계절. pp. 34-35.)

의 권리이므로 부모의 교육권은 어린이의 교육받을 권리의 투영이다. 따라서 부모의 교육권은 자녀의 교육받을 권리에 대응하는 의무이며, 권리로서의 발언은 권리의 대행이다.

전통적으로 아동의 교육에 대한 권리행사는 부모의 자연권에 속한다고 할 수 있다. 그러나 사회나 시대에 따라서는 부모도 사회와 국가의 일원인만큼 아동도 사회와 국가의 소유개념으로 파악되며 따라서 그들에 대한 교육권은 사회나 국가에 귀속된다고 할 수 있다(이혜영 등, 1990). 플라톤의 이상 국가론이나 스파르타의 교육에서 이와 같은 면을 엿볼 수 있으며, 중세기독교 사회에서는 신(神)에게 모든 생명이 속해 있었던 관계로 교육권의 상당 부분이 교회에 속하기도 하였다. 근대에 들어오면서 교육이 점차 국가에 의해 관장되는 이유는 아동이 국가의 소유물이라는 관점과 아울러 부모나 아동의 권리를 국가가 보장하여 준다는 두 가지 측면이 인식되게 되었기 때문이다.

2) 교사의 교육권

교육에 대한 국민의 통제권의 원리가 실현된다고 해서 국민 개개인 혹은 학부모가 교육의 직접적 담당자가 되는 것은 아니다. 즉, 교육과정의 결정과 조직화, 교수방법, 교육평가를 포함한 구체적이고 직접적인 교육행위의 담당자는 교사일 수밖에 없으며, 국민의 통제권은 이에 관한, 그리고 교육의 조건에 대한 포괄적인 의사결정권일 수밖에 없다. 따라서 여전히 직접적인 교육행위에 연관되는 이러한 여러 사항에 대한 결정권은 누가, 어떤 원리에 의해서 가지고 있어야 하는가는 문제가 된다. 만일 국가권력이 교육내용, 방법, 평가를 모두 독점하고 있다면 사실상 교육에 대한 국가의 통제원리는 허구화될 수밖에 없을 것이다. 여기서 교사의 권리의 문제가 제기된다.

구체적인 교육행위와 관련된 교육과정의 조직, 교육내용의 선정, 교육방법, 평가에 관한 결정권은 교육전문가인 교사에게 보장되어야 할 권리이다. 한편으로, 교사는 학습권과 국민의 교육에 스스로 전문가로서의 소양과 양심에 따라서 교육을 수행해야 하는 권리와 의무를 함께 지니고 있어야 한다.

교사의 교육권은 실정법으로나 사회통념상 인정된다. 교사는 어린이의 성장·발달에 깊은 애정을 기울여 어린이의 교육받을 권리를 보호할 수 있는 능력을 가진 것(자격제도)을 토대로 하여, 어린이로부터 교육받을 권리를 위임받아, 어린이에게는 교육할 의무(권한), 제3자에 대해서는 교육받을 권리의 대리자로서 교육에 대한 부당한 개입을 배제할(교육의 독립을 지키는) 권리를 가지고 있다. 다만 부모와 교사와의 관계는 배제적 관계가 아니라, 모두 어린이의 교육받을 권리의 직접적 대리자로서 그것을 보호할 입장에서 서로 조정하고 협력해야 한다. 교사의 교육권은 교사라는 지위에 성립되는 권능이므로 교사 개인의 자유권은 아니다.

3) 어린이의 교육받을 권리(학습권)

인간의 하루 일과는 학습의 연속이다. 말을 배우기 시작하는 어린아이뿐만 아니라, 청년과 장년, 노인들까지도 그들의 하루 생활을 자세히 관찰하면 끊임없이 수많은 것을 배운다. 경험을 통하여 배우고, 부모로부터 배우고, 친구로부터 배우고, 직장에서 배우고, 신문에서 배우고, 이루 다 열거할 수 없을 만큼 수많은 학습원(學習源)으로부터 배운다. 배우는 내용도 너무 다양해서 열거할 수가 없다. 이런 것에 비하면 학교로부터 공식적으로 배우는 것은 양도 적고 내용의 성격도 단순하다. 언어적 지식이 대부분이다. 그 중에 많은 것은 실제의 생활세계와 무관한 것이다.

교육은 기성세대에 의해서 그 내용과 방법이 조직되고 시행되는데, 이것은 현재적인 삶의 주체를 대상으로 하는 것이 아니라, 다음 시대의 삶의 주체를 대상으로 하는 것이다. 여기서 교육이 긴장관계를 형성하게 되는 것은 누구의 관점에서 교육이 이루어져야 하는가의 문제이다. 그러나 역사적으로 나타난 일반론은 교육자가 중심이 되어서 교육을 해 주는 것이었다. 그런데 이 때 넓은 의미에서 '교육자'란 기성세대를 의미한다(좁은 의미에서는 개인으로서의 교수자를 의미한다).

학습권은 단순히 특정의 내용을 공부할 수 있는 권리 혹은 취학의 기회보장을 의미하는 협소하고 소극적인 권리를 말하는 것이 아니라 존엄성을 가진 인격적 주체로서 교육의 과정 속에서 대상화되거나 도구화되지 않을 권리이며, 자신의 개인적 · 사회적인 삶의 내용을 풍부하게 형성해 나갈 수 있는 권리, 이를 위해 스스로에게 유의미한 교육을 받을 수 있는 권리라는 면에서 근대적인 의미의 인권의 일부로서 이해되어야 한다.

학습자의 의사를 존중하는 것은 실정법(어린이헌장 · 헌법 등)상으로도 근거가 있다. 교육을 받을 권리는 교육 없이는 인간이 인간다운 생활을 영위할 수 있는 존재가 될 수 없다고 하는 전제에서 성립된다. 따라서 교육에 대한 요구, 즉 교육받을 권리는 자기완성의 요구이며 자신에 대한 도덕적 책임임과 동시에 사회에 대한 의무이기도 하다. 이러한 점에서 교육받을 권리를 포기하는 것은 허락되지 않는다.

교육을 준비하기에 앞서 교육받을 사람의 의사를 묻지 않으면 아니되는 것은 교육받을 권한의 최저의 요구이다(상담을 받을 권리). 그 외에 제공되는 교육을 선택할 권리 (학습의 자유), 그리고 보다 높은 교육을 청구할 권리가 여기에 포함된다.

교육을 받을 권리는 아동의 학습의 권리를 주된 내용으로 한다. 인간으로서의 학습자는 인간적 성장 · 발달의 권리를 가지고 있고 이 발달의 권리는 학습에 의하여 충족된다. 교육을 받을 권리는 교육 없이는 인간이 인간다운 생활을 영위할 수 있는 존재가 될 수 없다고 하는 전제에서 성립된다. 어린이는 출생할 때부터 교육을 받아 학습을 하고 인간으로서 성장 · 발달할 권리를 가진다.

한국에 있어서의 어린이의 인권운동은 다른 나라에 비해서 뒤진감이 있다(이원정, 1986). 우리나라는 오랜 역사를 통하여 충효사상을 바탕으로 한 상하관계를 당연한 미덕으로 간주하여 왔다. 해방 이후에도 이러한 전통의 관성은 여전히 어른 중심의 사회가 지배적인 반면, 어린이의 인권은 사회의 별다른 관심사가 되지 못하였다.

학습권이라는 용어는 새로운 것이 아니다. 1985년 파리에서 열린 제4차 유네스코 국제사회 교육회의에서 학습권(the right to learn) 선언을 채택한 바도 있다.10) 이 선언은 학습이 문화의 사치품이나 경제발전의 수단이 아니라, 모든 인간의 생존 · 생활에 없어서는 안 될 필수불가결한 것이라고 천명하고 있다. 이는 생활의 향상, 노약자의 보호, 남녀 평등, 환경문제, 평화의 유지, 그리고 남북문제(선 · 후진국의 문제) 해결을 위하여 '학습'이 해결의 실마리라는 것이다.

가르치는 일보다 더 중요한 것은 배우는 일이다. 더욱이 권리의 관점에서 보면, 가르칠 권리에 앞서는 것이 배울 권리이다. 인간은 '학습동물'(homo students)로서, 학습에 의하여 인격적 존재, 문화적 존재가 된다. 만약 학습이 금지되거나 제한되면 인간은 정상적 존재로 형성될 수 없다. 개체로서의 인간뿐만 아니라 집단으로서의 인간도 학습이 보장되지 않으면 정상적으로 존립할 수 없다.

그러므로 개체로서나 집단으로서의 인간의 자유로운 학습은 인간의 근본적인 존재조건이다. 즉, 제한받지 않고 자유롭게 학습할 수 있는 권리는 근본적인 자연권이다. 이 자연권은 어떠한 이유로도 제한될 수 없는 것이다. 인간은 자연권으로 사상의 자유, 신앙의 자유, 정치적 결사의 자유, 경제활동의 자유 등을 가지고 있지만, 학습의 자유가 확보되지 않으면 다른 자유는 형식적인 자유가 되고 만다.

가르치는 활동으로서의 교육은 자연권으로서의 학습활동을 도와주기 위하

10) 김신일(1995). 학습권 개념내용과 교육학의 새 연구과제. 평생교육연구. 제1권 제1호, 19-32.

여 필요한 것이다. 학습을 도와주기 위하여 가르침이 필요한 것이지 가르침을 위하여 학습이 존재하는 것은 아니다. 즉, 학습권의 보장을 위하여 가르침이 존재하는 것이지, 가르치는 권리로서의 교육권의 보장을 위하여 학습이 존재하는 것은 아니다. 한 마디로 말해서 학습권이 교육에 우선한다.

학습에 관한 권리의 내용은 다섯 가지로 정리할 수 있다(김신일, 1995).

(1) 학습활동의 자유

학습활동의 자유는 개인이나 집단의 학습활동이 금지되거나 제한받지 않을 권리이다. 학습활동은 누구에게나 언제나 자유롭게 보장되어야 한다. 인간은 학습동물이므로 학습의 제한과 금지는 정상적 인간형성을 제한하는 것과 마찬가지이다. 자유로운 학습을 통하여 인간은 인격적으로 자유롭게 성장하고 문화적 개성을 발전시킬 수 있다.

(2) 학습기회의 보장

학습의 기회를 개인이 조성하는 것은 한계가 있다. 인간사회에 있어서 대부분의 학습기회는 사회적으로 조성된다. 그러므로 사회와 국가가 풍부한 학습기회를 만드느냐 여부가 학습기회의 양과 질을 결정한다. 학습기회의 제공에 있어서 학교는 중요한 학습장이다. 그러나 학교 외에도 다양하고 풍부한 학습의 기회가 마련될 수 있다.

(3) 교육선택의 권리

국민교육제도에서는 교육은 교육실시자가 가르칠 사람을 선택한다. 학습자는 선택당할 뿐이다. 그런데 미국에서 1970년대에, 영국에서 1980년대에 학부모의 학교 선택권이 제도화되었다(OECD, 1994). 교육구청이 거주지에 따라 결정해 오던 초등공립학교의 취학학교를 학생의 친권자인 부모가 선택할 수 있도록 제도화한 것이다.

(4) 교육에 관한 결정과정에의 참여권

가르치는 활동과 제도로서의 교육이 현실적으로 사람들의 학습생활에 큰 영향을 미치는 것이라면, 교육에 관한 주요 결정과정에 학습자들이 적극적으로 참여하여, 교육에 관한 논의의 초기단계부터 의견을 반영할 수 있어야 학습자의 권리가 보장된다.

(5) 지식과 사상창출의 자유

학교에서와 같이 가르치는 교육의 관점에서 보면, 학습자가 배우는 것은 기존의 지식과 사상이다. 그것도 국가의 교육과정 결정기구나 교사가 가르치기로 선정한 지식, 기능, 사상이다. 배울 것을 학습자 스스로가 선정하도록 허용하지 않는 것은 물론이다. 가르치는 쪽에서 미리 선정한 것을 학습자는 배울 뿐이다.

그러나 기존의 지식, 그것도 미리 선정된 지식만 배우는 것은 창조적 학습을 가로막는다. 사상도 마찬가지이다. 지정된 사상만 배운다면 그것은 사상주입의 범위를 벗어나지 못한다. 어느 사상이나 비판적으로 학습할 수 있어야 기존의 사상을 극복하고 새로운 사상을 모색할 수 있다. 그러므로 학습권 사상은 기존의 지식과 사상의 한계를 극복할 수 있는 창조적 학습을 지향한다.

가르치는 일을 중심으로 교육관련 현상을 보아온 것이 종래 교육학연구의 결함이었다. 학습을 교육의 종속현상으로 전제하는 것은 오류이다. 학습과 교육의 우열을 따진다면 그 중요성에 있어서 학습이 우선이다. 시민국가의 평생학습 시대의 근본적인 '열쇠말'(key word)은 교육권이 아니라 학습권

이다.[11)]

4) 설립자의 교육권(교육관리권)

설립자가 교육을 위해 인적 · 물적 시설의 관리권을 갖는 것은 법적으로나 사회통념상으로나 정착되어 있다. 교육시설을 설치해서 교육기회를 제공하는 것은 사회(공공단체)의 의무이며, 이 의무를 이행하는 것이 설치자의 책임이다. 공공단체는 학교를 설치하는 이상, 교육받을 권리를 보장할 수 있도록 교육조건을 정비하여야 한다. 그 정비의 책무를 다 할 수 있는 권능은 설립자에 주어지며 이것이 바로 관리권이다.

교육관리권에는 물적 시설을 건설하고 시설의 사용규칙을 제정하고 시설의 이용을 인가하는 권한과 인적 시설의 정비에 관한 권한(인사권)이 포함된다.

5) 국가의 교육권(교육감독권)

사회가 제공하는 교육이 질적으로나 양적으로 충분한가, 또 제공되는 교육이 교육받을 권리에 적합한가를 감시할 필요가 있다. 이것은 국가의 책임이며, 교육받을 권리에 유래하는 권리이다. 국가의 감독권은 교육청구권의 변형이다.

모든 국민이 필요한 교육에 접근할 수 있도록 국가의 교육제도를 확립하지

11) 학습자가 중심이 되어야 한다고 할 때, 그것은 교육자는 학습자에 대한 단순한 보완적 지위에 머물러야 하며 교육에 대한 모든 판단과 결정을 학습자가 내려야 한다는 것을 의미하지는 않는다. 현실적으로 모든 교육은 그 내용에 있어서 이전까지의 역사적 · 사회적 산물로서 만들어질 수밖에 없으며, 또한 이것을 조직하여 운영하는 것 역시 교육자가 될 수밖에 없다. 학습자가 살아가는 사회적 삶 또한 기존의 역사적 · 사회적 삶의 조건과 무관할 수 있는 것이 아니라 거기에 터해서 발전될 수밖에 없다는 점에서도 학습자가 기존의 것으로부터 배워야 하는 것은 불가피한 일이다. 그러나 그것이 열려진 것으로서 제시되어야 하며, 그래서 기존의 것을 배우되 새로운 것을 만들어 나가는 것으로 배우도록 해야 한다는 것이다.

않으면 안 된다. 또한 교육수준을 확보하는 데 필요한 기준을 설정하고 그것에 비추어 교육사업을 감독한다. 다음에 이 기준에 미달한 교육에 대하여 그 원인을 조사 · 연구하고 적절한 지도 · 조언 · 권고를 한다. 그리고 교육기회의 제공이 표준 이하인 경우, 재정적 지원을 통해 균등한 기회를 보장한다. 또한 필요한 경우 국가가 직접 교육을 제공한다(국립학교 설치권). 끝으로 교육을 에워싼 권리의 분쟁을 조정하기도 한다.

국가는 부모 · 교사 · 설치자에 대하여 각각의 기능을 가지지만 그 어느 경우에도 국민의 교육받을 권리의 보장을 후견적으로 다시 보장하기 위한 것이다.

제15장

교육직업과 교사론

1. 직업과 교직
2. 교직관의 유형
3. 지식관리자, 지식생산자의 역할
4. 인간주의 교사상
5. 창의성 신장을 위한 교사

1. 직업과 교직

직업은 단순한 생계수단이 아니라 자기의 일생을 통해 삶의 목적을 실현하고 가치를 창조하는 그 자체로서 받아들여야 한다. 직업은 우연한 기회에 삶의 방편으로 주어진 기회를 선택한 것이 아니라 생애를 통하여 특별한 행동을 하도록 신(神)의 은총과 섭리에 의해서 맡겨진 사명이라는 뜻이 강조되어 있다. 직업은 중요한 삶의 한 과정이고 삶의 현장이다. 인생을 소중히 생각하고, 공동체 생활을 뜻있고 보람있게 살아가려면 자신의 직업이 가지는 의미의 중요성과 직업을 통하여 무엇을 어떻게 성취해 나아갈 것인가에 대해서 깊은 생각을 해야 한다. 천직의식과 소명감에 찬 직업의식이 없을 경우에는, 직업의 노예를 면치 못하여 불만과 권태로서 인생을 소모하는 소극적인 삶을 영위하게 된다. 자기 직업에서 인생의 성패를 거는 적극적인 직업수행의 태도가 필요하다.

교직(teaching profession)도 현대사회의 많은 직업 가운데 하나이며 교육자라고 부를 성질의 교사가 있고 직업인에 지나지 않는 교사도 있다. 동양에서는 인사(人師)와 경사(經師)로 분류하기도 했다. 지식이 뛰어나서 스승이 되려고 하면 경사는 될 수 있어도 인사가 되기는 어렵다. 인사가 되려면 뛰어난 학식뿐만 아니라 온몸과 심혼으로 스승다운 삶을 살아야 할 것이다. 스승다운 삶에서 나타나는 무언의 시범이 제자들의 영혼에 감화를 줘서 그들이 인간답게 성장할 때 비로소 교육은 성공하게 된다.

스승의 삶은 사랑의 삶이어야 하고 학생들을 사랑해야 한다. 예수는 이 세상 모든 사람은 하나님의 아들 딸이라 했고, 석가는 일체중생 개유불성(一切衆生 皆有佛性)이라 하였다. 사랑과 자비심으로 학생들의 모든 것을 사랑해야 한다. 예수를 신앙하듯 석가를 신봉하듯 학생들을 사랑할 때 비로소 사랑의 힘을 발견하고 스스로 교직의 보람을 느끼게 될 것이다.

이상적인 스승의 상은 다양하게 제시되고 있다. 스승의 상은 경업(敬業), 낙업(樂業), 근업(勤業)으로 요약된다. 경업은 교직에 대한 자부심과 긍지를 가지는 것으로 스승의 제1차적인 자세이다. 교사에게서 투철한 교육관이 엿보이며 교사다울 때 스승으로 존경받게 될 것이다.

낙업은 교직을 즐기는 것을 말하며 학생에 대한 무조건적 사랑이 교사의 가슴 속에 가득 차 있어야 한다. 교육은 사람과 사람의 만남과 작용과 감화에 의하여 이루어지니 그 밑바탕에 사랑이 깔려 있어야 함은 당연하다. 학생에 대한 사랑은 인간 존엄성의 신념에 기초하고 있다.

근업은 끊임없는 연찬에 의하여 자기향상을 가져오는 것을 말한다. 교직은 지식집약적인 산업이다. 교직의 핵심은 지식과 기술을 전달하는 일이다. 다른 직업에 종사하는 사람보다 새로운 지식과 기술을 흡수하는 데 부지런해야 한다.

경업 · 낙업 · 근업의 개념은 개념상으로는 분리되지만 교육의 실제에 있어서는 통합된 하나의 개념, 즉 스승의 길이다. 경업할 줄 알면 낙업이 되고, 근업할 줄 알며 학생을 사랑하는 교사는 경업 · 근업하게 된다. 학생을 올바르게 가르치기 위하여 항상 부지런한 교사는 경업 · 낙업하는 교사이다(김종서, 1993).

2. 교직관의 유형

가르치는 직업, 즉 '교사'에 대한 이해는 크게 3가지로 —성직관, 전문직관, 노동직관— 변화과정을 거쳐 왔다고 할 수 있다. 즉, '성직자'관 혹은 '봉사자'관이 주를 이루다가 '교육노동자'관이 등장하면서 이 둘은 서로 대립해 왔다. 그러다가 최근에 새롭게 등장한 개념이 '교육전문직'관이다. 세 가지 유형은 각기 다른 사회인식과 철학적 관점을 반영하고 있다. 이는 ILO · 유네스코의 '교원지위에 관한 권고'1)(1966)에 기초하여 나온 것으로 교직에 대한 가장 일반적인 이해로 자리잡고 있다.

1) 성직관(聖職觀)으로서의 교직

성직관(聖職觀)은 종교적 관점에서 교직을 특별한 소명의식을 가진 직분으로 보는 입장이다. 교사는 목사나 신부 또는 승려 등과 같이 인간의 정신과 영적인 면을 다루기 때문에 세속적인 직종과는 다른 자세로 교직에 종사할 것을 강조한다. 이는 전통적으로 교직을 종교적 교화를 담당한 성직과 동일한 직무로 인식하는 데서 비롯되었다. 그렇기 때문에 교사는 현실문제에 집착해서도 안 되며 세속적이어서도 안 된다.

---

1) 교사지위에 관한 권고안은 교사의 사회 경제적 지위의 향상을 꾀하려는 의도를 가지고 있다. 권고 내용은 법적 규정은 아니었지만, 세계 여러 나라에서 교사에 대한 하나의 국제적 기준으로서 널리 받아들여지고 있다. 교직은 엄격하고 계속적인 연구를 통하여 획득되고 유지되는 전문적 지식과 특별한 기술이 교사에게 요구되는 공공의 서어비스의 한 형태이다. 그리고 담당하고 있는 학생들에 대한 교육과 복지를 위하여 개인적 · 공동적 책임성을 요구하고 있다

물질만능주의의 현대사조 속에서 정신적 세계에 보다 많은 주의와 관심을 집중시켜야 한다는 것이 교직자에 대한 일반적 인식의 기초가 되어 왔다. 이것은 교직이 고도의 전문적 봉사활동으로서 세속적인 가치, 예를 들면 돈, 명예, 권력 따위와는 거리가 먼 직업이라는 인식을 나타내는 것이라 할 수 있다. 나아가, 교직자는 그 활동이 주로 미래지향적이기 때문에 현실사회보다도 다가오는 이상사회를, 그리고 그 실현을 위하여 학생들의 힘과 마음을 닦아야 한다는 것이 성직관이다. 그것은 교육의 본질이 인간의 영혼과 정신을 다루며 정신적 자세로써 교직에 종사한 사람이 많이 있었기 때문에 성직관의 교직관이 형성되어 왔다고 본다.

성직관은 교사의 윤리성을 강조하는 점에서는 긍정적이다. 그러나 비판적인 입장에서 볼 때 교사에게 헌신적 봉사와 희생을 강요함으로써 교사의 권리를 유보하거나 제한하는 면도 있다.

영원히 지지 않을 꽃 이태석 신부는…

미래 꿈꾸게 한 '교사'
사랑 나눠 준 '아버지'
생명 전해 준 '의사'
음악 선물한 '지휘자'

이태석 신부
1962년(부산) ~ 2010년 1월 14일(향년 48세)

가난하고 어려운 환경 속에서도 열심히 공부해 의사가 됐지만 그가 마음 속으로 도저히 외면할 수 없었던 사제의 길.

사제가 되자마자 세상에서 가장 가난한 곳 아프리카 작은 마을 톤즈로 향한다. 수단은 1983년부터 시작된 내전으로 남북으로 갈라졌다. 이 신부가 간 곳은 그 중 피해가 가장 큰 남부 수단이었다. 그는 톤즈에서 만날 수 있는 유일한 의사였다.

환자는 점점 늘어났고 이 신부에게 치료를 받기 위해 멀리

2~3일 걸려 찾아오는 환자들도 많았다. 전기가 없는 톤즈에 이 신부는 태양열 집열기를 설치했다. 이유는 냉장고를 사용해 백신을 보존하기 위해서였다.

오지 못하는 환자들을 치료하기 위해 높은 온도에 약한 백신을 얼음박스에 넣어 직접 환자를 찾아가 접종을 해줬다. 톤즈에는 학교도 없다. 이 신부의 마음 속에 또 하나의 이루고 싶은 꿈이 생긴다.

소년병으로 끌려가는 아이들과 전쟁과 질병으로 고통받는 아이들에게 학교를 만들어 주고 싶었다. 그래서 학교를 지어 직접 수학과 음악을 가르쳤고 톤즈의 아이들은 이곳에서 미래의 희망을 꿈꿀 수 있었다.

이태석 신부가 의사의 길을 버리고 사제가 된 것은 어린 시절 성당에서 본 영화 한 편의 영향이 컸다. 한센병 환자들을 돌보다 자신도 한센병에 걸려 48세에 하느님 품에 안긴 '다미안 신부'의 일대기를 다룬 영화를 보고 그와 같은 삶을 살겠노라 결심한 것.

어린 시절 결심대로 그는 한센인들의 아버지이자 친구가 되어 준다. 그리고 그들이 성치 못한 맨발로 다니는 것이 안타까워 발모양을 일일이 직접 종이에 그린 뒤 신발을 만들어 신겼다.

출처: 천지일보, 2010. 09. 12, 척박한 톤즈땅에 꽃이 된 故 이태석 신부 이야기

2) 노동직관(勞動職觀)으로서의 교직

교직에 대한 견해 가운데 성직관과는 대조적인 입장을 취하는 견해로서, 교직도 하나의 노동직이며 본질적으로 다른 직업과 차이가 없다는 것이다. 교사는 봉급생활자로서 넓게 근로자의 범주에 속한다. 교육을 통한 근로로서 받게 되는 보수에 의해 생계를 유지하는 직업군에 속한다. 따라서 근로자로서 행복을 추구할 여러 가지 권리를 주장하기에 이른다. 경제 · 사회적인 대우를 위해서 단체 행동권을 주장하게 될 근거가 생긴다.

노동자관은 교사의 지위가 노동자와 동일하다는 현실적 입장에 근거하고 있다. 우선 노동자의 성격은 자본주의 사회에서의 노동의 의미로부터 규정되고 있다. 노동은 일정한 보수를 받고 타인을 위하여 노동력을 제공하는 것이다. 이러한 노동은 일반적으로 자기 결정에 의한 노동이 아니라 타인의 결정에

의한 노동이다. 따라서 노동자는 순수한 육체 노동자만이 아니라 정신노동자도 포함한다.

노동직관에 따르는 교사상은 교사는 노동에 대한 반대급부로서 처우의 개선, 근무조건의 향상 등을 위하여 노동 3권(단체결성권, 단체교섭권, 단체행동권)을 갖추어야 한다고 주장한다. 그러나, 그것이 투쟁화된다면 교육의 본질상 신중히 고려해야 할 과제이다. 교직이 전문직이어야 한다는 관점과 교육의 고객이 성장하고 있는 아동이라는 관점에서 볼 때, 교육여건의 개선을 위해, 혹은 경제적 지위향상을 위해 교원이 스스로 쟁의행위 집단으로 교사상을 부각하는 데는 논의해야 할 문제가 있다.

3) 전문직(專門觀)으로서의 교직

교직은 분명히 전문직이어야 한다. 현재 전문직으로 보기에는 미흡한 법과 제도나 교육여건이 존재하고 있다. 그러나 교직의 전문성을 부인할 수는 없다. 교육이 올바로 발전하기 위해서는 교직이 전문직으로 여건을 정비해 가야 하며, 그러한 여건이나 풍토에서 교사가 전문가로 부각되어야 한다. 교직은 전문직이어야 하고 교사는 교육전문가이어야 한다면 교사상은 분명해진다. 마치 가장 훌륭한 의사는 환자를 잘 진단하고 잘 치료하는 사람이다. 그러기 위해서 의사는 의학에 대한 부단한 자기 연구가 필요하고 자기환자를 고치려는 집착과 치료에 임할 수 있는 의학적인 기술이 고도로 전문화되어 있어야 할 것이다.

전문가로서의 교사상은 교육연구가로서의 모습과 교육실천가로서의 모습으로 집약된다. 교사는 높은 학력을 갖추어야 하고 교원자격증을 취득하기 위해서는 어렵고 전문적인 과정을 거치도록 제도화되어야 한다. 교사를 전문직으로 이해하려는 노력은 1950년경 미국과 서구사회를 중심으로 이루어졌다. 1966년에는 ILO와 UNESCO에서 공동으로 교사 지위에 관한 권고안이 채택되어 이것이 교직을 전문직으로, 또 교원을 전문직자(professioner)로 이해하려는 하나의 국제적 기준이 되었다.

전문직에 종사하는 개인이나 집단은 자신의 기술이나 능력을 행사하여 직업을 수행할 자유를 가진다. 자율성이 제약되거나 엄격한 감독을 받게 되면 고도의 지식이나 전문적 기술이 만족스럽게 적용될 수 없다. 전문직은 그 자율성과 자유가 강조되는 만큼 전문적인 판단이나 결정에 대한 책임이 뒤따른다. 전문직을 자기가 직업수행 과정에서 내린 결정이나 결과에 대해 책임의식이 뒤따라야 하는 점에서 생각해 볼 때 교직은 한 인간의 일생에 가장 중요한 성장과 형성기에 미치는 인격적 · 정신적 영향에 대한 강한 책임을 그 어느 다른 직업보다도 강하게 느껴야 하는 직업이다. 교직은 다른 사람의 생애를 파멸시키는 데는 오직 한 사람의 교사이면 족하다고 한 표현은 교사의 책임성을 강조한 말이라 할 수 있다.

교직은 다른 전문직에 비해 그 직무수행의 본질상 봉사정신이 강조되고 있다. 교직은 인류역사상 다른 어떤 직업보다 성직시해 왔고 명예와 권리가 보장된 만큼 사회에 대한 의무감과 봉사정신으로 직업의 동기를 삼아 왔다. 예로부터 가르치는 일은 다른 직업과 구별하여 '천직', '성직'이라고 하였으며 군사부일체(君師夫一體)라 하여 스승을 임금이나 부모와 같은 지위에 놓았다. 교사 또한 '천직', '성직' 의식을 갖고 일하였다. 최근 들어 교직의 천직관 · 성직관은 점점 퇴색되고 있으나, 교직을 전문직으로 보려는 경향은 아직 남아 있으며, 교직이 전문직이어야 한다는 데는 모든 사람이 동의하고 있으나 현재 교직이 전문직이냐는 데는 논란이 있다.

교육은 전문적인 교육이론 방법 기술을 필요로 하고 교수-학습과정이 지적 · 정신적 능력의 기초를 바탕으로 하여 이루어지고, 교사가 되기 위해서는 상당기간의 전문적인 훈련과 자격을 갖추어야 한다. 교육직업을 성공적으로 수행하기 위해서는 교육학의 여러 분야는 물론이고 철학, 윤리학, 심리학, 사회학, 생리학, 문화인류학, 행정학, 통계학, 역사학 등 광범위한 영역의 이론적 · 학문적인 소질을 갖추지 않고서는 불가능하다.

한편, 우리는 전문적인 교수법에 대한 경시풍조가 있다(이인효, 1994). 교육에 관한 연구에서는 의학, 법학, 공학, 회계학 등에서 찾아볼 수 있는 수세기에 걸쳐 축적된 '성문화(成文化)된 경험체계'를 찾기 힘들다. 의사들의 임상기록, 법률가의 판례집, 성직자들의 설교집과 같이 실무자들에 의해서 몇 세대에 걸쳐 다듬어진 개념들을 교사집단에서는 찾기 어렵다.[2] 교수기술이 좋은 것을 '입시기술자'로 전락한 것처럼 부끄럽게 생각하기까지 하는 교사들이 있다.

3. 지식관리자, 지식생산자의 역할

교사를 포함한 학교현장에 근무하는 교육자들도 얼마든지 새로운 지식을 생산할 수 있다. 학교현장에 널려 있는 다양하고 풍부한 자료를 수집하여 가공하는 현장교육 연구자로서 역할을 수행해야 한다. 현장교육자들은 정보를 가공하고 재구성하는 기술을 습득하면 누구나 지식생산자가 될 수 있다. 학교현

2) 법과대학 학생들은 판례를 가지고 있고 기술자들은 고대 로마까지 거슬러 올라가는 표본들을 가지고 있다. 의사들은 갈렌(Galen)이라는 그리스 시대의 의사와 수세기에 걸친 경험적 치료법을 생각해 낼 수 있다. 성직자들은 수많은 설교집과 성서해설서들을 읽을 수 있다. 그리고 회계학 공부를 막 시작한 학생들은, 몇 세대에 걸쳐 실무자들에 의해 다듬어진 개념들을 공부하는 것이다(Lortie, 진동섭 역, 교직사회, 1993).

장의 생생한 사례를 수집하여 체계적으로 분석한 교육적 결과물은 대학교수가 제안한 이론적 모형보다 현장의 교육개선에 실질적으로 더 많이 기여할 수 있다. 예컨대, 교사들은 자신의 특유한 형성평가 사례를 활용하고 있다. 이러한 사례를 일정한 형식에 맞게 체계적으로 정리하거나 재구성하는 것이 바로 지식을 생산하는 활동이 된다는 의미이다.

이러한 현장 사례연구는 현장 교육자들이 집중적으로 탐구할 필요가 있는 블루 오션과 같은 분야이다. 지식생산자가 되기 위하여 우선 전문적인 지식과 기술을 학습할 수 있는 조직적인 연수기회를 제공해야 한다. 또한 교육자들이 쉽게 접근할 수 있는 전문적인 지식과 기술에 관한 정보원을 제공해야 한다. 마지막으로 교육자들에게 전문적인 기술을 학습하는 데 필요한 행정적이고 재정적인 지원이 수반되어야 한다.

지식사회에서 교사는 지식근로자뿐만 아니라 지식관리자로 변신해야 한다. 교육자들은 새로운 학교사회에서 능동적으로 적응하기 위하여 확고한 전문지식에 기반을 둔 개인의 지식근로 능력을 개발해야 하고, 새로운 역할을 담당해야 할 지도력과 교육의 전문적 책무성을 다해야 한다. 새로운 지식사회의 교육풍토에 걸 맞는 교육자의 역할로는 평생학습자, 지식생산자, 교육기업가, 교육예술가를 제시한 바 있으나(김진규, 2001), 여기에 지식관리자를 하나 더 추가하고자 한다. 앞으로 교육자는 창의성을 발휘하는 교육예술가와 지식관리자로서의 역할이 더욱더 강조되어야 한다. 어떤 직업에서 손만을 사용하는 경우에 주로 노동자로 간주하고, 손과 머리를 주로 사용하는 직접에 종사하는 사람을 기술자로 부르며, 손과 머리뿐만 아니라 마음과 영혼까지 사용하는 직업에 종사하는 사람을 예술가라고 부른다. 따라서 지식관리자로서 교육자들은 학생을 바람직한 방향으로 이끌어 주는 지도자라는 점에서 단순히 노동자나 기술자가 아닌 새로운 지식을 창안해 내는 교육예술가로서의 역할을 담당해야 한다.

4. 인간(인본)주의 교사상

교직은 인간이 인간적인 인간을 인간적으로 기르려는 인간적인 사업이다. 교사가 가지고 있는 인간의 안위(安危)에 대한 넓고 깊은 관심, 인간적 존재에 대한 철학, 사회, 심리적 이해 그리고 인간의 향방에 대한 애처로울 만큼의 열정이 있는 정도에 따라서만 교직엔 능력과 열정과 사명감이 생동하게 마련이다. 아무리 정보과학과 멀티미디어의 발달로 교수방법이 다양화되고 또 다양화되어야 하지만, 그것이 궁극 교육은 '인간 대 인간의 만남'이라는 교육의 중핵 사상(事象)을 대치할 수는 없다. 교사는 '인간적인, 너무나 인간적인' 존재라야 한다.

1) 인간주의 교사란?

사회의 비인간화 현상에 교육이 편승하고 있는 면이 있다. 학교교육의 비인간화 현상에 극심한 우려를 표명한 나머지 학교교육의 유해성과 무용성을 역설하기도 한다. 인간성 회복의 문제는 여러 각도에서 밀도 있게 다루어야 할 현대교육의 당면과제로 부각되었다. 이같은 문제의식에서 최근 교육에 대한 인간주의적인 접근3)되고 있는데, 그 중에서도 교사와 학생 사이의 관계의

---

3) 인간주의적(humanistic)이라는 말은 인간성(humanity)이나 인간의 성질(human nature)이 갖는 기본적인 측면을 지칭한다. 이 말은 본래 '인정있는 (humane)'이라는 형용사에서 비롯된 것으로서 친절과 자비를 포함하여 인간에게 알맞는 감정과 경향성을 갖는 것으로 정의된다. 심리학에서 인간주의 심리학(humanistic psychology)이라고 부르는 운동은 인간을 객체(an object)로 보는 행동주의와 정신분석학을 확대시켜 사람을 주체(subject)로 보는 것이다. 여기서 주체란 조건반사의 총화 이상의 것으로서 자기 나름으로 생각하고 느끼고 행위하는 자아나 사람을 뜻한다.

중요성을 역설하면서 이에 대한 인간학적 접근을 강조하는 경향이 돋보인다. 인간화 교육은 인간적인 교사에 의해 이루어질 수 있으며, 교사가 학생을 수단시하지 않고 인격적 주체로 파악하는 상호 인격적 관계 속에서 가능하다. 따라서 교사와 학생 사이의 참된 관계는 교육내용에 선행한다고 볼 수 있다. Buber의 만남의 사상은 바로 교사와 학생 사이의 관계본질의 요약인 것이다. 모든 참된 삶이 만남이듯이, 참된 삶을 다루는 교육은 만남 그 자체여야 한다.

어느 시대를 막론하고 훌륭한 교사는 인간주의 교육을 주장해 왔다. 그들은 학생을 존중하였고, 학생들을 개인과 인간으로 취급하였으며, 학생들의 감정과 태도에 관심을 가졌다. 그들은 학습장면 속에 전인(The whole person)이 포함되어 있으며 학습이란 순전히 인지활동에 국한되지 않음을 알고 있었다. 가르친다고 해서 무조건 자동적으로 학습이 이루어지는 것은 아니며 학습은 사실이나 정보나 지식의 습득 이상의 것이라는 사실을 직관적으로 깨닫고 있었다. 그들은 또한 학습이란 교사에게 피동적으로 순종하는 것이 아니라 학습자의 편에서 흥미를 느끼고 활동하는 것임을 알았다.

2) 인간주의적인 교사가 갖추어야 할 조건

교육과정이 교육은 아니듯이 교육방법이 가르침이라고 할 수는 없다. 이 때문에 훌륭한 가르침은 기술상의 문제나 방법상의 문제가 아니다. 연구결과에 의하면 훌륭한 교사와 졸렬한 교사는 가르치는 '방법'을 토대로 구분될 수 없다고 한다. 방법은 교사의 사람됨과 분리시킬 수 없다. 교사의 사람됨이 그 방법보다도 더 중요한 것이다. Pestalozzi나 Neill과 같은 훌륭한 교사의 성공사례는 교육의 방법이나 체제에서 비롯되었다기보다는 그들의 사람됨에서 기인한 것이다. 이는 사람됨과 방법을 분리시키는 것이 바람직하다는 것을 함축할 수도 있고, 아니면 체제는 스스로 자기 나름의 생명을 가질 수 없다는 것을 함축할 수도 있다. 이 경우는 후자의 것이 타당해 보인다. 어떤 체제든 간에 그것 자체만으로 생명력을 가질 수는 없다. 가르친다는 것은 하나의 체제나 방법들을 응용하는 것은 아니고 바로 하나의 인간적인 관계인 것이다. 따라서 교사가 쓰는 체제나 방법보다는 교사가 어떤 부류의 인간이냐가 더욱 중요하다. Silberman은, "교육자들이 유념해야 할 것은 그들이 어떻게 가르치며 행동하느냐가 그들이 무엇을 가르치느냐보다 더 중요하다"는 점을 강조하였다.

인간주의적인 교사가 갖추어야 할 조건으로서 다음과 같은 3가지를 언급하고 있다(장상호, 1980 : 147-174).

(1) 진실된 교사

인간주의적인 교사는 솔직하고 진실하다. 그는 가면을 쓰지 않으며, 신비스러운 교사의 역할을 수행하려고 하지 않으며, 그가 아닌 어떤 것이 되려는 선입관에서 해방되며, 그 선입관이 만들어 내는 긴장과 불안에서 해방된다.

(2) 한 개인으로서의 아동에 대한 존중

인간주의적인 교사의 기본적인 특징이나 태도는 각 아동을 하나의 고유한 인간, 즉 자기 나름대로의 가치가 있는 개인으로서 깊이 존중하는 것이다.

(3) 공감적 이해

효과적인 교사의 특징이며 진실한 학습의 조건이 되는 것은 공감적 이해(empathic understanding)이다. 공감적 이해란 교사가 자신을 학생의 입장으로 바꾸어 놓고 거기서 진행되는 사실에 대해서 민감하게 지각하고 느끼게 되는 것을 말한다. 훌륭한 교사는 단지 교과목의 전문가나 교수방법의 전문가나 교육과정의 전문가나 시청각 보조물과 같은 대부분의 자료를 활용하는 사람이 아니다. 훌륭한 교사란 하나의 인간적인 관계를 이룩함으로써 학생들이 자유롭게 학습하도록 돕는 사람이다. 학습은 오직 학생의 내부에서만 일어날 수 있으며, 교사는 학습이 일어나는 그 조건들을 창조하는 것에 불과하다. 학습의 주된 조건은 훌륭한 인간관계에 의해서 창출되는 분위기이다.

3) 인간주의 교사의 특징

인간주의 교육의 목적의 하나로서 학교교육이 인간적인 환경을 유지하도록 힘쓴다. 그리하여 학교에서 일하는 모든 사람들의 생각이나 느낌이나 행동이 인간적이어야 한다는 점을 강조하고 있다. 인간적인 교사의 특징은 다음과 같다.

(1) 인간적인 교사는 그의 생각이나 느낌을 학생들에게 분명히 전달할 수 있다.

교사가 아무리 자신의 느낌을 감추려 하여도 학생들은 그것을 바로 알아차린다. 그것은 말로 나타나지 않더라도 교사의 표정이나 행동으로 드러나는 것이기 때문이다. 학생들은 교사의 느낌을 바르게 받아들였을 때, 즉 교사의 생각이나 느낌이 정확하게 전달이 되었을 때, 학생들은 교사를 믿고 따르게 된다. 교사가 말하는 것과 속으로 생각하는 것이 다르다고 생각할 때 학생들은 당황해 하며 교사를 멀리 하려고 한다. 그것은 교사가 자신의 느낌을 솔직하게 나타내지 않기 때문이다.

(2) 인간적인 교사는 학생들을 사무적으로 대하지 않는다.

교사는 학생들을 있는 그대로 대해 주면 되는 것으로 생각하고 있다. 그리하여 과제를 주고 그것을 평가하여 되돌려 주는 일을 기계적으로 하고 있다. 즉, 모든 일을 사무적으로 처리할 뿐이지, 학생들 한 사람 한 사람의 형편을 생각하려 들지 않는다.

(3) 인간적인 교사는 학생들을 긍정적으로 보려고 한다.

긍정적인 태도는 교사가 학생을 있는 그대로 받아들이는 것이 아니라, 모든 학생이 자기가 생각한 대로 다 잘할 수 있다고 생각하는 데서 찾아볼 수 있다.

어떤 교사가 새로 부임한 학교에서 담임한 학생들의 생활기록부를 훑어 보니 기록된 점수가 대부분이 90 이상이고 더러는 80점대도 있고 어쩌다가 70점대도 눈에 띄는 수가 있었다. 그래서 자기반의 아이들은 모두가 공부를 잘하는 학생들이라고 생각하고 학생들을 가르치기 시작하였다. 그리하여 학생들이 공부를 잘 못하더라도 실수를 하여 그런 것이라고 생각하여 더 열심히 가르쳤다. 한 학기를 가르친 후 그 반 아이들의 성적을 같은 학년의 다른 반 아이들과 비교하여 보았더니, 처음에 자기가 생각한 대로 성적이 좋았다.

그런데 나중에 안 일이지만 그 교사가 학생들의 생활기록부에서 본 점수는 성적이 아니라 지능지수를 적은 것이었다. 그 반에는 다른 반 아이보다 지능지수가 낮은 학생들만 모인 반인데 교사는 그것을 성적이 좋은 학생들이라 생각한 것이다. 착각이기는 하지만 자기가 맡은 학생들이 공부를 잘하는 아이들이라고 긍정적으로 보았기 때문에 성적이 좋게 나왔다.

이와 비슷한 이야기로 동물을 실험한 이야기가 있다. 어떤 흰쥐를 훈련하는 일을 직업으로 하는 사람이 흰쥐 100마리를 사들여서 훈련을 시작하기 전에 아무렇게나 50마리를 골라 내어 머리에 옥도정기칠을 하여 훈련사들에게 내 주었다. 훈련사들이 궁금하여, 머리에 칠을 한 쥐와 그렇지 아니한 쥐가 어떻게 다르냐가 물었더니 주인은 그냥 아무렇게나 칠한 것이라고 말하였는데, 훈련사들 가운데 어떤 사람이 머리에 칠을 한 쥐가 종자가 좋은 쥐일 거라는 말을 하여 모든 훈련사들이 그대로 믿었다.

그리하여 몇 달이 지난 뒤에 훈련결과를 따라 쥐들을 나누어 보았더니 머리에 칠을 한 쥐들이 뛰어나게 훈련을 잘 받았고, 칠을 하지 않은 쥐들은 훈련을 잘 받지 못한 것으로 나타났다. 미물(微物)인 짐승까지도 대하는 사람이 긍정적으로 보느냐 아니냐에 따라 결과가 다르게 나타나고 있다.

(4) 인간적인 교사는 학생들이 각각 그들 나름의 독자적인 면을 가진 사람들이라고 생각한다.

학생들이 각각 자기 나름의 독자적인 생각을 가지도록 하는 것이 인간적인 교사가 취할 태도이며 이는 학생들의 개인적인 의미를 존중한다는 말로 강조하고 있다.

(5) 인간적인 교사는 학생들이 보는 견해나 그들이 놓여 있는 형편에 비추어 학생들을 지도한다.

인간주의적인 교사는 학생들끼리 주고받는 말을 알려고 하며, 학생들이 세상을 어떻게 보는가를 살피려 하고, 학생들이 어떠한 세계에 살고 있는가를 이해하려 한다. 서양속담에 남의 신을 신어 본다는 말이 있고, 우리 속담에 역지사지(易地思之)라는 말이 있다. 인본적인 교사가 학생들의 처지에서 모든 일을 생각해 본다는 것은, 그들의 생각을 알고 거기에 맞추어 바르게 지도하려 하기 때문이다.

(6) 인간적인 교사는 학생의 느낌을 존중한다.

인간적인 교사가 학생들에게 하는 말이나 행동은 학생들의 느낌을 무시하는 일이 없다. 그가 하는 말을 학생들이 어떻게 받아들일까를 생각하며, 그가 무심결에 하는 행동이 학생들에게 어떻게 느껴질까를 생각한다는 것이다.

(7) 인간적인 교사는 자기가 가르치는 학생들이 자아실현의 과정에 있다고 본다.

사람은 누구나 자아실현의 과정에 있다. 그리하여 모든 사람이 자율적이고 자신감이 있으며 자기 자신을 존중하는 생각을 갖는 동시에 남의 존중을 받을 만하다고 생각하고 또한 그렇게 되기를 바라고 있다.

5. 창의성 신장을 위한 교사

학습자의 창의성 계발과 신장에 가장 영향이 큰 사람은 부모와 교사이다. 학습자 창의성은 부모나 교사에 의해 억제되기도 하고 예상 밖으로 신장되기도 한다. 교사는 창의성 교육에서 중요한 역할을 한다. 교사는 창의성 교육이 문학과 미술, 그리고 음악과 같은 창의성과 관련된 교과에 한정된 것이라고 생각해서는 안 되며, 단순히 창의적인 산물을 제시하면 창의성 교육이라고 생각해서도 안 된다. 교사는 창의성 교육이 무엇인지, 그것이 갖는 교육적인 의의가 무엇인지를 잘 인식하고 있어야 한다. 창의성 교육을 위해서 교사는 창조자가 되어야 할 것이다. 학습자의 창의성을 기르기 위한 교사의 조건으로 다음과 같은 것들을 생각할 수 있다.

창의적인 교사일 것, 따뜻하고 수용적이며 이해하는 분위기를 마련하려고 노력할 것, 교사 자신이 지적 호기심이 많을 것, 동기를 부여하고 결과를 평가하는 데에 숙달될 것, 자발적으로 학습하게 하고 탐구기능을 신장시켜 줄 것, 다양한 반응을 할 수 있는 환경을 준비할 것, 실패를 두려워하지 않는 과제를 부과하는 방식에 익숙해 있을 것, 집단을 창의적으로 이끌어 갈 것, 여러 전문가와 협력 체제를 이루어 나갈 것 등이다.

무엇보다도 먼저 교사 자신이 창의적이지 않으면 안 된다. 즉 교사에게 창의적인 소질이나 재능이 있어야 한다. 만일 교사에게 창의적인 소질이나 재능이 없다면 창의성 교육을 위한 교사의 모든 노력은 허사가 될 것이다. 창의성은 다른 사람의 창의성에 촉발되어 나타나는 경우가 많다. 브레인스토밍의 기본 원리는 집단 가운데에서 아이디어가 서로 촉발되어서 많은 아이디어를 낼 수 있게 하는데에 있다.

학습자는 다른 학습자의 창의적인 태도에서도 자극을 받는데 하물며 교사의 창의적인 태도가 학습자에게 주는 영향은 매우 크다. 그러므로 교사는 고정관념에 빠지지 않는 융통성이 있는 사고방식을 가져야 하며 항상 새로운 상황에 적응할 수 있어야 한다. 그렇게 하기 위해서는 다음과 같은 두 가지의 사물을 보는 견해를 습득하면 도움이 될 것이다. 하나는 '익숙하지 않은 것을 보고 익숙해지려고 하는 것'과 '익숙한 것을 익숙하지 않은 새로운 것으로 보려고 하는 것'이다.

익숙하지 않은 것을 보고 익숙해지려고 하는 것은 아무리 처음 접한 문제라고 해도 그것을 분석해 보면 지금까지 경험해 왔던 여타의 문제와 같다고 생각하여 해결하는 것이다 . 한편 항상 고정관념에 빠져 있지 않고 주어진 문제를 새로운 각도에서 다시 보려고 하는 것이 '익숙한 것을 익숙하지 않은 새로운 것으로 보려고 하는' 사고 방식이다. 창의적인 교사는 항상 이렇게 사물을 보는 방식을 가져야 할 필요가 있다.

다음으로 교사는 항상 학습자들과 함께 배운다고 하는 자세를 가져야 한다. 스스로 능력을 향상시키는 노력을 하지 않고서 학습자에게 그것을 요구하기는 어려울 것이다. 학습자는 그러한 것에 매우 민감하다. 대화의 내용이나 대화 방법에 능숙한 교사보다도 경우에 따라서 교사가 학습자와 쉽게 친해지는 것은 그들의 열의, 즉 학습자를 창의적으로 신장시키려고 하는 마음이 학습자들에게 전달되었기 때문이다. 또한 학습자와 교사 사이에 신뢰관계도 매우 중요하다. 학습자가 무엇이든 의논할 수 있는 상대로서 교사의 역할은 매우 중요하다.

실제로 창의적인 교사는 학교에서 매우 귀한 존재이다. 왜냐하면 그들에 의해서 어린이의 창의성은 점화되어 발휘되고 신장될 것이며, 또한 다른 교사는 그들로부터 자극을 받아서 창의적인 연구에 힘쓸 것이기 때문이다.

창의적인 교사에 있어서 교육적인 소질은 무엇을 뜻하는가? 그것은 지식 가운데 있는 것이 아니고 정의적인 생명 안에 있다고 말한다. 즉 감정과 직관 가운데, 상상력과 노력 가운데, 윤리적인 세계와 미적인 세계 가운데 있는 '또다시 어린이가 되는 선천적인 능력'이라고 하는 것이다.

교사의 직분을 충실히 이행하는 것, 의무 감정, 교육적인 이상에 대한 감동을 교사를 투쟁의 입장으로 나아가게 한다. 교사는 모든 관료적이 감독에 대한 투쟁가가 되며, 모든 통계상의 숫자가 나타내는 교육과 적대적으로 된다. 창의적인 교사는 활동 영역에 있어서 자유 예술가처럼 자유로운 경우에만 직무를 완전히 수행할 수 있는 것이다. 그렇다고 모든 것이 자유롭다고 좋다는 말은 아니다.

마지막으로 격려를 생각할 수 있다. 어린이를 칭찬해 주는 것만으로도 창의성의 꽃을 활짝 피울 수 있는 반면, 용기를 꺾는 것은 창의성의 꽃을 잘라버리는 결과를 가져온다. 우리는 자신이 기울인 노력의 결과를 인정받는다면 더 좋은 아이디어를 더 많이 내게 될 것이다. 모든 아이디어는 비록 칭찬받지는 못하더라도 적어도 받아들여져야 하고, 적어도 계속 노력할 수 있는 용기를 심어 주어야 한다.

제16장

평생교육론

1. 평생교육의 필요성
2. 평생교육의 성립과정
3. 평생교육법의 제정 및 완비
4. 평생교육체제

1. 평생교육의 필요성

교육과 학습이 수반되지 않는 삶이란 상상하기 힘들다. 사람은 일생을 통해서 되어 가는 과정이다. 평생교육이란 문자 그대로 일생 동안 교육이 실시됨을 의미한다. 정규학교교육은 물론 유아교육부터 노인교육에 이르기까지의 모든 영역을 포함한다.1)

사람들은 흔히 '때를 놓치면 다시 배울 기회가 오지 않는다.'와 같이 교육을 어린이, 청소년들에게나 필요한 것이라고 생각하거나 학교 안에서 일어나는 형식적인 지식의 전달과정만 생각하는 경향이 있다.2) 교육은 인간의 생활이고, 인간성장의 전체과정이다. 몸이 자라건 마음이 자라건 사람은 항상 성장하고 있다. 어린이는 어린이대로 자라고, 어른은 어른대로 자란다. 생명의 본질, 생활의 본질은 바로 성장이기 때문이다. 성장한다는 것은 새로워진다는 것을 말한다. 그리고 새로워진다는 것은 맑고 깨끗하고 생기 찬 생명으로 변해 가는

---

1) 사람은 태어나면서부터 죽을 때까지 배워야 하며 또한 가정, 학교, 사회 등 사람이 살아가는 모든 장소에서 학습이 이루어져야 한다는 것이다. 이러한 교육혁신적 요구로부터 평생교육이념은 교육에 있어서의 최상위 개념으로서 등장한다. 평생교육(life-long education, permanent education 생애교육)은 태교(prenatal education), 가정교육(home education), 학교교육(school education), 사회교육(adult education), 자기교육(self-education)으로 나눈다. 옛 사람들은 슬기롭게도 태교의 중요성을 현대인 못지 않게 중히 여겼다. 임신한 여성은 식사, 마음가짐, 몸가짐, 예의범절에 이르기까지 세심한 배려를 하였다. 인간교육의 마지막 단계는 자기교육이다. 자기 나름의 세계관과 인생관을 가지고 신앙에 정진하거나 사회봉사 활동을 하거나 취미와 적성에 맞는 한 가지 일과 학문에 깊이 몰두함으로써, 스스로를 교육하고 있는 것이다(김정환 · 강선보(1997). 교육학개론. 박영사).

2) '때를 놓치면 다시 배울 기회가 오지 않는다.'는 우리의 고정관념은 오래 전부터 전래되어 왔다. 그러나 이와 같은 우리의 고정관념은 학습동기유발의 강도에 따라서 그 차이가 있을 수 있으며, 이는 지식의 과제, 기대수준, 과거의 경험, 사회적 역할, 평생교육에 따른 인식에 따라서 얼마든지 평생교육은 원하는 학습기회의 측면에서 가능하다.

것을 말한다. 그러므로 사람은 살아 있는 한 교육이 필요하며, 또한 일생을 통하여 교육이 이루어진다.

인간은 태어나서 죽을 때까지 가족 · 학교 · 지역사회 · 직장 등 여러 사회적 환경과 조건 속에서 자기 자신의 꿈과 능력을 키우고, 생활에 필요한 지식과 태도와 기술을 습득한다. 특히 사회가 급하게 변하고 문화가 복잡하게 발달할수록 학교 밖의 교육, 즉 가정교육과 사회교육, 또는 유아교육과 성인교육이 절실하게 요구된다.

현대사회에서 성인들의 학습에 대한 중요성은 날로 강조되고 있다. 즉, 성인들의 계속교육에 대한 요구는 지식 · 정보의 급속한 변화, 직업세계의 변화 등으로 날로 증대되고 있다. 성인들은 학교에서 배운 교육만으로 현대사회의 변화에 적응할 수 없기 때문에 다양한 형태로 학습활동에 참여하게 된다.

1994년 10월 로마에서 개최된 평생교육 세계총회에서 Ball은 "21세기에는 지속적으로 학습하지 않는 사람은 직업생활을 할 수 없고, 평생학습 체제를 갖추지 않는 사회조직은 생존할 수 없으며, 학생을 최우선시하지 않는 학교는 문을 닫게 될 것이다."라고 주장함으로써 미래사회에서의 평생학습과 학습자 중심교육의 중요성을 역설하였다(백은순, 1998).

평생교육의 필요성은 현대사회의 변화와 적응이라는 측면에서 다음과 같이 논의되고 있다(박도순 등, 1994).

첫째, 과학 · 기술지식의 급속한 진보이다. 과거의 과학 · 기술적 지식이 농경사회를 산업사회로의 변혁을 가져왔다면, 미래사회는 고도의 과학 · 기술, 즉 이론적 지식에 의해 오늘의 산업사회와는 전혀 다른 사회로 탈바꿈할 것이라는 전망이다. 쏟아져 나오는 지식 그 자체가 문화적 충격이 되고 있다. 이러한 지식을 습득하기 위한 계속교육과 자기개혁의 필요성이 끊임없이 요구되고 있다.

둘째, 산업구조의 변화이다. 직업의 분업화, 전문화는 새로운 지식과 기술을 가진 노동력을 필요로 하고 있다. 직업의 분업화 · 전문화는 취업준비교육(pre-vocational training) 뿐만 아니라 재교육(retraining)의 필요성을 강조하게 되었다.

셋째, 현대사회의 위기이다. 현대문명의 위기와 현대사회의 병리현상으로 인식되는 개별화의 지나친 강조와 이에 따른 소외현상은 평생교육의 필요성에 대한 사회적 공감대를 형성하게 하는 하나의 측면이다.

넷째, 인간수명의 연장과 교육권보장이다. 노화에 대한 유전공학적 연구와 응용 및 의료기술의 발달은 인간수명을 연장하게 하여 평균수명이 곧 120세가 될 전망이다.[3] 경제적으로도 무력할 뿐만 아니라 신체적으로도 노쇠한 노인들을 감싸 줄 수 있는 교육권의 보장은 사회복지의 측면에서도 중요한 의미를 갖는다.

다섯째, 현대교육의 위기이다. 현재 학교교육은 가치의 위기, 권위의 위기, 신용의 위기, 정체성의 위기 등에 빠져 있다. 평생교육은 이러한 학교교육의 위기에 대한 대안적 성격을 갖는 교육이념이라 할 수 있다.

2. 평생교육의 성립과정

1) 평생교육의 가능성[4]

교육이 인간의 성장과 발달에 대해서 소극적으로 관망할 것이 아니라 적극

3) 노화시계의 비밀은 2005년 '게놈 프로젝트'의 인간유전자 지도의 완성으로 풀릴 수 있다고 전망한다. 현재 4,000여 종의 질병이 유전자 이상에 의하여 발생한다고 한다. 따라서 세포를 조작해 수명을 획기적으로 연장할 수 있다는 것이다.

4) 박아청(1998). 발달심리학의 이론과 연구의 교육현장 적용과 과제. 교육심리연구. 1998. Vol. 12, No.1, pp. 35-50.

적인 환경의 작용이라는 관점에서 보면 인간교육은 평생을 두고 계속되어져야 하는 평생의 과업임을 알 수 있다. 비록 동물행동학이나 뇌신경학 등에 의해 조기교육이 중요한 사실이 확인되었다고 하더라도 평생교육의 중요성이 약화되지는 않는다.

종전의 영유아 또는 아동기에 대한 연구로부터 시작된 발달심리학이 그 대상을 장년기 그리고 노인기에 이르기까지 넓혀 감에 따라 학교교육에서 이들에 대한 교육의 문제에도 관심을 갖게 된 것은 당연한 결과라고 할 수 있다. 평생발달심리학이란 이름으로 수행된 많은 연구는 아동뿐만 아니라 성인생활에서도 공통적인 발달이 있다고 하는 점과 중년기의 위기 또는 성인기의 전환기와 같은 시기에서도 다른 발달단계에서 볼 수 있는 것과 같은 심리적 발달이 있다고 하는 점을 일깨워 주었을 뿐만 아니라 연령이 증가함에 따른 인간의 새로운 발달의 면모를 구체적으로 제시하게 됨으로써 이들에 대한 교육적인 측면에 주요한 시사를 제공하게 된 것이다.

평생발달적 관점을 기초로 한 성인발달 연구는 오늘날 학교교육의 범위를 보다 확장하게 하고 평생교육 또는 계속교육이라는 새로운 교육의 과제를 제시한다. “교육은 인생의 초반기에 집중될 것이 아니다. 중요한 교육적인 요구와 기회는 성인기에도 노인기에도 해당된다.”고 하는 새로운 교육적 요구는 개인적 발달에 있어서 일반적인 인생의 목표(발달과제)와 관련됨과 동시에 문화적 변화의 과정이나 특정한 개인생활 경험에로 연결되어 있다.

전통적인 교육심리학에서의 교육대상은 아동기와 청년기에 초점이 맞추어져 성인기나 노인기에는 관심을 두지 않았다. 부모나 교사로서의 성인은 문제로 되지만 그것은 어린이나 청년의 교육의 맥락 속에서 취급한 것이고 교육대상으로서 다룬 적은 없었던 것이다. 그러나 최근에 와서 교육심리학에서도 교육은 학교환경에서의 젊은 사람들에게만 초점을 맞추어서는 곤란하다는 인식이 급속도로 퍼지고 있다. 직업과 노동이 점차 교육적 고찰의 대상으로 삼는 기회가 증대하게 되었다. 이것은 직업이나 노동을 단순히 세대 및 세대 내의 사회화의 문제로서 고찰하는 것이 아니라 인간의 평생을 일관하고 있는 발달과정에 내재하는 교육적 성분으로서 고찰하게끔 되었기 때문이다.

출생에서 죽음에 이르기까지의 개인의 발달과정에 관심을 두는 평생발달론적 발달관은 전인격적인 발달에 관심을 갖고 있는 교육이 관심을 갖는 것은 당연한 귀결이라고 할 수 있을 것이다. 그러므로 현대의 교육은 사회 구성원 모두가 평생에 걸쳐 "언제, 어디서나, 누구든지, 누구에게든지, 무엇이든지, 어떠한 방식으로나" 자유로이 배움을 주고받는 그러한 평생교육체제가 실현되는 교육이 되어야 한다.

2) 평생교육의 개념정립

넓은 의미의 교육은 원래 평생교육을 의미한다. 우리 민족은 평생교육(lifelong education)의 오랜 역사와 문화적 전통을 가지고 있다. 일반적으로 평생교육의 등장배경을 1970년 유네스코[5]가 세계교육의 해에 평생교육의 원리를 기본이념으로 채택하면서 평생교육이 교육의 중심개념으로 보편화되었다고 알려지고 있지만, 우리나라의 평생학습의 개념은 서양보다 더 오래 전부터 정립되어 왔다.

한민족은 관직에 오르지 않고 일생을 마친 모든 남자를 사후(死後)에 모두 학생이라고 부른다. 그 증거는 옛날부터 지금까지 고인(故人)을 지칭할 때 학생(學生)이라고 표기하는 것에서 찾아볼 수 있다. 선친의 제사 때 모시는 지방을 "현고학생부군신위(顯考學生府君神位)"라고 쓰는 것에서부터 평생학습의 전통을 찾아볼 수 있다(권대봉, 1997).

우리나라에서 평생교육의 문제가 공식적으로 논의된 것은 1973년 8월 유네스코 한국위원회가 '평생교육발전 세미나'를 개최하여 평생교육의 방향과

5) 유네스코(UNESCO) : United Nations Educational, Scientific, and Cultural Organization), 국제연합 교육과학문화기구.

전략을 협의한 것이 출발점이다. 학교교육에 대한 새로운 대안의 하나로서 사람은 죽을 때까지 배워야 하며 가정, 학교, 사회 등 사람이 살아가는 모든 장소에서 학습이 이루어질 수 있도록 해야 한다는 통합적인 개념을 교육의 최상위개념으로 하는 평생교육의 이념이 나타나게 되었다.

평생교육이라는 용어가 우리나라에 소개된 이후, 이에 관한 연구 및 실제 활동의 활성화와 함께 그 제도적 배경으로서의 법적 구조가 완성된 것은 1980년대 초반이다. 1980년 제5공화국 헌법에는 국가는 평생교육을 진흥해야 한다 하여 국가적 차원에서 평생교육정책이 추진되어야 함을 명시하고 있다.[6)]

평생교육을 국가, 즉 정부가 주도하여 진흥시켜야 한다는 책임규정이 헌법 속에 명시되어 있는 것은 의미가 있다. 이제까지의 교육정책은 학교교육에 역점을 두고 있었다. 나머지 사회교육은 학교교육을 보완하는 최소한의 기능만을 담당하는 데 그쳤던 것을 교육 본래의 입장에서의 '교육'을 지향하자는 의미로 평생교육진흥을 규정하였다(이종만, 1982).

평생교육의 이념이 확산되면서 최근 다양한 유형의 흐름이 나타나고 있다. 이들은 교육 프로그램의 영역에 있어서도 다양한 양상을 보이며 양적, 질적인 측면에서 급속한 발전 추세를 보이고 있다.[7)]

평생교육에 내포된 개념은 크게 7가지로 나누어 살펴볼 수 있다.

(1) 평생교육을 교육과 동의어로 보는 견해가 있다.

평생교육이란 태어나면서부터 죽을 때까지 평생을 두고 행하여지는 교육으

6) 헌법에 국가는 평생교육을 진흥해야 한다(헌법 31조 5항)는 내용을 명시하였다. 우리나라는 세계에서 유일하게 국가의 평생교육 의무를 헌법에 규정하고 있다.
7) 세계경제가 지식의 취득, 분석, 적용에 기반하는 것으로 전환되어 간다는 전제를 받아들인다면, 모든 사람이 높은 수준의 교육을 요구하는 것이 곧 현실화될 것이다. 20세기는 학령 젊은이의 고등교육 확대에 1차적인 관심을 두었다면, 21세기는 성인의 평생학습 수요가 고등교육에서 점차 중요한 역할을 차지하게 되어 성인학습자, 특히 근로성인이 고등교육 시장에서 중요한 고객이 될 것이다(황호진, 1999).

로서 사실은 교육이라는 용어와 다를 것이 없다.

(2) 평생교육 개념에는 교육의 이념이 포함되어 있다.

평생교육의 이론적 틀은 대체로 그 용어에서 표현되고 있는 것처럼 네 가지 요소로 풀이해서 생각할 수 있는데, 그것은 삶(life), 평생(lifelong), 통합(integrated), 그리고 교육(education)이다. 이 네 가지 차원에서 평생교육의 이념과 목표를 도출해 낼 수 있다. 이와 같이 평생교육에서 강조되어야 할 것은 교육의 이념이라고 보고 있다.

(3) 평생교육의 목표는 계속적 자아실현과 사회발전 능력의 신장에 두고 있다.

평생교육의 이념을 생의 질의 향상이라고 할 때 이 이념의 구현인 교육의 목표는 평생 동안에 걸친 자아실현과 사회발전 능력의 함양에 두어야 할 것이다.

(4) 평생교육은 모든 교육을 포섭하는 상위개념이다.

평생교육은 개인적 및 사회적 삶의 질을 계속적으로 향상시키기 위하여 평생 동안에 걸쳐 연장·실시되는 모든 형태의 형식적·비정규적·비형식적 학습활동 전부를 포함한다.

(5) 평생교육은 교육의 통합개념으로 본다.

평생교육에서는 교육을 통합하려는 의지가 있다. 교육의 통합은 교육의 상위개념과는 그 성격이 다르다. 평생교육에서의 통합은 수평적 통합, 수직적 통합, 교과의 통합을 의미한다. 수평적 통합은 학교교육 · 가정교육 · 사회교육의 통합을 의미하며, 수직적 통합은 인간발달의 각 단계교육의 통합을 의미하고, 교과의 통합은 교과를 크게 묶거나 교과의 선을 없애는 통합교육과정(integrated curriculum)을 의미한다. 이 밖에 통합의 개념에는 일반교육과 전문교육의 통합도 포함된다. 평생교육은 일반교육과 전문교육 모두에 역점을 두어야 하며 이 양자는 통합된 상태로 개인에게 제공되어야 한다.

(6) 평생교육은 새로운 교육의 통합체제를 의미한다.

평생교육이 인간의 평생 동안에 걸친 교육권의 보장이라고 한다면 모든 국민을 포함하는 종합적인 교육체제로 그 면목을 바꾸어야 할 것이다.

(7) 평생교육의 강조는 교육개혁 사업의 촉진으로 보아야 한다.

공교육체제로서의 학교교육이 보편화된 이후 이의 역할에 대한 논의가 꾸준히 진행되어 왔는데, 그 주체 중의 하나가 유네스코이다. 인류가 처하고 있는 교육위기를 인식하고 그 원인이 무엇이며 어떻게 대처해야 할 것인가에 대해 유네스코는 그 실마리를 학교교육의 문제로부터 풀어 나가면서 인류교육 문제의 해결책으로서 '평생교육'을 제시하였다.[8)]

1965년 12월에 개최된 유네스코 성인교육발전 국제위원회는 다음과 같이 평생교육의 기본성격이 명시되어 있다. 즉, 유네스코는 '평생교육의 원리를 받아들이는 동시에 이를 지원해야 한다. 평생교육은 교육의 모든 과정을 활성화하는 원리이며 신생아시절에서부터 죽을 때까지 계속되는 통합적인 성격의 교육을 말한다. 평생교육의 통합적인 성격은 일생을 통한 각 연령층의 수직적인 통합과, 개인과 사회생활의 여러 측면들을 포함하는 수평적인 통합에 의해

8) 이종만(1998). R. H. Dave의 평생교육론 고찰. 평생교육연구 제4권 제1호, 1998, pp. 141-156. The Korean Journal of Lifelong Education 1998. Vol. 4 No. 1.

성취되어야 하는 것'이라고 밝히고 있다.9)

그 후 유네스코는 1970년을 세계교육의 해(International Year of Education)로 정하고 이를 기념하기 위한 12개 과제 중의 하나로 평생교육을 채택하였으며, 동시에 교육발전 국제위원회(Commission on the Development of Education)를 구성하여 세계교육의 개혁을 위한 연구를 담당하도록 하였다. 이 위원회는 2년간의 연구 끝에 그 연구의 최종보고서인 Learning to be-세계 교육의 현재와 미래(Learning to be-the world of education today and tomorrow)를 1972년에 제출하고 모든 국가로 하여금 그들의 국가교육개혁 기본원리로 평생교육 개념을 적용하도록 건의하였다.

Dave의 평생교육에 대한 20가지 개념적 특성 역시 이 기본적 이념을 바탕으로 하여 평생교육의 성격을 제시한 초기연구 중의 하나이다. 유네스코 교육연구소에서의 모노그래프 형태 연구보고서인 'Lifelong Education and School Curriculum'을 통해 제시된 20가지 개념은 각국의 특성에 맞는 평생교육의 성격규명에 학문적 고전과 같이 참고되고 있다. Dave의 이 개념을 이해하는 것만으로도 평생교육에 대한 기본적 학습을 할 수 있다고 말할 수 있을 정도로 평생교육의 성격을 20가지의 항목으로써 명쾌하게 밝히고 있다.

① 평생교육 개념의 의미에 내포되어 있는 세 가지 기본술어는 인간의 삶, 평생, 교육으로 이 세 가지 술어가 가지는 의미와 그 해석은 평생교육의 범위와 개념을 결정한다(의미와 그 실천의 형태). The three basic terms upon which the meaning of the concept is based are life, lifelong and education. The meaning attached to these terms and the interpretation given to them largely determine the scope and meaning of lifelong education(Meaning and Operational Modality).

② 교육은 정규적인 학교교육으로 끝나는 것이 아니라 평생을 통하여 계속

9) Dave의 평생교육의 개념적 특성(Concept Characteristics of Lifelong Education) 분석(이종만, 1998).

되는 과정이다. 평생교육은 개인의 전 생애에 걸쳐 작용한다. Education does not terminate at the end of formal schooling but is a lifelong process. Lifelong education covers the entire life-span of an individual.

③ 평생교육은 성인교육에 국한되는 것이 아니라 학령전 교육, 초등교육, 중등교육과 그 이후의 교육을 망라하고 통합한다. 그러므로 평생교육은 총체적으로 교육을 보는 관점을 취한다. Lifelong education is not confined to adult education but it encompasses and unifies all stages of education－pre－primary, primary, secondary and so forth. Thus it seeks to view education in its totality.

④ 평생교육은 정규교육과 함께, 비형식 교육 및 무형식적 학습까지도 포함한다. Lifelong education includes formal, non-formal and informal patterns of education.

⑤ 가정은 평생교육 과정을 시작함에 있어서 가장 예민하고 결정적인 역할을 한다. 가정에서의 학습은 개인의 전 생애에 걸쳐 작용하는 계속적 과정이다. The home plays the first, most subtle and crucial role in initiating the process of lifelong learning. This process continues throughout the entire life-span of an individual through family learning.

⑥ 지역사회도 역시 어린이가 그 지역사회와 만나기 시작하는 바로 그 순간부터 평생교육체제에 중요한 역할을 하며, 전문적인 영역에 있어서나 일반적인 영역에 있어서나 일생을 통하여 교육적 기능을 행사한다. The community also plays an important role in the system of lifelong education right from the time the child begins to interact with it. It continues its educative function both in professional and general areas throughout life.

⑦ 학교나 대학 및 훈련센터 등의 교육기관도 물론 중요하다. 그러나 이것들은 다만 평생교육을 위한 하나의 기관으로서의 중요성을 갖는 것이다. 이러한 기관들은 사람들을 교육함에 있어서 더 이상 독점적 특권을 누릴 수 없으며

사회의 다른 교육기관들로부터 더 이상 고립해서 존재할 수 없다. Institutions of education such as schools, universities and training centers are important, but only as one of the agencies for lifelong education. They no longer enjoy the monopoly of educating the people and can no longer exist in isolation from other educative agencies in their society.

* 평생교육의 당위성과 성격을 이 맥락에서 규정하면, 평생교육은 교육 본래의 의미로 돌아가자는, 교육 르네상스와 같은 의미로 설명할 수 있다. 학교가 교육과 동일시됨으로 해서 우리는 학교 이외에서의 교육을 소홀히 하거나 무시하게 되었으며, 온갖 교육문제의 출발은 바로 교육이 학교를 독점한 그 상황이라는 것이다.

⑧ 평생교육은 수직적 차원에서의 계속성과 통합성을 추구한다(수직적 통합). Lifelong education seeks continuity and articulation along its vertical or longitudinal dimension. (Vertical Articulation)

* 교육이 수직적 차원에서 계속성과 통합성을 가져야 한다는 주장은 바로 이러한 관점에서 교육을 학령기만이 아닌 인간생애 전체로 확산시켜야 한다는 개념이다. 인간은 태어나서부터(또는 김종서 교수의 주장대로 태교에서부터) 무덤에 이르기까지의 전 생애의 단계에서 시행되어야 한다는 것이다.

⑨ 평생교육은 그 수평적 깊이의 차원에서 인생의 모든 단계에서 통합성을 추구한다(수평적 통합). Lifelong education also seeks integration at its horizontal and depth dimensions at every stage in life. (Horizontal Integration)

⑩ 교육의 엘리티즘 추구성격과는 대조적으로, 평생교육은 교육의 보편화를 추구함으로써 교육의 민주화를 표방한다. Contrary to the elitist form of education, lifelong education is universal in character. It represents democratization of education.

⑪ 평생교육은 학습내용, 학습도구 및 기법, 학습시간에 있어서의 융통성과

다양성으로 특징지워진다. Lifelong education is characterized by its flexibility and diversity in content, learning tools and techniques, and time of learning.

⑫ 평생교육은 학습에 있어서의 자료와 매체의 적용 및 새로운 개발을 허용하는 역동적인 접근방법이다. Lifelong education is a dynamic approach to education which allows adaptation of materials and media of learning as and when new developments take place.

⑬ 평생교육은 교육을 받는 유형이나 형태에 있어서 선택을 허용한다. Lifelong education allows alternative patterns and forms of acquiring education.

⑭ 평생교육은 일반교양교육과 전문교육의 두 가지 요소를 모두 포함한다. 이 두 가지 요소들은 개별적으로가 아니라 서로가 관련된 상태에서 상호보완적으로 작용한다. Lifelong education has two broad components : general and professional. These components are not completely different from each other but are interrelated and interactive in nature.

⑮ 개인이나 사회의 적응 및 혁신적 기능은 평생교육을 통해 달성된다. The adaptive and innovative functions of the individual and society are fulfilled through lifelong education.

⑯ 평생교육은 기존의 교육체제의 결점을 보완하는 교육개혁적 의미를 갖는다. Lifelong education carries out a corrective function : to take care of the shortcomings of the existing system of education. .

⑰ 평생교육의 궁극적인 목적은 인간의 삶의 질을 향상시키는 것이다. The ultimate goal of lifelong education is to maintain and improve the quality of life.

⑱ 평생교육을 위해서는 이른바 교육기회 · 동기유발 · 교육가능성 등의 세 가지 중요한 전제조건이 필요하다. There are three major prerequisites for lifelong education, namely opportunity, motivation and educability.

평생교육이 국가적으로 정착되기 위해서는 단지 국가가 이를 제도화하는 노력만으로는 불가능하다는 점을 시사하는 중요한 항목이다. 아무리 국가가 평생교육의 중요성을 인식하고 학교중심의 교육제도를 혁신적으로 개혁한다고 해도, 교육기회가 불평등하게 제공되거나, 국민들의 학습에 대한 동기유발이 부족하거나, 국가 또는 학습자 자신의 교육가능성이 떨어지면 평생교육 체제의 국가적 확립은 어렵다는 것이다.

⑲ 평생교육은 모든 교육의 조직원리이다. Lifelong education is an organizing principle for all education.

여기서 말하는 평생교육(lifelong education)은 이념이고, 교육(education)은 실천이다. 즉, 평생교육의 이념이 교육실제를 구성하는 기본적 바탕이 되어야 한다는 것이다. 앞에서 밝힌 평생교육 이념의 특성과 기존 교육에 대한 지적들, 예를 들면 교육은 평생에 걸친 과정이다, 학교가 교육을 독점해서는 안 된다. 가정과 지역사회의 교육적 기능은 중요하다. 교육의 수직적 · 수평적 확산이 요구된다. 융통성과 다양성, 역동적 접근, 교육혁신적 기능 등이 현장에서의 교육적 실천사업을 구상할 때 모두 기본적으로 고려되어야 할 사항이라는 것이다. 모든 교육사업 또는 교육활동을 조직함에 있어서 과거의 전통적 방식에서 탈피하여 평생교육의 이념을 도입해야만 교육의 혁신을 이룰 수 있다.

⑳ 실천적 차원에서 평생교육은 모든 교육의 전체적 체계를 제공한다. At the operational level, lifelong education provides a total system of all education.

우리가 교육을 보는 시각은 학교교육을 중심에 둠으로써 상당히 좁아져 있음이 사실이다. 교육문제를 보고 이를 해결하려는 방법 역시 마찬가지이다. 이제 우리는 교육을 보다 넓은 시각에서 다시 보아야 한다. 이러한 시각으로 교육 문제를 파악하고 그 해결책을 찾아야 한다. 평생교육의 이념과 철학의 이해는 이러한 관점에서 우리에게 매우 필요하다.

3. 평생교육법의 제정 및 완비

교육부는 평생교육법을 제정해 고등교육 기회확대, 학습지원제도 도입, 평생교육기관 운영 등 다양한 제도를 마련했다. 2013년 11월 23일 시행된 평생교육법에는 평생학습을 활성화시킬 수 있는 다양한 평생학습제도가 신설, 도입되어 모든 국민에게 평생학습 기회를 대폭 확대할 수 있도록 되어 있다.[10]

---

10) 평생교육법 공포

▣ 정부는 평생교육의 진흥을 국가의 의무로 규정하고 있는 헌법 및 교육기본법의 규정에 따라 종전의 사회교육법을 전문개정하여 평생교육법으로 공포하였다.
급변하는 사회변화에 법적 · 제도적으로 따라가지 못하는 현실을 새롭게 인식하게 되었다. 특히 21세기 지식기반사회를 맞이하여 평생학습의 중요성이 날로 증가하여 새로운 틀의 법령 마련이 대두되게 되었다. 또한 교육부는 교육공급자 중심의 닫힌 사회교육체제를 수요자(학습자)중심의 열린 평생학습 체제로 개편하기 위해 교육개혁의 핵심과제로 평생교육법 제정을 추진하게 된 것이다.
새로 마련된 평생교육법은 교육기본법 아래 초 · 중등교육법, 고등교육법, 평생교육법으로 체제를 유지하고 있으며, 열린교육사회 · 평생학습사회의 구현을 기본방향으로 하고 있다. 즉, 공급자 중심의 닫힌 사회교육체제를 수요자(학습자)중심의 열린 평생학습체제로 추진하게 된 것이다.

▣ 교육부는 평생교육법의 제정에 대하여 평생교육법의 법적 성격을 학교의 정규교육을 제외한 평생교육에 관련된 기본적인 사항을 규정하여 평생교육 관계법령 등을 지원 · 육성하는 모법으로서의 지위를 갖도록 하고 있다고 밝혔다.
2013년 11월 23일 시행된 평생교육법은 총 8장 46조로 구성되어 있다.
첫째는 직장인들의 계속교육 및 재교육 등을 통한 자아실현과 안정적인 교육기회 확대를 위해 각 직장의 실정에 따라 유급 또는 무급으로 학습휴가를 실시하거나 학습비를 지원할 수 있는 유 · 무급 학습휴가제를 도입하고 있으며,

평생교육의 법적 개념은 광의적 개념과 협의적 개념으로 구분할 수 있다. 즉, 헌법 제31조 ⑤의 '국가는 평생교육을 진흥하여야 한다.'는 규정은 평생교육의 광의적 개념으로 학교교육과 학교 외 교육인 사회교육을 포함한 개념이다. 이에 비해 '헌법 제31조 ⑥의 학교교육 및 평생교육을 포함한 교육제도와 그 운영, 교육재정 및 교원의 지위에 관한 기본적인 사항은 법률로 정한다.'는 규정은 평생교육의 협의적 개념으로 학교 외 교육인 현행 사회교육과 동일한 개념으로 사용되고 있다.

따라서 '평생교육법'은 교육기본법 아래 초·중등교육법, 고등교육법, 평생교육법 체제를 유지하며, 현행 사회교육법을 전문 개정형식으로 취하고 있다.

둘째는 평생교육의 종합연수·연구 및 정보센터의 기능 등을 수행하기 위하여 민간교육·연구기관 및 단체를 지정하여 중앙단위의 국가 평생교육 진흥원을 운영하고, 기존의 평생교육시설을 활용하여 시·도 단위의 시·도평생교육진흥원과 시·군·구 단위 평생학습관을 운영토록 하였으며, 또한, 국민의 학습권과 학습자의 선택권을 최대한 보장하기 위해 국가 및 지방자치단체는 기관중심보다는 학습자에게 공공학습비를 지원할 수 있도록 규정하고 있다.
셋째는 사업장에 고용된 종업원을 대상으로 고용주의 경비부담을 원칙으로 사내대학을 양성화하여 전문대 및 대학의 학력·학위인정을 부여하고, 방송, 케이블 TV, 정보통신매체센터 등을 통한 방송통신교육의 민간인 참여를 확대하여 다양한 원격교육을 실시하고, 이를 산·학·연·관협동학습체제와 연계하여 직장내학습과 재택학습 기회를 확대하며,
다섯째는 민간자본의 교육훈련, 연구용역, 프로그램개발, 평생교육기관의 경영진단 및 평가, 지식정보제공 등 교육훈련산업에 투자를 촉진하여 지식·인력개발사업을 진흥·육성토록 규정하고 있다.
여섯째는 교육전문인적자원 등을 대학의 시간강사, 각종 연수기관의 강사요원, 적성특기 교육활동의 강사 등으로 활용하기 위하여 강사 정보은행제를 신설하고 있으며, 국민의 평생학습을 촉진시키기 위하여 개인의 학습경험을 종합적으로 누적 관리하는 교육구좌제를 운영하여 효율적인 인간자원을 개발·관리하도록 규정하고 있다.

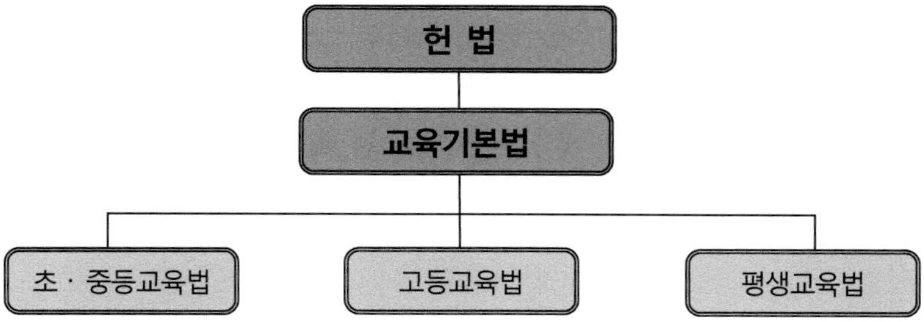

〈평생교육법 기본 체제〉

평생교육법은 급변하는 세계화 · 정보화사회에서 누구나, 언제, 어디서나 원하는 교육을 받을 수 있는 '열린교육사회 · 평생학습사회', 즉 교육복지국가(Edutopia)를 건설하여 국민의 삶의 질 향상과 사회발전에 기여하는데 기본목표를 두고 있다. 평생학습은 개개인이 주체적 학습자로서 평생에 걸친 학습생활을 주체적으로 관리하고, 교육활동에 있어서 학습자를 능동적이고 적극적인 존재로 인식하며, 학습자의 입장에서 교육을 받는다는 개념이 아니다. 즉, 평생학습은 학습의 기회를 '제공받고' 학습활동을 '지원받는다'는 개념을 도입하고 있다.

평생교육법 제정취지를 구체적으로 살리기 위한 기본방향은 다음과 같다.

첫째, 국민의 학습권과 학습자의 선택권을 최대한 보장하여 평생학습 분위기를 조성하는데 있다. 즉, 평생교육기관의 상호 유기적인 수평적 통합과 정보통신매체를 통한 원격교육 확대, 유 · 무급 학습휴가제 도입 등 다양한 평생학습제도 마련과 뷔페식 교육과정 운영으로 학습자중심의 학습기회 확대 및 평생학습 분위기를 조성하는데 근본 목적을 두고 있다.

둘째, 평생교육과정 이수자의 사회적 대우와 평생학습 의욕을 고취시키는데 있다. 평생학습 과정 이수자에게 학점 및 학력인정, 각종 자격시험 및 승진 · 승급기회 부여, 학습비 지원 등 금전적 · 비금전적 보상을 통해 국민의 평생학습 의욕을 고취시켜 삶의 질을 향상시키는 데 있다.

셋째, 형식적 학력위주사회를 실질적 능력위주사회로 변화하도록 유도하는 데 있다. 즉, 성인의 직장경험 학습인정, 사내검정인정, 직업능력인증, 문하생 학력인정, 기술자격학점인정, 평생학습계좌제[11] 등을 통해 우리 사회를 형식적 학력위주에서 실질적 능력위주사회로 변화시키기 위한 새로운 제도를 마련하자는 것이다.

넷째, 성인교육 기회확대와 고등교육 수준으로 국민의 능력을 향상시키는 데 중점을 두고 있다. 지역사회학교, 평생교육원, 사업장 및 언론기관 부설 평생교육기관 등 다양한 평생교육기관을 통해 성인교육 기회를 확대하고 학점은행제, 사내대학 양성화, 사이버대학 및 원격대학 등 다양한 학력인정 제도를 통해 2010년까지 우리 국민을 전문대학 이상의 고등교육 수준으로 향상시키는 데 중점을 두고 있다.

다섯째, 다양한 학습지원제도를 도입하여 평생학습 기회를 확대한다. 특히 국가 및 지방자치단체의 평생교육정책 지원을 강화하고 있다. 국가 및 지방자치단체는 평생교육기관의 네트워크 및 정보교류망 구축, 평생교육정보센터 및 상담실 운영, 강사정보 은행제 도입, 학습비 지원 등 행·재정지원을 강화하여 평생교육기관의 지원책을 확대, 국민에게 학습기회와 정보제공 등 평생학습 서비스를 대폭 늘리는데 있다.

여섯째, 지식·인력개발 산업과 교육훈련 산업을 육성하는데 있다. 민간자본을 통해 교육훈련, 연구용역, 프로그램 개발, 교육기관 경영진단 및 평가, 교육위탁 및 서비스사업 등 지식·인력개발 산업을 육성하는데 있다.

---

11) 평생학습계좌제 : 평생학습계좌제는 국민의 평생학습, 특히 취업자의 계속학습을 촉진하기 위해 개별적으로 취득한 학력, 학위, 자격 등 인증된 학습경험과 학교 외 교육 등에서 얻은 학습경험을 종합적으로 누적 기록·관리하고 이를 객관적으로 인증받기 위한 제도적 장치이다. 이것은 학생에게 종합생활기록부가 있어 학생의 모든 학습활동을 기록하듯이 성인들도 학교졸업 후 모든 학습활동을 누가 기록할 수 있도록 하는 일종의 성인용 종합생활기록부라 할 수 있다. 학습계좌좌제 도입은 모든 국민으로 하여금 본인 스스로 합리적인 생애설계를 구상하고 실천하는 태도를 가지도록 하여 끊임없이 자신의 능력을 개발하도록 촉진함으로써 능력이 중시되는 열린교육사회 건설에 긴요한 기폭제 역할을 할 수 있다.

4. 평생교육체제

전통적으로 교육이라고 하면 학교교육을 떠올렸을 만큼 이제까지의 교육체제는 학교를 중심으로 정비 · 제공되었다. 따라서 평생학습 지원시스템의 정비는 학교중심의 교육관에서 벗어나 평생학습체계로의 이행을 도모하기 위한 개념으로 교육시설과 학습자 사이의 네트워크 구축에 관심을 가지고 있다.

인간의 전 생애에 걸친 학습을 전체적으로 지원하는 개념인 학습지원시스템을 단순화시켜 보면, 가정-학교-대학-지역-기업-매스컴 등과 같이 지역에 존재하는 모든 교육자원과 정보 사이의 네트워크(network)를 의미한다. 평생학습체제화란 학교중심의 교육체제에서 평생학습체제로의 전환을 의미하는 것이다.

새로운 물결에 발전적으로 대처하기 위해서는 종래의 교육제도와 관행에 많은 변화가 요구된다. 이런 변화 중 하나로 학교중심 교육체제는 평생교육체제로 전환될 것이 예상된다.12) 지금까지 사회에서 필요한 지식과 기술은 학교라는 제도교육을 통해 거의 전적으로 전파 · 획득되어 왔다. 그러나 취학연령을 청소년층으로만 제한하고 있는 기존의 학교교육은 급속히 발전하고 있는, 지식과 정보기술을 필요로 하는 여러 계층에 동시다발적으로 전달하는데 한계를 지닐 수밖에 없다. 그래서 학교 졸업 이후에도 직장에서나 사회에서 필요한 지식과 기술을 누구든지 어디서나 습득할 수 있는 평생교육 차원의 '열린교육'이 필요하게 되었다(김영철, 1996).

우주에서 일어나는 모든 행위는 교육이란 범주에 포함되며, 인간이 태어나

12) 미래사회에 필요하다는 교육체제를 흔히 '평생학습(교육)체제'라고 부른다. 미래사회(특히, 이른바 '지식사회'라고 그 성격이 전망되는 미래사회)에서는 '요람에서 무덤까지' 학습이 이루어져야 한다고 여겨지며, 그러한 필요를 충족시키기 위한 교육체제로 평생학습체제를 거론하는 것이다.

서 죽을 때까지 교육은 계속 이루어지고 있다. 그러나 이와 같은 교육에 대한 광의의 개념은 학교교육이 이루어지면서 협소화되었다. 교육이라 하면 학교와 교실, 그리고 칠판, 선생님을 연상한다. 교육의 범위도 초등학교부터 대학 혹은 대학원 교육까지만을 생각했다(성태제, 1996). 오랫동안 우리 교육은 '공부에는 다 때가 있다.'는 말이 지배했다. 그러나 그 말은 이제 '교육은 평생받는 것'이라는 말로 바뀌어야만 한다. 누구나, 언제, 어디서나 원하는 교육정보를 얻을 수 있는 '열린학습 사회'가 열린다.13)

21세기의 정보화 시대에는 노동집약형 산업구조에서 기술집약형 산업구조로 산업구조가 고도화되고 이에 따라 대학교육을 필요로 하는 전문직 중심의 지식노동자가 주축을 이루게 된다. 또한 계속되는 지식과 기술의 발전, 산업구조의 변화, 직종의 증가와 변화 등은 현장교육과 평생교육의 필요성을 크게 증대시킨다. 따라서, 대학교육은 현장교육을 중시하는 동시에 평생교육 · 성인교육의 중심적 역할도 담당해야 한다(유인종, 1992 : 53-56).

미래 평생교육체제의 모습은 다음과 같이 주장되고 있다(권대봉, 1997).

---

13) 학습사회(learning society) 풍토를 조성하기 위해서는 '교육 학교교육'이라는 고정관념이 없어져야 하며, 또한 학습가능 시기에 대한 연령의 고정관념이 극복되어야 한다. 즉, 공부는 어려서, 젊을 때나 하는 것이며, 나이가 들면 머리가 굳고 학습능력이 퇴조하여 공부하기 어렵다는 '연령에 따른 학습시기의 고정관념'이 바뀌어야 한다.

가르치는 자나 교육공급자 입장에서의 교육시킬 권리라는 '교육권'보다 학습자 입장에서의 배울 권리, 학습할 권리, 알 권리를 강조하는 '학습권' 논쟁 또한 열기를 더해 가고 있다. 이제 더 이상 학습권은 교육을 시혜적으로 베푸는 자의 입장에서 논의하는 명제가 아니다. 그 스스로가 학습의 주인이 되어 자신의 학습권을 찾는 능동적이고 주체적인 인권으로, 전 국민의 생애에 걸친 자기 학습의 권리로 이해되고 있다(김신일, 1994; 이혜영, 1994).

오늘날 평생교육 연구분야에서는 학습사회라는 용어와 함께 평생학습, 자기 주도적 학습, 학습조직, 학습공동체 등이 많이 거론되고 있다. 이와 같은 용어들이 등장한 배경에는 종래에 한정적이고 폐쇄적이었던 학습의 개념을 보다 확대하여 새로운 학습관을 정립해야 한다는 인식이 강하게 포함되어 있다. 이것은 오늘날 평생교육 분야의 연구자들이 종래의 공급자중심의 교육(teaching)보다는 수요자중심의 학습(learning)에 보다 많은 관심을 지니고 있다는 것이며, 이는 교육중심의 패러다임으로부터 학습중심의 패러다임으로 전환해 가고 있는 현상을 반영한 것이라고 볼 수 있다.

1) 바람직한 미래 평생교육체제의 모습

평생교육 제공자는 국가기관뿐만 아니라 민간단체, 기업, 학교, 언론기관, 종교단체, 주한외국 대사관부설 문화원, 그리고 학원으로 통칭되는 사설교육기관 등이 있다. 국가기관, 민간단체, 기업, 학교, 언론기관은 소속 조직구성원을 대상으로 계속교육을 제공하는 경우와, 소속조직 이외의 이해관계자나 일반인을 대상으로 교육을 제공하는 경우가 있다.

국민의 삶의 질을 높이기 위하여 그 자질향상을 지향하는 사회교육법상의 목적은 간단하게 표현되어 있으나, 평생교육의 대상자들은 개개인의 직업과 생활환경, 능력과 자질, 취미에 따라 그들의 평생교육 요구는 복잡하고 다양하게 나타나기 때문에 사회계층별로 삶의 질을 균형 있게 향상시킬 수 있는 시각에서 평생교육이 실시되는 것이 바람직하다.

국가사회의 발전 측면에서 평생교육의 필요성은 국가의 국제경쟁력 차원에서 조명되어야 한다. 미래의 평생교육체제는 정보화 · 세계화 · 다원화 · 개방화 시대의 도래와 더불어 국가의 경쟁력 차원에서 재조명되고 발전되는 것이 바람직하다.

2) 국민 삶의 질 향상을 위한 지역사회 중심의 평생교육체제

국민의 삶의 질 향상을 위한 측면에서 평생교육은 지방자치제의 발달과 더불어 지역사회를 중심으로 평생교육체제가 구축되는 것이 바람직하다. 특히 교육적으로 소외된 집단에게 평생교육의 기회를 제공해 주기 위해서는 지역사회의 학교, 도서관, 사회복지관, 시민운동단체 등 평생교육기관이 공조체제를 갖추어야 할 것이다. 교육적으로 소외된 집단이란 사회 경제적 이유, 혹은 신체적 이유로 정규 학교교육을 놓쳤거나 중도에 포기한 사람들로 적령기 학교교육의 혜택을 받지 못했거나 덜 받은 사람들이다.

3) 교육 수요자중심의 열린 평생교육체제

평생교육을 통한 학위취득자의 사회적 인정문제를 해결하는 방안이 제도적으로 확립되지 않으면 한국의 뿌리 깊은 학벌주의 풍토에서 학점은행제는 정착되기 힘들다. 모든 교육투자가 학교교육 위주로 이루어지고, 능력이나 학력보다 대학 간판을 더 중시하는 풍토가 고쳐지지 않는한 평생교육을 통한 능력사회 구현은 한낱 구호로 끝날 수밖에 없다.

평생교육체제는 그 동안 정규교육기관이 누려 왔던 기득권이 어느 정도 포기되는 체제라고 할 수 있다. 평생교육체제에서는 학습자가 교육기관과 프로그램을 선택한다. 평생교육체제에서는 가르치는 권한을 특정집단(예컨대, 교사, 교수 등)에 한정하지 않는다. 어떤 면에서 보면, 누구나 가르치고 배우면서 산다. 문제는 '무엇을' 가르치고 배우느냐이다. 그 '무엇'에 따라 동일한 사람이 교사가 되기도 했다가 학습자가 되기도 하는 것이다. 평생교육사회는 그 '무엇'을 중심으로 가르침과 배움의 네트워크가 자유롭게 구성되는 체제이다. 가르치고 싶으면서 가르칠 능력이 있는 사람들의 자원이 모두 평생교육에 동원될 수 있다면, 교육천국(Edutopia)의 실현은 조금 앞당겨질지도 모른다(김재웅, 1997).

미래사회의 변화는 교육에서의 많은 변화를 요구한다. 교육체제는 이러한 사회변화에 따른 외적 요구 외에도 교육체제 자체로부터도 상당히 많은 변화가 요구되고 있다. 교육 내외적 요구에 따른 교육체제의 변화를 전망하면 다음과 같다.

교육체제의 주요 변화로 종래의 폐쇄적 교육체제가 개방적 교육체제로 전환될 것이다. 이에 따라, 교육대상이 청소년기의 학생인구에서 아동에서 성인까지의 전 연령층으로 확대되고, 교육영역도 학교중심의 교육에서 평생교육으로 확대되고, 교육장소도 학교 안에서 학교 · 가정 · 직장 · 사회 등으로 확대될 것이다.[14]

---

14) 김영철 외(1998). 한국교육비전 2020-교육전략-. 한국교육개발원.

〈교육체제의 변화〉

현행 교육체제	구 분	미래 교육체제
폐쇄적 교육체제	성 격	개방적 교육체제
학교교육	교육영역	평생교육
학생(청소년)	교육대상	전 인구(아동에서 성인까지)
학교	교육장소	학교 · 가정 · 직장 · 사회 등
전통적 교과내용	교육내용	다원적 · 확산적 교육내용
획일적 집단수업	교육방법	개별화 수업, 원격교육
교육자(공급자)중심	교육운영	학습자(수요자)중심
획일적 통제	교육행정	다양화 · 자율화

교육내용도 탈산업사회화, 정보화, 세계화, 다원주의적 경향 등을 반영할 수 있도록 확장되고, 교육방법에서도 집단수업의 문제를 보완하기 위한 많은 변화가 예상된다. 이러한 변화는 궁극적으로 종래의 공급자중심 교육에서 수요자중심 교육으로의 전환을 가져오게 할 것이고, 교육행정에서도 종래의 획일적 통제에서 다양성을 추구하는 자율화 방향으로 전환될 것이다. 이러한 변화는 교육개혁위원회의 교육개혁방안을 추진하면서 상당 부분은 구체화되고 있는 측면도 있다.

학습사회에서의 교육활동은 너무나 다양하게 사회 곳곳에서 이루어지고 있고 학습자중심적으로 이루어지기 때문에 제도교육 속에 모두 포함하는 데는 한계가 있다.

"교육이란 인류역사 이래 계속되어 온 삶의 과정으로서 원시시대부터 제도화된 학교교육시대 이전까지의 비형식적 교육을 교육의 제1물결로, 제도화된 학교교육을 통하여 계획적으로 이루어져 온 형식적 교육을 교육의 제2물결로, 그리고 오늘날 전 생애를 통하여 계속적으로 배우고 사회전체가 학습의 장이 되는 비형식적 교육을 지향하는 새 물결을 제3의 물결로 볼 수 있다."

부 록

1. 교육기본법
2. 평생교육법

1. 교육기본법

[시행 2013.3.23] [법률 제11690호, 2013.3.23, 타법개정]

제1장 총칙

제1조(목적) 이 법은 교육에 관한 국민의 권리 · 의무 및 국가 · 지방자치단체의 책임을 정하고 교육제도와 그 운영에 관한 기본적 사항을 규정함을 목적으로 한다.

제2조(교육이념) 교육은 홍익인간(弘益人間)의 이념 아래 모든 국민으로 하여금 인격을 도야(陶冶)하고 자주적 생활능력과 민주시민으로서 필요한 자질을 갖추게 함으로써 인간다운 삶을 영위하게 하고 민주국가의 발전과 인류공영(人類共榮)의 이상을 실현하는 데에 이바지하게 함을 목적으로 한다.

제3조(학습권) 모든 국민은 평생에 걸쳐 학습하고, 능력과 적성에 따라 교육 받을 권리를 가진다.

제4조(교육의 기회균등) ① 모든 국민은 성별, 종교, 신념, 인종, 사회적 신분, 경제적 지위 또는 신체적 조건 등을 이유로 교육에서 차별을 받지 아니한다.

② 국가와 지방자치단체는 학습자가 평등하게 교육을 받을 수 있도록 지역 간의 교원 수급 등 교육 여건 격차를 최소화하는 시책을 마련하여 시행하여야 한다.

제5조(교육의 자주성 등) ① 국가와 지방자치단체는 교육의 자주성과 전문성을 보장하여야 하며, 지역 실정에 맞는 교육을 실시하기 위한 시책을 수립 · 실시하여야 한다.

② 학교운영의 자율성은 존중되며, 교직원 · 학생 · 학부모 및 지역주민 등은 법령으로 정하는 바에 따라 학교운영에 참여할 수 있다.

제6조(교육의 중립성) ① 교육은 교육 본래의 목적에 따라 그 기능을 다하도록 운영되어야 하며, 정치적 · 파당적 또는 개인적 편견을 전파하기 위한 방편으로 이용되어서는 아니 된다.

② 국가와 지방자치단체가 설립한 학교에서는 특정한 종교를 위한 종교교육을 하여서는 아니 된다.

제7조(교육재정) ① 국가와 지방자치단체는 교육재정을 안정적으로 확보하기 위하여 필요한 시책을 수립 · 실시하여야 한다.

② 교육재정을 안정적으로 확보하기 위하여 지방교육재정교부금 등에 관하여 필요한 사항은 따로 법률로 정한다.

제8조(의무교육) ① 의무교육은 6년의 초등교육과 3년의 중등교육으로 한다.

② 모든 국민은 제1항에 따른 의무교육을 받을 권리를 가진다.

제9조(학교교육) ① 유아교육 · 초등교육 · 중등교육 및 고등교육을 하기 위하여 학교를 둔다.

② 학교는 공공성을 가지며, 학생의 교육 외에 학술 및 문화적 전통의 유지 · 발전과 주민의 평생교육을 위하여 노력하여야 한다.

③ 학교교육은 학생의 창의력 계발 및 인성(人性) 함양을 포함한 전인적(全人的) 교육을 중시하여 이루어져야 한다.

④ 학교의 종류와 학교의 설립 · 경영 등 학교교육에 관한 기본적인 사항은 따로 법률로 정한다.

제10조(사회교육) ① 국민의 평생교육을 위한 모든 형태의 사회교육은 장려되어야 한다.

② 사회교육의 이수(履修)는 법령으로 정하는 바에 따라 그에 상응하는 학교교육의 이수로 인정될 수 있다.

③ 사회교육시설의 종류와 설립 · 경영 등 사회교육에 관한 기본적인 사항은 따로 법률로 정한다.

제11조(학교 등의 설립) ① 국가와 지방자치단체는 학교와 사회교육시설을 설립 · 경영한다.

② 법인이나 사인(私人)은 법률로 정하는 바에 따라 학교와 사회교육시설을 설립 · 경영할 수 있다.

제2장 교육당사자

제12조(학습자) ① 학생을 포함한 학습자의 기본적 인권은 학교교육 또는 사회교육의 과정에서 존중되고 보호된다.

② 교육내용 · 교육방법 · 교재 및 교육시설은 학습자의 인격을 존중하고 개성을 중시하여 학습자의 능력이 최대한으로 발휘될 수 있도록 마련되어야 한다.

③ 학생은 학습자로서의 윤리의식을 확립하고, 학교의 규칙을 준수하여야 하며, 교원의 교육 · 연구활동을 방해하거나 학내의 질서를 문란하게 하여서는 아니 된다.

제13조(보호자) ① 부모 등 보호자는 보호하는 자녀 또는 아동이 바른 인성을 가지고 건강하게 성장하도록 교육할 권리와 책임을 가진다.

② 부모 등 보호자는 보호하는 자녀 또는 아동의 교육에 관하여 학교에 의견을 제시할 수 있으며, 학교는 그 의견을 존중하여야 한다.

제14조(교원) ① 학교교육에서 교원(敎員)의 전문성은 존중되며, 교원의 경제적 · 사회적 지위는 우대되고 그 신분은 보장된다.

② 교원은 교육자로서 갖추어야 할 품성과 자질을 향상시키기 위하여 노력하여야 한다.

③ 교원은 교육자로서의 윤리의식을 확립하고, 이를 바탕으로 학생에게 학습윤리를 지도하고 지식을 습득하게 하며, 학생 개개인의 적성을 계발할 수 있도록 노력하여야 한다.

④ 교원은 특정한 정당이나 정파를 지지하거나 반대하기 위하여 학생을 지도하거나 선동하여서는 아니 된다.

⑤ 교원은 법률로 정하는 바에 따라 다른 공직에 취임할 수 있다.

⑥ 교원의 임용·복무·보수 및 연금 등에 관하여 필요한 사항은 따로 법률로 정한다.

제15조(교원단체) ① 교원은 상호 협동하여 교육의 진흥과 문화의 창달에 노력하며, 교원의 경제적·사회적 지위를 향상시키기 위하여 각 지방자치단체와 중앙에 교원단체를 조직할 수 있다.

② 제1항에 따른 교원단체의 조직에 필요한 사항은 대통령령으로 정한다.

제16조(학교 등의 설립자·경영자) ① 학교와 사회교육시설의 설립자·경영자는 법령으로 정하는 바에 따라 교육을 위한 시설·설비·재정 및 교원 등을 확보하고 운용·관리한다.

② 학교의 장 및 사회교육시설의 설립자·경영자는 법령으로 정하는 바에 따라 학습자를 선정하여 교육하고 학습자의 학습성과 등 교육의 과정을 기록하여 관리한다.

③ 학교와 사회교육시설의 교육내용은 학습자에게 미리 공개되어야 한다.

제17조(국가 및 지방자치단체) 국가와 지방자치단체는 학교와 사회교육시설을 지도·감독한다.

제3장 교육의 진흥 〈개정 2007.12.21〉

제17조의2(남녀평등교육의 증진) ① 국가와 지방자치단체는 남녀평등정신을 보다 적극적으로 실현할 수 있는 시책을 수립·실시하여야 한다.

② 국가 및 지방자치단체와 제16조에 따른 학교 및 사회교육시설의 설립자·경영자는 교육을 할 때 합리적인 이유 없이 성별에 따라 참여나 혜택을 제한하거나 배제하는 등의 차별을 하여서는 아니 된다.

③ 제1항에 따른 시책에는 체육·과학기술 등 여성의 활동이 취약한 분야를 중점 육성할 수 있는 교육적 방안이 포함되어야 한다.

④ 학교교육에서 남녀평등을 증진하기 위한 학교교육과정의 기준과 내용 등 대통령령으로 정하는 사항에 관한 교육부장관의 자문에 응하기 위하여 남녀평등교육심의회를 둔다. 〈개정 2008.2.29, 2013.3.23〉

⑤ 제4항에 따른 남녀평등교육심의회 위원의 자격·구성·운영 등에 필요한 사항은 대통령령으로 정한다.

제17조의3(학습윤리의 확립) 국가와 지방자치단체는 모든 국민이 학업·연구·시험

등 교육의 모든 과정에 요구되는 윤리의식을 확립할 수 있도록 필요한 시책을 수립 · 실시하여야 한다.

제17조의4(건전한 성의식 함양) ① 국가와 지방자치단체는 학생의 존엄한 성(性)을 보호하고 학생에게 성에 대한 선량한 정서를 함양시킬 수 있도록 필요한 시책을 수립 · 실시하여야 한다.

② 제1항에 따른 시책에는 학생 개인의 존엄과 인격이 존중될 수 있는 교육적 방안과 남녀의 성 특성을 고려한 교육 · 편의시설 마련 방안이 포함되어야 한다.

제18조(특수교육) 국가와 지방자치단체는 신체적 · 정신적 · 지적 장애 등으로 특별한 교육적 배려가 필요한 자를 위한 학교를 설립 · 경영하여야 하며, 이들의 교육을 지원하기 위하여 필요한 시책을 수립 · 실시하여야 한다.

제19조(영재교육) 국가와 지방자치단체는 학문 · 예술 또는 체육 등의 분야에서 재능이 특히 뛰어난 자의 교육에 필요한 시책을 수립 · 실시하여야 한다.

제20조(유아교육) 국가와 지방자치단체는 유아교육을 진흥하기 위하여 필요한 시책을 수립 · 실시하여야 한다.

제21조(직업교육) 국가와 지방자치단체는 모든 국민이 학교교육과 사회교육을 통하여 직업에 대한 소양과 능력을 계발하기 위한 교육을 받을 수 있도록 필요한 시책을 수립 · 실시하여야 한다.

제22조(과학 · 기술교육) 국가와 지방자치단체는 과학 · 기술교육을 진흥하기 위하여 필요한 시책을 수립 · 실시하여야 한다.

제22조의2(학교체육) 국가와 지방자치단체는 학생의 체력 증진과 체육활동 장려에 필요한 시책을 수립 · 실시하여야 한다.

제23조(교육의 정보화) 국가와 지방자치단체는 정보화교육 및 정보통신매체를 이용한 교육을 지원하고 교육정보산업을 육성하는 등 교육의 정보화에 필요한 시책을 수립 · 실시하여야 한다.

제23조의2(학교 및 교육행정기관 업무의 전자화) 국가와 지방자치단체는 학교 및 교육행정기관의 업무를 전자적으로 처리할 수 있도록 필요한 시책을 마련하여야 한다.

제23조의3(학생정보의 보호원칙) ① 학교생활기록 등의 학생정보는 교육적 목적으로 수집 · 처리 · 이용 및 관리되어야 한다.

② 부모 등 보호자는 자녀 등 피보호자에 대한 제1항의 학생정보를 제공받을 권리를 가진다.

③ 제1항에 따른 학생정보는 법률로 정하는 경우 외에는 해당 학생(학생이 미성년자인 경우에는 학생 및 학생의 부모 등 보호자)의 동의 없이 제3자에게 제공되어서는 아니 된다.

제24조(학술문화의 진흥) 국가와 지방자치단체는 학술문화를 연구 · 진흥하기 위하여

학술문화시설 설치 및 연구비 지원 등의 시책을 수립·실시하여야 한다.

제25조(사립학교의 육성) 국가와 지방자치단체는 사립학교를 지원·육성하여야 하며, 사립학교의 다양하고 특성있는 설립목적이 존중되도록 하여야 한다.

제26조(평가 및 인증제도) ① 국가는 국민의 학습성과 등이 공정하게 평가되어 사회적으로 통용될 수 있도록 학력평가와 능력인증에 관한 제도를 수립·실시할 수 있다.

② 제1항에 따른 평가 및 인증제도는 학교의 교육과정 등 교육제도와 상호 연계되어야 한다.

제26조의2(교육 관련 정보의 공개) ① 국가와 지방자치단체는 국민의 알 권리와 학습권을 보장하기 위하여 그 보유·관리하는 교육 관련 정보를 공개하여야 한다.

② 제1항에 따른 교육 관련 정보의 공개에 관한 기본적인 사항은 따로 법률로 정한다.

제27조(보건 및 복지의 증진) ① 국가와 지방자치단체는 학생과 교직원의 건강 및 복지를 증진하기 위하여 필요한 시책을 수립·실시하여야 한다. 〈개정 2008.3.21〉

② 국가 및 지방자치단체는 학생의 안전한 주거환경을 위하여 학생복지주택의 건설에 필요한 시책을 수립·실시하여야 한다. 〈신설 2008.3.21〉

제28조(장학제도 등) ① 국가와 지방자치단체는 경제적 이유로 교육받기 곤란한 자를 위한 장학제도(奬學制度)와 학비보조제도 등을 수립·실시하여야 한다.

② 국가는 다음 각 호의 자에게 학비나 그 밖에 필요한 경비의 전부 또는 일부를 보조할 수 있다.

1. 교원양성교육을 받는 자
2. 국가가 특히 필요로 하는 분야를 국내외에서 전공하거나 연구하는 자

③ 제1항 및 제2항에 따른 장학금 및 학비보조금 등의 지급 방법 및 절차, 지급받을 자의 자격 및 의무 등에 관하여 필요한 사항은 대통령령으로 정한다.

제29조(국제교육) ① 국가는 국민이 국제사회의 일원으로서 갖추어야 할 소양과 능력을 기를 수 있도록 국제화교육에 노력하여야 한다.

② 국가는 외국에 거주하는 동포에게 필요한 학교교육 또는 사회교육을 실시하기 위하여 필요한 시책을 마련하여야 한다.

③ 국가는 학문연구를 진흥하기 위하여 국외유학에 관한 시책을 마련하여야 하며, 국외에서 이루어지는 우리나라에 대한 이해와 우리 문화의 정체성 확립을 위한 교육·연구활동을 지원하여야 한다.

④ 국가는 외국정부 및 국제기구 등과의 교육협력에 필요한 시책을 마련하여야 한다.

2. 평생교육법

[시행 2013.11.23] [법률 제11770호, 2013.5.22, 일부개정]

제1장 총칙

제1조(목적) 이 법은 「헌법」과 「교육기본법」에 규정된 평생교육의 진흥에 대한 국가 및 지방자치단체의 책임과 평생교육제도와 그 운영에 관한 기본적인 사항을 정함을 목적으로 한다.

제2조(정의) 이 법에서 사용하는 용어의 정의는 다음과 같다.

1. "평생교육"이란 학교의 정규교육과정을 제외한 학력보완교육, 성인 기초 · 문자해득교육, 직업능력 향상교육, 인문교양교육, 문화예술교육, 시민참여교육 등을 포함하는 모든 형태의 조직적인 교육활동을 말한다.
2. "평생교육기관"이란 다음 각 목의 어느 하나에 해당하는 시설 · 법인 또는 단체를 말한다.
   가. 이 법에 따라 인가 · 등록 · 신고된 시설 · 법인 또는 단체
   나. 「학원의 설립 · 운영 및 과외교습에 관한 법률」에 따른 학원 중 학교교과교습학원을 제외한 평생직업교육을 실시하는 학원
   다. 그 밖에 다른 법령에 따라 평생교육을 주된 목적으로 하는 시설 · 법인 또는 단체
3. "문자해득교육"이란 일상생활을 영위하는데 필요한 기초능력이 부족하여 가정 · 사회 및 직업생활에서 불편을 느끼는 자들을 대상으로 문자해득(文字解得)능력을 갖출 수 있도록 하는 조직화된 교육프로그램을 말한다.

제3조(다른 법률과의 관계) 평생교육에 관하여 다른 법률에 특별한 규정이 있는 경우를 제외하고는 이 법을 적용한다.

제4조(평생교육의 이념) ① 모든 국민은 평생교육의 기회를 균등하게 보장받는다.

② 평생교육은 학습자의 자유로운 참여와 자발적인 학습을 기초로 이루어져야 한다.

③ 평생교육은 정치적 · 개인적 편견의 선전을 위한 방편으로 이용되어서는 아니 된다.

④ 일정한 평생교육과정을 이수한 자에게는 그에 상응하는 자격 및 학력인정 등 사회적 대우를 부여하여야 한다.

제5조(국가 및 지방자치단체의 임무) ① 국가 및 지방자치단체는 모든 국민에게 평생교육 기회가 부여될 수 있도록 평생교육진흥정책을 수립 · 추진하여야 한다.

② 국가 및 지방자치단체는 그 소관에 속하는 단체 · 시설 · 사업장 등의 설치자에 대하여

평생교육의 실시를 적극 권장하여야 한다.

제6조(교육과정 등) 평생교육의 교육과정·방법·시간 등에 관하여 이 법과 다른 법령에 특별한 규정이 있는 경우를 제외하고는 평생교육을 실시하는 자가 정하되, 학습자의 필요와 실용성을 존중하여야 한다.

제7조(공공시설의 이용) ① 평생교육을 실시하는 자는 평생교육을 위하여 공공시설을 그 본래의 용도에 지장이 없는 범위 안에서 관련 법령으로 정하는 바에 따라 이용할 수 있다.

② 제1항의 경우 공공시설의 관리자는 특별한 사유가 없는 한 그 이용을 허용하여야 한다.

제8조(학습휴가 및 학습비 지원) 국가·지방자치단체와 공공기관의 장 또는 각종 사업의 경영자는 소속 직원의 평생학습기회를 확대하기 위하여 유급 또는 무급의 학습휴가를 실시하거나 도서비·교육비·연구비 등 학습비를 지원할 수 있다.

제2장 평생교육진흥기본계획 등

제9조(평생교육진흥기본계획의 수립) ① 교육부장관은 5년마다 평생교육진흥기본계획(이하 "기본계획"이라 한다)을 수립하여야 한다. 〈개정 2008.2.29, 2013.3.23〉

② 기본계획에는 다음 각 호의 사항이 포함되어야 한다.

1. 평생교육진흥의 중·장기 정책목표 및 기본방향에 관한 사항
2. 평생교육의 기반구축 및 활성화에 관한 사항
3. 평생교육진흥을 위한 투자확대 및 소요재원에 관한 사항
4. 평생교육진흥정책에 대한 분석 및 평가에 관한 사항
5. 그 밖에 평생교육진흥을 위하여 필요한 사항

③ 교육부장관은 기본계획을 관계 중앙행정기관의 장, 특별시장·광역시장·도지사·특별자치도지사(이하 "시·도지사"라 한다), 시·도교육감 및 시장·군수·자치구의 구청장에게 통보하여야 한다. 〈개정 2008.2.29, 2013.3.23〉

제10조(평생교육진흥위원회의 설치) ① 평생교육진흥정책에 관한 주요사항을 심의하기 위하여 교육부장관 소속으로 평생교육진흥위원회(이하 "진흥위원회"라 한다)를 둔다. 〈개정 2008.2.29, 2013.3.23〉

② 진흥위원회는 다음 각 호의 사항을 심의한다.

1. 기본계획에 관한 사항
2. 평생교육진흥정책의 평가 및 제도개선에 관한 사항
3. 평생교육지원 업무의 협력과 조정에 관한 사항

4. 그 밖에 평생교육진흥정책을 위하여 대통령령으로 정하는 사항

③ 진흥위원회는 위원장을 포함하여 20인 이내의 위원으로 구성한다.

④ 진흥위원회의 위원장은 교육부장관으로 하고, 위원은 평생교육과 관련된 관계 부처 차관, 평생교육과 관련된 전문가 등 평생교육에 관한 전문지식 및 경험이 풍부한 자 중에서 위원장이 위촉한다. 〈개정 2008.2.29, 2013.3.23〉

⑤ 진흥위원회의 구성·운영에 필요한 사항은 대통령령으로 정한다.

제11조(연도별 평생교육진흥시행계획의 수립·시행) 시·도지사는 기본계획에 따라 연도별 평생교육진흥시행계획(이하 "시행계획"이라 한다)을 수립·시행하여야 한다. 이 경우 시·도교육감과 협의하여야 한다.

제12조(시·도평생교육협의회) ① 시행계획의 수립·시행에 필요한 사항을 심의하기 위하여 시·도지사 소속으로 시·도평생교육협의회(이하 "시·도협의회"라 한다)를 둔다.

② 시·도협의회는 의장·부의장을 포함하여 20인 이내의 위원으로 구성한다.

③ 시·도협의회의 의장은 시·도지사로 하고, 부의장은 시·도의 부교육감으로 한다.

④ 시·도협의회 위원은 관계 공무원, 평생교육과 관련된 전문가, 평생교육 관계 기관의 운영자 등 평생교육에 관한 전문지식 및 경험이 풍부한 자 중에서 해당 시·도의 교육감과 협의하여 의장이 위촉한다.

⑤ 시·도협의회의 구성·운영에 필요한 사항은 해당 지방자치단체의 조례로 정한다.

제13조(관계 행정기관의 장 등의 협조) ① 교육부장관은 기본계획을 수립하기 위하여 필요하다고 인정하는 때에는 관계 행정기관이나 그 밖의 기관 또는 단체의 장에게 관련 자료를 요청할 수 있다. 〈개정 2008.2.29, 2013.3.23〉

② 시·도지사는 시행계획을 수립하기 위하여 필요하다고 인정하는 때에는 관계 행정기관이나 그 밖의 기관 또는 단체의 장에게 관련 자료를 요청할 수 있다.

③ 제1항 및 제2항에 따라 자료를 요청 받은 기관 또는 단체의 장은 특별한 사정이 없는 한 협조하여야 한다.

제14조(시·군·자치구평생교육협의회) ① 시·군 및 자치구에는 지역주민을 위한 평생교육의 실시와 관련되는 사업간 조정 및 유관기관 간 협력 증진을 위하여 시·군·자치구평생교육협의회(이하 "시·군·구협의회"라 한다)를 둔다.

② 시·군·구협의회는 의장 1인과 부의장 1인을 포함하여 12인 이내의 위원으로 구성한다.

③ 시·군·구협의회의 의장은 시장·군수 또는 자치구의 구청장으로 하고, 위원은 시·군·자치구 및 지역교육청의 관계 공무원, 평생교육 전문가, 관할 지역 내 평생교육 관계 기관의 운영자 중에서 의장이 위촉한다.

④ 시·군·구협의회의 구성·운영 등에 필요한 사항은 지방자치단체의 조례로 정한다.

제15조(평생학습도시) ① 국가는 지역사회의 평생교육 활성화를 위하여 시·군 및 자치구를 대상으로 평생학습도시를 지정 및 지원할 수 있다.

② 제1항에 따른 평생학습도시 간의 연계·협력 및 정보교류의 증진을 위하여 전국평생학습도시협의회를 둘 수 있다.

③ 제2항에 따른 전국평생학습도시협의회의 구성·운영에 필요한 사항은 대통령령으로 정한다.

④ 제1항에 따른 평생학습도시의 지정 및 지원에 필요한 사항은 교육부장관이 정한다. 〈개정 2008.2.29, 2013.3.23〉

제16조(경비보조 및 지원) ① 국가 및 지방자치단체는 이 법과 다른 법령으로 정하는 바에 따라 다음 각 호의 어느 하나에 해당하는 평생교육진흥사업을 실시 또는 지원할 수 있다.

1. 평생교육기관의 설치·운영
2. 제24조에 따른 평생교육사의 양성 및 배치
3. 평생교육프로그램의 개발
4. 그 밖에 국민의 평생교육 참여를 촉진하기 위하여 수행하는 사업 등

② 지방자치단체의 장은 해당 지방자치단체의 조례로 정하는 바에 따라 주민을 위한 평생교육진흥사업을 실시하거나 지원할 수 있다. 이 경우 교육감 또는 지역교육장과 협의하여야 한다.

제17조(지도 및 지원) ① 국가 및 지방자치단체는 평생교육기관의 요청이 있는 때에는 그 기관의 평생교육활동을 지도 또는 지원할 수 있다.

② 국가 및 지방자치단체는 평생교육기관의 요청이 있는 때에는 그 기관에서 평생교육활동에 종사하는 자의 능력향상에 필요한 연수를 실시할 수 있다.

제18조(평생교육 통계조사 등) ① 교육부장관 및 시·도지사는 평생교육의 실시 및 지원에 관한 현황 등 기초자료를 조사하고 이와 관련된 통계를 공개하여야 한다. 〈개정 2008.2.29, 2013.3.23〉

② 평생교육과 관련된 업무 담당자 및 평생교육기관 운영자 등은 제1항의 조사에 협조하여야 한다.

제3장 평생교육진흥원 등

제19조(평생교육진흥원) ① 국가는 평생교육진흥과 관련된 업무를 지원하기 위하여 평생교육진흥원(이하 "진흥원"이라 한다)을 설립한다.

② 진흥원은 법인으로 한다.

③ 진흥원은 주된 사무소의 소재지에서 설립등기를 함으로써 성립한다.

④ 진흥원은 다음 각 호의 업무를 수행한다. 〈개정 2013.5.22〉
1. 평생교육진흥을 위한 지원 및 조사 업무
2. 진흥위원회가 심의하는 기본계획 수립의 지원
3. 평생교육프로그램 개발의 지원
4. 제24조에 따른 평생교육사를 포함한 평생교육 종사자의 양성 · 연수
5. 평생교육기관간 연계체제의 구축
6. 제20조에 따른 시 · 도평생교육진흥원에 대한 지원
7. 평생교육 종합정보시스템 구축 · 운영
8. 「학점인정 등에 관한 법률」 및 「독학에 의한 학위취득에 관한 법률」에 따른 학점 또는 학력인정에 관한 사항
9. 제23조에 따른 학습계좌의 통합 관리 · 운영
9의2. 이 법 또는 다른 법령에 따라 위탁받은 업무
10. 그 밖에 진흥원의 목적수행을 위하여 필요한 사업
⑤ 진흥원의 정관에는 다음 각 호의 사항을 기재하여야 한다.
1. 목적
2. 명칭
3. 주된 사무소의 소재지
4. 사업에 관한 사항
5. 임원 및 직원에 관한 주요 사항
6. 이사회에 관한 사항
7. 재산 및 회계에 관한 사항
8. 정관의 변경에 관한 사항
⑥ 제5항에 따른 정관의 내용을 변경하고자 하는 때에는 교육부장관의 인가를 받아야 한다. 〈개정 2008.2.29, 2013.3.23〉
⑦ 국가는 예산의 범위 내에서 진흥원의 설립 · 운영에 필요한 경비를 출연할 수 있다.
⑧ 진흥원에 관하여 이 법에서 정하는 것을 제외하고는 「민법」 중 재단법인에 관한 규정을 준용한다.

제20조(시 · 도평생교육진흥원의 운영) ① 시 · 도지사는 대통령령으로 정하는 바에 따라 시 · 도평생교육진흥원을 설치 또는 지정 · 운영할 수 있다.
②시 · 도평생교육진흥원은 다음 각 호의 업무를 수행한다.
1. 해당 지역의 평생교육기회 및 정보의 제공
2. 평생교육 상담
3. 평생교육프로그램 운영

4. 해당 지역의 평생교육기관간 연계체제 구축
5. 그 밖에 평생교육진흥을 위하여 시·도지사가 필요하다고 인정하는 사항

제21조(시·군·구평생학습관 등의 설치·운영 등) ① 시·도교육감은 관할 구역 안의 주민을 대상으로 평생교육프로그램 운영과 평생교육 기회를 제공하기 위하여 평생학습관을 설치 또는 지정·운영하여야 한다.

② 시장·군수·자치구의 구청장은 평생학습관의 설치 또는 재정적 지원 등 해당 지방자치단체의 평생교육을 진흥하기 위하여 필요한 사업을 실시할 수 있다.

③ 제1항 및 제2항에 따른 평생학습관의 설치·운영 등에 필요한 사항은 해당 지방자치단체의 조례로 정한다.

제22조(정보화 관련 평생교육의 진흥) ① 국가 및 지방자치단체는 각급학교·민간단체·기업 등과 연계하여 교육의 정보화와 이와 관련된 평생교육과정의 개발을 위하여 노력하여야 한다.

② 국가 및 지방자치단체는 각급학교·평생교육기관 등이 필요한 인적자원을 활용할 수 있도록 하기 위하여 대통령령으로 정하는 바에 따라 강사에 관한 정보를 수집·제공하는 제도를 운영할 수 있다.

제23조(학습계좌) ①교육부장관은 국민의 평생교육을 촉진하고 인적자원의 개발·관리를 위하여 학습계좌(국민의 개인적 학습경험을 종합적으로 집중 관리하는 제도를 말한다)를 도입·운영할 수 있도록 노력하여야 한다. 〈개정 2009.5.8, 2013.3.23〉

② 교육부장관은 제1항의 학습계좌에서 관리할 학습과정을 대통령령으로 정하는 바에 따라 평가인정할 수 있다. 〈신설 2009.5.8, 2013.3.23〉

③ 교육부장관은 제2항에 따라 평가인정을 받은 학습과정을 설치·운영하는 평생교육기관이 다음 각 호의 어느 하나에 해당하면 그 평가인정을 취소할 수 있다. 다만, 제1호에 해당하는 경우에는 평가인정을 취소하여야 한다. 〈신설 2009.5.8, 2013.3.23〉

1. 거짓이나 그 밖의 부정한 방법으로 평가인정을 받은 경우
2. 제2항에 따라 평가인정 받은 내용을 위반하여 학습과정을 운영한 경우
3. 제2항에 따른 평가인정의 기준에 이르지 못하게 된 경우

④ 교육부장관은 제3항제2호 및 제3호에 따라 평가인정을 취소하고자 할 경우에는 대통령령으로 정하는 기간과 절차에 따라 평생교육기관의 장에게 시정을 명하여야 한다. 〈신설 2009.5.8, 2013.3.23〉

제4장 평생교육사

제24조(평생교육사) ① 교육부장관은 평생교육 전문인력을 양성하기 위하여 다음 각 호의

어느 하나에 해당하는 자에게 평생교육사의 자격을 부여한다. 〈개정 2008.2.29, 2009.5.8, 2013.3.23〉

1. 「고등교육법」 제2조에 따른 학교(이하 "대학"이라 한다) 또는 이와 동등 이상의 학력이 있다고 인정되는 기관에서 교육부령으로 정하는 평생교육 관련 교과목을 일정 학점 이상 이수하고 학위를 취득한 자
2. 「학점인정 등에 관한 법률」 제3조제1항에 따라 평가인정을 받은 학습과정을 운영하는 교육훈련기관(이하 "학점은행기관"이라 한다)에서 교육부령으로 정하는 평생교육 관련 교과목을 일정 학점 이상 이수하고 학위를 취득한 자
3. 대학을 졸업한 자 또는 이와 동등 이상의 학력이 있다고 인정되는 자로서 대학 또는 이와 동등 이상의 학력이 있다고 인정되는 기관, 제25조에 따른 평생교육사 양성기관, 학점은행기관에서 교육부령으로 정하는 평생교육 관련 교과목을 일정 학점 이상 이수한 자
4. 그 밖에 대통령령으로 정하는 자격요건을 갖춘 자

② 평생교육사는 평생교육의 기획 · 진행 · 분석 · 평가 및 교수업무를 수행한다.

③ 제28조제2항 각 호의 어느 하나에 해당하는 자는 평생교육사가 될 수 없다.

④ 평생교육사의 등급, 직무범위, 이수과정, 연수 및 자격증의 교부절차 등에 필요한 사항은 대통령령으로 정한다.

⑤ 교육부장관은 제1항에 따른 평생교육사의 자격증을 교부 또는 재교부 받으려는 자에게 교육부령으로 정하는 바에 따라 수수료를 받을 수 있다. 〈신설 2009.5.8, 2013.3.23〉

제25조(평생교육사 양성기관) ① 교육부장관은 평생교육사의 양성과 연수에 필요한 시설 · 교육과정 · 교원 등을 고려하여 대통령령으로 정하는 바에 따라 평생교육기관을 평생교육사 양성기관으로 지정할 수 있다. 〈개정 2008.2.29, 2013.3.23〉

② 삭제 〈2013.5.22〉

제26조(평생교육사의 배치 및 채용) ① 평생교육기관에는 제24조제1항에 따른 평생교육사를 배치하여야 한다.

②「유아교육법」, 「초 · 중등교육법」 및 「고등교육법」에 따른 유치원 및 학교의 장은 평생교육프로그램을 운영함에 있어서 필요한 경우에 평생교육사를 채용할 수 있다.

③ 제20조에 따른 시 · 도평생교육진흥원 및 제21조에 따른 시 · 군 · 구평생학습관에 평생교육사를 배치하여야 한다.

④ 제1항부터 제3항까지의 규정에 따른 평생교육사의 배치대상기관 및 배치기준은 대통령령으로 정한다.

제27조(평생교육사 채용에 대한 경비보조) 국가 및 지방자치단체는 제26조제2항에 따른 평생교육 프로그램 운영 및 평생교육사 채용에 사용되는 경비 등을 보조할 수 있다.

제5장 평생교육기관

제28조(평생교육기관의 설치자) ① 평생교육기관의 설치자는 다양한 평생교육프로그램을 실시하여 지역사회 주민을 위한 평생교육에 기여하여야 한다.

② 다음 각 호의 어느 하나에 해당하는 자는 평생교육기관의 설치자가 될 수 없다.

1. 금치산자 또는 한정치산자
2. 금고 이상의 실형을 선고받고 그 집행이 종료(집행이 종료된 것으로 보는 경우를 포함한다)되거나 집행이 면제된 날부터 3년이 경과되지 아니한 자
3. 금고 이상의 형의 집행유예를 선고받고 그 유예기간 중에 있는 자
4. 법원의 판결 또는 다른 법률에 따라 자격이 정지 또는 상실된 자
5. 제42조에 따라 인가 또는 등록이 취소되거나 평생교육과정이 폐쇄된 후 3년이 경과되지 아니한 자
6. 임원 중 제1호부터 제5호까지의 어느 하나에 해당하는 자가 있는 법인

③ 제2조제2호가목에 따른 평생교육기관의 설치자는 특별시 · 광역시 · 도 · 특별자치도(이하 "시 · 도"라 한다)의 조례로 정하는 바에 따라 평생교육시설의 운영과 관련하여 그 시설의 이용자에게 발생한 생명 · 신체상의 손해를 배상할 것을 내용으로 하는 보험가입 또는 공제사업에의 가입 등 필요한 안전조치를 하여야 한다.

④ 평생교육기관의 설치자는 학습자가 학습을 계속할 수 없는 경우 또는 평생교육기관의 폐쇄 등으로 교습을 계속할 수 없는 경우에는 대통령령으로 정하는 바에 따라 학습자로부터 받은 학습비 등의 반환 등 학습자의 보호를 위하여 필요한 조치를 하여야 한다.

⑤ 제31조제2항에 따른 학력인정 평생교육시설의 설립 주체는 「사립학교법」에 따른 학교법인 또는 「공익법인의 설립 · 운영에 관한 법률」에 따른 재단법인으로 한다.

제29조(학교의 평생교육) ①「초 · 중등교육법」및「고등교육법」에 따른 각급학교의 장은 평생교육을 실시함에 있어서 평생교육의 이념에 따라 교육과정과 방법을 수요자 관점으로 개발 · 시행하도록 하며, 학교를 중심으로 공동체 및 지역문화 개발에 노력하여야 한다.

② 각급학교의 장은 해당 학교의 교육여건을 고려하여 학생 · 학부모와 지역 주민의 요구에 부합하는 평생교육을 직접 실시하거나 지방자치단체 또는 민간에 위탁하여 실시할 수 있다. 다만, 영리를 목적으로 하는 법인 및 단체는 제외한다.

③ 제2항에 따른 학교의 평생교육을 실시하기 위하여 각급학교의 교실 · 도서관 · 체육관, 그 밖의 시설을 활용하여야 한다.

④ 제2항 및 제3항에 따라 학교의 장이 학교를 개방할 경우 개방시간 동안의 해당 시설의 관리 · 운영에 필요한 사항은 해당 지방자치단체의 조례로 정한다.

제30조(학교 부설 평생교육시설) ① 각급학교의 장은 학생 · 학부모와 지역 주민을 대상으

로 교양의 증진 또는 직업교육을 위한 평생교육시설을 설치 · 운영할 수 있다. 평생교육시설을 설치하는 경우 각급학교의 장은 관할청에 보고하여야 한다.

② 대학의 장은 대학생 또는 대학생 외의 자를 대상으로 자격취득을 위한 직업교육과정 등 다양한 평생교육과정을 운영할 수 있다.

③ 각급학교의 시설은 다양한 평생교육을 실시하기에 편리한 형태의 구조와 설비를 갖추어야 한다.

제31조(학교형태의 평생교육시설) ① 학교형태의 평생교육시설을 설치 · 운영하고자 하는 자는 대통령령으로 정하는 시설 · 설비를 갖추어 교육감에게 등록하여야 한다.

② 교육감은 제1항에 따른 학교형태의 평생교육시설 중 일정 기준 이상의 요건을 갖춘 평생교육시설에 대하여는 이를 고등학교졸업 이하의 학력이 인정되는 시설로 지정할 수 있다.

③ 제2항에 따른 학력인정 평생교육시설에는 「초 · 중등교육법」 제19조제1항의 교원을 둘 수 있다. 이 경우 교원의 복무 · 국내연수와 재교육에 관하여는 국 · 공립학교의 교원에 관한 규정을 준용한다.

④「초 · 중등교육법」제54조제4항에 따라 전공과를 설치 · 운영하는 고등기술학교는 교육부장관의 인가를 받아 전문대학졸업자와 동등한 학력 · 학위가 인정되는 평생교육시설로 전환 · 운영할 수 있다. 이 경우 전공대학의 명칭을 사용할 수 있다. 〈개정 2013.3.23〉

⑤ 제2항에 따른 학력인정 평생교육시설의 지정 기준 · 절차, 입학자격, 교원자격 등과 제4항에 따른 평생교육시설의 인가 기준 · 절차, 학사관리 등의 운영 방법 등에 필요한 사항은 대통령령으로 정한다.

⑥ 지방자치단체는 해당 지방자치단체의 조례로 정하는 바에 따라 예산의 범위 내에서 제2항에 따른 학력인정 평생교육시설에 필요한 보조금을 교부하거나 그 밖의 지원을 할 수 있다.

⑦ 제2항에 따른 학력인정 평생교육시설로 지정을 받은 자가 그 시설을 폐쇄하고자 하는 때에는 재학생 처리방안 등 대통령령으로 정하는 사항을 갖추어 관할 교육감의 인가를 받아야 한다.

제32조(사내대학형태의 평생교육시설) ① 대통령령으로 정하는 규모 이상의 사업장(공동으로 참여하는 사업장도 포함한다)의 경영자는 교육부장관의 인가를 받아 전문대학 또는 대학졸업자와 동등한 학력 · 학위가 인정되는 평생교육시설을 설치 · 운영할 수 있다. 〈개정 2008.2.29, 2009.5.8, 2013.3.23〉

② 제1항에 따른 사내대학형태의 평생교육시설은 해당 사업장에서 일하는 종업원(해당 사업장에 고용된 종업원 및 해당 사업장에서 일하는 다른 업체 종업원을 말한다)을 대상으로 하되, 교육에 필요한 비용은 해당 종업원을 고용한 고용주가 부담함을 원칙으로

한다. 〈개정 2009.5.8〉

③ 제1항에 따른 사내대학형태의 평생교육시설의 설치기준 · 학점제등 운영에 필요한 사항은 대통령령으로 정한다.

④ 제1항에 따른 사내대학형태의 평생교육시설을 폐쇄하고자 하는 경우에는 교육부장관에게 신고하여야 한다. 〈개정 2008.2.29, 2013.3.23〉

제33조(원격대학형태의 평생교육시설) ① 누구든지 정보통신매체를 이용하여 특정 또는 불특정 다수인에게 원격교육을 실시하거나 다양한 정보를 제공하는 등의 평생교육을 실시할 수 있다.

② 제1항에 따라 불특정 다수인을 대상으로 학습비를 받고 교육을 실시하고자 하는 경우(「학원의 설립 · 운영 및 과외교습에 관한 법률」 제2조의2제1항제1호의 학교교과교습학원에 해당하는 경우는 제외한다)에는 대통령령으로 정하는 바에 따라 교육부장관에게 신고하여야 한다. 이를 폐쇄하고자 하는 경우에는 그 사실을 교육부장관에게 통보하여야 한다. 〈개정 2008.2.29, 2011.7.25, 2013.3.23〉

③ 제1항에 따라 전문대학 또는 대학졸업자와 동등한 학력 · 학위가 인정되는 원격대학형태의 평생교육시설을 설치하고자 하는 경우에는 대통령령으로 정하는 바에 따라 교육부장관의 인가를 받아야 한다. 이를 폐쇄하고자 하는 경우에는 교육부장관에게 신고하여야 한다. 〈개정 2008.2.29, 2013.3.23〉

④ 교육부장관은 제3항에 따라 인가한 원격대학형태의 평생교육시설에 대하여는 평가를 실시하고 그 결과를 공개하여야 한다. 〈개정 2008.2.29, 2013.3.23〉

⑤ 제3항에 따른 원격대학형태의 평생교육시설의 설치기준, 학사관리 등 운영방법과 제4항에 따른 평가에 필요한 사항은 대통령령으로 정한다.

⑥ 제28조제2항 각 호의 어느 하나에 해당하는 자는 원격대학형태의 평생교육시설의 설치자가 될 수 없다.

제34조(준용 규정) 제33조제3항에 따른 원격대학형태의 평생교육시설을 설치 · 운영하는 자와 그 시설에 대하여는 「사립학교법」 제28조 · 제29조 · 제31조 · 제70조를 준용한다.

제35조(사업장 부설 평생교육시설) ① 대통령령으로 정하는 규모 이상 사업장의 경영자는 해당 사업장의 고객 등을 대상으로 하는 평생교육시설을 설치 · 운영할 수 있다.

② 제1항에 따른 사업장 부설 평생교육시설을 설치하고자 하는 자는 대통령령으로 정하는 바에 따라 교육감에게 신고하여야 한다. 이를 폐쇄하고자 하는 경우에는 그 사실을 교육감에게 통보하여야 한다.

제36조(시민사회단체 부설 평생교육시설) ① 시민사회단체는 상호 유기적인 협조체제를 구축하고 공공시설 및 민간시설 등 유휴시설을 활용하여 해당 시민사회단체의 목적에 부합하는 평생교육과정을 운영하도록 노력하여야 한다.

② 대통령령으로 정하는 시민사회단체는 일반 시민을 대상으로 하는 평생교육시설을 설치·운영할 수 있다.

③ 제2항에 따른 시민사회단체 부설 평생교육시설을 설치하고자 하는 자는 대통령령으로 정하는 바에 따라 교육감에게 신고하여야 한다. 이를 폐쇄하고자 하는 경우에는 그 사실을 교육감에게 통보하여야 한다.

제37조(언론기관 부설 평생교육시설) ① 신문·방송 등 언론기관을 경영하는 자는 해당 언론매체를 통하여 다양한 평생교육프로그램을 방영하는 등 국민의 평생교육진흥에 기여하여야 한다.

② 대통령령으로 정하는 언론기관을 경영하는 자는 일반 국민을 대상으로 교양의 증진과 능력향상을 위한 평생교육시설을 설치·운영할 수 있다.

③ 제2항에 따른 언론기관 부설 평생교육시설을 설치하고자 하는 자는 대통령령으로 정하는 바에 따라 교육감에게 신고하여야 한다. 이를 폐쇄하고자 하는 경우에는 그 사실을 교육감에게 통보하여야 한다.

제38조(지식·인력개발 관련 평생교육시설) ① 국가 및 지방자치단체는 지식정보의 제공과 교육훈련을 통한 인력개발을 주된 내용으로 하는 지식·인력개발사업을 진흥·육성하여야 한다.

② 제1항에 따른 지식·인력개발사업을 경영하는 자 중 대통령령으로 정하는 자는 평생교육시설을 설치·운영할 수 있다.

③ 제2항에 따른 지식·인력개발사업과 관련하여 평생교육시설을 설치하고자 하는 자는 대통령령으로 정하는 바에 따라 교육감에게 신고하여야 한다. 이를 폐쇄하고자 하는 경우에는 그 사실을 교육감에게 통보하여야 한다.

제6장 문자해득교육

제39조(문자해득교육의 실시 등) ① 국가 및 지방자치단체는 성인의 사회생활에 필요한 문자해득능력 등 기초능력을 높이기 위하여 노력하여야 한다.

② 교육감은 대통령령으로 정하는 바에 따라 관할 구역 안에 있는 초·중학교에 성인을 위한 문자해득교육 프로그램을 설치·운영하거나 지방자치단체·법인 등이 운영하는 문자해득교육 프로그램을 지정할 수 있다.

③ 국가 및 지방자치단체는 제2항에 따른 문자해득교육 프로그램을 위하여 대통령령으로 정하는 바에 따라 재정적 지원을 할 수 있다.

제40조(문자해득교육 프로그램의 교육과정 등) 제39조에 따라 설치 또는 지정된 문자해득교육 프로그램을 이수한 자에 대하여는 그에 상응하는 학력을 인정하되, 교육과정 편성

및 학력인정 절차 등에 필요한 사항은 대통령령으로 정한다.

제7장 평생학습 결과의 관리 · 인정

제41조(학점, 학력 등의 인정) ① 이 법에 따라 학력이 인정되는 평생교육과정 외에 이 법 또는 다른 법령의 규정에 따른 평생교육과정을 이수한 자는 「학점인정 등에 관한 법률」로 정하는 바에 따라 학점 또는 학력을 인정받을 수 있다.

② 다음 각 호의 어느 하나에 해당하는 자는 「학점인정 등에 관한 법률」로 정하는 바에 따라 그에 상응하는 학점 또는 학력을 인정받을 수 있다.

1. 각급학교 또는 평생교육시설에서 각종 교양과정 또는 자격취득에 필요한 과정을 이수한 자
2. 산업체 등에서 일정한 교육을 받은 후 사내인정자격을 취득한 자
3. 국가 · 지방자치단체 · 각급학교 · 산업체 또는 민간단체 등이 실시하는 능력측정검사를 통하여 자격을 인정받은 자
4. 「문화재보호법」에 따라 인정된 중요무형문화재보유자와 그 문하생으로서 일정한 전수교육을 받은 자
5. 대통령령으로 정하는 시험에 합격한 자

③ 각급학교 및 평생교육시설의 장은 학습자가 제31조에 따라 국내외의 각급학교 · 평생교육시설 및 평생교육기관으로부터 취득한 학점 · 학력 및 학위를 상호 인정할 수 있다.

제8장 보칙

제42조(행정처분) 교육부장관 또는 교육감은 평생교육시설의 설치자가 다음 각 호의 어느 하나에 해당하는 경우에는 그 시설의 설치인가 또는 등록을 취소하거나 평생교육과정을 폐쇄할 수 있고, 1년 이내의 기간을 정하여 평생교육과정의 전부 또는 일부에 대한 운영의 정지를 명할 수 있다. 다만, 제1호 및 제4호의 경우에는 그 인가 또는 등록을 취소하여야 한다. 〈개정 2008.2.29, 2013.3.23〉

1. 거짓이나 그 밖의 부정한 방법으로 인가를 받거나 등록 또는 신고한 경우
2. 인가 또는 등록 시의 기준에 미달하게 된 경우
3. 평생교육시설을 부정한 방법으로 관리 · 운영한 경우
4. 제28조제2항 각 호의 어느 하나의 결격사유에 해당하는 경우

제43조(청문) 교육부장관 또는 교육감은 제42조에 따라 인가 또는 등록을 취소하고자 하는 경우에는 청문을 실시하여야 한다. 〈개정 2008.2.29, 2013.3.23〉

제44조(권한의 위임 및 위탁) ① 교육부장관은 이 법에 따른 권한의 일부를 대통령령으로 정하는 바에 따라 교육감에게 위임할 수 있다. 〈개정 2008.2.29, 2013.3.23, 2013.5.22〉

② 교육부장관은 다음 각 호에 따른 업무의 전부 또는 일부를 대통령령으로 정하는 바에 따라 진흥원에 위탁할 수 있다. 〈신설 2013.5.22〉

1. 제24조에 따른 평생교육사의 양성 및 평생교육사 자격증의 교부 · 재교부
2. 제25조에 따른 평생교육사 양성기관의 지정

③ 교육감은 이 법에 따른 권한의 일부를 대통령령으로 정하는 바에 따라 소관 교육장에게 위임할 수 있다. 〈신설 2013.5.22〉

[제목개정 2013.5.22]

제45조(유사 명칭의 사용 금지) 이 법에 따른 진흥위원회 · 진흥원 · 평생교육협의회 및 평생학습관이 아니면 이와 비슷한 명칭을 사용하지 못한다.

제46조(과태료) ① 다음 각 호의 어느 하나에 해당하는 자에게는 500만원 이하의 과태료를 부과한다.

1. 제18조제2항을 위반하여 자료를 제출하지 아니하거나 거짓의 자료를 제출한 자
2. 제32조제4항, 제33조제2항 · 제3항, 제35조제2항, 제36조제3항, 제37조제3항 및 제38조제3항에 따른 신고를 태만히 한 자
3. 제45조를 위반하여 유사 명칭을 사용한 자

② 제1항에 따른 과태료는 대통령령으로 정하는 바에 따라 관할청이 부과 · 징수한다.

③ 제2항에 따른 과태료 처분에 불복하는 자는 그 처분을 고지받은 날부터 30일 이내에 관할청에 이의를 제기할 수 있다.

④ 제2항에 따른 과태료 처분을 받은 자가 제3항에 따라 이의를 제기한 때에는 관할청은 지체 없이 관할 법원에 그 사실을 통보하여야 하며, 통보를 받은 관할 법원은 「비송사건절차법」에 따른 과태료 재판을 한다.

⑤ 제3항에 따른 기간에 이의를 제기하지 아니하고 과태료를 내지 아니한 때에는 국세 또는 지방세 체납처분의 예에 따라 징수한다.

부칙 〈제11770호, 2013.5.22〉

제1조(시행일) 이 법은 공포 후 6개월이 경과한 날부터 시행한다.

제2조(평생교육사 자격증 교부 · 재교부 위탁에 관한 적용례) 제44조제2항제1호의 개정규정 중 평생교육사 자격증의 교부 · 재교부에 관한 사항은 2014년 1월 1일 이후 최초로 교부 · 재교부하는 것부터 적용한다.

강양호(1991). 조망의 차이가 조직 내 갈등에 미치는 영향. 한양대학교 석사학위논문.

강인애(1996). 웹기반 교육과 구성주의. http : //web.ecunet4u.net/users

강인애(2000). 왜 구성주의인가. 서울 : 문음사.

강인애(2003). PBL의 이론과 실제. 서울 : 문음사.

강혜영(1995). 상담자 경력에 따른 상담협력관계의 차이 분석. 서울대학교 석사학위논문.

강화일(2005). 셋탑박스. 한국통신연구진흥원.

경제투데이, 2013. 10. 23, 싸이, 또 기록 경신…… '강남스타일' 뮤비 유튜브 '18억뷰' 돌파.

경험유형에 따른 태도구조와 태도-행동관계의 차이(부천대학 논문집, 1998).

고재홍(1995). 성격과 정신건강. 경남복지 1995. 8(제106호).

과학교육과정 국제비교연구 -TIMSS 보고서(국립교육평가원, 1997).

곽병선(1998). 원격 영재교육 서비스 체제 구축 사업. 자료집, 서울 : 한국교육개발원.

구본용(1991). 고독한 사람들의 대인관계 특성. 한양대학교 대학원 박사학위논문.

국민일보, 2013. 05. 10 [삶의 향기-이승한] 행복은 어디에서 오는가.

권낙원(1997). 열린학습의 이해. 서울교원연수원.

권성호(1990). 교육공학론. 파주 : 양서원.

권영미(1988). 형태주의적 두 의자기법이 중학생의 자아개념과 인간관계에 미치는 효과. 경북대학교 교육대학원 석사학위논문.

권호영(2004). IP TV의 동향과 전략. 한국방송영상산업진흥원.

길형석 · 손충기(1998). 교육과정과 교육평가. 서울: 동문사.
김경동(1992). 한국인의 가치관과 사회의식: 변화의 경험적 추적. 서울: 박영사.
김경희(1999). 발달 심리학. 서울: 학문사.
김계현(1990). 카운슬링의 실제. 서울: 성원사.
김교헌 · 김지헌(1989). 한국판 UCLA고독척도. 학생생활연구, 16집, 13-30, 충남대학교 학생생활연구소.
김남희(1994). 상담초기에 있어서 상담자의 경험수준과 치료적 작업동맹 형성과의 관계. 영남대학교 석사학위논문.
김동식 · 박인우(2003). 멀티미디어와 학습 : 설계 및 개발. 서울 : 피어슨 에듀케이션 코리아.
김동배 · 권중돈(2006). 인간행동이론과 사회복지실천. 서울: 학지사.
김두홍(1985). Gestalt치료기법에 의한 집단상담이 자아개념의 변화와 그 지속에 미치는 효과. 국민대학교 교육대학원 석사학위논문.
김명환(2000). 인터넷 TV. 방송연구소.
김문조(1987). 정보화시대의 사회문제: 정보화시대의 사회 문화적 환경의 변화(양종회 편). 한국사회심리학회.
김상훈 · 이재현(2004). 휴대인터넷 연관 서비스간 시장수요 상호영향에 관한 연구. 통신시장, 제51호, p. 71.
김시업 · 김화중(1987). 인간관계 - 갈등에 대한 예비연구. 학생생활연구 6집. 경기대학교 학생생활연구소.
김영석(1997). 멀티미디어와 정보사회. 서울 : 나남출판.
김영철 외(1998). 한국교육비전 2020-교육전략-. 한국교육개발원.
김영한(2007). 창조리더십 2.0. 위즈덤하우스.
김용석 · 김현아 · 방형빈 · 이구순 · 이은상 · 홍현석(2005). 훤히 보이는 WiBro. 서울: U-book.
김인자 역(1988). 효과적인 부모역할 훈련. 한국심리상담연구소.
김재은(1987). 한국인의 의식과 행동양식. 이화여자대학교 출판부.
김정원 외(1998). “수학교육에서의 멀티미디어 교수－학습 자료의 유형 분류”. 한국수학교육학회 시리즈 E [수학교육 프로시딩], 제7권, pp. 407-422.
김정희(1987). 지각된 스트레스, 인지세트 및 대처방식의 우울에 대한 작용; 대학 신입생의 스트레스 경험을 중심으로. 서울대학교 박사학위논문.
김종재(1992). 조직행위론. 서울: 박영사.
김진경 · 이수원(1993). 인간지향적 관계와 지위지향적 관계가 갈등지각에 미치는 영향. 한국심리학회지: 사회, 7권 1호, 37-52.
김춘옥(2001). 디지털 시대의 방송론. 서울 : 커뮤니케이션 북스.

김충기 · 김현옥 공역(1993). 상담과 심리치료의 원리와 실제. 서울: 성원사.

김태준(1987). 태도대립에서 반대입장에 대한 조망획득이 태도의 차원구조에 미치는 영향. 한양대학교 석사학위논문.

김태준 · 이수원(1992). 사회적 갈등에 대한 지각에서 입장개입의 효과. 한국심리학회지: 사회, 6권 2호, 29-42.

김태준 · 이수원(1994). 감정적 처리에서 인지적 처리로: 내외집단 성원의 재범주화와 탈범주화의 효과. 교육논총, 7권, 43-72, 한양대학교 교육문제연구소.

김태준 · 이수원(1994). 사회적 범주지각에서 개인적 특성지각으로: 내외집단 성원의 재범주화 및 탈범주화 효과. 한양대학교, 미발표 논문.

김형립(1967). 가족환경이 성취동기 형성발달에 미치는 영향에 관한 연구. 서울대학교 석사학위논문.

김홍규(1992). 남북한 청소년의 이질성과 동질성의 요인분석, 민족정체성과 남북한 청소년. 한국청소년연구원 연구보고서, 77-85.

나일주 · 정인성(1996). 교육공학의 이해. 서울 : 학지사.

뉴시스, 2013-04-20, 500원으로 영국은행을 움직인 사나이

머니투데이, 2013-12-21, 삼성 40여 명 사장단 '1박 2일', 주제는 '마하경영'.

멈추면, 비로소 보이는 것들, 혜민스님, 쌤앤파커스.

모의희(1992). 상담장면에 대한 상담자와 내담자의 역할기대 차이. 한양대학교 교육대학원 석사학위논문.

목영해(1998). 구성주의의 본질적 측면에 대한 몇 가지 고찰. 교육학 연구. 36(1), 171-186.

박광배(1995). 법심리학. 파주: 정민사.

박기병(2003). 헌법과 교육정책. 관동대학교 사회과학연구소.

박석규(2005). DMB의 컨텐츠 전략. 서울산업대, IT정책대학원 방송통신세미나 발표자료.

박성수 · 김순화(1985). 대학생들의 자아정체 수준과 문화 지향성과의 관계. 학생생활연구, 20권 1호, 서울대학교 학생생활연구소.

박아청(1990). 아이덴티티의 세계. 경기: 교육과학사.

박아청(1998). 발달심리학의 이론과 연구의 교육현장 적용과 과제. 교육심리연구, 1998. Vol. 12.

박유진(2007), 현대사회의 조직과 리더십. 서울: 양서각.

박팔현(2003). 인터엑티브 TV vs. IP TV. LG 주간경제 12월호.

박희석 · 손정락 · 오상우(1993). 스트레스, 사회적 지지, 역기능적 태도 및 대처방식의 우울에 대한 효과. 한국심리학회 연차대회 학술발표 논문집, 425-437.

배종대(1993). 형법총론. 서울: 홍문사.

백영균(2009). 또 다른 나를 통한 학습. 한국교육학회 Vol. 45, No. 4 통권 261호,

2009. 12.
법륜(2012). 쟁점을 파하다. -지금 우리에게 필요한 리더십- p. 15-39. 서울: 한겨레출판.
법보신문, 2012.09.04, "경허 스님도 파계행 부끄럽게 여겼다"
삼성경제연구소, http://www.seri.org/
서울특별시 교육연구원(1996). 수업 모형의 이론과 적용. 서울: 삼광문화사.
송명자(2008). 발달 심리학. 서울: 학지사.
송민정(2005). 디지털 미디어와 콘텐츠의 이해. 서울: 진한도서.
송수민(1992). 공감훈련이 상담자와 내담자의 역할에 따른 지각차이에 미치는 영향. 한양대학교 석사학위논문.
송영수(2008). 인터넷 시대가 요구하는 리더십. 자유기업원 CEO Roport. No. 64, 2008. 10. 24.
송인섭(1989). 인간심리와 자아개념. 파주: 양서원
스티브 잡스, 책과 영화로 되살아나다, 환경일보, 2013. 08. 16.
[스티브 잡스 타계] 스티브 잡스 "다르게 생각하라"…… "해군 아닌 해적이 돼라", 스포츠동아, 2011-10-07.
신동아 통권 488호(p. 670~677). 2000. 05. 01
심리학 나 좀 구해줘, 폴커 키츠 · 마누엘 투쉬, 갤리온.
심웅기 · 강숙희(1998). 인터넷을 이용한 수업개선 연구. 자료집, 서울 : 한국교육개발원.
안미영(1993). 사회심리적 현상으로서의 오해에 관한 탐색적 연구. 한국심리학회지: 사회, 7권 1호, 89-106.
안신호 · 이승혜 · 권오식(1993). 정서의 구조: 한국어 정서단어 분석. 한국심리학회지: 사회, 7권 1호, 89-106.
안정효(1994). 신토불이의 국제화. 동아일보, 1월 9일자.
양병무(2008). 디지털시대의 리더십. 좋은사람들.
오마이 겐이치(2007). 글로벌 프로페셔널. 서울: 이스트북스.
원상희 · 이수원(1994). 역할관계에서 상호작용 목표가 인상형성에 미치는 효과. 미발표 논문, 한양대학교.
유영동(1999). 멀티미디어 이론과 활용 서울 : 상조사.
윤경자(1993). 상담자의 경험과 상담초기 작업동맹 및 상담회기의 효율성간의 관계. 이화여자대학교 석사학위논문.
윤길근 · 강진영(2004). 창의성 신장을 위한 교육방법. 서울: 문음사.
윤길근 · 이병헌 · 정황순 · 정경은(2006). 실기교육방법론. 서울: 태영출판사.
윤승금(1994). CAI학습자 특성별 피드백 유형에 관한 연구. 서울산업대학교 논문집 제39집.
윤승금(1999). 구성주의 철학과 정보사회의 교수매체 활용방안연구. 서울산업대학교 논문집

제49집.
윤승금(2004). 교육 매체의 이론과 실제. 서울 : 문음사.
윤승금(2004). 멀티미디어를 이용한 교육용 프로그램 개발 : 이론과 실제. 서울 : 복두출판사.
윤승금 · 박석규 · 이선희(2006). 유비쿼터스 컴퓨터 기술과 정보화교육. 서울: 태영출판사.
윤승금 · 안미숙(1995). 학습영역의 Taxonomy에 기초한 비디오 자료의 효과 분석. 서울산업대학교 논문집 제41집.
윤종건(1990). 창의력 : 이론과 실제. 파주: 정민사.
이돈희(1996). 학교에서의 컴퓨터 통신 활용 실태조사 연구. 자료집. 서울 : 한국교육개발원.
이민규(2001). 적응과 정신건강. 경기: 교육과학사.
이병승 · 우영효 · 배제현(2008). 쉽게 풀어쓴 교육학. pp. 323-334. 서울: 학지사.
이상두(1986). 남북한의 이데올로기와 정치. 서울: 거목출판사.
이성호(1985). 교육과정과 평가. 파주: 양서원.
이수원 · 이혜경(1991). 역할과 개인의 분리: 역할수용의 한 기제. 대학생활연구, 9호, 81-109, 한양대학교 학생생활연구소.
이수원(1990). 내면화: 사회적 지식의 형성. 한국심리학회지 일반, 9권 1호, 54-73.
이수원(1993). 남북한의 이데올로기 갈등과 사회발전. 한국심리학회 통일문제 학술심포지움 논문집, 92-142.
이수원(1993). 사회적 갈등의 인지적 기제: 사회적 자아중심성. 한국심리학회지: 사회, 7권 2호, 1-23.
이수원(1994). 사회적 자아중심성: 타인 이해에서 성향주의의 원천. 한국심리학회지: 일반, 13권 1호, 129-152.
이수원(1994). 사회적 자아중심성: 타인이해에서 성향주의의 원천. 한국심리학회지: 일반, 13권 1호, 1-38.
이수원(1994). 태도의 구조변화와 의식개혁. 한국심리학회 추계심포지움 논문집, 37-49. 서울: 한국심리학회.
이수원(1995). 양극구조에서 이원구조로: 개인내 태도구조의 발달. 한국심리학회지: 일반, 14권 1호, 1-32.
이수원(1995). 한국인의 인정: 그 심리학적 속성(Ⅰ). 임능빈 편, 동양사상과 심리학. 서울: 성원사.
이수원(1997). 중용의 심리학적 탐구. 한국심리학회 1997년도 추계 심포지움: 동양 심리학의 모색, 107-129.
이수원 · 강재연(1994). 태도의 구조: 이원성과 양면성. 미발표 논문.
이수원 · 김태준(1990). 사회적 역할이 사회적 사건지각에 미치는 영향. 한국심리학회지, 5권 1호, 10-23.

이수원 · 김태준(1993). 사회적 자아중심성과 갈등지각. 미발표 논문.

이수원 · 박광엽(1992). 갈등관리훈련프로그램, 대학생활연구, 10호, 85-112, 한양대학교 학생생활연구소.

이수원 · 박광엽(1993). 협상자의 지각적 오류가 협상전략에 미치는 영향. 미발표 논문.

이수원 · 이지연(1996). 정적과 부적 감정이 부재하는 중립태도와 공존하는 중립태도에서 인상형성의 차이. 한국심리학회지: 사회, 10권 2호, 49-67.

이수원 · 이헌남(1993). 한국인의 인정에 관한 사회심리학적 이해. 한국심리학회 심포지엄: 한국인의 특성, 심리학적 탐색, 63-79.

이수원 · 이혜경(1991). 역할과 개인의 분리: 역할수용의 한 기제. 대학생활연구, 9호, 81-109, 한양대학교 학생생활연구소.

이영수(2005). IP TV 비지니스 모델 및 사업 활성화방안. LG경제연구원.

이영훈(1988). 태도의 면역처치가 설득에 대한 저항에 미치는 영향. 한양대학교 석사학위논문.

이종각(2009). 공교육과 사교육: 대결을 넘어선 방법은 없는가? 한국교육학회 Vol. 45, No. 4 통권 261호. 2009. 12.

이종만(1998). R. H. Dave의 평생교육론 고찰. 평생교육연구 제4권 제1호. 1998. pp. 141-156.

이지연 · 이해경 · 이수원(1997). 대인지각에서 정보통합양식의 발달: 평가적 통합에서 서술적 통합으로. 한국심리학회지: 발달, 10권 2호, 98-122.

이투데이, 2014-1-21, "삼성, 다시 한번 바꾸자" 이재용 부회장도 위기론.

이태욱 · 김창근(1998). 컴퓨터 교과교육학. 서울 : 형설출판사.

이해경 · 이수원(1994). 사회적 범주화, 가치 선호 및 내집단 편애. 한국심리학회지: 사회, 8권 2호, 108-123.

이해경 · 이수원(1996). 성고정관념의 감소: 재탈범주화의 효과. 한국심리학회지: 여성, 1권 1호, 43-62.

이헌남 · 이수원(1993). 자아정체와 도덕판단의 기준, 미발표 논문.

이형득(1992). 집단상담의 실제. 서울: 중앙적성출판사.

이혜영 등(1990). 교육이란 무엇인가? 서울: 한길사.

이홍우(1995). 전인교육론. 한국교육학회 도덕교육연구회. '도덕교육연구' 제8집.

이화여자대학교(1978). 교양교육의 현황과 개선방향.

이희경(1989). 역할놀이 집단상담을 통한 대인간 갈등해결방식의 변화. 한양대학교 석사학위논문.

장성수 · 이수원 · 정진곤(1990). 한국인의 인간관계에서 나타난 분배정의에 관한 연구 - 공정조망과 인정조망을 중심으로. 한양대학교 한국교육문제연구소, 교육논총, 3권, 17-265.

전문대학 교수업적 평가제 연구(한국전문대학교육협의회, 1997).
전문대학 다학기제 및 실습학기제 도입 활성화방안 연구(한국전문대학교육협의회, 2001).
전문대학생의 상담사례 및 지도방안(고등교육연수원, 1998).
전문대학자체평가보고서(한국전문대학교육협의회, 1997).
전석호(2003). 정보화와 뉴미디어. 서울 : 태영출판사.
전성혜(1989). 스트레스에 대한 평가 및 대처의 효율성에 관한 연구. 연세대학교 석사학위 논문.
정범모(2006). 대학과 지도자 양성: 한국 대학의 부활. 한국교육학회춘계학술대회.
정범모(2007). 그래, 이름은 뭔고?-지정의체, pp. 180-206, 서울: 나남.
정범모(2008). 한국의 세 번째 기적 -자율의 사회-. 서울: 나남
정범모 · 박영식(2001). 지식기반사회의 교육이념과 교육정책. 교육인적자원부. 교육정책연구 2000-특-28.
정병규(1990). 집단성원에 대한 재범주화가 집단 차별해소에 미치는 효과. 연세대학교 석사학위논문.
정성호(2003). N세대의 사회문화적 특성과 의의. 강원대학교 인문과학연구소.
정양은(1990). 사회심리학. 서울: 법문사.
정진곤 · 조경원 · 반채익 · 김철중(1998). 열린교육을 위한 학습모형 정립. 교육부.
정진우(2005). 코칭 리더십. 아시아코칭센터.
정태기(1989). 청소년의 자아정체. 학생생활연구. 2집, 5-30, 한신대학교 학생생활연구소.
조긍호(1995). 맹자에 나타난 심리학적 함의(Ⅰ): 인성론을 중심으로. 임능빈 편, 동양사상과 심리학, 서울: 성원사.
조명한(1969). 연상적 의미와 우리말 연상사전의 작성. 신문연구소학보, 6, 49-63.
조명한 · 남우정 · 김유진(1969). 서울대학교 연상빈도 규준표. 미발표 원고.
조선일보, 2007. 01. 20 [조영탁의 CEO 리더십 탐구][14]모리타 아키오 소니 창업자.
조순 · 조은경(1994). 노동시장에서 성불평등의 실태와 극복방안-공공부분 및 대기업을 중심으로. 전국여성회의 발표 논문.
주영주 · 조은순(2002). 교육과 정보화. 서울 : 남두도서.
차재호(1980). 한국인의 성격과 의식, 문화의 연속과 변화에 관한 연구, 한국사회과학협의회
채연희(1990). 상담자의 경험수준에 따른 상담자 언어반응 차원의 분석. 영남대학교 석사학위 논문.
천지일보, 2010. 09. 12, 척박한 톤즈땅에 꽃이 된 故 이태석 신부 이야기.
최동근 · 양용칠 · 박인우(1997). 교육방법의 공학적 접근. 경기: 교육과학사.
최봉영(1995). 한국인의 사회적 성격, 서울: 느티나무사.
최충옥(2008). 다문화시대의 교육개혁방향과 과제 -배타적 동화교육에서 개방적 다문화교육

을 제안하며.
탁진국 · 한덕웅(1993). 생활사건, 자기 효능성 및 대처양식에 따른 부적응 효과의 인과적 모형 검증. 학생지도연구, 10권, 36-56, 성균관대학교 학생생활연구소.
평생교육법상 지방자치단체의 행정 및 재정지원(부천대학논문집, 2001).
학점은행제 실시를 위한 표준교육과정 개발(한국교육개발원. 1997).
한국교육과정평가원(1998). 수행평가의 이해.
한국심리학회(1996). 상담과 심리치료. 상담전문가 자격규정, 6권 1호, 255-256.
한국인터넷진흥원(2007). 한국인터넷백서.
한국인터넷진흥원, http://www.nida.or.kr/
한국정보통신산업협회, http://www.kait.or.kr/
한국정보통신산업협회(2007. 3). 정보통신산업월보.
한국정보화사회진흥원(2008. 3). 2008 국가정보화백서.
한규석(1991). 집단주의-개인주의 이론의 현황과 그 전망. 한국심리학회지, 10권 1호, 1-19.
한규석(1996). 사회심리학에서의 문화비교연구. 한국심리학회 동계세미나: 심리학에서의 비교문화연구, 한국심리학회.
한방교 · 윤길근(2000). 교육의 이해. 서울: 동문사.
한성렬 · 안창일(1990). 집단주의와 나이, 교육, 결혼 및 주거형태와의 관계. 한국심리학회지: 사회, 5권 1호, 116-128.
한수웅(2007). 교육의 자주성 전문성 중립성 및 교사의 교육의 자유 -교사의 사상주입교육의 헌법적 문제를 계기로하여-저스티스 통권 제10-1호, 한국법학원.
허운나(1998). 첨단공학의 교육적 활용 : 인터넷을 중심으로. 인터넷을 이용한 수업 개선 세미나, 자료집.
M이코노미, 2013년 02월 07일, 마쓰시타그룹 창업자 마쓰시타 고노스케, 그는 왜 '경영의 신'이되었는가? http://navercast.naver.com/contents.nhn?rid=75&contents_id=578

Abelson, E. Aronson, W. J. McGuire, T. M. Newcomb, M. J. Rojenberg, & P. H. Tannenbaum(Eds). *Theories of cognitive consistency: A source book*(pp. 731-743). Chicago: Rand McNally.
Abrams, D., & Hogg, M. A.(1988). Comments on the motivational status of self-esteem in social identity and intergroup discrimination. *European Journal of Social Psychology, 18*, 317-338.
Anderson, C. A., Horowitz, L. M. & French, R. S.(1983). Attributional style in lonely and depressed people. *Journal of Personality and Social Psychology, 45*, 127-136.
Anderson, N. H.(1981). Foundations of impression integration theory. New York

Academic Press.

Aronson, E.(1988). *The social animal.* New York: Freeman.

Arrowood, A. I. & Amoros, D. M.(1965). Social Comparison and Ordinal Position. *Journal of Personality and Social Psychology, 2,* 101-104.

Averill, J. R.(1980). A Constructivist view of emotion. In R. Pluchik and H. Kellerman(Eds.), *Theories of Emotion.* New York: Academic Press.

Bazerman, M. H. & Carroll, J. S.(1987). Negotiator cognition. In L. L. Cummings and B. M. Staw (Eds.), *Research in organizational Behavior(vol. 9).* Greenwich, CT: JAI Press.

Blackstone, Simpson, & Ickes(1995). When the Head Protects the Heart: Empathic Accuracy in Dating Relationships. *Journal of Personality and Social Psychology, 69,* 629-641.

Bodenhausen, G. V.(1993). Emotions, Arousal, and Stereotypic Judgments: A Heuristic Model of Affect and Stereotyping. In Mackie, D. M., & Hamilton, D. L.(Ed.). Affect, Cognition, and Stereotyping. Academic Press.

Brett, J. M., Goldberg, S. B. & Ury, W. L.(1990). Designing systems for resolving disputes in organizations. *American Psychologist, 45, 2,* 162-170.

Castells, M.(1996). The rise of network society. Blackwell.

Choi, S. & Choi, S.(1990). *"Weness" : The Korean Discourse of Collectivism.* Paper Presented at the International Conference, Individualism and collectivism: Psycho-cultural perspectives from East and West. July, 9-13, Seoul, Korea.

Choi, S. H.(1992). Communicative socialization processes: Korea and Canada, In S. Iwawaki, Y. Kahima, & L. Kwok(Eds.), *Innovations in crosscultural psychology.* Holland: Swets & Zeitlinger.

Coleman, S. D.(1997). *Constructivist instructional development : Reflecting on practice from an alternative paradigm.* In Dills, C. R. & Romiszowski(eds.), Instructional Development Paradigms.

Crocker, J., & Luhtanen, R.(1990). Collective selfesteem and intergroup bias. *Journal of Personality and Social psychology, 58,* 60-68.

Deutsch, M.(1990). A framework for teaching conflict resolution in the schools. In B. H. Sheppard, M. H. Bazerman & R. J. Lewicki(Eds.), *Research on negotiation in organizations*(Vol.2). Greenwich, CT: JAI Press.

Duffy, T. M. & Bednar, A. K.(1991). Attempting to come up to grips with alternative perspectives. *Educational Technology.* September, 12-45.

Eagly, A. H., & Chaiken, S.(1993). *The Psychology of attitudes.* Harcourt Brace Jovanovich College Publishers.

Eagly, A. H., & Mladinic, A.(1994). Gender stereotypes and attitudes toward woman and men. *Personality and Social Psychology Bulletin, 15*, 543-558.

Egan, G.(1990). *The Skilled Helper*(4th ed.). Loyola University of Chicago, 168-178.

Eric, H. & Charlesd, C.(1990). Examining Reasoning Skill Differences Between Expert and Novice Counselors. *Journal of Counseling and Development, 68*, 684-691.

Folkman, S. & Lazarus. R. S.(1988). An analysis of coping in a middle aged community sample. *Journal of Health and Social Behavior, 21*, 219-239.

Gilbert, D. T., & Krull, D. S.(1988). Seeingless and knowing more: The benefits of perceptual ignorance. *Journal of Personality and Social Psychology, 54*, 193-202.

Greenwald, A. G.(1989). Why attitude are important defining attitude and attitude theory 20 years later. In A. R. Pratkanis, S. J. Breckler, & G. Greenwald(Eds.), *Attitude Structure & Function.* Hilsdale, NJ: Erlbaum.

Hamilton, D. L.(1988). Causal attribution viewed from an information processing perspective. In D. Bar-Tal and A. W. Kraglanski(Eds.), The Social Psychology of Knowledge(pp. 359-385). New York: Cambridge University Press.

Higgins, E. T., & Trope, Y.(1990). Activity engagement theory: Implications of multiple identifiable input for intrinsic motivation. In E. T. Higgins & R. M. Sorrentino(Eds.), *Handbook of motivation and cognition.* New York: Guilford Press.

Hill, Corbett, Lightsey & Gomez(1992). Client Behavior in Counseling and Therapy Sessions: Development of a Pantheoretical Measure. *Journal of Counseling Psychology, 39*, 4, 539-549.

Hillerbrand, E. & Clairborn, C. D.(1990). Examining reasoning skill defferences between Expert and Novice counselors. *Journal of Counseling and Development, 68*, 684-691.

Hilton, T. L., & Darley, J. M.(1991). The effects of interaction goals on person perception In M. P. Zanna (Eds.). Advances in Experimental Social Psychology(Vol. 24). New York: Academic Press.

Hines, P. L., Stockton, R. & Morran, D. K.(1995). Self-Talk of Group Therapists. *Journal of Counseling Psychology, 42,* 2, 242-248.

Hinton, P. R.(1993). *The psychology of interpersonal perception.* New York: Routledge.

Hog, M. A., & Abrams, D.(1988). *Social identifications.* New York: Routledge & Kegan

Paul.

Horowitz, L. M., de S. French, R. & Anderson, C. A.(1982). The prototype of lonely person. In L. A. Peplau & D. Perlman(Eds.), *Loneliness*. NY: Wiley & Sons.

Hui, C. H.(1988). Measurement of individualism-collectivism. *Journal of Research in Personality, 22,* 17-36.

Ickes, W.(1993). Empathic accuracy. *Journal of Personality, 61*, 587-609.

Jones, E. E.(1990). *Interpersonal perception.* New York: Freeman.

Judd, C. M., & Park, B.(1988). Out-group homogeneity; Judgements of variability at the individua1 and group levels. *Journal of Personality and Social Psychology, 54*, 778-788.

Karniol, R.(1990). Reading people's minds: A transformation rule model for predicting other's thoughts and feelings. In L. Berkowitz(Ed.), *Advances in Experimental Social Psychology*(vol. 23). New York: Academic Press.

Kelman, H. C., & Hamilton, V. L.(1989). Crimes of obedience: Toward a social psychology of authority and responality. New Haven: Yale University.

Kim, U., & Berry, J. W.(1993). *Indigenous Psychology*. New Delhi: Sage.

Kivlighan, D. M. & Quigley, S. T.(1991). Dimensions Used by Experienced and Novice Group Therapists to Conceptualize Group Process. *Journal of Counseling Psychology, 38,* 4, 415-423.

Lax, D. & Sebenius, J.(1986). *The manager as negotiator.* New York: Free Press.

Linville, P. W.(1987). Self-complexity as a cognitive buffer against stress related illness and depression. *Journal of Personality and Social Psychology, 57*, 4, 663-676.

Linville, P. W., Salovey, P., & Fischer, G. W.(1986). Stereotyping and perceived distributions of social characteristics: An application to ingroup-outgroup perception. In J. F. Dovidio & S. L. Gaertner(Eds.), Prejudice, discrimination, and racism(pp. 127-163). Orlando, FL: Academic Press.

Marangoni, C., Garcia, S., Ickes, W., & Teng, G.(1995). Empathic Accuracy in a Clinically Relevant Setting. *Journal of Personality and Social Psychology, 68,* 854-869.

Markus, H., & Kitayama, S.(1991). Cultural variation in the selfconcept. In G. R. Goethals & J. Strauss (Eds.), *Multidisciplinary perspectives on the self.* New york: Springer-Verlag.

Markus, H., & Kitayama, S.(1991). Culture and the self: Implications for cognition, emotion, and motivation. *Psychological Review, 98,* 224-253.

Miller, J. G., Bersoff, D. M., & Harwood, R. L.(1990). Perceptions of social responsibilities in India snd the United States: Moral imperatives or personal decisions? *Journal of Personality and Social Psychology, 58,* 33-47.

Miller, J. M., & Bersoff, D. M.(1992). Culture and Moral Judgement: How are Conflicts Between Justice and Interpersonal Responsibilities Resolved? *Journal of Personality and Social Psychology, 62*, 4, 541-554.

Miller, N., Brewer, M. B., & Edwards, K.(1985). Cooperative interaction in perspectives on desegregation. In N. Miller & M. B. Brewer(Eds.), Group in contact: The psychology of desegregation(pp. 281 -302). Orlando, F.L: Academic Press.

Mullen, B., Brown, R., & Smith, C.(1992). Ingroup bias as a function of salience, relevance, and status: An intergration. *European Journal of Social Psychology, 22,* 103-122.

Noller, P., & Ruzzene, M.(1991). communication in marriage; The influence of affect and cognition. In G. J. O. Fletcher & F. D. Finch(Eds.), Cognition in close relationships(pp. 203-233). Hillsdale, NJ: Erlbaum.

Oakes, P. J., Turner, J. C., & Haslam. A.(1991). Perceiving people as group members: The role of fit in thd salience of social categorizations. *British Journal of Social Psychology*, 30, 125-144.

Ostrom, T. M., Carpenter, S. L., Sedikides, C., & Li, F.(1993). Differential processing of ingroup and outgroup information. *Journal of Personality and Social Psychology, 64,* 2134.

Pinkley, R. L.(1990). Dimensions of conflict frame: Disputant interpretations of conflict. *Journal of Applied Psychology, 75,* 117-126.

Ross, L., & Nisbett, R. E.(1991). The person and the situation: Perspectives of Social Psychology, 35, 484 -494.

Ruzzene, M.(1990). Attributional processes in marriage: Judgements of cognition, affect, and causality in conflict interactions. Unpublished manuscript, University of Queensland, Australia.

Sarason, B. R., Pierce, G. R. & Sarason, I. G.(1990). Social support: The Sense of acceptance and the role relationships. In B. R. Sarason, I. G. Sarason & G. R. Pierce(Eds.) *Social Support: An interactional view*(pp. 97-128). New York: Wiley.

Schwarzer, R. & Leppin, A.(1991). Social Support and Health: A theoretical and empirical overview. *Journal of Social and Personal Relationships*, *8*, 99-127.

Shweder, R. A., Mahapahtra, M., & Miller, J. G.(1987). Culture and moral development in India and United State. In Kagan & S. Lamb(Eds.), *The emergence of morality in young children*(pp. 1-89). Chicago: University of Chicago Press.

Stanger, C., Sullivan, L. A., & Ford, T. E.(1991). Affective and cognitive determinants of prejudice. *Social Cognition, 9,* 359-380.

Stoolmiller, Duncan, Bank & Patterson(1993). Some Problems and Solutions in the Study of Change: Significant Patterns in Client Resistance. *Journal of Consulting and Clinical Psychology, 61,* 6, 920-928.

Thompson, L. & Hastie, R.(1990). Social perception in negotiation. *Organizational Behavior and Human Decision Processes, 47,* 98-123.

Thompson, L.(1990). An examination of naive and experienced negotiators. *Journal of Personality and Social Psychology, 59,* 82-90.

Thompson, L., & Hastie, R.(1990). Judgement tasks and bias in negotiation In B. H. Sheppand, M. H. Bazerman, & R. J. Lewicki(Eds.), Research on negotiation in organization(Vol. 2), JAI Press.

Thompson, L., & Hastie, R.(1990). Social perception in negotiation. *Organizational Behavior and Human Decision Process, 47,* 98-123.

Tourangeau, R., Rasinski, K. A., & D'Andrade, R. (1991). Attitude structure and belief accessibility. *Journal of Experimental Social Psychology, 27,* 48-75.

Van der Pligt, J. & Eiser, J. R.(1984). Dimensional Salience, Judgment, and Attitudes. In. J. R. Eiser(Ed.), *Attitudinal judgment*(pp. 161-177). New York: Springer-Verlag.

Weiner, B.(1986). An Attribution Theory of Motivation and Emotion. New York: Springer-Verlag Inc.

Wilcox, B. L. & Vernberg, E. M.(1985). Conceptual and theoretical dilemmas facing social support. In I. G. Sarason & B. R. Sarason(Eds.), *Social support: Theory, Research and Applications*(pp. 3-20). The Hague, The Northerlands: Martinus Nihof.

Worchel, S., Cooper, J., & Goethals. J. R.(1990). Prejudice and Stereotyping, In Understanding social psychology, Ch 6(pp. 360-361), Brooks/Coles.

Zajonc, R. B.(1980). Feeling and thinking: Preferences need no inferences. *American Psychologist, 35,* 151-175.

Zechmeister, K. & Druckman, D.(1973). Determinants of resolving a conflict of interest. *Journal of Conflict Resolution, 17,* 63-88.

Zegans, L. S.(1982). Stress and development of somatic disorders. In L. Goldberger & S. Brenznitz (Eds.), *Handbook of stress.* New York: The Free Press.

저자 소개

윤길근

한양대학교 대학원 교육학과 졸업(교육학 박사)
서울교육대학, 서울여자대학, 한양대학교 강사 역임
현, 부천대학교 유아교육학과 교수

정수천

홍익대학교 대학원 교육학과 졸업(교육학 박사)
경기도의원(5대), 평생교육사(1급)
경기개발연구원 선임연구위원
현, 유한대 강의전담 조교수, 부천대학교 출강

교육학개론

초판발행 2014년 3월 10일
5판발행 2018년 2월 20일

2018. 2.

저 자 윤길근 · 정수천
발행인 김현태
발행처 태영출판사

주 소 (08301) 서울 구로구 구로동 104-10 동남오피스텔 201호
전 화 02 · 839-3757, 839-3752
팩 스 02 · 837-3754
등 록 2005년 5월 30일 제12-421호
http://www.taeyeongbook.co.kr
E-mail tys2005@hanmail.net
ISBN 978-89-6302-133-1 93370
정 가 17,000원

NAVER 태영출판사

* 잘못 만들어진 책은 교환해 드립니다.